MÉMOIRES

DU

Bon F. DE BONNEFOUX

CAPITAINE DE VAISSEAU

1782-1855

L'auteur et les éditeurs déclarent réserver leurs droits de traduction et de reproduction en France et dans tous les pays étrangers, y compris la Suède et la Norvège.

Ce volume a été déposé au ministère de l'Intérieur (section de la librairie) en juin 1900.

MÉMOIRES

DU

B^{on} DE BONNEFOUX

CAPITAINE DE VAISSEAU

1782-1855

PUBLIÉS AVEC UNE PRÉFACE ET DES NOTES

PAR

ÉMILE JOBBÉ-DUVAL

PROFESSEUR A LA FACULTÉ DE DROIT DE L'UNIVERSITÉ DE PARIS

PARIS

LIBRAIRIE PLON

PLON-NOURRIT et Cie, IMPRIMEURS-ÉDITEURS

RUE GARANCIÈRE, 8

—

1900

Tous droits réservés

PRÉFACE

De nombreuses générations de marins ont, au cours de ce siècle, étudié les livres du vaillant officier, dont nous publions aujourd'hui les *Mémoires*. Doué d'un esprit méthodique et clair, il publiait, dès 1824, le premier volume des *Séances nautiques* ou *Traité du navire à la mer*, suivi plus tard du *Traité du navire dans le port*, et apprenait ainsi les éléments de l'art du marin aux jeunes gens désireux d'exercer cette noble profession et que n'avaient pas découragés les revers.

Plus tard, lorsque les aspirants de la Restauration occupaient déjà dans leur Corps un rang élevé, il s'associait son gendre, le capitaine de vaisseau Pâris, mort, en 1893, vice-amiral et membre de l'Institut, et dont on n'a pas oublié la belle et originale figure. De la féconde collaboration de ces deux hommes distingués sortait, en 1848, le *Dictionnaire de la marine à voile et de la marine à vapeur*[1], œuvre considérable, dont le succès dura longtemps et qui exerça une

---

[1] M. de Bonnefoux rédigea le premier volume ou *Dictionnaire de la marine à voile*, M. Pâris, le second ou *Dictionnaire de la marine à vapeur*.

influence de premier ordre sur l'histoire des sciences nautiques dans notre pays.

Ce n'était pas seulement comme écrivain que les officiers de la Marine française connaissaient M. de Bonnefoux. A la Compagnie des Élèves de Rochefort, au Collège royal de Marine d'Angoulême, à l'École navale de Brest, beaucoup d'entre eux avaient apprécié, par eux-mêmes, son tact, sa connaissance des hommes, ses qualités d'éducateur.

Pendant sa laborieuse retraite, l'ancien commandant de *l'Orion* pouvait donc jeter un regard tranquille sur sa vie déjà longue, riche en œuvres et en services rendus au pays. Néanmoins il ne la considérait pas sans quelque amertume. Car la disproportion était grande entre le rêve de gloire de la jeunesse et les résultats de l'âge mûr. M. de Bonnefoux appartenait en effet à la génération des sous-lieutenants qui commencèrent l'épopée impériale, et il ne tint qu'à lui de suivre Bernadotte comme aide de camp. Il ne voulut pas rompre les liens qui l'unissaient à la Marine ; mais il espérait un avenir de combats et de triomphes. Entouré de jeunes aspirants instruits comme lui, comme lui pleins d'ardeur et de patriotisme, il ne doutait pas des destinées de la Marine française. Les faits semblèrent d'abord justifier ses espérances, et nulle carrière ne commença d'une façon plus brillante que la sienne. Comment aurait-il regretté de ne pas prendre part aux exploits de la Grande Armée, quand, enseigne de vaisseau de vingt et un ans, il commandait la manœuvre sur la frégate *la Belle-Poule*, pendant sa croisière de trois années dans les mers de l'Inde, coupait vingt-six fois la ligne équinoxiale, et se distinguait, lors du combat soutenu contre le vaisseau de 74 canons, *le Blenheim?* Comment souhaiter une meilleure école que cette « navigation contre vents et marées dans des archipels semés de récifs dont, à cette époque, l'hydrographie était à peine esquissée, où souvent l'on faisait par jour quinze mouillages pour gagner une lieue[1] »? Seulement la déception fut extrême, lorsque le rêve prit fin brusquement et que M. de Bonnefoux se trouva prisonnier, à vingt-quatre ans, après le dernier et glorieux combat de *la Belle-Poule*. Avoir mené pendant trois ans la plus belle vie que puisse désirer un marin, vie de dangers, d'activité virile, de vigilance de tous les instants, pour aboutir aux *cautionnements* anglais et au ponton *le Bahama!* Le réveil était rude! Plus tard, à la catastrophe individuelle, s'ajouta la catastrophe nationale. La Marine, déjà beaucoup trop négligée par Napoléon, se trouva encore réduite, et elle n'avait pas, comme l'armée de terre, pour la consoler quelque peu dans la défaite suprême, le souvenir de

---

[1] Albert de Circourt, *Notice sur le capitaine de vaisseau de Bonnefoux*, p. 5 (Extrait des *Nouvelles Annales de la Marine et des Colonies*, numéro de mars 1856). M. le comte de Circourt, que l'Assemblée nationale de 1871 élut conseiller d'État, avait été aspirant de Marine. Il conserva de M. de Bonnefoux le souvenir le plus respectueux et le plus reconnaissant, jusqu'au jour où il s'éteignit lui-même, après une longue vie consacrée tout entière au travail et aux bonnes œuvres.

prodigieuses victoires. Heureux les officiers auxquels échut la bonne fortune de prendre part aux derniers voyages de découvertes, ou de tirer le canon de Navarin! Je ne parle pas de ceux qui, comme Laurent de Bonnefoux, frère de notre auteur, et beaucoup d'autres, tombèrent en captivité avec le grade d'aspirant, et que le Gouvernement licencia à la paix. Parmi eux, cependant, plusieurs s'étaient conduits en héros.

Les *Mémoires* présentent le tableau fidèle de la vie de M. de Bonnefoux jusqu'en 1835, vingt ans avant sa mort. Considérée en elle-même et dans ses rapports avec l'histoire de la Marine pendant près de cinquante ans, cette vie ne manque pas d'intérêt. Après les riantes descriptions de Java ou de l'Ile-de-France, les sombres tableaux des pontons anglais.

Pierre-Marie-Joseph de Bonnefoux naquit à Béziers, dans le Languedoc, le 22 avril 1782. Son père, Joseph de Bonnefoux, capitaine au régiment de Vermandois et chevalier de Saint-Louis, portait le nom de chevalier de Beauregard. Il appartenait à une famille noble de l'Agenais, qui avait fourni et qui fournissait encore de nombreux officiers à l'armée. En 1786, il comptait trois de ses neveux officiers d'infanterie comme lui, et un autre, lieutenant de vaisseau[1].

La mère de P.-M.-J. de Bonnefoux, Catherine-Julienne-Gabrielle Valadon, était fille d'un médecin distingué de

---

[1] Le nom est quelquefois orthographié Bonafoux ou Bonnafou la véritable orthographe est Bonnefoux.

Béziers, ancien consul et apparenté aux premières familles du pays.

La vie était douce, à la fin du xviiie siècle, dans une ville comme Béziers, placée sous un beau ciel et dans une situation charmante, fière de ses 18.000 habitants, de ses monuments et de son antiquité. La première enfance de M. de Bonnefoux s'y écoula très heureuse, et il conserva toujours beaucoup d'attachement pour sa ville natale, ainsi, du reste, que pour Marmande, berceau de sa famille paternelle, où il séjourna à diverses reprises.

Vint cependant le temps des études qu'il fit à l'École royale militaire de Pont-Le-Voy, où M. de La Tour du Pin, ministre de la Guerre, le fit entrer en qualité d'élève du roi, comme fils d'officier, chevalier de Saint-Louis. P.-M.-J. de Bonnefoux s'y montra élève appliqué et intelligent. Séparé des siens, ne recevant plus d'argent de sa famille ruinée par la Révolution, il n'en travaillait pas moins avec ardeur et se proposait d'achever à Pont-Le-Voy ses humanités, lorsque, vers la fin de 1793, le Gouvernement renvoya du collège les fils d'officiers, au nombre de deux cents.

[1] En 1772, l'abbé Expilly, dans son *Dictionnaire géographique, historique et politique des Gaules et de la France*, dit au mot Besiers ou Béziers (Biterrae) : « On ne connaît guère de situations plus charmantes que celle de la ville de Besiers : c'est ce qui a fait dire que, si Dieu voulait faire son séjour sur terre, il le ferait à Besiers : *Si Deus in terris velit habitare, Biterris*. Les mauvais plaisants ajoutent : *ut iterum crucifigeretur*. » Le même auteur ajoute un peu plus loin : « Que ce soit l'excellence du climat ou la qualité excellente des aliments qui donne aux hommes une bonne constitution et de l'esprit, il n'en est pas moins certain que la ville de Besiers a toujours été féconde en sujets d'un rare mérite. »

A l'âge de onze ans et demi, J. de Bonnefoux se vit abandonné, à Tours, « avec un petit paquet de linge plié dans un mouchoir bleu, un assignat de trois cents francs, qui, alors, en valait à peine la moitié, un passeport et *un certificat de civisme*[1] ».

Il s'agissait de traverser la plus grande partie de la France pour se rendre à Béziers. Le jeune écolier accomplit sans encombre ce long voyage; mais, quand il arriva sain et sauf dans la maison paternelle, il trouva son père en prison et sa mère malade.

Les années qui suivirent se passèrent pour J. de Bonnefoux, à Béziers et à Marmande; si les circonstances ne se prêtaient pas à des études régulières, il n'oublia pas ce qu'il avait appris à Pont-Le-Voy, et il compléta son instruction par des lectures sous la direction d'un vieil officier érudit et aimable, M. de La Capelière, autrefois employé au Canada; il fréquenta en même temps la société polie, qui commençait à se réunir de nouveau.

Si M. de La Capelière l'entretenait du Canada, son père lui parlait des Antilles où le régiment de Vermandois avait tenu garnison pendant plusieurs années. Ce qui entraîna J. de Bonnefoux vers la Marine, ce fut, cependant, moins ces conversations que l'exemple et les conseils de son cousin germain, Casimir de Bonnefoux, lieutenant de vaisseau à la fin de l'ancien régime et portant alors le nom de chevalier de Bonnefoux,

---

[1] Voyez ces *Mémoires*, liv. I, ch. II.

Grâce à ses relations, le père de notre auteur, déjà officier au régiment de Vermandois, avait jadis obtenu une place dans une École militaire pour le second fils de son frère aîné, Léon de Bonnefoux, ancien officier qui vivait dans ses terres auprès de Marmande avec ses quatre fils et ses deux filles. Sorti de cette École militaire aspirant garde de la Marine, Casimir de Bonnefoux garda toujours à son oncle une vive gratitude, et il en donna la preuve à ses deux fils.

Casimir de Bonnefoux appartenait à la Marine du règne de Louis XVI, la plus belle époque de l'histoire de la Marine française : « De l'honneur, du courage et des moyens », telle est la note qui figure à son dossier au Ministère de la Marine.

Aux qualités de l'homme de mer et aux talents de l'administrateur, il joignait les grâces de l'homme du monde. Élevé dans les salons du XVIIIe siècle, d'un esprit fin et cultivé, il savait conter et écrire. Son cousin, moins âgé que lui de vingt et un ans, apprécia vite sa bonté unie à une réelle fermeté ; il le révéra et l'aima comme un père, et rien ne touche autant dans ces *Mémoires* que l'expression sincère et délicate de ses sentiments de respectueuse affection.

Lorsque J. de Bonnefoux entra dans la Marine, au mois de juin 1798, en qualité de novice à bord de *la Fouine*, il apportait donc avec lui de longues traditions d'honneur et de patriotisme. Formé à l'école des hommes du xviii° siècle, il conserva en outre toujours cette première empreinte.

Néanmoins il ne tarda pas à se trouver dans un milieu nouveau pour lui, milieu qui lui fut très sympathique et dont il subit l'influence. Promu aspirant de première classe, à la suite d'un brillant examen, le 13 avril 1799, il eut pour camarades des jeunes gens intelligents et instruits, pleins d'ardeur et qui lui inspirèrent l'amour du métier de marin.

Dans aucun corps, on le sait, l'émigration n'avait été aussi générale que dans la Marine[1]. Nulle part ailleurs, d'autre part, l'instruction technique des chefs, leur habitude du commandement, leur supériorité incontestée d'éducation importe davantage; car le salut commun dépend de la confiance réciproque et complète des officiers dans les matelots, des matelots dans les officiers.

L'émigration désorganisa donc la Marine française qui s'était couverte de gloire pendant la guerre de l'Indépendance d'Amérique. Le corps d'officiers de la Révolution souffrait du défaut de cohésion. Quelques-uns appartenaient à l'ancienne Marine ; d'autres en grand nombre servaient autrefois en qualité d'officiers auxiliaires ou de pilotes ; les derniers enfin sortaient de la Marine marchande, marins consommés pour la plupart, mais ne sachant pas naviguer en escadre.

[1] Sur les officiers de Marine émigrés qui servaient comme dragons dans l'armée des princes, voyez un passage très beau et très ému de Chateaubriand, *Mémoires d'Outre-Tombe*, édition Biré, t. II, p. 56.

La principale cause de nos revers doit cependant être cherchée, en dehors des embarras financiers, dans l'indiscipline des équipages, leur insuffisance numérique et leur peu d'expérience.

Si donc la Révolution ne put pas improviser une Marine, l'avenir ne s'annonçait pas sous de trop sombres couleurs à la fin du Directoire et au début du Consulat. Car les officiers des grades les moins élevés et les aspirants recrutés tous par la voie de l'examen, se faisaient remarquer par leur mérite et leur ardent amour du pays. Appartenant pour la plupart à la bourgeoisie aisée des villes du littoral, ils ne le cédaient en rien à ceux de leurs contemporains qui luttèrent contre l'Europe sur les champs de bataille de la Révolution et de l'Empire.

J. de Bonnefoux avait l'âme trop généreuse et l'esprit trop élevé pour ne pas rendre justice aux qualités des jeunes gens, dont il partageait les dangers et les travaux. C'est avec une franche admiration et une vive reconnaissance qu'il parle d'Augier, aspirant à bord du vaisseau *le Jean-Bart*, et plus tard de Delaporte, lieutenant de vaisseau de *la Belle-Poule*. Ils contribuèrent à faire de lui un excellent officier, observateur de premier ordre, manœuvrier habile, plein de zèle et de sang-froid. Le premier atteignait à peine vingt ans, le second à peine vingt-cinq.

En qualité d'aspirant de première classe, J. de Bonnefoux servit sur le vaisseau *le Jean-Bart*, la corvette *la Société populaire*, le vaisseau *le Dix-Août*, le cutter *le Poisson-Volant* et de nouveau sur *le Dix-Août*, placé sous les ordres de Bergeret, l'ancien et célèbre commandant de *la Virginie*, l'un des plus jeunes et l'un des meilleurs capitaines de vaisseau de cette époque. De 1799 à 1802, il navigua d'une façon constante soit sur les côtes de l'Océan ou de la Manche, soit dans la Méditerranée, dans laquelle il fit deux campagnes, la première avec l'escadre de l'amiral Bruix en 1799, la seconde avec celle de l'amiral Ganteaume qui, chargé, à la fin de l'année 1800, de porter des secours à l'armée française d'Égypte, échoua dans cette mission. Ce fut pendant cette dernière campagne que J. de Bonnefoux vit le feu pour la première fois. Le 24 avril 1801, il prit part au combat soutenu par *le Dix-Août* contre le vaisseau anglais *Swiftsure*. A la fin de la lutte pendant laquelle il s'était tenu aux côtés du commandant sur le banc de quart, ou avait rempli avec rapidité et intelligence diverses missions dans la batterie ou dans la mâture, il s'entendit dire avec joie les paroles suivantes par M. Le Gouardun, qui avait succédé à Bergeret : « Vous êtes un brave garçon, et je demanderai pour vous le grade d'enseigne de vaisseau. »

La paix d'Amiens survint, *le Dix-Août* rejoignit à Saint-Domingue l'escadre de l'amiral Villaret-Joyeuse ; mais il ne tarda pas à rentrer à Brest, où M. de Bonnefoux, capitaine de vaisseau, adjudant général du port, fonction à laquelle correspond aujourd'hui celle de major général, remit à son cousin, avec une joie toute paternelle, son brevet d'enseigne, daté du 24 avril 1802.

Les années qui suivirent comptèrent parmi les plus heureuses de la vie de J. de Bonnefoux. Il eut la grande joie de faciliter à son tour l'entrée dans la Marine à son jeune frère Laurent, qui, à peine âgé de quatorze ans, s'engagea comme novice et subit avec succès, quelques mois après, l'examen d'aspirant de seconde classe, grâce aux leçons et à l'exemple de son aîné. Ce dernier, embarqué sur la frégate *la Belle-Poule*, reçut entre autres missions celle de diriger l'instruction des aspirants, parmi lesquels figurait son frère.

Un excellent officier, le capitaine de vaisseau Bruillac, commandait *la Belle-Poule* nom illustre dans les fastes de la guerre de l'Indépendance d'Amérique. Cette frégate, nouvellement construite et d'une marche excellente, appartenait à la division du contre-amiral Linois, le vainqueur d'Algésiras, division qui comprenait de plus le vaisseau-amiral, *le Marengo*, et les frégates *l'Atalante* et *la Sémillante*. Partie de Brest au mois de mars 1803, avant la rupture de la paix d'Amiens, l'escadre allait reprendre possession des établissements français de l'Inde. Elle portait avec le général de division Decaen, nommé capitaine-général des colonies placées au-delà du cap de Bonne-Espérance, un grand nombre de fonctionnaires et d'officiers. Je n'ai pas à raconter ici l'arrivée à Pondichéry, les atermoiements des autorités anglaises, qui connaissaient la reprise des hostilités, la façon dont l'escadre française échappa aux pièges de l'ennemi, les opérations contre Bencoolen, la recherche du convoi de Chine, sa rencontre et le lamentable échec qui suivit. Ces *Mémoires* jettent beaucoup de lumière sur tous ces faits et sur les longues croisières qui causèrent un sérieux préjudice au commerce anglais et ne furent pas sans gloire. Je me permets seulement de signaler le dramatique récit de la poursuite, entre Achem et les îles Andaman, de *l'Héroïne* par un vaisseau anglais de soixante-quatorze canons. Le commandant et le second de *l'Héroïne*, deux aspirants de *la Belle-Poule*, ayant l'un et l'autre moins de vingt ans, Rozier et Lozach, montrèrent, dans cette journée, autant d'habileté que de courage. Leurs noms méritent d'être tirés de l'oubli.

On sait comment finit la campagne de l'amiral Linois. Trois ans après son départ de Brest, le 13 mars 1806, l'escadre, réduite au *Marengo* et à *la Belle-Poule*, rencontra, à la hauteur des Açores, neuf navires que l'amiral s'obstina, malgré les objections du commandant Bruillac, à prendre pour des vaisseaux de la Compapagnie des Indes. C'était l'escadre de l'amiral Warren et, après un dernier et glorieux combat, *le Marengo* et *la Belle-Poule* succombèrent. Ici encore M. de Bonnefoux apprend beaucoup de faits nouveaux et raconte de nombreux actes d'héroïsme, dus à d'obscurs matelots bretons.

La Belle-Poule prise, la fortune avait prononcé contre J. de Bonnefoux. La captivité interrompait brusquement cette carrière, commencée sous des auspices si heureux et qui s'annonçait si belle. Pendant cinq ans il lui fallut vivre dans les *cautionnements* de *Thames*, d'*Odiham*, de *Lichfield*, ou sur le ponton *le Bahama*, en rade de Chatham. « On appelait *cautionnement*, lisons-nous dans les *Mémoires*, les petites villes où étaient les divers dépôts d'officiers prisonniers, qui avaient la permission d'y résider après s'être engagés sur leur parole d'honneur à ne pas s'en écarter à plus d'un mille de distance, à rentrer tous les soirs chez eux au coucher du soleil et à comparaître deux fois par semaine devant un commissaire du Gouvernement. L'Angleterre accordait par jour dix-huit *pence* (trente-six sous) à chaque officier, quel que fût son grade... » Quant au ponton *le Bahama*, le *Bureau des prisonniers* y condamna J. de Bonnefoux, par une mesure arbitraire, à la suite d'une dénonciation inspirée par un sentiment de vengeance et d'articles de journaux; il séjourna vingt mois dans cette affreuse prison.

Elle ne fut pas cependant sans utilité pour le jeune enseigne, qui s'efforça avec un grand dévouement de moraliser et d'instruire ses malheureux compatriotes. Il mit en outre à profit ce temps d'épreuve pour se perfectionner dans l'étude de la langue et de la littérature anglaises, et il y composa son premier ouvrage, sa *Grammaire anglaise*, publiée quelques années plus tard.

Comme on le devine sans peine, les tentatives d'évasion ne manquaient pas sur *le Bahama*. Condamnés à l'inaction, ces hommes dans la force de l'âge mettaient à profit, pour essayer de recouvrer leur liberté, leurs admirables qualités d'énergie et de courage. Évadé plusieurs fois, J. de Bonnefoux ne réussit pas à passer la Manche. Chacune de ses évasions aboutissait à dix jours de cachot noir.

Le ministre des États-Unis en Angleterre parvint enfin à le faire sortir du *Bahama*. Ce diplomate gardait à M. Casimir de Bonnefoux, préfet maritime à Boulogne depuis 1803, une vive reconnaissance pour l'accueil qu'il avait trouvé chez lui. Il la lui témoigna en intervenant auprès du Gouvernement anglais dans l'intérêt de son cousin.

Depuis vingt-huit mois, J. de Bonnefoux se trouvait donc, au cautionnement de *Lichfield*, résigné à son sort et continuant avec méthode ses études, lorsqu'un contrebandier anglais vint lui remettre une lettre du préfet maritime, par laquelle ce dernier lui apprenait son échange en mer contre un officier anglais. M. Casimir de Bonnefoux engageait son cousin, gardé injustement, à se confier au contrebandier, qui le conduirait à Boulogne. Le jeune officier hésitait, retenu, malgré tout, par des scrupules de conscience. Il se décida cependant à fuir après avoir exposé ses raisons dans une lettre au *Bureau des prisonniers* et déclaré que, s'il réussissait, il se considérerait en France comme prisonnier sur parole.

A la suite d'une émouvante traversée, le bateau du contrebandier entrait dans le port de Boulogne, le 28 novembre 1811. Après huit ans d'absence, J. de Bonnefoux revoyait sa patrie et ses parents, son père très âgé, retiré à Marmande, et une sœur tendrement aimée, qui devint depuis la baronne de Polhes, mère de deux brillants soldats, le général de division baron de Polhes, le combattant d'Afrique, de Crimée, de Mentana, et le colonel de Polhes, qui se distingua pendant la campagne d'Italie et au siège de Strasbourg en 1870. Lieutenant de vaisseau depuis le 11 juillet, alors qu'il était encore en Angleterre, il devait ce traitement de faveur au rapport du commandant Bruillac sur le dernier combat de *la Belle-Poule*. Hélas! Laurent de Bonnefoux avait été moins heureux. Lui aussi s'était distingué dans ce combat. Proposé pour le grade d'enseigne de vaisseau avec de grands éloges, il resta aspirant de seconde classe jusqu'à la paix, époque où il fut licencié. Échangé en mer comme son frère, il suivit lui aussi le contrebandier venu de la part du préfet maritime ; seulement le sort ne le favorisa pas, et il échoua dans sa tentative d'évasion.

Lieutenant de vaisseau, se considérant comme prisonnier sur parole, J. de Bonnefoux servit dans les ports de la fin de 1811 à 1814, en qualité d'adjudant (aide de camp) de son cousin, créé baron de l'Empire en 1809 et nommé en 1812 préfet maritime de Rochefort.

La paix et la première Restauration lui ouvrirent des perspectives nouvelles. Sur le point d'être nommé capitaine de frégate et d'obtenir le commandement de *la Lionne*, il espérait regagner le temps perdu, lorsque le retour de l'île d'Elbe vint encore une fois bouleverser sa vie. Se tenant à l'écart pendant les Cent Jours, il assista au passage de Napoléon à Rochefort, et le vit de près, à la préfecture maritime. L'empereur parti sur *le Bellérophon*, le Gouvernement de la seconde Restauration destitua le baron de Bonnefoux, dont on ne comprit pas la conduite parfaitement digne et empreinte du patriotisme le plus pur. La disgrâce du préfet rejaillit sur son cousin, le malheureux lieutenant de vaisseau, qui fut mis en réforme sans aucun motif.

Cette fois, toute espérance paraissait perdue, et J. de Bonnefoux songeait à obtenir le commandement d'un navire de commerce dans les mers de l'Inde. Il avait épousé, en 1814, une belle et charmante jeune fille qu'il adorait, Mlle Pauline Lormanne, dont le père, le colonel Lormanne, directeur d'artillerie à Rochefort, se vit, lui aussi, enlever sa situation en 1815. Néanmoins, grâce à sa prompte remise en activité et à la naissance de son fils Léon, en 1816, le jeune officier reprenait courage, lorsqu'une nouvelle catastrophe l'atteignit. Au commencement de 1817, sa femme mourait à l'âge de dix-neuf ans, le laissant veuf avec un enfant de quelques mois. A défaut de son père, qu'il avait perdu en 1814, J. de Bonnefoux alla chercher quelque consolation à sa profonde douleur auprès de son cousin, l'ancien préfet maritime retiré à la campagne, dans le voisinage de Marmande. Plus tard, sur les conseils de cet affectueux parent, il se décida à donner une nouvelle mère à son fils et épousa en secondes noces Mlle Nelly La Blancherie, fille d'un officier de Marine mort jeune. De cette union, qui fit le bonheur de sa vie, naquit une fille, Mlle Nelly de Bonnefoux, plus tard Mme Pâris.

Les armements cependant étaient très rares ; au lieu de la navigation incessante des premières années de sa carrière, J. de Bonnefoux dut se résigner à la vie monotone des ports. Heureuses encore les circonstances qui le firent attacher pendant quatre ans sans interruption, de 1816 à 1820, en qualité de chef de brigade, à la 3e compagnie des élèves de la Marine, au port de Rochefort ! car ces fonctions lui permirent de commencer la série de ses publications, joie et honneur de sa vieillesse. Elles révélèrent en outre chez lui des qualités éminentes destinées à s'affirmer plus tard avec éclat, et elles donnèrent une direction nouvelle à sa vie. Comme le dit en excellents termes M. le comte de Circourt dans la *Notice* déjà citée :

« M. de Bonnefoux était éminemment propre à gouverner et instruire les jeunes gens destinés à la Marine. Il connaissait le prix de la direction, il avait eu le bonheur de rencontrer à plusieurs reprises des hommes capables qui la lui avaient fait subir avec profit ; il savait la donner et la faire accepter ; son esprit réfléchi l'avait dès longtemps habitué à coordonner ses observations et à les résumer en une théorie. Son caractère était affectueux, juste, patient et ferme. »

On le conçoit cependant, J. de Bonnefoux ne renonça pas sans regret ni sans lutte à cette vie active du marin, qu'il avait tant aimée. Décoré, en 1818, de la croix de Saint-Louis, portée par son grand'père, son père et tous les siens et à laquelle il attachait un grand prix, il obtint enfin, en 1821, le commandement de la goëlette *la Provençale* et de la station de la Guyane. Ses ambitions d'autrefois lui revinrent alors. Pendant cette campagne de deux ans, il déploya une grande habileté de marin et se montra hydrographe actif et expérimenté. Le Ministère de la Marine publia plus tard ses travaux d'hydrographie sous le titre de *Guide pour la navigation de la Guyane*. Observateur perspicace, il aborda enfin le problème colonial et développa à son retour, au *Directeur des Colonies*, un plan d'abolition progressive de l'esclavage, qui méritait l'attention des pouvoirs publics. Fort du devoir accompli, chaleureusement appuyé par le capitaine de vaisseau de Laussat, ancien gouverneur de la Guyane, M. de Bonnefoux se rendit à Paris aussitôt après son retour en France, ne doutant pas que le grade de capitaine de frégate fût la juste récompense de ses efforts. Hélas! cette fois encore, une déception l'attendait, et M. de Clermont-Tonnerre, ministre de la Marine, ne le comprit pas dans la grande promotion parue à cette époque. Ayant obtenu la décoration de la Légion d'honneur, pour laquelle le commandant Bruillac le proposait déjà en 1806, à la suite du dernier combat de *la Belle-Poule*, il dut revenir encore une fois au port de Rochefort, à la 3e compagnie des élèves de la Marine, et devint seulement, un an plus tard, le 4 août 1824, capitaine de frégate à l'ancienneté.

Après tant de traverses, M. de Bonnefoux méritait, on l'avouera, un dédommagement. Rencontrant à Paris son ancien camarade Fleuriau, autrefois aspirant sur *l'Atalante*, dans l'escadre de l'amiral Linois, alors capitaine de vaisseau, aide de camp du ministre M. de Chabrol, il apprit la vacance du poste de sous-gouverneur du *Collège royal de la Marine*, à Angoulême.

Présenté le lendemain à M. de Chabrol, il plut à ce dernier, qui se connaissait en hommes, et le montra ce jour-là. M. de Gallard, gouverneur du *Collège royal de la Marine*, ancien émigré, ami personnel de Charles X, membre de la Chambre des députés, passait peu de temps à Angoulême. M. de Bonnefoux, gouverneur par intérim d'une façon à peu près continue, put dès lors montrer ses éminentes qualités. L'Ecole navale d'Angoulême atteignit sous sa direction un haut degré de prospérité. Les *Marins de la Charente*, qui se formèrent de 1824 à 1829, purent accueillir avec dédain cette plaisanterie facile. Comme leurs aînés des promotions précédentes, ils honorèrent la Marine et achevèrent l'œuvre des élèves des Ecoles de l'Empire en apportant à bord un ordre admirable et une parfaite propreté. Le succès obtenu par M. de Bonnefoux fut donc complet et reconnu d'une façon unanime. Lorsqu'en 1827 le sous-gouverneur du *Collège royal* demanda un commandement, M. de Chabrol, qui n'avait pas quitté le Ministère de la Marine, prit une décision spéciale, en vertu de laquelle ses services à Angoulême, assimilés à ceux d'un gouverneur de colonie, comptèrent comme services à la mer. M. de Bonnefoux n'avait pas voulu sacrifier ses droits à l'avancement. Tranquille désormais de ce côté, il reprit avec zèle une tâche dont il comprenait l'importance. Par malheur, il ne songeait pas à l'instabilité ministérielle. Le Ministère, qui succéda à celui dont M. de Chabrol faisait partie, supprima le *Collège royal de Marine* et le remplaça par une *Ecole navale*, établie en rade de Brest. Angoulême obtint cependant une compensation : en vue d'utiliser les magnifiques bâtiments du *Collège royal*, on créa dans cette ville une *Ecole préparatoire de la Marine*, destinée à jouer, vis-à-vis de l'armée de mer, un rôle analogue à celui du *Prytanée* de la Flèche, et les bureaux du Ministère de la Marine en destinèrent le commandement à M. de Bonnefoux. M. de Gallard, s'étant mis sur les rangs, à la surprise générale, l'emporta néanmoins. L'ancien sous-gouverneur quitta donc Angoulême, au mois de novembre 1829, et s'estima heureux d'être nommé *Examinateur pour la Pratique des marins*, chargé de faire subir dans les ports du Midi les épreuves réglementaires aux futurs capitaines de la Marine marchande. Sa joie ne fut pas de longue durée; car si ses nouvelles fonctions l'intéressèrent vivement, elles l'empêchèrent de participer à l'expédition d'Alger.

Après la Révolution de 1830, il revint à Angoulême, avec le commandement de *l'Ecole préparatoire*, qu'avait quittée M. de Gallard, et crut cette fois sa vie définitivement fixée et sa carrière tracée jusqu'à la fin. Pure illusion, puisque, quelques mois après, en mars 1831, avant même la fin de l'année scolaire, le Gouvernement supprimait *l'Ecole préparatoire de la Marine*. M. de Bonnefoux s'était cependant acquis une si légitime réputation qu'après quatre nouvelles années, pendant lesquelles il reprit ses tournées d'examinateur dans le Midi ou siégea dans différentes commissions, l'amiral Duperré l'appelait en qualité de capitaine de vaisseau au commandement du vaisseau-école, *l'Orion*, en rade de Brest, ajoutant que, pour cette délicate mission, nul n'avait pu songer à un autre que lui. Le Ministre ne se trompait pas; car, pendant les quatre années de son commandement, du 7 novembre 1835 à la fin d'octobre 1839, M. de Bonnefoux fit preuve une fois de plus de ses éminentes qualités. Il ne tarda pas à rétablir la concorde dans l'état-major, la confiance réciproque des officiers vis-à-vis des élèves, des élèves vis-à-vis des officiers. Un savant contre-amiral, depuis longtemps dans le cadre de réserve, mais dont la carrière fut aussi utile que brillante, se souvient encore avec émotion de son ancien commandant; sans sa pénétration et sa connaissance des hommes, il était renvoyé de *l'Ecole navale*.

Une grave déception attendait cependant encore M. de Bonnefoux. Aujourd'hui et depuis longtemps le commandement de l'*Ecole navale* conduit d'une façon naturelle au grade de contre-amiral. Les services du commandant de l'*Ecole* comptent comme services à la mer, et rien de plus légitime; car il n'est guère pour un officier fonction plus haute ni plus importante. Une loi de 1837 décida, au contraire, que nul ne pourrait être promu contre-amiral sans avoir servi effectivement trois ans à la mer dans le grade de capitaine de vaisseau, de telle sorte que le commandant de l'*Ecole navale* se trouvait à cet égard dans une position inférieure à celle de ses officiers. Après s'être bercé pendant quelques mois d'illusions qui avaient leur source dans les déclarations faites par le Ministre à la Chambre des députés et à la Chambre des pairs, M. de Bonnefoux se décida à quitter l'*Ecole navale* et à solliciter un commandement à la mer.

Il commanda la frégate l'*Erigone*, qu'il déclare, dans une lettre à sa fille du 12 septembre 1840, « douée de qualités nautiques exquises » et à propos de laquelle il rappelle tout en faisant des réserves sur l'exactitude du dicton, « qu'il n'y a rien de beau, dans le monde, comme frégate à la voile, cheval au galop et femme qui danse ». La campagne de l'*Erigone* ne présenta d'ailleurs aucune ressemblance avec celle de *la Belle-Poule*; les temps avaient changé. Partie de Cherbourg, l'*Erigone*, dépassant tous les navires rencontrés, mouillait à Fort-de-France (Martinique), le vingt-sixième jour. Elle y portait un nouveau gouverneur, sa famille et vingt et un passagers, officiers, prêtres, administrateurs, chirurgiens, juges, curieux, amateurs ou employés divers. Le voyage de retour s'effectua avec autant de bonheur, et M. de Bonnefoux entra au *Conseil des travaux de la Marine*, fonction très importante puisque ce conseil donnait son avis sur tous les navires en projet et exerçait par suite un contrôle sur les constructions navales.

L'amélioration du navire, tel fut donc le dernier service que M. de Bonnefoux s'efforça de rendre à la Marine pendant sa période d'activité. Non content d'apporter au *Conseil des travaux* sa grande puissance de travail et son expérience, il s'occupa de perfectionner une machine destinée à faciliter les évolutions du bâtiment, machine nommée, pour cette raison, *Evolueur*. La première idée en remontait à 1839, époque où des expériences eurent lieu sur la corvette-aviso, *l'Orythée*. Le triomphe définitif de la Marine à vapeur ne tarda pas à enlever tout intérêt à l'invention de M. de Bonnefoux. Pour donner une idée complète de cette carrière si bien remplie, ne convenait-il pas cependant de la signaler?

Mis à la retraite le 8 mars 1845, M. de Bonnefoux se consacra tout entier à la rédaction du premier volume du *Dictionnaire de Marine,* jusqu'au jour où, le 6 mai 1847, le Ministre le pourvut d'un emploi au *Dépôt des cartes et plans.* Comme le dit M. le comte de Circourt dans sa *Notice :* « Ce fut à lui que le directeur du *Dépôt*, M. l'amiral de Hell, confia l'énorme tâche de classer les richesses inconnues que renfermait cet établissement. La tâche avançait, grâce à une méthode simple et à une application scrupuleusement infatigable, qui aurait étonné chez un aspirant et qui touchait chez un capitaine de vaisseau en retraite ; de précieux documents, sur le mérite et l'utilité desquels nous étions alors dans une complète ignorance, prirent place dans les cartons à côté d'un catalogue analytique et raisonné. »

Lorsqu'à la suite de la Révolution de 1848 M. de Bonnefoux perdit son emploi au *Dépôt des cartes et plans*, son activité littéraire s'accrut encore. Pendant les dernières années de sa vie, il collabora aux *Nouvelles Annales de la Marine et des Colonies*. Les nombreux articles qu'il inséra dans ce recueil obtinrent dans le monde maritime un vif succès et en réunissant quelques-uns d'entre eux, il publia un volume séparé, *la Vie de Christophe Colomb*. Le roi de Sardaigne lui conféra, à cette occasion, la croix des Saints-Maurice et Lazare. Depuis le commencement de l'année 1850 jusqu'au Coup d'Etat du 2 décembre 1851, il donna enfin, trois fois par mois, au journal *l'Opinion publique*, un *Bulletin maritime*, qui ne passa pas inaperçu.

En 1847, M. de Bonnefoux avait pris le titre de baron, qui lui était échu par suite de la mort de son cousin germain, M. de Bonnefoux de Saint-Laurent, le dernier survivant des quatre Bonnefoux de la branche aînée. De ces quatre Bonnefoux, le plus âgé seul, M. de Bonnefoux de Saint-Severin, s'était marié; mais il perdit son fils unique dans un tragique accident et, à son décès, survenu en 1829, il ne laissa qu'une fille. Le titre passa alors au second frère, l'ancien préfet maritime de Boulogne et de Rochefort, déjà baron de l'Empire depuis 1809. Comme le troisième frère avait été tué à l'armée de Condé, pendant l'émigration, le plus jeune, M. de Bonnefoux de Saint-Laurent devint le chef de la famille en 1838, date de la mort de l'ancien préfet maritime.

Des deux mariages de M. de Bonnefoux naquirent seulement, nous l'avons dit, deux enfants. Le fils, Léon de Bonnefoux, ne se maria pas; sorti de Saint-Cyr dans le corps de l'état-major, officier instruit et plein d'honneur, mais peu servi par les circonstances, il parvint seulement au grade de chef d'escadron. Il commandait la place de Bitche quelques mois avant la déclaration de la guerre contre l'Allemagne. Nommé commandant de la place de Landrecies, il ne livra pas la place malgré son bombardement, et montra une énergie et des qualités militaires dignes de sa race de soldats. Léon de Bonnefoux, qui était, comme son père, officier de la Légion d'honneur, termina sa carrière en commandant le fort de Montrouge, et il mourut à Paris, le 9 mai 1893, un mois après son beau-frère, l'amiral Pâris.

Quant à Mlle Nelly de Bonnefoux, elle épousa, le 7 mai 1842, le capitaine de corvette François-Edmond Pâris, officier de la Légion d'honneur, qui avait déjà fait trois voyages autour du monde. Tous deux marins consommés, passionnés pour leur art, d'une modestie égale, le gendre et le beau-père ne tardèrent pas à exercer l'un sur l'autre l'influence la plus heureuse. D'une culture littéraire supérieure, esprit méthodique et pondéré, M. de Bonnefoux donna les conseils les meilleurs et les plus sûrs à celui qu'il se choisit comme collaborateur. Trente-cinq ans après sa mort, ce dernier lui rendait encore l'hommage le plus ému et le plus reconnaissant. « Sans le commandant, disait-il (c'est ainsi qu'il appelait son beau-père), je n'aurais rien fait », oubliant de la meilleure foi du monde son bel et grand ouvrage sur *les Constructions navales des peuples extra-européens*. D'autre part, le commandant Pâris apportait dans l'association un esprit d'une rare originalité, une incomparable ardeur et une expérience acquise aussi bien dans la mâture et sur le pont de *l'Astrolabe* que dans la machine de l'aviso à vapeur *le Castor*, et dans les ateliers des constructeurs anglais. C'était l'union féconde de la vieille Marine et de la Marine nouvelle.

M. de Bonnefoux eut la joie d'assister au succès du *Dictionnaire de Marine*, dont il achevait de corriger la seconde édition, quand il mourut le 14 décembre 1855. Quelque temps auparavant il dédiait son *Manœuvrier complet* à son petit-fils Armand Pâris, dont la vocation maritime se dessinait déjà et qui, ayant devant lui le plus bel avenir, devait périr, à trente ans, victime de sa passion pour la mer.

M. de Bonnefoux laissait trois gros cahiers de lettres écrites par lui à son fils et à sa fille. Beaucoup de ces lettres, toutes très précieuses pour la famille, ne méritaient pas d'être publiées. Les unes contenaient des conseils moraux, d'autres des dissertations littéraires ou historiques, destinées à l'instruction de ses enfants, sur laquelle il veilla lui-même avec des soins infinis. Quelquefois même il s'adressait à sa fille en anglais.

Au contraire, le second et le troisième cahier contenaient une série de lettres, dans lesquelles il exposait l'histoire de sa vie, à l'usage de son fils, élève au Collège de la Flèche, puis à l'Ecole de Saint-Cyr. La première, de ces lettres est datée de Paris, le 2 novembre 1833 la dernière de la rade de Brest, le 10 septembre 1836. Elles constituent de véritables *Mémoires*, écrits pendant que l'auteur occupait les fonctions d'examinateur des capitaines au long cours, puis celle de commandant de l'Ecole navale. Ces *Mémoires* s'arrêtent lorsque Léon de Bonnefoux, parvenu à l'âge d'homme, peut désormais connaître et apprécier par lui-même les événements qui se passent dans sa famille.

Ces *Mémoires* furent complétés par la *Notice biographique sur M. le baron de Bonnefoux, ancien préfet maritime*, écrite, elle aussi, en 1836, et qui en forme une suite naturelle. Il s'agit encore ici d'apprendre à Léon de Bonnefoux ce que firent les siens, et cela à titre d'encouragement et d'exemple. La respectueuse admiration de l'auteur pour son cousin germain explique qu'il lui ait consacré une étude spéciale. J'ajoute que le séjour de Napoléon à Rochefort, en 1815, méritait d'être raconté par quelqu'un qui avait vu les choses de près.

Jusqu'à la fin de sa vie, M. de Bonnefoux continua, du reste, à consigner les événements de famille sur les pages blanches du troisième rgistre. Seulement les notes, en général assez brèves, écrites à des intervalles irréguliers, ne nous ont pas semblé de nature à intéresser le public.

Reproduisons seulement les derniers mots, tracés de

la main de M. de Bonnefoux, un an avant sa mort : « Je m'occupe beaucoup de la rédaction de la relation de ma campagne sur *la Belle-Poule*, pendant les années 1803, 1804, 1805 et 1806. Cette relation, ainsi que cela est convenu avec le rédacteur en chef des *Nouvelles Annales de la Marine* paraîtra, par articles successifs, chacun contenant un chapitre, dans ledit recueil et ainsi que cela eut primitivement lieu pour ma *Vie de Christophe Colomb*. »

Ce projet ne se réalisa pas. La mort de l'auteur survint, et *la Campagne de la Belle-Poule* ne parut pas dans *les Nouvelles Annales de la Marine*. On peut d'ailleurs conjecturer aisément que le manuscrit, s'il exista, ne différait guère des chapitres IV à X du Livre II des présents *Mémoires*.

Mᵐᵉ de Bonnefoux conserva pieusement les cahiers dont je viens de parler. Les gardant toujours à portée de la main, elle les lisait à ses petits-enfants et vivait ainsi par la pensée avec celui qu'elle avait perdu. Quand j'entrai dans la famille, elle me les montra.

Elle mourut à son tour en 1879, et notre manuscrit passa entre les mains de son beau-fils, M. Léon de Bonnefoux, chez lequel nous le trouvâmes en 1893. En le publiant aujourd'hui, je me propose de rendre hommage à l'aïeul de ma femme, à l'homme de bien, à l'excellent serviteur du pays, certain que mon cher et vénéré beau-père, l'amiral Pâris, nous approuverait, sa fille et moi.

Pourquoi en outre ne pas ajouter que, si mes recherches à la Bibliothèque et aux Archives du Ministère de la Marine différaient de mes recherches habituelles, elles ne furent pas cependant sans charme ni sans intérêt pour moi. Si le public goûte ces *Mémoires*, ils auront servi à remettre en honneur, avec les noms du commandant de Bonnefoux et de son cousin le préfet maritime, ceux de beaucoup de marins obscurs et qui méritent d'être tirés de l'oubli, le chirurgien Cosmao, les commandants Vrignaud et Bruillac, le lieutenant de vaisseau Delaporte, les aspirants Augier, Rozier, Lozach, Rousseau, le chef de timonerie Couzanet, le canonnier Lemeur, le matelot Rouallec, Bretons pour la plupart. Né et élevé à Brest, arrière-petit-fils du chirurgien en chef de la Marine Duret, fondateur de l'École de Médecine navale de ce port, petit-fils du capitaine de vaisseau Le Gall-Kerven, prisonnier des Anglais en même temps que M. de Bonnefoux, je serais heureux d'avoir contribué à cet acte de justice.

Pour terminer, il me reste à adresser mes remerciements à tous ceux qui ont bien voulu m'aider dans ma tâche et, d'une façon particulière, à M. Brissaud, l'aimable sous-directeur des Archives du Ministère de la Marine[1].

Émile Jobbé-Duval.

---

[1] *Bibliographie des Œuvres de M. de Bonnefoux. Grammaire anglaise.* Rochefort, Imprimerie Jousserant, 1816. *Séances nautiques* ou *Exposé des diverses manœuvres du vaisseau*, Paris, Bachelier, libraire, 1824. *Nouvelles Séances nautiques* ou *Traité élémentaire du vaisseau dans le port*, ouvrage

suivi d'un appendice, contenant : 1° un vocabulaire français-anglais des termes de marine; 2° un choix de commandements employés à bord avec la traduction anglaise ; 3° un recueil français-anglais de phrases nautiques Paris, Bachelier, 1827. Dictionnaire abrégé de Marine, contenant la traduction des termes les plus usuels, en anglais et en espagnol. Paris, I. A. Dezauche, le Havre, C. B. Matènas, éditeur, 1834. Dictionnaire de Marine à voiles et à vapeur, par MM. le baron de Bonnefoux et Pâris, capitaines de vaisseau, publié sous les auspices de M. le baron de Mackau, ministre de la Marine, Paris, Arthus Bertrand, 1848, 2 vol. gr. in-8°. Le premier volume, consacré à la Marine à voiles, est dû à M. de Bonnefoux, 2° édition, 1856-1859. Vie de Christophe e Colomb, Paris, Arthus Bertrand, 1832, extrait des Nouvelles Annales de la Marine et des Colonies, t. 5, 6, 7, années 1851 et 1852. Manœuvrier complet ou Traité des Manœuvres de mer, soit à bord des bâtiments à voile, soit à bord des bâtiments à vapeur, Paris, Arthus Bertrand, 1853. Ce Manœuvrier, comme l'annonce la préface, doit être considéré comme une troisième édition des Séances nautiques. En 1865, après la mort de l'auteur, son gendre, l'amiral Pâris, publia une seconde édition de ce Manœuvrier, complètement refondue en ce qui concerne la Marine à vapeur. Parmi les très nombreux articles insérés dans les Nouvelles Annales de la Marine et des Colonies, pendant les années 1850, 1851, 1852 et 1853, bornons-nous enfin à signaler : l'École navale, notice reproduite à la fin de ce volume ; — Colbert — Fixation de l'effectif naval en France — Propulseurs sous-marins. Évolueur — de la navigation au XV° et au XIX° siècle et de l'isthme de Suez — de l'incorruptibilité et de l'incombustibilité des bois — De l'isthme de Panama et de divers projets de communication entre l'Océan et la mer Pacifique — Précis historique sur la Guyane française — compte rendu (détaillé et important) du Précis historique sur la vie et les campagnes du vice-amiral comte Martin, par le comte Pouget.

MÉMOIRES
DU
BARON DE BONNEFOUX

LIVRE PREMIER

MON ENFANCE

CHAPITRE PREMIER

Sommaire: La famille de Bonnefoux. — Histoire du chevalier de Beauregard, mon père. — Son entrée au service, ses duels, son voyage au Maroc. — Ses dettes, le régiment de Vermandois. — Le régiment de Vermandois aux Antilles; Mme Anfoux et ses liqueurs. — Rappel en France. — Garnisons de Metz et de Béziers. — L'esplanade de Béziers, mariage du chevalier de Beauregard; ses enfants.

Mon cher fils, quoique mon père fût âgé de quarante-sept ans lorsque je vins au monde, il avait encore son père, qui ne mourut que quelques années plus tard; et je me souviens toujours très bien de mon aïeul, ancien militaire, dont la vigueur d'esprit et de corps se conserva d'une manière remarquable jusqu'à l'âge de quatre-vingt-dix ans. Chef d'une nombreuse famille, il fit choix de la profession des armes pour ses trois fils, et, avec beaucoup d'économie, il parvint à doter ses filles et à les marier. L'aîné de ses fils se maria jeune; il quitta le service lorsqu'il eut obtenu la croix de Saint-Louis, récompense qu'ambitionnaient avec ardeur les anciens gentilshommes. Il quitta alors l'épée pour la charrue, vint auprès de son père, l'aida dans les travaux agricoles auxquels il se livrait depuis sa retraite, et, jusqu'à l'âge de quatre-vingt-trois ans, où il mourut, il n'eut d'autres pensées que l'amélioration de ses champs et l'éducation de quatre garçons et de deux filles. L'ainée des deux filles, Mme de Réau, fut une très aimable et très jolie femme dont le fils unique, aujourd'hui[1] capitaine d'infanterie, épousa, il y a quelques années, Mlle Caroline de Bergevin, fille d'un commissaire général de la Marine à Bordeaux[2]. Mme de Cazenove de Pradines est la sœur de Mme de Réau; c'est une femme vraiment supérieure; ses vertus, sa bonté sont, depuis cinquante ans, passées en proverbe; il suffit de la voir pour l'aimer, de la connaître une heure pour ne jamais l'oublier. Elle a aussi un fils unique dont elle ne s'est séparée que pour son éducation qui se fit au collège de Vendôme. Ce fils, actuellement âgé d'une quarantaine d'années, a été maire et sous-préfet. La vie littéraire, l'administration de ses biens lui plaisent par dessus tout, et, à ces goûts, il a joyeusement sacrifié ses places, sa position et les espérances qu'il pouvait en concevoir. Marié à une de nos cousines, Rose, dernier rejeton de onze Bonnefoux d'Agen, nos parents, qui étaient aussi une famille de militaires, il a deux aimables petites filles[3].

Quant aux quatre frères de ces deux dames, l'ainé et les deux plus jeunes étaient officiers d'infanterie lorsque la Révolution éclata; ils crurent devoir émigrer.

[1] En 1835. Voyez la préface.
[2] Leur fils, M. Paul de Réau, ancien capitaine d'artillerie, mort en 1893, épousa sa cousine, Mlle Clara de Bonnefoux, fille de Laurent de Bonnefoux, dont il sera souvent question, et nièce de l'auteur de ces *Mémoires*.
[3] Depuis le moment où l'auteur écrivait ces lignes, M. de Cazenove de Pradines a eu un fils, Pierre-Marie-Edouard de Cazenove de Pradines, né à Marmande, le 31 décembre 1838. Il joua, dans la vie politique de notre pays, un rôle important, et se concilia l'estime de tous par sa nature chevaleresque et sa fidélité à ses convictions. Engagé dans le corps des *Volontaires de l'Ouest,* commandé par M. de Charette, il se couvrit de gloire à la bataille de Patay, le 2 décembre 1870. Il fut grièvement blessé et perdit l'usage de la main droite en relevant le drapeau qu'avaient porté avant lui son beau-père et son beau-frère, tués dans cette même journée. Ses compatriotes du Lot-et-Garonne l'élirent, en 1871, membre de l'Assemblée nationale. Quand il est mort, en 1897, il était député de la troisième circonscription de Nantes, et représentait ainsi la Bretagne, à laquelle le rattachait son mariage avec Mlle de Bouillé. M. Edouard de Cazenove de Pradines laisse deux fils.

L'un d'eux fut atteint d'une balle dans une des batailles de ces temps douloureux.

Lors de l'amnistie, l'aîné revint donc seul avec le plus jeune. Ce dernier vit encore, et il est connu sous le nom de Saint-Laurent[1]; il se fait chérir dans sa ville natale[2] par la douceur, l'obligeance de son caractère, et par le souvenir des embellissements dont il faisait sa principale occupation, lorsqu'il y était adjoint à la mairie.

L'aîné s'était marié, et avait eu deux enfants, Mme de Castillon, femme fort agréable domiciliée à Mézin, qui a un fils nommé Albert; et Casimir de Bonnefoux dont la fin tragique[3] a sans doute hâté la mort de son malheureux père; la mère de ces deux enfants, née Mlle de Goyon, n'existe plus depuis longtemps.

Il reste à te parler de celui des quatre frères qui n'émigra pas[4]; mais je dois aujourd'hui me borner à te dire que c'est celui qui est devenu préfet maritime et sur le compte duquel je t'ai promis plus de quelques lignes[5].

Je t'ai dit que mon aïeul avait trois fils; je viens de t'entretenir de l'aîné et de ses descendants; je n'ai donc plus qu'à te parler des deux autres, et je commencerai par le plus jeune, car j'ai seulement à t'apprendre qu'il mourut à l'île de Bourbon où il était officier dans un régiment, et sans avoir été marié. L'autre était mon père, plus particulièrement connu sous le nom de Chevalier de Beauregard, qui était celui d'une portion de la propriété de mon aïeul, dans les environs de la ville de Marmande, berceau de la famille[6].

C'était, alors, l'usage de distinguer ainsi les branches;

---

[1] M. de Bonnefoux de Saint-Laurent est mort en 1847.
[2] Marmande.
[3] Casimir de Bonnefoux se noya en se baignant dans la Garonne.
[4] Casimir-François de Bonnefoux, né à Marmande en 1761.
[5] Cette promesse a été tenue. Voyez, à la fin de ce volume, la notice consacrée à la vie du baron Casimir de Bonnefoux.
[6] Voyez Philippe Tamizey de Larroque, *Notice sur la ville de Marmande*, Villeneuve-sur-Lot, 1872, p. 115.

c'est même ainsi que les enfants du frère de mon aïeul reçurent dans l'Agenais le surnom de Bonneval. Quatre officiers de ce nom, dont trois émigrèrent aussi, et sur lesquels deux vivent encore, fixèrent longtemps l'attention de la province par la hauteur de leur taille, la beauté de leur personne, l'élégance de leurs manières et surtout par leur bonté.

Mon père naquit en 1735. Son éducation première se fit à la campagne où il se forma une santé robuste ; sa taille s'y développa avec avantage ; il y devint chasseur adroit, infatigable ; il prit part aux travaux des champs ; et, lorsque l'on pensa à le faire décorer d'une épaulette, on le prépara à paraître dans son régiment par quelques mois de séjour à Marmande, où de tout temps on a remarqué une société de bon ton, vive, spirituelle, et d'excellente école pour un jeune homme[1].

Mon père savait lire, écrire, compter, quand il lui fut permis de résider à Marmande ; son instruction ne fut pas ce qui l'occupa le plus ; aussi n'y gagna-t-elle pas beaucoup ; d'ailleurs les moyens manquaient dans cette petite ville ; mais il y acquit un vernis suffisant de bonne compagnie, une manière agréable de se présenter, de s'énoncer, et, quand il parut dans son corps, le chevalier de Beauregard, doué de la plus noble expression de figure qui fût jamais, ayant des traits fort beaux, une tournure élégante, une taille remarquable, un esprit aimable, fut accueilli avec enthousiasme.

La bataille de Fontenoy avait eu lieu en 1745 ; la paix l'avait suivie d'assez près ; c'est donc quelque temps avant

---

[1] M. Ph. de Tamizey de Larroque, dans la brochure citée, s'exprime de la façon suivante (p. 115) : « Le *Dictionnaire géographique, historique et politique des Gaules et de la France*, par Expilly, dont le premier volume, parut en 1763, donne à la ville de Marmande 931 feux, ce qui, à raison de cinq personnes par feu, représente un total de 4.655 habitants et à la communauté de Marmande (ville et campagne) 1.214 feux, soit 6.060 habitants. » Marmande est aujourd'hui chef-lieu d'arrondissement du Lot-et-Garonne et compte 10.000 habitants.

la guerre de 1756 à 1763, appelée la guerre de Sept Ans, que mon père entra au service. Il fallait alors au régiment se faire remarquer par quelque duel, hélas! le nouvel officier ne s'en acquitta que trop bien ; par suite d'une querelle frivole, il tua le chevalier d'Espagnac d'un coup d'épée, se sauva en Espagne ; mais ayant su qu'il était grâcié (car il y avait de très sévères lois sur le duel), il revint en France, se promit de ne se battre dorénavant, en combat singulier, qu'à la dernière extrémité, alla faire un plus digne usage de son bras contre les ennemis de la patrie, et s'attira, sur le champ de bataille, l'estime, l'amitié, la confiance de ses compagnons d'armes et de ses chefs.

Mon père avait vingt-huit ans quand il fut rendu aux plaisirs de la paix et des garnisons ; vingt-huit ans et un beau physique, une épaulette et des succès à la guerre, un esprit enjoué et un courage éprouvé contre les mauvais plaisants ; un nom connu, et qu'il retrouvait dans beaucoup de régiments. Que d'avantages ! quelle perspective de plaisirs !

Après avoir parcouru l'Allemagne en militaire, il eut l'occasion de voir l'Afrique et la cour du roi de Maroc, où il fut envoyé comme gentilhomme d'ambassade. Le fils du roi trouvait fort agréables la compagnie et les vins de ces Messieurs ; il se grisait devant eux, et mettait, par voie d'amusement ou peut-être par une curieuse instigation, le feu au sérail de son père. Un jour, courant au grand galop avec ces étourdis, il leur annonça un bon tour d'équitation, et, se précipitant vers un Turc qu'il apercevait à une grande distance, il lui fit voler la tête à dix pas d'un coup de cimeterre. On ne voit pas trop comment auraient fini ces extravagances, si l'ambassade n'avait repris le chemin de la France ; il en resta, à mon père, un fonds inépuisable d'histoires qui, avec les merveilles de mécanique de M. de Vaujuas, un de ses camarades, et les essais malencontreux dans l'art de voler dans les airs d'un autre officier, M. Regnier de Goué, oncle de

M. Calluaud[1], ont longtemps charmé les veillées du foyer domestique, et nous rendaient tous aussi curieux qu'attentifs. Il est pourtant juste de ne pas aller plus loin sans dire que la décollation du Turc fut sévèrement blâmée par les jeunes officiers français, et qu'ils ne consentirent à lier de nouvelles parties avec leur barbare compagnon de plaisir que sous promesse qu'il respecterait la vie des hommes.

Dans les garnisons où mon père se trouva après son voyage d'Afrique, la chasse occupa une partie de ses loisirs; mais on ne peut pas toujours chasser, et ce fut ce malheureux jeu qui vint en combler l'autre partie. Il gagna, il perdit, il fit des dettes, il se libéra; il ruina son colonel dans une nuit; à son tour il fut ruiné, il emprunta, il rendit; il acheta des bijoux, des chevaux, il les vendit... Cependant il faut observer que jamais il ne quittait une ville, sans être obligé d'avoir recours à son père qui, d'abord, paya, en l'avertissant toutefois que ces sommes seraient portées en décompte de ses droits à sa légitime ou portion de succession[2], et qui bientôt déclara qu'il ne paierait plus.

Cette détermination sévère mais juste fit naître quelques moments de repentir, pendant lesquels, pour chercher à couper le mal dans sa racine, le chevalier de Beauregard résolut de passer dans les colonies, croyant fuir ainsi les occasions que la société d'alors ne lui présentait que trop souvent en France.

Il s'était fait des connaissances distinguées; il obtint donc d'y être promptement envoyé avec le régiment de Vermandois[3], et profitant, en même temps, du crédit de

---

[1] M. Calluaud, receveur général des Finances à Angoulême, puis à Arras, était un ami de l'auteur. Son fils, M. Henri Calluaud, fut, en 1871, élu membre de l'Assemblée nationale par le département de la Somme. Il mourut à Bordeaux peu de temps après son élection.

[2] Légitime: portion de sa succession, dont le père ne pouvait pas disposer par testament au détriment de son enfant.

[3] Le régiment de Vermandois (aujourd'hui le 61ᵉ régiment d'Infanterie)

ses amis, il pensa qu'il se rendrait agréable à sa famille, en allant prendre congé d'elle avec un brevet d'admission gratuite du jeune chevalier de Bonnefoux[1], second fils de son frère aîné, dans une école d'où il sortirait pour entrer dans la Marine. Ce plan réussit à merveille ; le joueur fut oublié ; on ne vit plus que le fils revenu de ses erreurs, que le parent affectueux, que l'officier qui s'expatriait ! la visite fut douce pour tous, et mon père quitta la maison paternelle, éprouvant et laissant les plus vives émotions.

Suivant son usage cependant de mêler l'extraordinaire ou l'éclat à toutes ses actions, il ne voulut partir que soixante heures précises avant l'instant où on lui avait mandé que son régiment, alors à Brest, se rendrait à bord[2]. En conséquence, un cheval de poste se trouva à sa porte ; et, la montre à la main, il exécuta son projet et partit de Marmande en courrier. Un petit retard, qu'on lui fit éprouver à un relai où les chevaux étaient tous employés au dehors, fut sur le point de lui faire manquer son bâtiment ; toutefois il arriva à temps ; heureusement que ses camarades avaient pourvu, pour lui, à ces mille petits détails que nécessite un embarquement.

C'est aux Antilles que le régiment de Vermandois allait tenir garnison. La traversée ne présenta aucun incident remarquable ; on fit bonne chère à bord ; on y trouva des officiers de marine, qui sympathisèrent de jeunesse, de gaieté, avec les passagers ; on y joua même un peu ; mais tout se passa très bien. Une naïveté d'un camarade de mon père amusa surtout beaucoup ces Messieurs : ce pauvre jeune homme était horriblement malade du mal de mer ; il eut la maladresse de céder à un perfide conseil, et il

---

avait été affecté au service de la Marine et des Colonies, à la suite de la nouvelle organisation de l'infanterie, en date de décembre 1762. Voyez Louis Susane, *Histoire de l'ancienne infanterie française*, Paris, 1852, t. VI, p. 108.

[1] Il s'agit ici de Casimir de Bonnefoux, plus tard préfet maritime et baron, dont il sera question presque à chaque page de ce récit.

[2] Le régiment de Vermandois quitta Brest en octobre 1767.

écrivit au commandant « qu'il le priait en grâce d'arrêter le bâtiment (qui faisait grand sillage vent arrière) ne fut-ce que pour quelques minutes ». Il paraît que le commandant entendit fort bien la plaisanterie, car il répondit immédiatement au bas de la lettre : « Pas possible, Monsieur, nous sommes à la descente. » Mon père racontait ses histoires avec une grâce parfaite ; il les embellissait de traits piquants, de détails scientifiques ; il en était de même de ses lettres : le fond n'y était pas, l'orthographe non plus ; mais telle est l'influence de l'habitude de la bonne compagnie, que ceux qui entendaient ses paroles ou son style, auraient supposé un homme d'une éducation littéraire soignée. On a souvent dit que Mme de Sévigné n'écrivait pas correctement, et l'exemple de mon père me fait pencher à trouver ce fait possible.

L'intention de se soustraire aux occasions de jouer en allant aux colonies était, sans doute, très bonne ; mais c'était vraiment tomber de Charybde en Scylla. Les Antilles étaient alors dans leur plus beau temps ; la ville du Cap-Français, à Saint-Domingue, celle du Fort-Royal de la Martinique, n'avaient point de rivales au monde pour l'opulence, le luxe, la magnificence. Comment le jeu, dont les chances irritantes conviennent si bien au caractère des créoles, ne s'y serait-il pas établi en souverain ; comment, lorsqu'il se présentait sous les formes les plus séduisantes, mon père aurait-il résisté ?

Le chevalier de Beauregard visita toutes les Antilles françaises ; c'étaient donc, tous les jours, des dîners somptueux, des bals splendides, et des parties de vrai joueur. Une dame surtout, qui a rempli l'univers des produits d'une entreprise commerciale encore existante, Mme Anfoux, dont les liqueurs n'ont jamais été égalées, ne laissait jamais sortir les officiers qui allaient s'approvisionner chez elle, sans les faire participer à un repas exquis ; et l'on passait de la table de la salle à manger à celle du Pharaon ou du Craëbs, qui étaient couvertes de quadruples, de moïdes[1], de louis d'or ; à peine l'argent blanc osait-il s'y montrer !

Dans ces temps de préjugés sur la naissance, c'était déroger que d'accepter ainsi les invitations d'un chef de manufacture ; mais, ici, l'usage avait fait loi, et le plaisir, joint un peu, je suppose, à la réputation de chance habituellement contraire de Mme Anfoux, en perpétuait l'usage.

J'en ai bu, dans mon enfance, de cette liqueur qui réveillait tous les jeunes souvenirs de mon père ; et j'entendais toujours, en même temps, une historiette nouvelle sur la partie et sur ses phases diverses de tel jour ou sur le dîner qui l'avait précédée. Mon père aimait passionnément la bonne chère : c'était un travers du temps et un nouveau résultat de l'absence de goûts plus solides ; il poussait celui-ci jusqu'à se mêler de cuisine, et il prétendait tenir de la meilleure source le secret de la combinaison de certains plats où vraiment il excellait. J'imagine qu'il avait principalement recueilli ces notions chez les Bénédictins du Fort-Royal, au couvent desquels il y avait table ouverte et jeu de trictrac ; dans la description de ces dîners ou de ces parties, pas un mets, pas un convive, pas un joueur, pas un coup n'étaient oubliés ; mille amusantes anecdotes s'y trouvaient groupées ; il était vraiment facile d'y assister en idée, de s'en représenter la réalité.

Lorsque le chevalier de Beauregard fut rappelé en France[2], il est question de quatre cent mille francs qu'il avait conservés de ses gains au jeu, dans les colonies. Son régiment avait fait un long séjour dans ces pays ; il y était même devenu si populaire que j'en ai retrouvé le nom dans quelques chansons de nègres, qui ont été chantées jusqu'à moi.

---

[1] Moïde ou Moïdore, monnaie portugaise de 32 fr. 40.
[2] Le régiment de Vermandois fut rendu, en 1770, au service de terre et envoyé en garnison à Metz.

Revenir en France et avoir quatre cent mille francs, il y avait de quoi faire tourner la tête à bien des gens ! Mon père fut de ce nombre, et comme il se rendait à la garnison de Metz, il ne crut pas pouvoir être digne de la société des dames chanoinesses de cette ville, où l'on retrouvait plusieurs habitudes des Antilles, sans s'annoncer par le fracas d'un équipage à la dernière mode et de tous les accessoires d'usage, comme domestiques, livrée, chevaux de main, toilette et habits fort riches, etc. Un petit nègre était même de la maison comme signe caractéristique de luxe et cachet de position. Toutefois tant de constance de la part de la fortune devait se démentir. Sans te raconter toutes les tribulations que le chevalier de Beauregard éprouva à Metz, il n'est que trop vrai qu'il perdit tout ce qu'il avait, et au delà, qu'il emprunta, que son père refusa de payer, qu'il fut emprisonné pour dettes, qu'il fut sur le point d'être destitué, enfin qu'il ne sortit de prison que parce que sa mère, en pleurs, parvint à fléchir son mari ; mais plus de trente mille francs y passèrent, c'est-à-dire plus que sa légitime, en y comprenant les dettes précédemment acquittées.

Empressons-nous de jeter un voile sur cette période fatale ; et, pour respirer plus à l'aise, reprenons mon père en garnison à Béziers, où il se rendit après avoir quitté Metz, songeant à se marier, et ayant fait le serment sur une parole d'honneur qu'il n'a jamais violée, de ne plus, l'avenir, se livrer qu'à des jeux appelés de commerce ; tels que piquet, reversis, boston, etc., et qu'à un taux de société.

L'époque où mon père quitta Metz est, à peu près, celle où éclata la guerre de l'Indépendance des Etats-Unis d'Amérique. A l'exception, toutefois, d'un très petit corps d'armée qui y fut envoyé sous les ordres du comte de Rochambeau, la France n'y prit part que comme puissance maritime.

Le régiment de Vermandois, où mon père était alors

capitaine-commandant, continua donc, pendant cette période, à rester en garnison en France, et particulièrement dans le Midi.

Les parades ou revues de ce régiment étaient fort brillantes, à Béziers; elles se faisaient ou se passaient sur la vaste place de la Citadelle, d'où l'œil plane sur la verdoyante plaine de Saint-Pierre, et, par delà, va se perdre dans les flots azurés de la Méditerranée qui paraissent, eux-mêmes, bornés par un horizon à demi-teintes roses et bleues particulières à ces beaux climats. Deux balcons qui donnaient sur cette place appartenaient à M. Valadon[1], docteur-médecin formé à l'École de Montpellier, renommé pour son savoir, maître d'une jolie fortune, allié à plusieurs des meilleures familles du pays, telles que celles de Lirou, de Ginestet, et beau-frère de Bouillet[2] de l'Académie des Sciences de Berlin[3], qui était en même temps l'un de ces magistrats municipaux qu'en Languedoc on appelait encore consuls. M. Valadon avait deux filles que l'on voyait souvent, avec leurs jeunes amies, décorer ces balcons; l'aînée de ces demoiselles était une jolie brune, vive, piquante, mariée douze ou quinze ans après

---

[1] D'après le *Registre des Délibérations du chapitre de Saint-Nazaire de Béziers*. M. E. Sabatier (*Histoire de la ville et des évêques de Béziers*, Béziers et Paris, 1854, p. 400), cite M. Valadon comme étant premier consul de Béziers, le 13 novembre 1771. Il s'agit là probablement du grand-père de l'auteur.

[2] Jean-Henri-Nicolas Bouillet, né à Béziers, en 1729. D'après M. Henri Julia (*Histoire de Béziers ou Recherches sur la province du Languedoc*, Paris, 1845 p. 403), il devint docteur de la Faculté de Montpellier, et publia plusieurs mémoires. Jean-Henri-Nicolas Bouillet était le fils de Jean Bouillet, médecin, physicien et astronome, qui jouit pendant sa vie d'une réelle célébrité, et qui, né en 1690, à Servian près Béziers, mourut dans cette dernière ville, en 1777.

[3] Jean-Henri-Nicolas Bouillet était membre de l'Académie de Béziers, que son père fonda, en 1723, de concert avec Jean-Jacques Dortans de Mairan, et Antoine Portalon, et que les Lettres patentes de 1766 réorganisèrent sous le nom d'*Académie royale des Sciences et Belles-Lettres*. Appartenait-il, en outre, à l'Académie des Sciences de Berlin? Cela ne me paraît pas probable, et je crois que l'auteur l'a confondu, à ce point de vue, avec son père.

à M. d'Hémeric, retiré du service comme capitaine de cavalerie, et dont les saillies spirituelles ont, jusqu'à sa mort, attiré chez elle l'élite de la société. L'autre, moins jolie, peut-être, mais plus grande, plus belle femme, fut celle qui ne put voir, sans émotion, les grâces, la bonne mine du chevalier de Beauregard, âgé pourtant d'un peu plus de quarante ans, et qui devint ma mère.

Il était dit, cependant, que l'exaltation de ce brillant officier se manifesterait encore dans cette circonstance, où il faut tant de prudence et d'égards. M. Valadon, en père éclairé, avait pris des informations qui lui avaient fait connaître les fautes encore récentes du joueur, et il fit des objections bien naturelles, mais qui blessèrent vivement le chevalier de Beauregard. Quelques ménagements, un peu de temporisation, auraient tout aplani; loin de là, le prétendant abusa de l'ascendant qu'il avait sur un jeune cœur; il menaça de se tuer si l'objet de ses vœux ne consentait pas à un enlèvement, et il assigna une heure pour cet enlèvement, garantissant, au reste, que tout serait prêt pour un mariage en règle, à la première poste où on s'arrêterait. Mlle Valadon résistait; mais malheureusement le chevalier d'H..., l'un des camarades de mon père, était dans une position à peu près pareille; les deux jeunes personnes furent initiées au secret l'une de l'autre; on proposa de partir tous les quatre; et ces demoiselles, qui n'auraient pas accepté autrement, consentirent à un départ simultané.

Les torts furent grands de tous les côtés; mais, au moins, les paroles furent observées, les promesses tenues, les arrangements accomplis, et l'on s'était à peine aperçu du départ des fugitives qu'elles rentrèrent chez leurs pères, conduites par leurs maris, et implorant un pardon peu mérité. M. Valadon avait le cœur trop gros pour que la scène se passât sans orage; il parla longtemps avec amertume, et il termina, par les mots suivants, des apostrophes que des larmes et des sanglots avaient fréquemment interrompues : « Vous, Monsieur, pourquoi me demander ce qu'il n'est plus en mon pouvoir de refuser?

« Et vous, ma fille, vous avez, malgré moi, malgré vos devoirs, voulu vous lancer dans une sphère qui n'est ni la vôtre, ni la mienne; puissé-je me tromper; mais vous mourrez malheureuse!... » Hélas, il ne dit que trop vrai!

Ce mariage, dont les formes imprudentes sont judicieusement abolies par les stipulations de notre Code civil actuel, hâta peut-être la mort de mon grand-père, qui eut lieu peu de temps après; et l'on peut croire qu'alors il était encore sous l'influence des impressions fâcheuses qu'il en avait éprouvées, car il ne laissa à ma mère que la portion nommée légitime, résolution qu'il n'aurait pas prise, sans cela, on peut le présumer; quoique les usages du Languedoc fussent et soient toujours défavorables aux cadets.

Quatre enfants naquirent presque successivement de ce mariage, qui prospéra d'abord, comme on devait l'attendre de l'esprit d'ordre consommé de ma mère, de sa tendresse pour son mari, et du changement heureux qui s'opéra dans les habitudes de mon père. Il fut un excellent mari; et sa femme l'en récompensa par son dévouement, dévouement si passionné qu'il finit par lui coûter la vie à elle-même, comme tu le verras plus tard.

Ta tante Eugénie fut le premier de ces enfants; dès qu'elle fut d'âge à pouvoir profiter des leçons d'un pensionnat, on la plaça dans celui qui était alors connu très avantageusement dans toute la France sous le nom de couvent de Lévignac, près Toulouse. Quand elle en sortit, c'était une demoiselle d'une grande instruction, de manières très distinguées, d'une belle taille, et douée d'une figure où des yeux noirs veloutés faisaient une impression profonde, entourés qu'ils étaient d'une peau éblouissante de blancheur, de sourcils d'ébène, et de la chevelure la plus touffue. Le marquis de Lort, ancien chef d'escadre, lui fit une cour assidue; mais le joli, le loyal, l'agréable chevalier de Polhes, aujourd'hui baron de Maurcilhan, revenait à vingt-cinq ans d'une émigration où il avait été entraîné à l'âge de quinze, et quoique dans une position bien inférieure à celle du marquis de Lort, sous le rapport de la fortune, sa demande de la main de ma sœur fut acceptée par elle, et tous les jours elle s'en applaudit.

Joséphine fut le second enfant de mon père. Celle-ci avait, sans mélange, tous les traits distinctifs des Bonnefoux ; c'est-à-dire un teint ravissant, le nez aquilin, des yeux bleus d'une extrême douceur, quoique très vifs, et des cheveux d'un blond cendré charmant. Elle était remarquablement belle ; mais sa beauté ne put la sauver du trépas ; et à peine commençait-elle à frapper tous les regards qu'elle fut atteinte d'une maladie violente, et qu'elle y succomba.

Je naquis ensuite en 1782 ; j'avais tout au plus dix-huit mois, que la petite vérole fondit sur moi avec toute sa malignité. Les médecins me laissèrent pour mort ; la garde-malade me jeta le linceul sur la tête ; mais ma mère me découvrit vivement, et m'embrassa, m'étreignant avec tant de tendresse que j'en fus ranimé ! Il ne m'est resté de cette affreuse maladie que quelques marques sur la figure ; par compensation, peut-être, je n'ai pas eu, depuis lors, de maladie vraiment sérieuse. Quant à ma taille, elle est exactement devenue celle de mon père, cinq pieds cinq pouces.

Adélaïde, qui fut ma troisième sœur, mourut extrêmement jeune. Enfin, après une interruption assez longue, naquit ton oncle Laurent [1] ; et, quatre ans après, c'est-à-dire en 1792, un sixième enfant, qui reçut le nom d'Aglaé, mais qui, comme Adélaïde, nous fut enlevée en bas âge.

---

[1] Laurent de Bonnefoux portait, dans sa famille, le nom de Gustave, qui ne figurait nullement sur son acte de baptême. On avait voulu le distinguer ainsi de M. de Bonnefoux de Saint-Laurent, dont nous avons déjà eu l'occasion de parler. Nous ignorons, au contraire, pourquoi l'auteur de ces *Mémoires*, Pierre-Marie-Joseph de Bonnefoux, fut toujours appelé Léon par les siens.

CHAPITRE II

Sommaire: Mes premières années, le jardin de Valraz et son bassin. — Détachements du régiment de Vermandois en Corse, le chevalier de Beauregard à Ajaccio, ses relations avec la famille Bonaparte. — Voyage à Marmande. — M. de Campagnol, colonel de Napoléon. — Retour à Béziers. — La Fête du Chameau ou des Treilles — L'Ecole militaire de Pont-le-Voy. — Changement de son régime intérieur. — Renvoi des fils d'officiers. — A l'âge de onze ans et demi, je quitte Pont-le-Voy, vers la fin de 1793, pour me rendre à Béziers. — Rencontre du capitaine Desmarets. — *Cincinnatus* Bonnefoux. — Bordeaux et la guillotine. — Arrivée à Béziers.

Ma mère m'avait donné le jour; elle m'avait nourri de son lait; elle m'avait rendu la vie quand j'avais été abandonné, lors de ma petite vérole; j'eus ensuite le nez cassé dans une chute, et elle me prodigua les soins les plus touchants; une nouvelle chûte que je fis, la bouche portant sur un verre cassé et ma bonne par-dessus moi faillit me rendre ce qu'on appelle bec-de-lièvre (Ne dirait-on pas qu'il y avait une conjuration générale contre ma pauvre figure?) et il fallut à cette digne mère un mois d'assiduités et de veilles pour m'empêcher de détruire l'effet des appareils que les chirurgiens avaient mis sur mes lèvres; cependant ce ne fut pas tout, sa tendresse eut à supporter une nouvelle épreuve, car elle avait encore une fois à me disputer à la mort et à remporter la victoire sur cette redoutable ennemie.

Nulle part plus que dans ma ville natale on n'aime les parties de campagne : une salade en est ordinairement le prétexte; mais chacun apporte son plat, et la collation y est fort agréable, fort abondante, surtout lorsque la réunion se compose de personnes possédant de l'aisance, gaies, aimables, et vivant sous un des plus riants climats de l'univers. De charmants jardins avoisinent la ville de

Béziers ; celui de Valraz avait alors la vogue. On venait d'y goûter. Les dames, les cavaliers, se promenaient sur la terrasse ; les bonnes dansaient des rondes au dessous, et les enfants folâtraient alentour. Tout à coup je me sens poussé. Je recule de quelques pas ; je rencontre un tertre d'un pied d'élévation ; je tombe à la renverse, et il me reste encore, de cette scène, l'ineffaçable souvenir de la magnifique voûte azurée du ciel du Languedoc, que je n'avais jamais remarquée jusque-là, et qui se déroula tout entière à mes yeux ; mais un froid glacial vint suspendre mon admiration, j'étais dans un bassin de six pieds de profondeur !... mes camarades, seuls, m'avaient vu tomber ; stupéfaits, ils n'osaient proférer une parole, et les bonnes dansaient toujours, lorsqu'un cri perçant se fit entendre. Quel pouvait-il être, si ce n'est celui d'une mère dont l'œil vigilant ne découvre plus son fils, et qui, à l'embarras des autres enfants, devine l'affreuse vérité ? S'élancer vers le bassin en faisant retentir l'air de ces mots déchirants : « Mon fils est noyé ! » fut pour ma mère l'acte d'un instant ; mais un officier du régiment de Médoc, qui était au bas de la terrasse, lui barra le passage, la saisit par la taille et l'arrêta. Cet officier apprit, à ses dépens, ce qu'il en coûte de lutter contre l'énergique passion de l'amour maternel ; ses bas de soie furent mis en lambeaux, et ses jambes, en sang, par les hauts talons (alors à la mode) de sa prisonnière ; ses mains, sa figure furent en vingt endroits égratignés jusqu'au vif ; mais la belle taille qu'il tenait captive ne lui échappa point, et pendant ce temps un jardinier m'avait retiré du bassin et m'avait remis à mon père, qui, averti dans le salon d'où il n'était pas sorti après la collation, était accouru, et arriva pour me recevoir.

Trois fois j'avais reparu sur l'eau, et trois fois j'étais retombé au fond ; la vie n'était plus en moi qu'à sa dernière période ; aussi tous les soins du monde ne purent-ils la rappeler qu'après un quart d'heure de la mort la plus apparente. Tous avaient renoncé à me sauver ; ma mère, seule, ne s'était pas découragée. Elle me serrait de ses bras caressants ; elle me réchauffait de son corps, et sa bouche, collée sur la mienne, m'envoyait sa bienfaisante haleine, afin de rendre leur jeu à mes poumons affaissés. C'est dans cette position que je la vis lorsque mes yeux se rouvrirent. Mes mains se croisèrent autour de son cou, comme pour la remercier ; elle fut atterrée de bonheur ! Je n'avais pas quatre ans ; mais cette scène pathétique est encore devant mes yeux, comme si elle était d'hier.

Promenant ensuite mes regards autour de moi, je vis, avec une sorte de terreur, quarante spectateurs immobiles ; mais, tel est le caractère frivole de l'enfance qu'apercevant un grand feu devant la porte du salon et la jardinière y faisant chauffer pour moi une ample chemise rousse, en la tenant fermée au collet par ses mains, et la faisant tourner et gonfler vivement autour de la flamme, je partis d'un grand éclat de rire à ce spectacle inconnu...

Jusqu'alors il était resté quelque doute à ma mère sur mon salut ; mais ce rire inattendu la rassura complètement.

Dès lors, n'ayant plus besoin de l'effort surnaturel de courage avec lequel elle avait surmonté de si pénibles émotions, elle céda à l'épuisement de ses forces, et elle s'évanouit. Son retour à la connaissance fut bien doux, car j'étais tout à fait remis, et elle put, à son aise, se livrer aux transports de sa joie.

La Corse avait été réunie à la France en 1769 ; quelques années après le mariage de mon père, le régiment de Vermandois avait été tenu d'y fournir un certain nombre d'hommes de garnison. C'était un pays quasi barbare, d'une population ingouvernable, couvert de forêts où abondaient des sangliers redoutables. Lorsque mon père était forcé de quitter Béziers, il n'était jamais plus heureux que lorsque c'était pour aller dans cette île, où son activité, son courage, son goût pour la chasse qui ne s'était pas affaibli, trouvaient des aliments réitérés. Il se plaisait à gravir les rochers, à explorer les bois, à réduire les insurgés, autant qu'à affronter les terribles sangliers, à la poursuite desquels il courut souvent des dangers plus menaçants que dans ses autres excursions où, cependant, il avait, une fois, été atteint d'un coup de fusil à la jambe gauche.

Toutefois Bastia et Ajaccio lui procuraient de temps en temps d'agréables moments de repos ou de distraction. Ce fut à Ajaccio qu'il vit briller Mme Lœtitia Bonaparte, alors dans la fleur de l'âge, et qui faisait l'ornement de la société qu'on trouvait réunie chez le gouverneur de l'île, M. le comte de Marbeuf. Elle était mère de huit enfants, et lorsque mon père leur adressait de ces paroles aimables qui sortaient si gracieusement de sa bouche, il était loin de prévoir les hautes destinées de cette famille. Mme Lœtitia, encore vivante, n'a perdu qu'un de ses enfants : Napoléon, son second fils.

Mon père avait, en outre, quelques congés pour revenir à Béziers. C'étaient alors des moments charmants. Ma mère quittait la réclusion où, pendant l'absence de son mari, elle se condamnait sévèrement, afin de s'occuper, sans partage, des détails de sa maison ; nous n'entendions plus parler que de fêtes ou de parties, et, une fois entre autres, nous exécutâmes celle d'aller à Marmande, voir mon respectable aïeul et les diverses personnes de la famille dont il était le chef.

Nous traversâmes le Languedoc sur le bateau de poste du canal du Midi ; il s'y trouvait, à l'aller comme au retour, des officiers, des dames, des enfants, qui me parurent d'une grande amabilité ; j'en ai conservé les souvenirs les plus agréables.

Arrivés à Marmande, non seulement nous visitâmes la famille qui, alors, s'y trouvant presque au grand complet, nous présenta une réunion de jeunes et brillants officiers, de charmantes filles, leurs sœurs ou leurs cousines, mais encore nous visitâmes tous les lieux des environs où se trouvait quelque Bonnefoux; nous allâmes même jusqu'en Périgord ; et, dans nos tournées, nous eûmes l'occasion de voir un de nos parents, M. de Campagnol. Il était officier supérieur d'artillerie, et, depuis, il devint le colonel d'un régiment dans lequel servait Napoléon[1].

Ma mère fut accueillie comme devait l'être une dame de son mérite. Quant à moi, je gagnai complètement les bonnes grâces de mon aïeul, et celles du chevalier de Bonnefoux, qui servait dans la marine. Mon aïeul avait, sur la cheminée de sa chambre, un petit soldat en ivoire auquel il tenait beaucoup et dont il arriva que j'eus grande envie. Il me le donna avant notre départ; mais il fit la remarque qu'il avait été vaincu par ma persévérance et par l'adresse avec laquelle j'avais fait changer ses dispositions, qui n'étaient nullement de me faire ce cadeau, dont j'étais si fier.

Ce que mon aïeul avait la bonté d'appeler de la persévérance était souvent de l'entêtement, défaut très grand, que, dans mon enfance, j'ai, quelquefois, poussé jusqu'à l'excès, qui a fait verser bien des larmes à ma mère, mais que mon père traitait avec beaucoup de discernement, quoiqu'il y mît une juste sévérité. Notre retour à Béziers

---

[1] Isaac-Jacques Delard de Campagnol naquit, le 19 janvier 1732, au château de la Coste, paroisse de Saint-Léger, juridiction de Penne en Agenais, généralité de Bordeaux, aujourd'hui commune de Saint-Léger, canton de Penne (Lot-et-Garonne). Collaborateur et ami de Gribeauval, ce fut un des officiers d'artillerie les plus distingués du xviiie siècle, et son nom mérite d'être cité à côté de ceux de d'Aboville et de Sénarmont. Il servit pendant cinquante-quatre ans, fit neuf campagnes, prit part à sept sièges et à dix batailles. Lieutenant-colonel en 1781, sous-directeur d'artillerie à la Fère, il devint colonel le 1er avril 1791 et commandait à Grenoble, en 1791 et 1792, le quatrième régiment d'artillerie, auquel appartenait Napoléon. Général de brigade, le 1er prairial an III, il commanda, par intérim, l'artillerie de l'armée des Alpes et prit ensuite sa retraite. Le général de Campagnol mourut au château de la Coste, le 28 juin 1809.

fut marqué par la célébration d'une fête locale, qui porte le caractère, ainsi qu'on le remarque assez souvent dans le Midi, soit des rites du paganisme, soit de quelque fait historique important. Quoi qu'il en soit, cette fête a beaucoup d'éclat. Le jour qu'on lui assigne est celui de l'Ascension, c'est-à-dire l'époque la plus riante de l'année, dans un climat qui, lui-même, est d'une grande beauté; mais on ne la célèbre pas tous les ans; il faut de la joie dans les esprits, qui se rattache à quelque événement remarquable, et elle entraîne à de fortes dépenses; ainsi, depuis lors, on ne l'a guère plus revue qu'à la paix de 1802 et à celle de 1814[1]; on l'appelle « Fête du Chameau » ou plus agréablement « Fête des Treilles ».

Il paraît que lorsque les Maures pénétrèrent en France, d'où ils furent chassés à jamais par la valeur de Charles-Martel, ils éprouvèrent à Béziers une résistance à laquelle ils ne s'attendaient pas. Un guerrier de cette ville, nommé *Pépézuk*[2], les attaqua dans la rue Française où ils étaient déjà entrés, en fit un grand carnage et les repoussa hors la ville. On voit encore, au lieu même de cette rue où *Pépézuk* arrêta les ennemis, la statue de ce guerrier, en marbre, scellée dans une encoignure, mais dégradée, mutilée par le temps, et réduite à une masse informe. C'est l'anniversaire de cet exploit que l'on célèbre encore en ce pays.

---

[1] M. Henri Julia, *Histoire de Béziers ou Recherches sur la province du Languedoc*, Paris, 1845, qui appelle notre fête, *Fête des Caritachs* (Charités), dit au contraire, p. 360, « qu'elle a cessé à la Révolution française. qui ne se montra pas bienveillante pour le quadrupède d'Orient. On le fit brûler; puis on le porta sur la liste des émigrés pour s'emparer de son fief ». Que ce dernier trait assez piquant soit exact, on peut l'admettre; mais ce n'est pas une raison pour que la *Fête du Chameau* n'ait pas été de nouveau célébrée en 1802 et en 1814.

[2] M. Henri Julia, *op. cit.*, p. 359, parle de la statue de *Montpésuc*, « ce héros qui sauva la ville en la défendant contre les Anglais ». Ces divergences dans les traditions populaires ne doivent pas, d'ailleurs, nous étonner.

Un chameau gigantesque, en bois recouvert d'étoffes[1], sort de la mairie, logeant dans ses flancs des hommes qui profitent des stations pour lui faire jeter des gorgées de dragées et de bonbons; il précède une charrette traînée par cent mules harnachées avec luxe, et la charrette porte cinquante couples de jeunes gens, de jeunes filles, ornés de vêtements blancs, de bouquets, de rubans roses, et que la ville marie ce jour-là et dote en partie. Ce sont les principaux acteurs de la fête; ils tiennent chacun, dans chaque main, un cerceau garni de pampres, de feuilles et de rubans[2]; l'autre bout du cerceau est pris par le vis-à-vis, qui est toujours d'un sexe différent, et quand ils arrivent sur les places ou sur les promenades, nos mariés, animés par une excellente musique, et en chantant l'air délicieux des Treilles, exécutent des danses charmantes, et font, sous leurs cerceaux, mille figures, mille passes ravissantes.

Les autorités, les notables assistent au cortège en grande cérémonie; chaque habitant fait une vaste provision de bonbons, et quand le signal est donné, on se sert de ces bonbons comme de projectiles, et la guerre commence. Malheur au propriétaire qui n'a pas fait démonter ses carreaux de vitres! Bientôt on s'en jette les uns aux autres, et la terre en est littéralement jonchée. On voit souvent des gens riches en dépenser pour mille écus; et l'on dit que, le jour dont je te parle, M. le Lieutenant-Général de Goyon en acheta pour 25.000 francs!

[1] M. Julia p. 354, parle d'un chameau de bois revêtu d'une toile peinte sur laquelle on voyait les armoiries de la ville et les deux inscriptions latine et romaine : *Ex antiquitate renascor. Sen fosso* (nous sommes nombreux) ». D'après la tradition locale, ce chameau représentait celui de saint Aphrodite, martyrisé à Béziers.

[2] Lorsque, le 26 juin 1777, le comte de Provence, plus tard Louis XVIII arriva à Béziers, il fut reçu dans le palais épiscopal par l'évêque, Mgr de Nicolaï. « Le prince marcha avec sa suite et monta jusqu'au perron sous la voûte gracieuse des cerceaux de la danse des Treilles », nous dit M. E. Sabatier, *Histoire de la ville et des évêques de Béziers*, Béziers et Paris, 1854, p. 402.

Je te le demande : quelle fête pour des enfants ! j'en fus tout ébahi ! je m'en retrace jusqu'à la moindre circonstance ; et je vois, quand je le veux, mon oncle Bouillet[1] quitter le cortège, s'approcher de moi en relevant sa robe rouge de Consul, et sortir de sa poche une belle orange confite qu'il m'avait destinée.

Don Quichotte, toujours si sensé quand il n'est question ni de chevalerie errante, ni d'enchantements, prouve, dans un fort beau discours, la prééminence des armes sur les lettres ; mais il dit ailleurs que si l'épée n'émousse pas la plume, la plume, non plus, n'émousse pas l'épée. C'est une vérité que l'on a longtemps méconnue en France, mais que le bon esprit de mon père, ainsi que sa propre expérience, lui firent apprécier ; aussi, quoique l'usage fût alors peu répandu de cultiver l'esprit des jeunes gens destinés à la carrière militaire, mon père fut-il des premiers à sortir de cette voie, et il employa pour nous ce qu'il avait d'autorité, de ressources, de crédit, d'amis.

Comme vous, mes enfants, j'ai appris à lire et à écrire en même temps qu'à parler. Plutarque dit que l'enfance a plus besoin de guides pour la lecture que pour la marche ; je n'en eus qu'un pour tous ces exercices, et ce fut ma mère. Ses tendres soins en furent bien récompensés ; car un soir, laborieusement placé derrière un paravent, j'écrivis, à l'âge de quatre ans, une lettre toute de ma composition, à ma sœur qui était à Lévignac ; il y avait beaucoup de monde dans le salon lorsque j'allai montrer à ma mère ce que je venais d'écrire. Elle en fut si fière qu'elle en fit la lecture tout haut ; et bientôt la lettre et l'auteur, passant de mains en mains, furent comblés de compliments, de caresses et de bonbons.

Il fallut alors donner un peu plus de suite à mes travaux ; je fus placé dans les meilleures écoles de la ville ;

---

[1] Voyez plus haut.

mais mon père ne perdait pas de vue son projet favori d'éducation complète. Il pressa donc ses démarches, et obtint, à cause de ses services, de ceux de sa famille et de la modicité de sa fortune, une admission gratuite pour moi, reversible ensuite sur mon frère, à l'Ecole, alors militaire, de Pont-le-Voy; je fis mes preuves d'instruction suffisante et j'y entrai en sixième, étant à peine âgé de huit ans.

Je ne dirai pas toutes les larmes de ma mère à mon départ; mon père, obligé de retourner chez lui, ne put me conduire que jusqu'à Marmande; il prit cependant le temps de faire une visite à Lévignac, où j'eus bien de la joie en embrassant une sœur que j'ai toujours tendrement aimée; livré, ensuite, à celui de mes cousins, qui, depuis, mourut pendant l'émigration, et qui passait par Tours pour rejoindre son régiment, j'achevais ma route avec cet affectueux parent.

Je ne crois pas qu'il ait jamais existé de collège où l'esprit des élèves fût meilleur, sous tous les rapports, que celui de Pont-le-Voy[1], lorsque j'y arrivai. Pas de mauvais traitements aux nouveau-venus, nulle jalousie entre camarades, aucun souvenir fâcheux des torts passés, dévouement complet en toute circonstance, enjouement naïf de la jeunesse; mais rien au delà; confraternité parfaite, enfin; voilà ce que j'y trouvai.

Trop jeune, disait-on, à la fin de l'année scolaire, pour passer au second bataillon que nous appelions la Cour des Moyens, on voulait me faire doubler ma sixième; toutefois mes compositions de prix furent si bonnes qu'il fallut renoncer à cette idée, et j'entrai en cinquième, qui se faisait dans cette cour. J'étais le plus jeune et le plus

---

[1] Pont-le-Voy, ou Pontlevoy, est une commune du département de Loir-et-Cher, arrondissement de Blois, canton de Montrichard. Le collège subsiste encore aujourd'hui; des prêtres séculiers le dirigent. Sous l'ancien régime, la congrégation de Saint-Maur y avait un collège, qui depuis 1764, jouissait du titre d'Ecole royale militaire.

petit du bataillon ; mais mon rang dans la classe m'y valut beaucoup d'amis ; et comme, d'ailleurs, j'excellai au jeu de cercle, que nulle part je n'ai vu jouer avec plus de combinaisons ni avec tant de perfection, comme je sautais assez bien à la corde, et que j'étais très fort à la paume, ainsi qu'au jet de pierres ou ardoises, je fus bientôt recherché par les élèves des autres classes, et je devins un petit personnage.

Le jeu des pierres est un exercice que nous pratiquions dans nos sorties avec une espèce de passion ; il y faut de la souplesse, du coup d'œil, et il peut avoir des résultats fort utiles. Je me suis, depuis lors, souvent saisi d'un gros caillou pour me défendre, et je crois encore qu'avec une telle arme je ne craindrais pas, à l'improviste, l'attaque d'un homme que j'aurais le temps de voir venir, eût-il le sabre à la main. Nous tuions des rats, des grenouilles, des mulots, des oiseaux, nous cassions des branches d'arbres assez fortes, et cela à de grandes distances.

J'achevai ma cinquième, ma quatrième, et je commençais ma troisième, lorsque des événements qui bouleversèrent l'Europe ne manquèrent pas d'avoir leur contre-coup à Pont-le-Voy. La Révolution avait éclaté ; Louis XVI avait porté sa tête sur l'échafaud ; nos chefs et nos professeurs avaient été changés. Les nouveaux nous arrivèrent avec le costume, les discours, les chansons de l'époque ; ils crurent faire merveille en nous organisant en clubs, en nous abonnant aux journaux, en nous initiant aux folies du moment. Nous en prîmes bientôt la licence. « Qui sème du vent, récolte des tempêtes. » L'axiome ne tarda pas à se vérifier. En parodie burlesque des héros de

---

[1] D'après un certificat délivré, le 29 octobre 1814, par le directeur du collège de Pont-le-Voy, Pierre-Marie-Joseph de Bonnefoux est entré, le 6 décembre 1790 à l'École royale et militaire de Pont-le-Voy, en exécution des ordres de M. de la Tour du Pin, ministre de la Guerre, en date du 24 octobre de la même année.

la Bastille, nous nous portâmes en masse sur nos prisons que nous démolîmes; pour célébrer dignement les fêtes républicaines, nous exigions des semaines entières de congé qu'on n'osait refuser; à la moindre punition d'un élève, nous cassions les vitres; lorsqu'on voulait nous empêcher d'aller nous promener, nous enfoncions, nous brisions les portes, et nous dévastions la campagne; une fois même, nous allâmes attaquer le village voisin de Montrichard, accusé d'être peu républicain, et profitant de l'isolement où il était momentanément, attendu que les hommes étaient occupés aux travaux des champs, nous en rapportâmes force marteaux, haches, broches et autres armes ou instruments, sans compter une ample provision de pommes... Enfin ce séjour d'étude, d'émulation, de paix et de bonheur, n'était plus qu'un repaire d'animaux malfaisants.

Telle était devenue cette admirable école, lorsque le Gouvernement, réfléchissant, dans sa prétendue sagesse, qu'on ne devait plus rien à d'anciens militaires, puisqu'ils avaient servi, jusque-là, autre chose qu'une soi-disant république de quatre jours, ordonna que, dans tous les collèges, on renverrait les fils de ces militaires. En conséquence, à la fin de 1793[1], sans aucun avis préalable à nos familles, on expédia du collège deux cents d'entre nous, qui furent déposés à Blois et à Tours, avec un petit paquet de linge plié dans un mouchoir bleu, un assignat de trois cents francs, qui, alors, en valait à peine la moitié, un passeport, un certificat de civisme, et la liberté de nous orienter, de nous diriger, de voyager à notre fantaisie. J'avais onze ans et demi; destiné pour le Midi, c'est à Tours que je fus déposé et abandonné, seul, sans connaissances ni ressources.

J'avoue que je fus un peu bien embarrassé d'être si libre. Ma première pensée fut de voir la ville. J'en par-

---

[1] Le 30 octobre 1793.

courus tous les recoins, et je sortais d'une ménagerie ambulante, stationnée près du pont, pour aller prendre langue au bureau des diligences, lorsque je me sentis frapper sur l'épaule. J'avais lu, récemment, *Don Gusman d'Alfarache;* aussi étais-je bien en garde contre les voleurs, et je portais mon paquet avec moi dans mes courses; mon premier mouvement fut de le serrer vivement contre ma poitrine, et de me baisser pour ramasser un caillou! me retournant bientôt, je reconnus un de mes camarades, nommé Mayaud, fils d'un négociant de Tours et que son père, voyant la tournure que prenaient les affaires, avait prudemment retiré de l'Ecole depuis trois mois; il allait à la campagne. Il me proposa de l'y accompagner; je n'eus garde de refuser. J'y fus parfaitement accueilli, et, comme, chez lui ou dans le voisinage, il avait beaucoup de frères, de cousins, d'amis, de parents, de parentes, d'amies, de cousines et de sœurs, je m'y trouvai complètement heureux, quoique, une fois, on m'y joua le tour de cacher mon paquet, que je fus deux heures à retrouver; je crus que j'en deviendrais malade; mais à mon tour, je le cachai si bien que la plaisanterie ne put pas se renouveler.

Quinze jours si bien employés s'écoulèrent comme un songe; j'avais, en arrivant, écrit à ma mère, et je serais resté bien plus longtemps dans ce séjour enchanté, si l'on ne m'avait demandé si je ne craignais pas que ma famille fût inquiète sur mon compte. A ces mots, je pris mon chapeau, et je m'acheminai pour aller dénicher mon paquet chéri; on crut m'avoir blessé; mais il n'en était rien, car je n'agissais que par l'impulsion de mon cœur; on s'en justifia, cependant; mais il fut convenu qu'on irait arrêter ma place et que je partirais trois jours après; ce furent donc trois jours où la politique fut mise de côté et remplacée par mille amusements de mon âge; je fus accompagné à Tours par le cortège entier de mes camarades et nouvelles connaissances. Tant d'amitiés de leur part, tant de cordialité de celle de leurs parents, me touchèrent aux larmes, et j'en serai éternellement reconnaissant.

A la première dînée sur la route de Bordeaux, je vis que j'étais l'objet de la curiosité générale, et, dans le fait, j'étais passablement remarquable, pour ne pas dire grotesque. Je portais un chapeau à trois cornes et un habit du modèle de ceux des Invalides actuels. J'avais, en outre, des culottes courtes avec boucles d'argent et des bas bleus; il ne faut pas oublier que mon paquet entrait dans la voiture avec moi, qu'il en sortait avec moi, et qu'alors je l'avais sous le bras. Néanmoins je me chauffais assez gravement, lorsqu'un voyageur de près de 6 pieds de haut vient à moi et me demande pourquoi il y avait trois trous sur chacun de mes boutons. « Parce que, répondis-je, il y avait trois fleurs de lys, et qu'un républicain ne porte plus de ça depuis la mort du tyran! » C'en fut assez pour gagner les bonnes grâces de mon interlocuteur. Alors il me demanda mon nom; je lui dis que je m'appelais *Cincinnatus* Bonnefoux; je n'avais pas achevé qu'il m'avait embrassé; ensuite il me fit raconter mon histoire, et, lorsqu'il apprit notre attaque de la Bastille, la prise de Montrichard, et que je lui eus dit que je savais toutes les chansons républicaines, il me pressa dans ses bras à m'étouffer; il me dit qu'il était le capitaine Desmarets, qu'il venait du siège de Thionville, qu'il se rendait à l'armée des Pyrénées occidentales, qu'il serait, un jour, général, qu'alors il m'écrirait de venir auprès de lui comme aide de camp, et il se déclara mon protecteur. Dès ce moment, à table, en voiture, à l'hôtel, il me fit toujours placer à côté de lui, et vraiment il me soigna avec intérêt. C'est encore un service que jamais, non plus, je n'oublierai, malgré le caractère féroce de ce citoyen, dont j'aurai l'occasion de parler encore une fois.

Depuis mon entrée à l'Ecole militaire, la famille avait

éprouvé de grands revers, dont je parlerai bientôt avec plus de détails. On me les avait laissé ignorer; je m'en aperçus pourtant d'une manière assez concluante par la privation de l'argent alloué par semaines aux menus plaisirs et par celle de toute espèce de vacances. Trois années passées ainsi, et de huit à onze ans, furent bien dures pour celui qui était accoutumé à toutes les douceurs de la maison paternelle; et mon expulsion avec 300 francs et un petit paquet *à moi*, après tant de gêne et de réclusion, étaient une liberté, une fortune, une responsabilité dont le poids m'embarrassait beaucoup. Heureusement que le capitaine Desmarest était venu fort à propos pour me soulager en partie de ce pesant fardeau.

Si mon accoutrement me faisait paraitre grotesque, il faut convenir que le sien ne pouvait que lui rendre le même service à mes yeux. Il portait une forêt de barbe, de moustaches et de favoris; sa tête était surmontée d'un bonnet de voyage tout rouge, fait en forme de bonnet phrygien et du bout duquel pendait une large cocarde qui se balançait sur son épaule. Il avait le pantalon bleu collant des sans-culottes, la veste appelée carmagnole, une épaulette et une contre-épaulette négligemment rejetées sur le dos, des bottines larges et courtes, et, enfin, un grand sabre traînant qui faisait, à chacun de ses mouvements, un vacarme épouvantable. C'est avec ce costume qu'il avait la prétention d'être un des officiers les plus élégants de l'armée. J'oubliais de dire que sa pipe n'abandonnait presque jamais sa bouche.

Avec cet extérieur, sa voix était formidable, ses gestes énergiques, son élocution véhémente; je ne l'ai presque jamais vu sans l'apparence de la colère, je ne l'ai jamais entendu parler sans une multitude de jurements et d'imprécations. Un soir, entre autres, à Châtellerault, nous soupions, et il découpait une poule d'Inde; il y avait une vingtaine de personnes réunies. Il entendit, vers un bout de la table, quelques paroles qu'il crut mal sonnantes contre sa sainte République; il se leva alors, se mit à pérorer avec tant de violence, à agiter son grand couteau, sa grande fourchette, avec tant de menaces que chacun fut effrayé. On ne souffla plus le mot, on ne mangea plus; on n'osait pourtant pas se retirer; et, moi-même, si fort de sa protection, je fus interdit. Je repris cependant un peu de courage, quand je lui entendis dire qu'il ne voyait de républicains à cette table que son cher Cincinnatus et lui, et qu'il n'y avait que lui et moi de vraiment dignes de boire à la santé de la République et d'en chanter les louanges; ce que nous fîmes l'un et l'autre avec un air d'enthousiasme fort risible, apparemment, et en quoi, de bon ou de mauvais gré, nous fûmes joints par nos convives tremblants et consternés.

Néanmoins, tout en chantant des chansons patriotiques, et déclamant contre les aristocrates, le citoyen Desmarest ne me conduisit pas moins à Bordeaux, sain et sauf, avec mon paquet, et moitié à peu près de mes cent écus. Il se rendit même aux diligences afin d'y arrêter ma place pour Toulouse; mais, avant de me quitter, il voulut, avec beaucoup de solennité, me donner quelques leçons civiques de son catéchisme particulier; le théâtre qu'il choisit fut fort bien adapté pour la leçon, car ce fut celui même de la guillotine, placée sur la place de la porte Salinière.

Jamais la parole de cet énergumène n'avait été si animée, jamais son geste plus menaçant, jamais son regard plus farouche; son texte fut la noblesse et l'égalité (comme il entendait l'une et l'autre), l'infraction aux maximes républicaines (suivant les notions du temps) et l'instrument qui devait la punir, et qui était la conclusion ordinaire des affaires de cette époque.

Il me le fit toucher, cet instrument fatal, et, finissant par une péroraison vraiment diabolique, tant elle était sanguinaire, il fit devant moi vingt serments et me reconduisit pour enfin m'abandonner à moi-même et à mes réflexions. Celles-ci ne furent pas longues; car heureusement, une exagération si outrée, et qui avait son côté comique, eut, sur mon intelligence, un effet tout opposé à celui que, sans doute, il en attendait. Je n'eus rien, en effet, de plus pressé que de revenir à mon rôle d'écolier, et tout en contrefaisant ce Mentor sans-culotte et bonnet-rouge, je poussai presque aussitôt de vifs éclats de rire sur la partie ridicule de sa personne, de sa déclamation, de ses expressions; et, malgré ce que je devais à ses bons soins dont je ne cessai pas d'être touché, je me promis bien, étant éclairé par l'expérience d'un voyage de cent lieues, d'achever les cent autres lieues sans me mettre sous la protection, ni dans la dépendance de personne. Tel fut mon début dans le monde; l'épreuve fut mémorable; mais elle ne dura pas longtemps.

Je fis très bien ma route jusqu'à Toulouse. Un voyageur qui devait, dans deux jours, continuer vers Marseille, me proposa, si je voulais rester deux jours avec lui, de me déposer, en passant, à Béziers; mais je sus fort bien le remercier, et lui dire que je ne pouvais plus différer de rejoindre mes parents, et que, d'ailleurs, je connaissais le canal du Languedoc que j'avais déjà parcouru trois fois. J'y mis beaucoup d'aplomb; il n'insista pas; et prenant, tout seul, la voie du canal, j'arrivai encore avec quelque argent, et tout fier de n'avoir pas perdu une seule pièce de mon paquet, que je n'avais pas un seul instant abandonné.

Ma poitrine se souleva avec force quand j'aperçus l'aspect imposant de l'évêché de Béziers et de l'église de Saint-Nazaire qui en était la cathédrale. Je sors de la barque, avec empressement, dès qu'elle accoste, je prends mon élan, et d'un seul trait j'arrive en courant. Bientôt je me trouve dans notre rue, dans notre cour, à notre porte; j'entre... Mais quel spectacle déchirant se présente à mes yeux! un cri perçant se fait entendre: c'était ma mère qui l'avait jeté, et déjà elle était dans mes bras.

Hélas! ce n'était plus cette femme à la figure fraîche, heureuse et agréable, ce n'était plus cette taille admirable qui attirait tous les regards, ce n'était plus cette élégance de toilette qui en faisait une femme si remarquable; en un mot, elle parut comme un fantôme qui s'était levé et qui avait volé à ma rencontre. Les larmes furent abondantes de part et d'autre; je n'osais questionner, on n'osait parler; il fallut bien pourtant rompre le silence, car le vide irréparable du chef de famille ne se faisait que trop apercevoir, et je demandai mon père. Ce furent alors de nouveaux sanglots, des spasmes, des convulsions, que dirai-je, une agonie entière pendant laquelle des mots entrecoupés me révélèrent que mon père, parent d'émigrés et qui avait préféré broyer sa croix de Saint-Louis dans un mortier plutôt que de la remettre en d'indignes mains, avait, par ces motifs, été emprisonné. Peut-être, avant un mois, serait-il jugé et guillotiné!

A ce mot de guillotine, de cet horrible instrument que l'énergumène Desmarest m'avait fait toucher, au souvenir de son exécrable discours, au rapprochement de la scène de Bordeaux et de celle où j'étais encore acteur à ce moment, et qui m'apprenait les périls de ma famille, je devins à mon tour comme égaré, et il fallut bien du temps pour nous remettre tous d'aussi vives émotions.

Cependant j'étais rentré à la maison pendant l'heure du dîner; mon frère, âgé de cinq ans, effrayé de l'uniforme bleu que je portais, s'était caché sous la table; ma sœur Eugénie, avec sa tendresse accoutumée, m'accablait de caresses et cherchait à ramener le calme; mais de quelle robe grossière, quoique propre et bien faite, je voyais cette sœur couverte! quelle figure souffrante et malheureuse elle me montrait! enfin sur cette même table où, jusqu'à mon départ, avait régné l'abondance, la recherche même de temps en temps, quel dîner s'y trouvait? des lentilles, des œufs et du pain noir! Oui, du pain noir, du pain de fèves et de maïs; car le Gouvernement d'alors, repoussé, isolé de l'univers entier par ses doctrines anti-sociales, n'avait su, ni pu, par des opérations commerciales, remédier aux mauvaises récoltes qui, pour comble de maux, vinrent affliger le sol français et y faire régner la famine et ses fléaux.

Quant à ma sœur Aglaé, elle était dans son lit, et atteinte de la maladie qui la conduisit au tombeau. Oh! l'affreux spectacle que celui de la misère, de la souffrance, du malheur, du besoin, du désespoir, et combien mon cœur fut serré, lorsque, m'attendant à toutes les joies de la maison paternelle, je ne voyais que craintes, privations et douleurs!

CHAPITRE III

SOMMAIRE : La famille de Bonnefoux pendant la Révolution. — Les Etats du Languedoc. — Le chevalier de Beauregard reprend son nom patronymique. — La question de l'émigration. — Révolte du régiment de Vermandois à Perpignan. — Belle conduite de mon père. — Sa mise à la retraite comme chef de bataillon. — Revers financiers. — Arrestation de mon père. — Je vais le voir dans sa prison et lui baise la main. — Lutte avec le geôlier Maléchaux, ancien soldat de Vermandois. — Mise en liberté de mon père. — Séjour au Châtard, près de Marmande. — M. de La Capelière et le Canada. — Les *Batadisses* de Béziers. — Mort de ma mère. — M. de Lunaret. — M. Casimir de Bonnefoux, mon cousin germain, est nommé adjudant général (aujourd'hui major général) du port de Brest.

Dès le commencement de la Révolution, le régiment de Vermandois avait quitté la Corse; mais il n'avait pas cessé de tenir garnison dans le Midi de la France, principalement à Montpellier et à Perpignan. Dans la première de ces villes furent, à cette époque, convoqués les Etats généraux, assemblée appelée à délibérer sur les innovations politiques que l'on projetait de faire adopter alors en France. Mon père reconnaissait qu'il y avait beaucoup d'abus à corriger, qu'il était temps de donner satisfaction à cet égard, mais qu'il fallait y procéder avec autant de fermeté que de sagesse. Ce fut dans cet esprit que, se prévalant de l'ancienneté de noblesse de sa famille, il demanda et obtint de faire partie, comme baron, des Etats généraux du Languedoc[1]. Il prit, à cette occasion, son nom

---

[1] L'auteur veut parler ici de la dernière réunion des Etats du Languedoc, qu'il appelle Etats généraux en raison des trois Ordres, celui du Clergé, celui de la Noblesse et celui du Tiers-Etat. Parlant des Etats provinciaux, M. Esmein s'exprime ainsi, à propos de l'Ordre de la Noblesse, dans son *Cours élémentaire d'histoire du Droit français*, p. 601 : « Tantôt c'étaient tous les gentilshommes ayant fief dans la province qui avaient droit de séance; tantôt c'étaient seulement un certain nombre de seigneurs qui avaient acquis, par la coutume, un droit personnel de convocation; parfois

patronymique, et il cessa de se faire appeler le chevalier de Beauregard.

La plupart des hommes portés à la tête des affaires publiques manquèrent d'énergie ; beaucoup avaient des arrière-pensées ; ils furent débordés, entraînés ou renversés, et le torrent n'en acquit que de nouvelles forces. La question de l'émigration, que plusieurs nobles résolurent par imitation, par crainte, ou comme objet de mode, fut cependant une des plus importantes, dans les régiments surtout, où les sous-officiers cabalaient vivement pour se débarrasser des chefs qu'ils voulaient remplacer. Le jugement sain de mon père se prononça contre ; il dit, entre autres choses, qu'il ne comprenait pas qu'on pût, en un moment si critique, abandonner le roi, qui était le premier chef de l'armée. Trois officiers seulement de Vermandois restèrent en France ; cependant ce n'était pas ce que voulaient les sous-officiers ; à leur instigation, une sédition éclata à Perpignan pour contraindre ces officiers à passer en Espagne. Un des trois fut lanterné, c'est-à-dire pendu à la corde d'un réverbère, supplice alors très commun ; un autre sauta par-dessus les remparts, et se cassa la cuisse, en cherchant à se sauver des fureurs de la soldatesque ; quant à mon père, il alla droit au milieu de la mêlée, avec ses pistolets chargés, et il imposa tellement aux mutins par ses actes ou ses paroles, qu'il fut reconduit en triomphe chez lui ; tant l'esprit des masses est changeant, tant le courage et la présence d'esprit font impression sur les hommes !

Il avait montré sa résolution, lorsqu'il s'agissait de remplir ce qu'il appelait un devoir ; il prouva bientôt son désintéressement, quand sa conscience lui prescrivit une ligne opposée de conduite. En effet les factions s'étaient

---

le roi désignait pour chaque session, à côté de ceux-là, un certain nombre de députés pris dans le corps de la noblesse. » C'est sans doute parmi ces derniers que figura M. de Bonnefoux.

ouvertement attaquées à Louis XVI; et ce monarque infortuné fut condamné à mort bien que sa personne eût été précédemment reconnue inviolable. Révoltante absurdité, familière pourtant à l'histoire de cette période fatale ! Mon père n'était point riche; il avait une femme, quatre enfants en bas âge que nul, plus que lui, ne tenait à doter d'une éducation soignée; sa place, ses appointements perdus allaient faire un vide affreux; mais il crut que la fin tragique du roi ne lui permettait plus de continuer à servir, et il demanda sa pension de retraite, qui, en qualité de chef de bataillon, fut réglée à treize cents et quelques francs.

Il n'avait plus les moyens de laisser ma sœur à Lévignac; elle en fut retirée, quoiqu'il ne manquât que peu de temps pour compléter son éducation. L'intérieur de la maison était susceptible de quelques réductions; elles furent faites par ma mère, qu'aucune femme au monde n'a jamais surpassée pour l'ordre, l'économie, la tenue d'un ménage. Cependant, à peine ces réformes domestiques furent-elles opérées qu'une loi vint réduire à rien les ressources qui nous étaient restées. Ce fut celle de l'émission d'un papier-monnaie, créé, sous le nom plus connu d'assignats, pour remplacer le numéraire que chacun, cédant à la terreur dont il était dominé, avait ou fait passer à l'Etranger, ou enfoui dans les entrailles de la terre. Les assignats ne purent inspirer aucune confiance; ils tombèrent à vil cours, et la pension totale de mon père suffisait à peine à la dépense de la famille pour un seul jour. A cette loi vint se joindre la banqueroute prononcée par le Gouvernement sur les fonds publics qui furent réduits au tiers de leur valeur; car déjà le Trésor ne pouvait plus en payer l'intégralité, et, pourtant, il avait profité de la confiscation des biens des émigrés et de ceux du clergé, qui montaient à plus de 2 milliards. Pour nous, il en résulta l'abaissement d'une rente de 800 francs, que les soins de ma mère avaient formée par ses économies, à 200 et quelques francs, payables alors en assignats, c'est-à-dire à peu près à rien du tout.

Chaque loi était pour nous un nouveau désastre. Telle fut, entr'autres, celle qui autorisait le remboursement en papier-monnaie de sommes reçues en prêt et en numéraire. Ma mère avait hérité d'une trentaine de mille francs de son père, qui avaient été placés à intérêts, car les militaires ne peuvent guère s'occuper de faire autrement valoir leur argent... Eh bien! ces 30.000 francs furent impitoyablement remboursés en assignats, et il fallut en donner reçu. Telle fut encore la loi sur les héritages. On n'avait même pas, alors, le bon sens de reconnaître que gêner la volonté testamentaire des vivants, c'était les forcer à donner leur bien avant leur mort, à dénaturer leurs propriétés, à placer leur fortune à fonds perdus, ou enfin à négliger et mal administrer leurs affaires; on décréta donc que tous les parents au même degré hériteraient au même titre. C'était sage, pour des enfants vis-à-vis des pères et mères, avec les restrictions pourtant que notre Code y a depuis apportées; mais, dans les autres cas, c'était impolitique, nuisible, injuste. Eh bien! cette loi[1] était à peine rendue que le chanoine Valadon, oncle de ma mère, et qui en voulait faire son héritière, mourut, et que nous fûmes frustrés de la portion la plus considérable de son héritage.

Tu dois comprendre combien était triste notre position, après ces échecs et quelques autres moins importants que je passe sous silence. Toutefois ma mère luttait avec courage, souffrait avec patience, comme elle avait joui de l'aisance avec modération et attendait des temps

---

[1] Loi du 17 nivôse, an II (6 janvier 1794), art. 16 : « Les dispositions générales du présent décret ne font point obstacle pour l'avenir à la faculté de disposer du dixième de son bien, si l'on a des héritiers en ligne directe, ou du sixième, si l'on n'a que des héritiers collatéraux, *au profit d'autres que des personnes appelées par la loi au partage des successions.* » Ainsi le testateur jouissait d'une quotité disponible du dixième ou du sixième; mais il ne pouvait la laisser à un de ses héritiers présomptifs.

meilleurs, lorsqu'un nouveau revers lui fit comprendre que, jusque-là, ses malheurs n'avaient été que secondaires.

La France était couverte d'échafauds et de prisons; cependant la loyauté, la réputation de mon père, ne permettaient à ma mère de concevoir aucune inquiétude. Elle dormait, un soir, tranquillement, après avoir, selon l'habitude qu'elle avait prise, travaillé jusqu'à onze heures, lorsqu'à minuit la force armée frappe à grand bruit, s'introduit, saisit mon père en robe de chambre et l'entraîne; une seule minute n'est pas accordée; ma mère se cramponne après son mari; on l'en sépare avec violence; elle s'y attache de nouveau, et elle suit l'affreux cortège jusque dans la rue; enfin, là, on les sépare encore, on la rejette brutalement; et, pendant une nuit froide et pluvieuse, elle tombe évanouie dans le ruisseau. Ce ne fut qu'assez longtemps après qu'on l'en retira; elle était toute meurtrie! Beaucoup de soins étaient nécessaires; mais le lendemain, au lieu de penser à sa santé, elle passa la journée chez les diverses autorités, ou à la porte de la prison, tantôt courant comme une insensée, tantôt suppliant avec larmes et prières... Une maladie sérieuse s'ensuivit, maladie de poitrine aggravée par la position fâcheuse de son esprit, qui la retint trois mois au lit, dont jamais elle ne put parfaitement se guérir, et qui la conduisit trois ans après au tombeau!... Mais n'anticipons pas sur les événements, et bornons-nous aujourd'hui à le dire, que ce fut peu après ses premières sorties que j'arrivai de Pont-le-Voy, et que je vis dans un si pitoyable état celle dont la florissante santé devait faire espérer un autre destin. Ce fut l'habit bleu du collège que je portais, qui avait causé à mon frère la frayeur par suite de laquelle il s'était caché sous la table; il crut que la force armée revenait, et que c'était lui qu'on voulait emprisonner.

Qui croirait aujourd'hui, qu'il n'y a pas longtemps

encore, en France, il fallut des formalités sans fin, pour permettre à un enfant de onze ans revenant du collège, de revoir son père, prétendu prisonnier politique et presque sexagénaire ! et encore quelles formalités ! quelles démarches ! C'étaient des membres d'un Comité de Salut public à solliciter, des espions de la police à fléchir, un représentant à aller voir à Montpellier; on eût vraiment dit que la sûreté de l'Etat se trouvait en jeu ! Quelque chose de plus repoussant encore était de subir le ton grossier, les soupçons ridicules, les sarcasmes insolents, l'ignorance stupide, le tutoiement répugnant de ces individus; et, s'il échappait une parole douteuse, vous étiez vous-même saisi et aussitôt incarcéré. On vit des têtes tomber pour de moindres délits. Le tutoiement, surtout, rebutait ma mère au dernier point; elle le trouvait incivil, ignoble ; elle ne comprenait pas qu'on pût assez peu respecter la langue française, dont les diverses nuances du *Tu* et du *Vous* sont une des plus rares beautés, qu'on pût s'oublier assez pour forcer des femmes à s'exprimer ainsi, en s'adressant aux hommes de toute condition, même à ceux qu'elles ne pouvaient qu'exécrer.

Cette pauvre mère se soumettait pourtant à ces humiliations depuis la captivité de mon père, dont elle ne cessait de réclamer la liberté auprès de tous les tribunaux, de tous les fonctionnaires, à Béziers, à Montpellier, partout enfin où elle croyait trouver quelque chance de succès. Elle n'avait pas encore réussi en ce point important; mais elle obtint que je pusse voir mon père. Le sourire vint alors effleurer, pendant quelques instants, des lèvres d'où il était banni depuis longtemps, et je m'acheminai vers le lieu de la détention, qui était l'évêché de Béziers, transformé en prison d'Etat.

Maléchaux, ancien soldat de Vermandois qui, dans une position fâcheuse, avait éprouvé l'indulgence de mon père, était le geôlier de cette prison. Ce fut lui qui me conduisit jusqu'à une porte grillée où le prisonnier parut et me tendit une partie de la main à travers des barreaux ; mais, comme je n'étais pas assez grand pour y atteindre commodément, il se baissa, et ce fut par dessous la porte qu'il me présenta cette main vénérée, vers laquelle je m'inclinai pour la baiser. Dans ce mouvement si naturel, je ne sais ce que Maléchaux trouva de contraire à la majesté de sa République, mais il s'approcha en jurant ; et, — l'infâme ! — il repoussa du pied la main de mon père qui, à son tour, fit retentir la salle de véhémentes imprécations. Cependant je n'avais pas perdu mon temps ; j'avais cherché à arracher un des carreaux du vestibule où j'étais ; si j'y étais parvenu, mon jeune bras, muni de son arme favorite, aurait fait sentir ma légitime vengeance à l'odieuse face du lâche geôlier. Il n'en fut pas ainsi ; toutefois, Maléchaux venant à s'approcher de moi, je m'élançai sur ses jambes, et, à belles mains, à belles dents, je les lui écorchai jusqu'au sang ; il me saisit alors ; mais, n'ayant rien de mieux à faire que de se débarrasser d'un si incommode ennemi, il me jeta par-dessus une petite barrière, et je roulai les escaliers. Ma mère s'était évanouie ; elle garda plusieurs jours le lit, par suite de cette scène, dont elle craignait les funestes conséquences, même pour moi ; mais il n'en résulta qu'un resserrement plus rigoureux du prisonnier, et qu'une aggravation notable dans l'état de la santé de notre malade. Desmarest avait déjà porté une vive atteinte à mon républicanisme de collège ; Maléchaux acheva le désenchantement.

Une commission judiciaire, appelée commission d'Orange du nom de la ville où, probablement, elle avait été organisée, parcourait alors le midi de la France, statuant sur le sort des détenus politiques, et montrant le pur amour de la liberté dont elle se disait animée, par un grand nombre de condamnations à mort. Les alarmes de ma famille furent vivement excitées par la nouvelle de son approche ; cependant elles s'accrurent encore, ainsi que les angoisses de ma mère, lorsqu'elle apprit que son mari était parvenu à se procurer des pistolets. Elle le connaissait ; il avait dit qu'il ne se laisserait pas juger ; qu'un des pistolets frapperait un de ses ennemis, que l'autre serait pour lui, et elle était assurée qu'il tiendrait parole ! Elle redoubla donc d'instances, de démarches, de supplications, et, enfin, elle eut l'inespéré bonheur de revenir de Montpellier avec la liberté de mon père, signée par le représentant du peuple, qui y exerçait la première autorité. Il n'y eut, avant la chute sanglante de Robespierre, qu'un autre exemple de pareille réussite à Béziers, et tu t'imagines quel délire de joie anima cette épouse si dévouée, en apportant une telle nouvelle, et en revoyant celui qu'elle avait délivré !

Hélas ! tant d'émotions, tant de fatigues la confinèrent de nouveau dans son lit, et elle nous dit alors : « Je sais bien que j'en mourrai ; mais je recommencerais encore en pareil cas, eussé-je la certitude de ne pas réussir ! »

Les premiers jours furent donnés au plaisir de se revoir ; il fallut ensuite songer à l'existence de la famille, et mon père partit avec moi pour Marmande, afin d'y réaliser quelques restes de sa légitime, qui s'élevèrent à un millier d'écus en numéraire. Son frère s'était dépouillé d'une partie de ses biens pour le mariage de son fils aîné ; celui-ci avait émigré avec deux de ses frères ; ces mêmes biens avaient été confisqués ; mon oncle avait été emprisonné, et son second fils, le marin, subissait le même sort à Brest, au retour d'une campagne de plusieurs années. Tu vois que les Bonnefoux étaient frappés sur tous les points et de toutes les manières.

Tant de malheurs n'avaient pas permis qu'on s'occupât de moi depuis mon retour de Pont-le-Voy. Jusqu'à mon départ pour Marmande, c'est-à-dire pendant un peu plus d'un an, j'avais donc été entièrement livré à moi-même ; aussi n'est-il pas étonnant que, m'étant étroitement lié avec tous les enfants ou, pour mieux dire, les gamins du voisinage, j'aie été de leurs parties, de leurs tours malins et souvent périlleux, pour lesquels les enfants du midi de la France sont si renommés; de leurs escapades sur les toits ou dans les jardins; de leurs batailles, enfin, de quartier à quartier. Mon frère m'y suivait, m'approvisionnant de pierres dont il emplissait ses poches et son chapeau; mais tout n'y était pas couleur de rose : une fois, par exemple, j'eus le pouce cassé d'un coup de caillou qui m'atteignit, comme j'étais en position d'en lancer un moi-même; une autre fois, je reçus une pierre à la tête dont je fus longtemps étourdi. Je parvins à donner le change chez moi, sur ces accidents, dont je porte encore les marques et que j'aurais évités en suivant les conseils de ma mère; mais je continuai ce train de vie, qui me plaisait extrêmement et qui était une conséquence presque inévitable de la situation où se trouve une famille qui perd son chef, et où la maladie et la misère font ressentir leur funeste influence.

Un jour, entr'autres, j'étais avec mon frère, sur un toit assez incliné, où nous avions placé des pièges pour prendre des moineaux. Une tuile se casse sous mes pieds; je me sens entraîné; je n'ai que le temps de me jeter à plat ventre; je glissais encore et j'allais rouler en bas, lorsque, par une heureuse présence d'esprit, j'étends soudainement les bras et j'écarte les jambes, Cette précaution me sauve; je crie à mon frère de rentrer, et je le suis en rampant. Qu'il s'en fallut de peu que je ne tombasse d'au-dessus d'un cinquième dans une cour, et dans quelle cour! celle de la maison de ma tante d'Hémeric où ma mère était en ce moment près d'une croisée qui donnait sur cette cour. Pour le coup, je fus corrigé des toits, aussi bien que de la République; mais qu'il eût mieux valu que je n'eusse pas attendu la leçon et que je me retirasse, en même temps, de mes autres excursions belliqueuses!

Le voyage de Marmande interrompit heureusement cette fâcheuse disposition d'esprit; mon père m'avait conduit au Châtard, propriété située à six lieues de Marmande, près d'Allemans, sur le Drot[1], appartenant à M. Gobert du Châtard qui était marié à une sœur de mon père et qui vivait là, retiré du service, avec ses cinq filles et son fils, réquisitionnaire lors des premières années de la République, mais congédié par faiblesse de santé. Mon oncle était l'homme du monde le plus jovial, le plus ami des enfants qu'on pût rencontrer ; sa femme avait absolument les mêmes traits que mon père, c'était la vertu, la piété, la politesse dans tout leur charme ; mes cousines respiraient la complaisance et la bonté, et leur frère était un fort aimable jeune homme. De quelle folâtre liberté j'ai joui dans ce riant séjour ! mon oncle me menait à ses champs ; avec lui je cultivais ses jardins, je taillais ses arbres, je surveillais ses travailleurs ; avec son fils, je montais à cheval, je courais les foires, les assemblées, les sociétés des villages voisins ; auprès de mes cousines, nous passions des veillées délicieuses ; mon oncle, dans la chambre de qui je couchais, me racontait, soir et matin, les histoires les plus divertissantes ; ah ! c'était mieux encore que mon séjour chez les MM. Mayaud, près de Tours, où pourtant je m'étais si complètement bien trouvé. Comme ces beaux sites plurent à mon cœur enchanté ! que de belles parties j'y fis sans interruption, combien j'en ressentis de plaisir, après avoir été si douloureusement froissé ! et quels regrets j'éprouvai quand mon père, ayant terminé ses affaires, vint me chercher et m'arracher à ces excellents parents dont les yeux, à mon départ, furent, eux aussi, baignés de larmes. De cette nombreuse famille, une seule de mes cousines, nommée Céleste, et bien céleste assurément par ses vertus et sa piété, vit encore retirée à Marmande[2], et son frère a laissé une très aimable et très jolie fille, qui vient de se marier dans cette même ville.

---

[1] Aujourd'hui, commune du département de Lot-et-Garonne, canton de Lauzun, arrondissement de Marmande.
[2] En 1835.

Si jamais mon père réfléchit avec un sentiment d'amertume sur les folies de sa jeunesse, si jamais il déplora les fatales conséquences de la passion qu'il avait eue pour le jeu, ce fut sans doute lorsque, quittant Marmande, il vit que ses mille écus suffiraient à peine à payer quelques dettes contractées pendant sa captivité, et qu'ensuite, sans aucun espoir de travail ou de retour de fortune, il avait à subvenir aux besoins d'une famille assez nombreuse, en bas âge, et, principalement, aux nécessités imposées par la maladie de ma pauvre mère, qui ne faisait qu'empirer. Ma tante d'Héméric, trop vive, trop enjouée, pour se plier aux exigences d'un ménage, avait souvent refusé de se marier pendant sa jeunesse ; ce n'était qu'après l'âge de trente-six ans qu'elle s'y était décidée, et elle n'avait pas d'enfants. Son mari, qui a laissé une fortune considérable à un fils d'un premier lit, admirait et plaignait ma mère ; ainsi ma tante, cédant en toute liberté aux impulsions de son cœur généreux, put, en mille circonstances, nous aider. Que ne lui devons-nous pas pour l'avoir toujours fait avec obligeance et chaleur !

Toutefois notre éducation se trouvait presqu'entièrement interrompue ; il existait, cependant, à Béziers, un ancien officier nommé de La Capelière, ami de mon père, et parent de Mme de Bausset[1] (dont nous avons vu le fils préfet des Tuileries sous Napoléon), qui lui avait donné chez elle un asile hospitalier, car il était sans fortune. Cet officier avait servi au Canada ; il avait assisté au combat opiniâtre où deux héros, Montcalm et Wolf, généraux des armées ennemies, restèrent sur le champ de bataille. La France perdit, alors, cette vaste colonie. M. de La Capelière la quitta avec chagrin ; car, comme il le disait ingénuement, il avait *le cœur pris en Canada*. Ma tante lui avait rappelé les traits de sa maîtresse ; il lui avait

---

[1] Louis-François-Joseph, baron de Bausset, né à Béziers le 15 janvier 1770 préfet du Palais en 1805, surintendant du Théâtre français en 1812.

offert sa main ; mais c'était dans le temps des dispositions antimatrimoniales de l'espiègle fille, qui prenait plaisir à lui faire parler de son Américaine, à lui faire répéter *qu'il avait le cœur pris en Canada*, mais qui résista toujours. Ce digne officier était resté l'ami de la maison ; il s'occupait beaucoup de littérature ; il avait une bibliothèque de bon choix ; il nous prêta des livres ; il nous donna des conseils ; il nous fit faire des extraits d'histoire ; mais ce n'étaient point des leçons réelles ou régulières ; en un mot, c'était beaucoup qu'il voulût se donner tant de soins ; mais c'était à peu près sans portée ou sans résultat pour mon frère et pour moi.

D'ailleurs, mes anciens camarades nous avaient empaumés ; l'ardeur belliqueuse des gamins du Midi s'était encore emparée de nos jeunes cœurs, et nous reprîmes, en cachette, nos anciennes habitudes. Or il arriva un jour que, dans une opiniâtre *batadisse* (bataille d'enfants), livrée près de la porte de la citadelle[1], notre parti, ordinairement victorieux, éprouva un rude échec. Je lançais des pierres au premier rang, quand, tout à coup, j'aperçois une douzaine d'assaillants s'avancer vers moi avec une confiance inaccoutumée ; je me retourne, je vois que mes compagnons fuient dans toutes les directions, et qu'il ne reste près de moi que mon frère, à son poste, c'est-à-dire me présentant son chapeau plein de pierres, afin de pouvoir continuer le combat. Je renverse ses munitions par terre, je le prends par la main, et je me sauve à mon tour. Nous courions comme des Basques, en nous dirigeant vers

---

[1] L'abbé Expilly, dans son *Dictionnaire géographique, historique et politique des Gaules et de la France*, tome I, 1772, au mot Besiers ou Béziers, s'exprime de la façon suivante : « La citadelle était située dans l'endroit le plus élevé de la ville, assez proche de la porte, qui conserve encore le nom de porte de la Citadelle. Cette forteresse fut démolie en 1673, et il n'a plus été question de la rétablir ; aussi ce serait une dépense plus qu'inutile. Auprès de cette porte que nous venons de nommer, est une grande place ou belvédère, qui a la forme d'une terrasse et qui sert de promenade publique : de cet endroit les vues sont également très agréables. »

la maison ; nous y serions même arrivés sains et saufs, si, contre l'usage, la porte extérieure n'eût été fermée. Nous frappâmes ; mais, hélas ! ma sœur nous ouvrit tout juste à l'instant où deux grands lurons venaient de nous renverser, et épuisaient sur moi, car mon frère était trop petit pour les occuper longtemps, leur rage et leur colère à bons coups de pieds, abondamment accompagnés de bourrades à coups de poings. Les voisins nous dégagèrent, ma sœur nous rétablit de son mieux ; elle promit même de n'en rien dire à mon père ; mais ce fut à condition que nous renoncerions à nos sorties guerrières ; ce résultat était assez pénétrant pour que nous n'eussions de peine ni à promettre ni à tenir ; ainsi, de compte fait, les *batadisses* furent mises à l'oubli et reléguées avec la République et les courses sur les toits. Nous en fûmes complètement dédommagés par des connaissances, que la bonne société qui commençait à respirer depuis la mort de Robespierre, nous mit à même de faire ; ces connaissances étaient des jeunes gens, enfants d'amis ou de parents de la maison, chez qui nous trouvâmes de tout autres goûts, que nous adoptâmes avec vivacité.

Il est vrai que l'étude n'entrait pour rien dans ces goûts ; car le malheur des temps voulait que les collèges, que les écoles, fussent indignement organisés, et qu'il y eût une sorte d'anathème contre les personnes qui recherchaient les occasions de s'instruire ; mais, au moins, il y avait de la politesse, de bonnes manières chez mes nouveaux amis ; et, quant aux plaisirs, c'étaient les jeux de billard, de mail, de boules, de paume, dans lesquels j'acquis, parmi eux, une assez grande supériorité pour être recherché par tous.

Il est digne d'être remarqué qu'à aucune période de la vie les enfants n'ont plus besoin de leurs parents qu'en bas âge ; et que, pourtant, plus on est près de cet âge, moins on comprend ce besoin, moins, en quelque sorte, on est sensible à une perte toujours si importante. J'ai peine encore à m'expliquer comment, ayant sous les yeux tant de souffrances et de peines, tant de dévouement et de malheurs, il pût encore me rester, dans l'âme, quelque place à d'autres émotions, dans l'esprit, quelques pensées d'amusement. L'enfance est ainsi faite ; tout glisse sur elle, l'impression même des chagrins. Notre tendre mère, d'ailleurs, mettait tant de soins à cacher son véritable état, nous engageait tous si vivement à nous distraire ! C'est seulement de cette façon que je me rends quelque compte des dissipations dont je conservais l'habitude. Après trois ans de luttes, il n'en arriva pas moins ce cruel moment qui devait l'enlever à ses souffrances, comme à notre amour, et qui allait nous frapper d'une perte irréparable.

Je ne retracerai pas tous les détails de ce moment suprême ; mais il fut bien solennel. Le caractère des maladies de poitrine est de laisser, presque jusqu'au dernier souffle, une entière liberté d'esprit. Un enthousiasme soudain brilla alors dans les yeux de notre malade et, d'une voix animée, elle dit : « Je ne puis déplorer ma mort, puisque mon devoir était tracé et que je ne serais plus qu'un obstacle à votre bonheur... Ma sœur se charge d'Eugénie et lui promet sa fortune ; ainsi ma fille obtiendra le prix des plus tendres soins qu'une mère ait jamais reçus, et elle paraîtra, dans le monde, avec tous ses avantages naturels ; quant à toi, mon fils bien-aimé — me dit-elle en m'embrassant et après une longue pause — j'ai l'assurance que ton cousin, le marin, reprendra bientôt sa carrière, et qu'il t'y fera entrer, comme ton père contribua, jadis, à l'y placer ; tu dois réussir dans cette arme ; tu y introduiras ton frère, et c'est avec satisfaction que je pense que l'épée ne sortira pas de la famille... Adieu, ma sœur, voilà ta fille... adieu, mon mari, embrassons-nous encore une fois... » Et, peu après, ce ne fut qu'une scène de sanglots et de désolation. C'était le 18 novembre 1797.

Ma tante tint religieusement ses promesses. Mon père

partit avec mon frère pour Marmande, où, suivant l'usage de l'ancienne noblesse, il s'établit chez son frère aîné, qu'il n'avait jamais tutoyé, le considérant toujours comme le représentant de son père; et moi, en attendant que j'entrasse au service, je fus recueilli par un ami de la maison, M. de Lunaret, dont le fils, aujourd'hui conseiller à la Cour royale de Montpellier, était mon compagnon de choix, et qui mit tant de délicatesse dans ses procédés qu'aucune différence ne pouvait se remarquer entre les deux camarades. Ce digne vieillard vit encore; un de ses plus grands bonheurs est de me recevoir à Béziers, et sa belle âme s'indigne toutes les fois que je lui rappelle son affectueuse bienveillance et les marques qu'il m'en a données.

Cependant je grandissais beaucoup, et je passai encore huit mois à Béziers, attendant que le capitaine de vaisseau, neveu de mon père, et que j'appelerai dorénavant M. de Bonnefoux, reprît du service. M. de Lunaret me traitait toujours comme son fils; je le suivais à Lyrette, nom de sa maison de campagne, près de la ville, où il allait souvent; il me conduisit, même, au village de Cabrières[1], situé dans la partie des montagnes que l'on trouve à quelques lieues dans le nord-est de Béziers et où il avait une propriété. Ce fut une partie de délices pour le jeune Lunaret et pour moi; j'y retrouvai presque le Châtard. Nous nous y livrâmes à mille exercices, jeux ou plaisirs de notre âge, dans lesquels nous excitions, même, l'étonnement de ces montagnards; enfin, après un séjour de trois mois, nous en revînmes, tous les deux, avec une dose de vigueur, avec une allure d'aisance que la vie âpre de ces contrées agrestes contribue ordinairement à donner à ses robustes habitants.

C'est la dernière partie de ce genre que j'aie faite, en y

[1] Aujourd'hui, commune du département de l'Hérault, canton de Montagnac, arrondissement de Béziers.

portant les goûts vifs de l'enfance, car mon existence changea entièrement par la nouvelle que je reçus, à mon retour de Cabrières, que M. de Bonnefoux, ami intime du ministre de la Marine Bruix[1], venait d'être nommé adjudant général, aujourd'hui major général, du port de Brest. Il avait quitté Marmande pour se rendre à son poste ; en passant à Bordeaux, il m'y avait embarqué[2] sur le lougre *la Fouine*, qu'on armait pour Brest, et je devais partir sur-le-champ de Béziers, afin de passer trois mois de congé auprès de mon père ; après ce temps il m'était enjoint d'aller faire, à bord de *la Fouine*, mon service de novice ou d'apprenti marin. On ne pouvait pas alors devenir aspirant ou élève, sans un embarquement préalable d'une durée déterminée, et sans un concours public, où l'on répondait à un examinateur sur les connaissances mathématiques exigées. Je ne savais rien de ce qu'il fallait pour cet examen ; mais mon cousin m'attendait à Brest pour m'y faire embarquer sur un bâtiment en rade, avec

[1] Eustache de Bruix, fils d'un ancien capitaine au régiment de Foix, né le 17 juillet 1759 à Saint-Domingue (quartier du Fort-Dauphin), appartenait à une famille analogue à celle de M. Casimir de Bonnefoux. Son aîné de deux ans seulement, il avait été, comme lui, garde de Marine à la compagnie de Brest, à la vérité, et non pas à celle de Rochefort. Comme lui, il avait montré une brillante valeur pendant la guerre de l'Indépendance d'Amérique. Nommés lieutenants de vaisseau le même jour, le 1ᵉʳ mai 1786, capitaines de vaisseau le même jour, le 1ᵉʳ janvier 1793, les deux officiers étaient destitués en qualité de nobles par arrêté des représentants du peuple en mission à Brest. Rentrés peu de temps après dans la Marine, ils devenaient encore l'un et l'autre capitaines de vaisseau de première classe, le 1ᵉʳ janvier 1794, et chefs de division en 1796. A partir de ce moment, au contraire, M. de Bruix distançait rapidement son ami, pour terminer, à la vérité, sa brillante carrière beaucoup plus tôt. Contre-amiral le 20 mai 1797, ministre de la Marine et des Colonies, le 28 avril 1798, vice-amiral, le 13 mars 1799, amiral, le 28 mars 1801, conseiller d'Etat, le 23 septembre 1802, commandant de la flottille de Boulogne, le 15 juillet 1803, grand-officier de l'Empire avec le titre d'inspecteur des côtes de l'Océan, Bruix mourait à Paris, le 18 mars 1805. Dans les dernières années de sa vie, il avait retrouvé M. de Bonnefoux à la tête de la préfecture maritime de Boulogne, et ce dernier lui avait succédé dans le commandement de la flottille.

[2] P.-M.-J. de Bonnefoux est donc entré dans la marine à l'âge de seize ans et non pas à l'âge de treize ans, comme le dit l'auteur de sa biographie dans la *Grande Encyclopédie*.

permission du commandant de descendre à terre, afin d'étudier sous un bon maître, et de pouvoir suivre, d'ailleurs, les cours des écoles du Gouvernement.

Je fus abasourdi de toutes ces nouvelles; mais l'enfance est peu soucieuse; elle est possédée du goût des aventures et remplie de curiosité. J'eus pourtant un vif serrement de cœur en quittant ma bonne tante, ma tendre sœur l'excellent M. de Lunaret, son fils, mon cher ami; mais enfin je partis pour Marmande.

Quand j'y arrivai, mes deux cousines, Mmes de Cazenove de Pradines et de Réau étaient veuves; la première s'adonnait presque entièrement à l'éducation première de son fils ou à ses exercices de piété; mais sa sœur voyait un peu plus le monde; je lui servis de cavalier; j'avais seize ans; malgré mes genoux un peu gros et mon dos un peu voûté, j'avais cinq pieds cinq pouces; ma figure était loin d'être bien; mais on disait que j'avais les yeux intelligents, les dents belles, et un air de santé. Je soignai mon langage, mes manières, ma toilette; bref, quand je partis de Marmande, j'éprouvai plus de regrets que je ne l'aurais pensé. Le Châtard m'avait revu, mais tout différent; car la bonne société de Marmande m'avait laissé une bonne partie de son agréable vernis; mon père m'avait même associé à ses longues parties de chasse de plusieurs jours, qu'il avait reprises avec une rare vigueur; toutefois Marmande fut ce que je quittai avec le plus de peine quand je pris le chemin de Bordeaux et de mon embarquement.

LIVRE II

ENTRÉE DANS LA MARINE. — CAMPAGNES MARITIMES SOUS LA RÉPUBLIQUE ET SOUS L'EMPIRE

CHAPITRE PREMIER

SOMMAIRE : Je suis embarqué comme novice sur le lougre *la Fouine*. — Départ pour Bordeaux. — Je fais la connaissance de Sorbet. — *La Fouine* met à la voile en vue d'escorter un convoi jusqu'à Brest. — La croisière anglaise. — Le pertuis de Maumusson. — *La Fouine* se réfugie dans le port de Saint-Gilles. — Sorbet et moi nous quittons *la Fouine* pour nous rendre à Brest par terre. — Nous traversons la Bretagne à pied. — A Locronan, des paysans nous recueillent. — Arrivée à Brest. — Reproches que nous adresse M. de Bonnefoux. — La capture de *la Fouine* par les Anglais. — Je suis embarqué sur la corvette *la Citoyenne*.

Mon père avait prié son frère de permettre le retard du semestre de la pension qu'il payait chez lui, afin de joindre cette somme à quelques économies qu'il faisait depuis quelque temps, avec le plus grand scrupule, pour subvenir à mes dépenses de trousseau et de voyage. Il me remit ainsi vingt louis en me faisant ses adieux ; ce brave homme me traça alors les devoirs de l'honneur et de l'état militaire ; et, m'embrassant les larmes aux yeux, il ajouta que si je manquais jamais à ces devoirs, il n'y survivrait pas.

A Bordeaux, je logeai chez une veuve, nommée Mme Sorbet, dont le fils, beau-frère d'un ami de M. de Bonnefoux, était également embarqué, par ses soins, sur *la Fouine*, et devait, sous ses auspices, entrer, comme moi, dans la Marine. Le bâtiment avait encore huit jours à séjourner à

Bordeaux pour attendre un convoi qu'il devait escorter jusqu'à Brest. Le capitaine me permit de rester pendant ce temps chez Mme Sorbet, où grand nombre d'amis et d'amies de Sorbet et de ses sœurs venaient habituellement passer la soirée. Le jour, Sorbet et moi nous parcourions la ville, en visitions les curiosités ou les environs ; et, le soir, c'étaient des réunions bruyantes, fort de notre goût. Sorbet, qui avait mon âge, était moins grand que moi, mais fortement constitué ; il était paresseux, dissipé, prodigue ; aussi les vingt louis que sa mère avait cru devoir également lui donner étaient fortement ébréchés, et par contre-coup les miens, quoique beaucoup moins, lorsque nous quittâmes Bordeaux.

Au bas de la Gironde, nous attendîmes quelque temps encore, à cause de plusieurs navires du convoi qui n'étaient pas prêts, des croiseurs anglais et du vent. J'avais la plus grande impatience d'essayer de mon nouvel élément, surtout d'arriver à Brest pour travailler à comparaître devant mon examinateur, qui devait s'y trouver à la fin de janvier. Enfin ce grand jour arriva : la mer était couverte de nos bâtiments, et, quoique malade du mal de mer, j'admirais ce spectacle, quand l'annonce de deux frégates anglaises vint jeter, dans les voiles du convoi, la même épouvante qu'un loup peut répandre au milieu d'un troupeau de brebis. Nous étions deux petits bâtiments qui fîmes bonne contenance ; mais le danger était pressant ; et, après plusieurs signaux, comme les frégates nous coupaient la route, il fallut songer à rentrer à Bordeaux, où, effectivement, le convoi mouilla presque tout entier. Cependant quelques bâtiments plus avancés vers l'île d'Oléron étaient menacés par les canots des frégates ; *la Fouine* se porta à leur secours ; l'action paraissait inévitable. L'idée d'un combat prochain dissipa le reste de mon mal de mer, et tout le monde s'attendait à se battre, lorsque le capitaine prit une résolution audacieuse, celle de mettre le convoi à l'abri d'Oléron. Le temps s'était obscurci; le détroit de Maumusson[1], qui est rempli d'écueils, se distinguait à peine des terres voisines; il fallait beaucoup de prudence et de sang-froid pour réussir à le traverser; toutefois le signal en fut fait; le reste du convoi imita notre manœuvre; il nous suivit dans la route périlleuse que nous lui traçâmes, et nous arrivâmes sains et saufs. Dans peu d'heures, j'avais vu de belles, de grandes choses. Si quelques coups de canon avaient animé la scène, ma satisfaction aurait été à son comble.

La République, non plus que l'Empire, ne sut garantir nos côtes, ni même l'intérieur de plusieurs de nos ports, des blocus ou des croisières anglaises; espérons qu'une telle humiliation est passée pour la France. L'île d'Aix, située entre les îles d'Oléron et de Ré, était donc bloquée; aussi nous fallut-il un temps infini pour atteindre le pertuis Breton, et guettant mille fois un instant de négligence des croiseurs, attendre un moment favorable pour atteindre la hauteur de l'île d'Yeu. A peine y étions-nous que les Anglais reparurent en force, et nous ne trouvâmes d'asile que dans le petit port de Saint-Gilles[2].

Plus de trois mois s'étaient écoulés; nous étions en décembre 1798, et je voyais mon examen à vau-l'eau; je m'en ouvris au capitaine qui, d'abord, m'avait traité avec assez d'indifférence, mais qui, satisfait de ma contenance le jour de Maumusson, me témoignait depuis lors quelques égards. Il répondit qu'il ne pouvait m'autoriser à débarquer, mais que si je quittais le bâtiment sous ma responsabilité, il fermerait les yeux autant qu'il le pourrait et qu'il n'en rendrait pas compte. Je n'en demandais pas davantage. Sorbet fut enchanté; nous quittâmes *la Fouine* avec nos effets que nous mîmes au roulage, et nous

[1] Maumusson (Pertuis de), partie méridionale de la passe qui sépare l'île d'Oléron de la côte de la Charente-Inférieure.
[2] Saint-Gilles-sur-Vie, chef-lieu de canton du département de la Vendée, arrondissement des Sables-d'Olonne, à 25 kilomètres nord-nord-ouest de ce dernier port.

partîmes pour Nantes à pied, munis d'une sorte de permission en guise de feuille de route, que le capitaine eut la bonté de nous donner à l'instant du départ.

Nous avions pris les devants de quelques heures sur nos effets, et le malheur voulut qu'un orage, que nous essuyâmes, grossit tellement un torrent que la charrette qui les portait n'arriva que huit jours après nous. Sorbet recommença le train de vie de Bordeaux; aussi, quand il fallut partir, sa bourse était à sec; la mienne put à peine subvenir aux frais d'auberge ou de transport des effets, et il ne me restait plus que 34 francs pour le voyage de Brest : Ce fut donc une nécessité de remettre notre bagage au roulage et de nous acheminer à pied. Le premier jour, nous couchâmes à Pont-Château; nous fîmes par conséquent douze ou treize lieues de poste; le lendemain, Sorbet, dès les premiers pas, se dit fatigué; peu après il parla d'un mal aux pieds, finalement d'un cheval, qu'en bon camarade je louai pour lui; et nous continuâmes quelque temps ainsi, lui monté pendant les trois quarts du temps, et moi l'autre quart. Encore trouvait-il ce quart horriblement long.

La Bretagne, que nous traversâmes au milieu des décombres, des dévastations, des maisons ruinées et des villages incendiés, n'était pas sans quelque danger pour nous, serviteurs de la République.

Près d'Auray, par exemple, nous vîmes, sur la route, le cadavre d'un soldat qui venait d'être tué; cependant nous cheminâmes sans autre accident que de nous trouver près de Locronan[1], n'ayant plus un sou, et surpris par une pluie violente, pendant laquelle nous nous réfugiâmes sous un arbre où le froid nous saisit et nous engourdit. Des paysans nous y trouvèrent et nous portèrent charitablement dans leur chaumière. C'est là qu'ayant repris nos sens auprès d'un bon feu, nous racontâmes notre his-

[1] Commune du département du Finistère, arrondissement et canton de Châteaulin.

toire, et nous nous réclamâmes de l'adjudant général de Brest. Ces braves gens se laissèrent toucher par notre jeunesse, notre dénuement, notre physionomie; l'un deux, après un jour de repos, nous conduisit à Brest, où M. de Bonnefoux le défraya généreusement, mais nous demanda un compte sévère de nos vingt louis, et surtout de ce qu'il appelait notre désertion. Ce ton auquel je n'étais pas accoutumé, et qui, pourtant, était fondé, me fit une vive impression; je tremblais comme la feuille, lorsque des dépêches lui furent remises; après les avoir lues, il vint à nous d'un air ouvert : « Mes amis, dit-il, *la Fouine* est prise par les Anglais; nul n'a plus rien à vous demander, et votre faute est cause d'un si grand bien pour vous, qui seriez actuellement prisonniers, que je n'ai pas le courage de vous la reprocher; votre examinateur sera ici dans cinq semaines, et demain vous aurez vos maîtres. Je vais vous embarquer sur la corvette *la Citoyenne*, qui sert de stationnaire, et dont le capitaine vous permettra de suivre, à terre, le cours d'arithmétique exigé pour être aspirant, (actuellement élève) de 2ᵉ classe. Vous avez peu de temps devant vous; cependant je suis persuadé que vous en aurez assez; ainsi, de la bonne volonté, et tout sera oublié. »

Tant de bonté, tant de raison, changèrent entièrement mes idées, et je résolus de porter, à l'étude, des facultés que, jusque-là, j'avais toutes dévolues au plaisir, à la dissipation; je tins parole, et je travaillai sans relâche. Une semaine avant le jour annoncé pour l'examen, j'étais très bien en mesure; mais ne voilà-t-il pas l'examinateur malade, et qui fait savoir qu'il n'arrivera plus qu'en avril? M. de Bonnefoux m'annonça cette nouvelle avec plaisir, pensant que ce délai me serait utile; cependant j'en fus fort attristé, et j'y pensais avec souci, lorsque le lendemain matin, l'idée me vint de me présenter d'emblée, en avril, pour la 1ʳᵉ classe. J'en fis part à mon cousin, qui me demanda si je savais qu'il fallait répondre, en outre de l'arithmétique, sur la géométrie, les deux trigonométries, la statique et la navigation. « Oui, lui dis-je, mais je me sens de force et j'y arriverai. » J'y réussis; c'est-à-dire que trois mois et demi après mon apparition à Brest et n'ayant pas encore dix-sept ans, j'avais passé un examen très bon, que j'étais décoré des insignes d'aspirant de 1re classe, grade correspondant à celui de sous-lieutenant et qu'en cette qualité j'étais embarqué sur le vaisseau *le Jean-Bart*, faisant partie d'une armée navale de 25 vaisseaux, prête à appareiller sous les ordres de l'amiral Bruix.

Ce succès fut un événement au port de Brest. Mon examen avait duré quatre heures; pas une seule fois je n'avais hésité; l'examinateur et les membres de la Commission d'examen m'embrassèrent de satisfaction; l'amiral Bruix m'invita à dîner et me donna une longue-vue. M. de Bonnefoux me fit cadeau d'un sabre superbe, qui était pour moi un véritable sabre d'honneur. Une cousine que nous avions à Brest, Mlle d'Arnaud, aujourd'hui Mme Le Güalès, m'envoya un très bel instrument nautique, appelé cercle de Borda, qui avait appartenu à un de ses frères, officier de marine émigré. Mes nouveaux camarades m'accueillirent avec cordialité. Mon père, ma sœur, m'écrivirent qu'ils étaient dans l'ivresse; et je vis bien clairement qu'il n'y avait jamais eu, pour moi, de plus grand bonheur au monde. Hélas! pourquoi n'avais-je plus de mère pour recevoir d'elle des félicitations qui auraient été si douces à mon cœur ?

Quant au malheureux Sorbet, il ne put même pas être reçu à la 2e classe, et M. de Bonnefoux le condamna, pour lui donner le temps de la réflexion, à faire la même campagne que moi, dans son grade de novice, mais sur un autre bâtiment. Quelle cruelle différence de destinée entre deux jeunes gens du même âge et partis du même point! quelle source de regrets amers pour lui, et comme mon insouciant camarade en fut, par la suite, sévèrement puni!

CHAPITRE II

Sommaire. — L'amiral Bruix quitte Brest avec 25 vaisseaux. — Les 17 vaisseaux anglais de Cadix. — Le détroit de Gibraltar. — Relâche à Toulon. — L'escadre porte des troupes et des munitions à l'armée du général Moreau, à Savone. — L'amiral Bruix touche à Carthagène et à Cadix et fait adjoindre à sa flotte des vaisseaux espagnols. — Il rentre à Brest. — L'équipage du *Jean-Bart*, les officiers et les matelots. — L'aspirant de marine Augier. — En rade de Brest, sur les barres de perroquet. — Le commandant du *Jean-Bart*. — Il veut m'envoyer passer trois jours et trois nuits dans la hune de misaine. — Je refuse. — Altercation sur le pont. — Quinze jours après, je suis nommé aspirant à bord de la corvette, *la Société populaire*. — Navigation dans le golfe de Gascogne. — *La Corvette* escorte des convois le long de la côte. — L'officier de santé Cosmao. — *La Société populaire* est en danger de se perdre par temps de brume. — Attaque du convoi par deux frégates anglaises. — Relâche à Benodet. — Je passe sur le vaisseau *le Dix-Août*. — Un capitaine de vaisseau de trente ans. M. Bergeret. — Exercices dans l'Iroise. — Les aspirants du *Dix-Août*, Moreau, Verbois, Hugon, Saint-Brice. — La capote de l'aspirant de quart. — Le général Bernadotte me propose de me prendre pour aide de camp; je ne veux pas quitter la marine. — Le ministre désigne, parmi les aspirants du *Dix-Août*, Moreau et moi comme devant faire partie d'une expédition scientifique sur les côtes de la Nouvelle-Hollande. — Départ de Moreau, sa carrière, sa mort. — Je ne veux pas renoncer à l'espoir de prendre part à un combat, et je reste sur *le Dix-Août*.

La campagne de l'amiral Bruix ne dura pas quatre mois; mais elle eut un résultat important, et elle aurait pu être marquée par un événement très brillant. Les 25 vaisseaux qui composaient cette armée avaient été si promptement équipés par les soins de M. de Bonnefoux[1] (l'un d'eux le fut en trois jours seulement[2]) que la croisière anglaise de Brest n'avait pas eu le temps

---

[1] Comparez E. Chevalier, capitaine de vaisseau. *Histoire de la marine française sous la première République*. Paris, 1886, p. 403.
[2] Voyez l'anecdote racontée par l'auteur dans la biographie de son cousin à la fin du présent volume.

d'être renforcée[1]; notre sortie fut donc libre[2], et les ennemis ouvrirent le passage. Nous coupâmes sur le cap Ortegal, prolongeâmes la côte du Portugal, et, arrivant en vue de Cadix, nous aperçûmes, à midi, 17 vaisseaux anglais qui y bloquaient une quinzaine de vaisseaux espagnols. Je n'ai jamais pu savoir pourquoi, sur-le-champ, nous n'attaquâmes pas ces bâtiments qui, se trouvant entre deux feux, auraient été infailliblement réduits, et je n'y pense jamais sans chagrin[3]. Toujours est-il que, le soir, rien encore n'avait été ordonné pour l'engagement, et que, le lendemain matin[4], le vent ayant assez considérablement fraîchi, trois vaisseaux français seulement s'étaient maintenus en position favorable pour le combat; mais bientôt ceux-ci, voyant le reste de l'armée faire toutes voiles vers le détroit de Gibraltar, la rejoignirent et continuèrent avec elle leur route jusqu'à Toulon. Là nous prîmes quelques troupes, des rafraîchissements, et nous nous rendîmes à Savone, près de Gênes, où commandait le général Moreau, dont la position était fort critique, et à qui les secours en soldats et en munitions qui lui furent délivrés rendirent un important service; nous retournâmes aussitôt sur nos pas.

Cependant les renforts anglais, joints à la croisière de Brest, à celle de Cadix et aux vaisseaux de Gibraltar, étaient à notre recherche; et il paraît même que, pendant un temps de nuit et de brume, une partie assez considérable de ces forces nous croisa sous Oneille[5] et passa fort près de nous. Quel formidable événement eût été le choc

---

[1] Lord Bridport avait seulement 15 vaisseaux.
[2] Elle eut lieu par le raz de Sein, le 25 avril 1799.
[3] D'après le commandant Chevalier, *op. cit.*, p. 410 et 411, le vent ne permettait pas aux navires espagnols de sortir de Cadix. Il ajoute : « Nos adversaires, habitués à la mer, naviguaient en ligne et sans faire d'avaries. Il n'en était pas de même de nos vaisseaux. Les uns avaient des voiles emportées; d'autres, et c'était le plus grand nombre, ne parvenaient pas à se maintenir à leur poste. »
[4] 5 mai 1799.
[5] Oneglia, sur le golfe de Gênes.

de tant d'hommes, de bâtiments et de canons, et quelle haute leçon pour moi! Il n'en fut pas ainsi; les Anglais poursuivirent leur route vers les côtes d'Italie.

Pour nous, nous revînmes paisiblement sur nos pas, et, en passant, nous entrâmes à Carthagène[1], où l'amiral Bruix eut assez d'ascendant pour faire adjoindre à son armée quelques vaisseaux espagnols qu'il y trouva; il s'associa de même les vaisseaux de Cadix, où il relâcha ensuite pour cet objet, et il rentra à Brest[2] avec cette flotte immense[3], au milieu des acclamations de la ville et du port. La France vit, dans l'acte d'adjonction des vaisseaux espagnols, une garantie de paix à l'égard de l'Espagne, dont les dispositions étaient douteuses depuis quelque temps, et elle répéta ces acclamations. Si jamais temps fut, par moi, mis à profit, ce fut certainement celui-là, et il fallait beaucoup de bonne volonté pour y parvenir; car en général, alors, les capitaines et les officiers ayant été improvisés pour remplacer la presque totalité de ceux de la marine de Louis XVI, qui avaient émigré, ils avaient fort peu d'instruction, et, jaloux de nos examens et de nos dispositions, ils faisaient tout au monde pour entraver notre désir de nous instruire. On voyait alors un étrange spectacle : les matelots obéissaient avec répugnance à ceux de ces officiers qui sortaient de leurs rangs, et dont, pour la plupart, l'incapacité ou le manque d'éducation étaient notoires et plus d'une fois, nous, jeunes gens, nous étions appelés à faire respecter ces officiers, qui comptaient de longues années de mer. Par amour pour la discipline, nous nous vengions ainsi des mauvais traitements qu'en d'autres circonstances ils nous faisaient endurer.

Jusqu'alors on avait vu les élèves se tutoyer, et, depuis

[1] 22 juin.
[2] 8 août.
[3] 40 vaisseaux, 10 frégates et 11 corvettes sous le commandement de l'amiral Bruix et de l'amiral espagnol Mazzaredo.

le retour de l'ordre, cet usage fraternel s'est rétabli; mais, comme alors la République en faisait pour ainsi dire une obligation, l'opposition si naturelle à la jeunesse se fit une loi du contraire; et j'ai entendu, un jour, un de mes camarades dire à un autre aspirant qui le tutoyait : « Gardez, je vous prie, votre tutoiement pour ceux qui ont gardé les cochons avec vous. »

Un excellent camarade, nommé Augier[1], dont je fis la connaissance à bord du *Jean-Bart*, s'y établit mon mentor. Il avait beaucoup d'instruction; il était bon marin, et il ne m'abandonna pas un instant. Par lui, tout m'était montré, indiqué, expliqué; nous étions partout, en haut et en bas, dans la cale ou les entreponts, ainsi que sur le gréement, et, grâce à lui, l'officier de quart en second, à qui j'étais attaché, venant à être malade vers la fin de la campagne, je pris le porte-voix avec assurance, et je fus en état de le remplacer. L'affectueux Augier me surveillait, m'écoutait, m'applaudissait ensuite, ou me redressait... c'était, certainement, plus qu'un ami; un père n'aurait pas mieux fait, et il n'avait pas vingt ans! Plus tard, j'ai appris sa mort, par suite d'un duel que sa prudence ne sut pas éviter; il était alors lieutenant de vaisseau. Je lui devais des larmes sincères; elles ne lui ont pas manqué, et, en ce moment, mes yeux se mouillent encore à son précieux souvenir.

Comment, en effet, ne pas penser avec attendrissement à tant d'obligeance, à tant d'amitié; et, avec cela, que de noblesse, que de courage, que de sang-froid, que d'instruction!

Un jour[2], nous étions sur les barres de perroquet, c'est-à-dire presque au haut de la mâture; là, le digne Augier

---

[1] Antoine-Louis-Pierre Augier, attaché au port de Toulon. — Le ministère de la Marine ne possède aucun dossier concernant Antoine Augier dont l'*État de la Marine pour 1804* m'a fait connaître les prénoms.
[2] En rade de Brest.

me montrait les vaisseaux des deux nations[1], entourés de leurs innombrables frégates, corvettes ou avisos ; il me faisait remarquer ceux qui savaient tenir leur poste dans l'ordre prescrit ; et, déroulant devant moi ses connaissances en tactique navale, il m'enseignait par quelles manœuvres pouvaient s'exécuter diverses évolutions ; la mer était pleine de majesté, le vent assez fort, le temps couvert ; et nous, accrochés à un simple cordage et dominant ce spectacle, nous continuions à deviser, lorsqu'un rayon de soleil vint encore embellir la scène. Augier se sent alors saisi d'un saint enthousiasme, et il déclame avec énergie l'admirable passage du poëme des Jeux séculaires, où Horace fait de nobles vœux pour que l'astre du jour ne puisse jamais éclairer rien de plus grand que sa patrie : aux mots : *Dii probos mores docili juventu*, je l'interrompis en lui disant que le poète aurait encore dû souhaiter à la jeunesse romaine des amis tels que lui. « Les bons amis, répondit Augier, ne manquent jamais à ceux qui savent les mériter. »

Je ne restai pas longtemps à bord du *Jean-Bart*. Le commandant de ce vaisseau s'appelait M. Mayne ; c'était un homme inquiet, violent, tyrannique, brutal, arbitraire, et qui, pourtant, avait de grandes prétentions au républicanisme. Ce même homme a dit, depuis, sous le règne de l'empereur, en gourmandant les officiers de son bord : « Personne ici n'a de dévouement ; personne ne sait servir Napoléon comme moi. »

C'était surtout pour les aspirants, qu'il appelait des aristocrates, qu'il réservait ses colères ; les punitions, aussi souvent injustes, peut-être, que méritées, pleuvaient sur eux. Vint un jour où il m'en infligea une que les règlements n'autorisaient pas. Je fus enchanté de l'occasion, et je résistai formellement. Il s'agissait d'aller passer trois jours et trois nuits dans la hune de misaine. Le comman-

---

[1] Française et espagnole.

dant eut donc beau ordonner, tempêter, jurer; tout fut inutile. Quand je vis qu'il luttait d'entêtement, je sentis mes avantages, et je redoublai de calme dans mes refus; Il appela, cependant, la garde, et dit qu'il allait me faire hisser dans la hune; je répondis que je le croyais trop bon républicain pour penser qu'il continuât ainsi à enfreindre ses pouvoirs; qu'au surplus je ne résisterais pas à la force, mais que, s'il ne me faisait pas attacher dans la hune, j'en descendrais aussitôt. Alors, sans me déconcerter, je détachai mon sabre pour confirmer que je ne me défendrais pas, et me mettant à cheval sur un canon voisin, j'ajoutai qu'il pouvait me faire hisser, s'il le jugeait possible. Il ne l'osa point.

Après mille phrases aussi incohérentes que passionnées, il se retira dans sa chambre, disant qu'il me donnait cinq minutes de réflexion, et qu'à son retour il me ferait hisser si j'étais encore en bas. Le vaisseau était dans une agitation extrême; l'officier de quart, M. Granger, était un brave homme de soixante ans qui m'engageait, les larmes aux yeux, à obéir.

A l'aspect de ces larmes, je sentis mon courage chanceler; mais, revenant à moi, je refusai encore. Il se rendit alors chez le commandant, et, revenant bientôt avec un visage triomphant: « J'ai pris sur moi, s'écria-t-il, de dire que vous étiez monté, et j'ai obtenu votre grâce...; allez remercier le commandant. » Je compris que c'était un arrangement convenu; je ne voulus pas m'y prêter, et je continuais à rester sur mon canon, quand le sage Augier s'approchant de moi, me dit: « Vous avez été admirable; vous nous avez vengés de six mois d'oppression; mais l'ennemi est à bas, et vous n'abuserez pas de votre victoire en persistant à le narguer sur le pont; allons, venez au poste; il nous tarde à tous de vous complimenter et de vous remercier. » Nul ne s'opposa à ce que je suivisse Augier; et ainsi se termina cette scène, où le commandant aurait sauvé les apparences, ainsi que sa dignité, s'il m'avait dit avec modération que je méritais quinze jours d'arrêts, qu'il avait cru me rendre service en commuant cette punition ; mais que, puisque la chose ne me convenait pas, il en revenait aux arrêts, et m'enjoignait d'y rester jusqu'à nouvel ordre.

Cette aventure fut l'objet des entretiens de toute la rade. D'un autre côté je la racontai à M. de Bonnefoux. Il en fut désolé, car il savait que *le Jean-Bart* n'avait pas de mission prochaine, et il était sur le point de me faire changer de bâtiment. Il ajouta qu'il ne le pouvait plus de quelque temps, parce qu'il ne devait pas paraître prendre parti pour le subordonné contre le chef. Cependant ma présence était, convenablement, devenue si impossible sur le vaisseau que, quinze jours après, je passai sur la corvette *la Société populaire*, tout simplement nommée, dès lors même, *la Société*, tant on était déjà fatigué, en France, des mots pompeux à l'aide desquels tant de gens avaient été séduits, et tant de crimes commis. Cette corvette devait partir sous peu pour escorter les convois le long de la côte jusqu'à Nantes : c'était la même mission que celle de *la Fouine*; mais *la Société* était beaucoup plus grande, plus fortement armée que le lougre, et elle avait plusieurs autres navires de guerre pour coopérateurs.

Dans cette navigation, je pris une connaissance détaillée de la plupart de nos petits ports du golfe de Gascogne, et j'avais un commandant bien différent de celui du *Jean-Bart*. Augier me manquait beaucoup; cependant un jeune officier de santé de beaucoup de mérite et d'une société fort agréable, appelé Cosmao[1], s'y lia avec moi, et adoucit un peu mes regrets. Je restai plusieurs mois sur cette corvette; mais il ne s'y passa que deux événe-

---

[1] Jacques-Louis-Marie Cosmao né à Châteaulin (aujourd'hui département du Finistère), le 20 août 1779. M. Cosmao a été mis à la retraite en 1821, en qualité de chirurgien de première classe de la Marine. Il est mort en 1826.

ments dignes d'être relatés ; le premier fut la rencontre inopinée d'une roche, sur laquelle, par un temps de brume, nous fûmes sur le point de nous briser ; la manœuvre prompte, l'accent du commandement de l'officier de quart purent seuls nous dégager. Chacun à bord, lui excepté, croyait le bâtiment perdu ; et l'on frissonnait encore de terreur, tandis que le hideux remous de la roche paraissait fuir la poupe de la corvette, naguère enveloppée et attirée par lui vers les profondeurs de l'abîme. Le danger passé, je descendis, et j'allai trouver Cosmao qui était couché dans son cadre : « Quoi, vous dormez ? lui dis-je ». « Non, me répondit-il, j'ai tout entendu, et j'allais me lever ; mais je vous aurais embarrassé, et je me suis remis sur le côté droit pour me noyer plus à mon aise ; c'est la position où je dors habituellement. » Dans l'officier de quart j'avais admiré l'homme de cœur, de tête et de talent; dans l'officier de santé, j'admirai le philosophe, l'homme résigné ! l'un et l'autre avaient à peine vingt ans ; et que d'hommes supérieurs de cinquante n'en feraient pas autant ; mais il n'est rien de tel pour former la jeunesse que la guerre et les révolutions! Cosmao est un ami que je n'ai pas revu depuis *la Société!*

Le second événement fut l'attaque du convoi par deux frégates anglaises. Nos navires marchands furent mis à l'ancre entre la terre et les bâtiments de guerre, qui s'embossèrent pour prêter côté, et pour combattre les frégates. Celles-ci s'approchèrent ; nous tirâmes dessus, et comme la corvette portait du 24, nous les atteignîmes de loin ; ce gros calibre fut, sans doute, ce qui fit changer leur résolution ; car elles prirent le large, et se contentèrent de nous observer ; mais nous appareillâmes pendant la nuit et, au point du jour, nous gagnâmes le petit port de Benodet[1]. Dans ce trajet, le commandant

---

[1] Commune du département du Finistère, arrondissement de Quimper, canton de Fouesnant. Benodet se trouve à l'embouchure de l'Odet.

pensa que nous serions peut-être attaqués par les embarcations armées des frégates, à l'effet d'essayer de couper ou d'enlever quelque traîneur du convoi ; aussi nous passâmes la nuit dans la plus grande vigilance et armés jusqu'aux dents. Toutefois il n'en fut rien ; et mon espoir fut encore déçu, d'ajouter à l'expérience que me donnaient mes voyages, le haut enseignement d'une mêlée ou d'un combat.

Lors d'une de nos relâches à Brest, M. de Bonnefoux me fit passer sur le vaisseau *le Dix-Août* [1], qui devait faire campagne, et qui était commandé par M. Bergeret [2], jeune capitaine de vaisseau de trente ans, renommé pour sa belle défense de la frégate *la Virginie* [3] ; aujourd'hui vice-amiral, préfet maritime à Brest [4], et qui possédait tout ce qu'il faut pour conduire, diriger, former, enthousiasmer la jeunesse. Augier était parvenu à quitter le *Jean-Bart* et il allait partir dans une autre direction ; ainsi il était encore à Brest, et j'eus le bonheur de recevoir ses adieux ;

---

[1] Le vaisseau *le Dix-Août* était « un des plus beaux de la République... Il se distinguait entre tous par la force et l'élégance, par la précision, la rapidité et l'harmonie de ses mouvements », dit M. Fréd. Chassériau, conseiller d'Etat, *Notice sur le vice-amiral Bergeret, sénateur, Grand'Croix de la Légion d'honneur*, Paris, 1858, p. 27 et 28.

[2] Jacques Bergeret, né le 15 mai 1771 à Bayonne, partit à l'âge de douze ans pour Pondichéry, en qualité de mousse sur le navire de commerce *la Bayonnaise*. Après avoir servi un instant dans la Marine de l'Etat, il navigua de nouveau sur des bâtiments de commerce, de 1786 à 1792, et devint officier dans la marine marchande. Nommé enseigne de vaisseau, le 21 avril 1793, il embarqua sur la frégate *l'Andromaque*, sous les ordres de Renaudin, le futur commandant du *Vengeur*. Lieutenant de vaisseau le 15 août 1795, et appelé au commandement de la frégate *la Virginie*, construite sur les plans du grand ingénieur Sané, il se signala dans l'escadre de Villaret-Joyeuse et obtint de conserver son commandement, lorsque le grade de capitaine de vaisseau vint récompenser ses services le 21 mars 1796 ; il n'avait pas encore accompli sa vingt-cinquième année. Jacques Bergeret était le cousin germain de Mme Tallien.

[3] Combat dans la Manche contre le vaisseau anglais, *Indefatigable*, placé sous les ordres de sir Edward Pellew, plus tard vicomte Exmouth.

[4] En 1835. Le vice-amiral Bergeret, créé sénateur en 1852, est mort à Paris le 26 août 1857, survivant ainsi de près de deux ans à son ancien aspirant du *Dix-Août*, l'auteur de ces *Mémoires*.

il me fit promettre de ne prendre aucun moment de repos que je ne fusse enseigne de vaisseau, et, jusqu'à ce moment, de ne me permettre aucune distraction, pas seulement celle de la lecture d'un roman ou d'un ouvrage d'agrément ; il voulut enfin que tous mes moments, toutes mes facultés fussent, sans exception, pour l'étude et pour la navigation. Je promis tout ; je tins tout.

Cependant les ordres du *Dix-Août* furent changés ; ses courses se bornèrent à quelques promenades dans l'Iroise[1], à Bertheaume[2], à Camaret[3], lieux voisins de Brest, et où le commandant Bergeret exerçait son équipage avec l'actif entraînement qu'il savait si bien inspirer. Qu'il y avait loin de là au commandant du *Jean-Bart*, et que j'étais heureux d'en pouvoir faire la comparaison ! J'étais content de tout ; je l'étais des autres ; je l'étais de moi ; et quand je venais à penser qu'un an s'était à peine écoulé depuis que j'étais un enfant, un petit polisson, puis un novice, puis un écolier, je me sentais comme émerveillé. Je correspondais, d'ailleurs, fort exactement avec mon père, avec ma sœur ; et quand

---

[1] « Espace de mer à l'ouest du département du Finistère, limité au nord par l'archipel d'Ouessant avec la chaussée des Pierres-Noires et par la terre ferme du cap Saint-Matthieu au goulet de Brest ; au sud par la chaussée de Sein et la partie du promontoire qui s'étend jusqu'à Audierne ; enfin, à l'est par les terres du Toulinguet et du cap de la Chèvre. » (C. Delavaud, *Grande Encyclopédie*, t. XX, p. 967).

[2] L'anse de Bertheaume se trouve à quelques lieues de Brest, dans la commune de Plougonvelin, non loin de la pointe Saint-Matthieu. À l'entrée de l'anse, un fort construit sur un rocher isolé, porte le nom de château de Bertheaume. Tant que dura le blocus de Brest, les navires en rade se bornèrent à naviguer entre Brest et Bertheaume. Aussi un mauvais plaisant rédigea-t-il l'épitaphe suivante pour l'amiral Ganteaume, ou Gantheaume qui avait commandé l'escadre de Brest pendant un certain temps:

   Cy-gît l'amiral Gantheaume,
   Qui s'en fut de Brest à Bertheaume,
   Et profitant d'un bon vent d'Ouest,
   S'en revint de Bertheaume à Brest.

[3] Commune du département du Finistère, arrondissement de Châteaulin, à l'extrémité de la presqu'île de Crozon, qui sépare la rade de Brest de la baie de Douarnenez. Camaret se trouve au-delà du *Goulet*, en dehors de la rade, par conséquent.

ce n'eût été ma conscience, leurs lettres m'auraient amplement récompensé de mes fatigues, de mes travaux.

Il y avait à bord du vaisseau le *Dix-Août* huit aspirants de la Marine, avec quatre desquels je me liai étroitement, et dont je vais te parler pour te donner quelques idées sur la destinée de la quantité de jeunes gens qui se lancent annuellement dans la carrière du service militaire. Tu y verras peut-être aussi l'influence que leur conduite particulière peut avoir sur cette destinée.

Deux d'entre eux, Moreau et Verbois, étaient, comme moi, de la 1re classe. Moreau[1], né à Saint-Domingue, ex-élève très distingué de l'Ecole polytechnique avait un jour rêvé, devant une gravure des boulevards, une nouvelle révolution dans sa patrie, son retour sous la domination de la France, le rétablissement de sa fortune, et le paiement de la dette de sa reconnaissance envers une famille généreuse qui l'avait fait élever, à peu près et avec non moins de succès qu'il était advenu, quelques années auparavant, à l'illustre d'Alembert. Son exaltation fut si forte qu'il s'évanouit sur le pavé. On le porta dans une maison voisine ; il n'en sortit que pour renoncer au poste de répétiteur de l'Ecole polytechnique, aller s'embarquer et passer son examen pour la Marine. Il avait été recommandé au commandant Bergeret, et celui-ci avait reçu ce brillant sujet, comme peu d'hommes au pouvoir savent accueillir un jeune homme de grande espérance. La taille élevée de Moreau, le caractère sévère de sa figure, son costume original, son organe pénétrant, sa parole incisive, l'impétuosité de ses mouvements, le ton d'autorité de son regard, tout en faisait un être à part, tout révélait qu'il n'y avait rien au-dessus de son ambition. Je crois être l'aspirant du *Dix-Août* qu'il a préféré, mais je ne dis pas aimé, car la nature ne donne pas tout

---

[1] Charles Moreau.

à la fois ; et, malheureusement pour ceux dont la tête est si supérieurement organisée, le cœur est ordinairement froid et subordonné aux volontés de l'esprit.

Verbois était aussi un excellent sujet[1]. S'il avait infiniment moins de moyens ou d'instruction que Moreau, il avait pourtant fait ses études avec distinction ; et il avait le caractère si aimant qu'on était naturellement attiré vers lui, vers ses manières affectueuses, et qu'on ne pouvait le connaître sans lui vouer son amitié.

Venaient ensuite, par rang de grade et d'âge, Hugon et Saint-Brice ; Hugon[2] avait quelque chose de Moreau, beaucoup de Verbois, mais par-dessus tout un sang-froid admirable, toute l'activité possible, une persévérance à toute épreuve, une audace dans le danger que rien ne pouvait arrêter, et, avec cela, une gaieté charmante, très convenablement assaisonnée de malice et de bonté. J'ai longtemps navigué avec lui ; je lui ai toujours dit que la Marine n'aurait jamais de meilleur officier que lui, et je ne me suis pas trompé ; il l'a prouvé partout, particulièrement à Navarin[3], à Alger[4] et à Lisbonne[5]. Il est aujourd'hui contre-amiral[6], et, pour moi, c'est toujours un frère.

Quant à Saint-Brice, c'était l'amabilité personnifiée ;

---

[1] Je n'ai pu, à mon grand regret, me procurer aucun renseignement sur Verbois qui, comme on le verra ci-après, fut enlevé en deux heures par la dysenterie à bord du *Dix-Août*.

[2] Gaud-Aimable Hugon, né le 31 janvier 1783 à Granville, aujourd'hui département de la Manche. Mousse, novice, matelot et aspirant sur les bâtiments de l'État du 17 décembre 1795 au 4 juillet 1805.

[3] À la bataille de Navarin, le capitaine de vaisseau Hugon commandait la frégate *l'Armide*. Voyant la frégate anglaise *Talbot*, sérieusement menacée par plusieurs vaisseaux turcs, il vint se placer entre elle et l'un de ces derniers, qui fut rapidement capturé. Il fit arborer sur la prise les couleurs de l'Angleterre à côté de celles de la France.

[4] Le capitaine de vaisseau Hugon prit part à l'expédition d'Alger, comme commandant supérieur d'une flottille.

[5] Où il a commandé la station navale.

[6] Depuis le 1ᵉʳ mars 1831. Postérieurement au moment où M. de Bonnefoux écrivait ces lignes, M. Hugon a été créé successivement vice-amiral, baron, sénateur du second Empire.

mais il avait tous les penchants vicieux, tous les goûts absurdes de la jeunesse, quand elle est trop livrée à elle-même, et une horreur innée pour le travail ou l'étude. Jamais mémoire ne fut plus heureuse, esprit plus vif, intelligence plus parfaite ! Que d'avenir il y avait dans ce jeune homme, s'il avait pu se soumettre à une vie régulière et appliquée ! mais cette faiblesse de ne pouvoir résister à aucun de ses désirs le portait à mille désordres. Quelquefois il nous entraînait nous-mêmes ; mais jamais nous ne pouvions le ramener à nous. Enfin, jeune encore, il est mort victime de ses excès.

Tels étaient les plus remarquables des camarades que j'avais sur *le Dix-Août*, et nous nous serrions fortement les uns contre les autres pour résister aux tribulations que nous avions à supporter de la plupart des officiers du temps, et à l'injustice, à l'insouciance du Gouvernement d'alors. Les équipages étaient à peine vêtus, à peine nourris ; les vivres étaient de qualité inférieure, les bâtiments mal tenus ; on ne payait enfin ni traitement de table, ni solde, à tel point qu'il a existé des vaisseaux où les aspirants n'avaient qu'une capote pour eux tous ; c'était celui de quart ou de corvée qui en avait la jouissance momentanée. A cet âge, on supporte tous ces désagréments assez bien. Mais les matelots, qui sont souvent mariés et dont les familles mouraient de faim, ne le prenaient pas aussi philosophiquement ; or ceci augmentait encore la difficulté de notre position. Par la suite, l'empereur mit ordre à tout cela, et il fit même remettre une partie de l'arriéré ; quant au reste, il n'a jamais été restitué, et aujourd'hui il y a prescription. Ces sommes n'ont pas été perdues pour tout le monde. Gardez-les, vous qui les avez ; mais, en grâce, n'y revenez pas, et laissez-nous en paix.

Cependant M. de Bonnefoux me fit appeler un jour et me dit que le général Bernadotte (aujourd'hui roi de Suède), en mission à Brest, et qui logeait dans son hôtel, avait perdu un jeune aide de camp, qu'il l'avait prié de

lui désigner un officier pour le remplacer, et il ajouta :
« Vous pouvez être cet officier, car il est facile, en ce
moment, de passer de la Marine dans l'infanterie. Si
vous acceptez, vous serez capitaine à vingt ans, colonel
probablement à vingt-cinq ; et si la guerre dure et que
vous surviviez à vos camarades, vous pourrez, en vous
distinguant, être général à trente. Je vous donne vingt-
quatre heures pour vous décider. » Je sentais bien que,
sous le rapport de l'avancement, il y avait avantage,
comme il y en aura toujours à servir dans le corps le plus
nombreux, le plus utile au pays ; je comprenais qu'en
France ce corps était l'infanterie ; je voyais bien clairement que, dans cette arme, où les droits de l'ancienneté,
d'accord avec la justice, portent au grade d'officier une
grande quantité de sergents-majors et de sergents, ceux-ci
n'avancent guère plus ensuite qu'à leur tour, tandis que
le choix se porte naturellement toujours sur ceux qui
ont fait des études, qui proviennent des Écoles et qui
paraissent presqu'exclusivement destinés, par la force des
choses, à devenir officiers supérieurs ; il était clair pour
moi que, dans la Marine ou dans les autres corps spéciaux,
tous les officiers étant instruits, tous avaient les mêmes
chances d'avancement au choix ; enfin je connaissais
l'éclat des services du général Bernadotte ; mais je réfléchis,
d'un autre côté, que, parent de M. de Bonnefoux, qui, par
des embarquements de choix, me mettrait en évidence, et
décidé à bien travailler, à beaucoup naviguer, je pourrais
faire d'assez grands pas dans ma carrière ; songeant, par-
dessus tout, au chagrin de quitter ce digne parent, mes
bons camarades et des travaux vivement poursuivis, je
me décidai et je refusai. A quoi tient une existence ? qui
peut dire à présent où je serais ? mais peu importe, sans
doute, car je ne me trouverais pas, en ce moment, plus
heureux que je ne le suis.

J'eus, bientôt après, un assaut du même genre à soutenir. Le Ministre, ayant ordonné une mission scienti-

fique sur les côtes de la Nouvelle-Hollande[1] et ayant obtenu des passeports de paix pour les deux bâtiments qui devaient en être chargés, avait désigné, parmi les aspirants de l'expédition, Moreau, à cause de son instruction supérieure, et moi, pour mon brillant examen. Toutefois l'option était laissée à chacun. Moreau accepta sans balancer, car il n'avait pas encore navigué, et il brûlait de s'exercer, de commander, et d'arriver à un grade assez élevé pour pouvoir, un jour, diriger ses talents, son influence et son bras vers le but éternel de ses volontés : une révolution nouvelle dans sa patrie, dont il était incessamment préoccupé. M. de Bonnefoux lui remit son ordre d'embarquement, en chef qui estimait un si noble jeune homme ; et, avec une grâce infinie, il y ajouta le don d'un instrument nautique appelé sextant, qui l'avait accompagné dans toutes ses campagnes. L'ardent Moreau partit donc et revint de cette longue campagne, marin consommé, bientôt enseigne de vaisseau[2], bientôt lieutenant de vaisseau, et chacun applaudissait. Malheureusement une balle vint l'atteindre sur *la Piémontaise*, où il était commandant en second. Balle funeste, mais qui inspira une résolution sublime ! Moreau prévoit que sa frégate succombera dans le combat inégal qu'elle soutient ; il sent que sa blessure brise sa carrière... Lui, prisonnier, lui, arrêté dans ses vastes projets ; lui, voir l'Anglais triomphant commander à sa place ; lui, mourir peut-être lentement de sa blessure, non, ce n'est pas possible !... Plutôt mille fois une mort immédiate !.. Il appelle donc un matelot dévoué, et, recueillant ses forces pour dominer, de la voix, le bruit de l'artillerie, il lui ordonne de le jeter à la mer. Le matelot recule épouvanté, et veut le faire porter au poste

---

[1] Il s'agit ici de l'expédition du *Géographe*, commandée par le capitaine Nicolas Baudin, et qui, après la mort de son chef, fut ramenée en France par le capitaine Milius.
[2] Charles Moreau fut nommé enseigne de vaisseau, le 3 brumaire an XII.

des blessés; mais l'ordre est réitéré; et tel était l'ascendant de ce caractère vraiment surhumain que le matelot s'approche, détourne les yeux, et, avec une pieuse résignation, il obéit. « Merci, dit Moreau, vous êtes un véritable ami... »

Après avoir raconté cette catastrophe, il me reste à peine assez de mémoire, assez de force, pour dire que la mission à laquelle le Ministre me rattachait, étant une mission de paix, je ne voulus pas en faire partie, quoique le grade d'enseigne de vaisseau fût certain pour moi, à une époque rapprochée, et, malgré le lustre que de telles campagnes font rejaillir, toute la vie, sur un officier; mais je ne croyais pas convenable de devenir enseigne, en temps de guerre, sans avoir vu le feu; je préférai donc en chercher les occasions, et cette considération me décida.

CHAPITRE III

Sommaire : Je suis nommé second du cutter *le Poisson-Volant*, puis je reviens sur *le Dix-Août*. — Ce vaisseau est désigné pour faire partie de l'escadre du contre-amiral Ganteaume, chargée de porter des secours à l'armée française d'Egypte. — L'escadre part de Brest. — Prise d'une corvette anglaise en vue de Gibraltar. — Les indiscrétions de son équipage. — Le surlendemain, *le Jean-Bart* et *le Dix-Août*, capturent la frégate *Success*, qui ne se défend pas. — Chasse appuyée par *le Dix-Août* au cutter *Sprightly*. — Je suis chargé de l'amariner. — L'amiral change brusquement de route et rentre à Toulon. — Le commandant Bergeret quitte le commandement du *Dix-Août* ; il est remplacé par M. Le Goüardun. — Mécontentement du premier Consul. — Ordre de partir sans retard. — L'escadre met à la voile. — Abordage du *Dix-Août* et du *Formidable*, dans le sud de la Sardaigne. — Graves avaries. — Relâche à Toulon. — L'amiral reçoit l'ordre de participer à l'attaque de l'île d'Elbe. Bombardement des forts. — Assaut. — Je commande un canot de débarquement. — Soldat tué par le vent d'un boulet. — Prise de l'île d'Elbe. — L'amiral Ganteaume débarque ses nombreux malades à Livourne. — Il fait passer ses 3.000 hommes de troupes sur quatre de ses vaisseaux et renvoie les trois autres sous le commandement du contre-amiral Linois. — Le moral des équipages et des troupes. — Le premier Consul accusé d'hypocrisie. — Digression sur le duel. — L'escadre passe le détroit de Messine, et arrive promptement en vue de l'Egypte. — A la surprise générale, l'amiral ordonne de mouiller et de se préparer à débarquer à 25 lieues d'Alexandrie. — Apparition de deux bâtiments anglais au coucher du soleil. — L'escadre appareille la nuit. — Un mois de navigation périlleuse sur les côtes de l'Asie-Mineure et dans l'Archipel. — Retour sur la côte d'Afrique, mais devant Derne. — Nouvel ordre de débarquement et nouvelle surprise des officiers. — Verbois, Hugon et moi, nous commandons des canots de débarquement. — A 50 mètres du rivage, l'amiral nous signale de rentrer à bord. — Fin de nos singulières tentatives de secours à l'armée d'Egypte. — Retour à Toulon. — Souffrance des équipages et des troupes. — La soif. — Rencontre à quelques lieues de Goze, du vaisseau de ligne de 74, *Swiftsure*. — Combat victorieux du *Dix-Août* contre le *Swiftsure*. — Pendant le combat, je suis de service sur le pont, auprès du commandant. — Mission dans la batterie basse. — Le porte-voix du commandant Le Goüardun. — Le point de la voile du grand hunier. — Paroles que m'adresse le commandant. — Capture du *Mohawk*. — Arrivée à Toulon. — Grave épidémie à bord de l'escadre et longue quarantaine. — La dysenterie enlève en deux heures de temps mon camarade Verbois couché à côté de moi dans la Sainte-Barbe. — Je le regrette profondément. — Fin de la quarantaine de soixante-quinze jours. — Le commandant Le Goüardun demande pour moi le grade d'enseigne de vaisseau. — Histoire de l'aspirant

Jérôme Bonaparte, embarqué sur *l'Indivisible*. — Les relations que j'avais eues avec lui à Brest, chez Mme de Caffarelli. — Après la campagne, il veut m'emmener à Paris. — Notre camarade, M. de Meyronnet, aspirant à bord de *l'Indivisible*, futur grand-maréchal du Palais du roi de Wesphalie. — Paix d'Amiens. — *Le Dix-Août* part de Toulon pour se rendre à Saint-Domingue. — Tempête dans la Méditerranée. — Naufrage sous Oran, d'un vaisseau de la même division, *le Banel*. — Court séjour à Saint-Domingue. — Retour en France. — A mon arrivée à Brest, M. de Bonnefoux me remet mon brevet d'enseigne de vaisseau. — Commencement de scorbut. — Histoire de mon ancien camarade Sorbet. — Congé de trois mois. Séjour à Marmande et à Béziers. — L'érudition de M. de La Capelière. — Je retourne à Brest, accompagné de mon frère, âgé de quatorze ans, qui se destine, lui aussi à la marine.

Les campagnes de Bertheaume étaient trop insignifiantes pour que M. de Bonnefoux me les laissât faire longtemps ; il me fit donc passer sur le cutter *le Poisson-Volant*, destiné à protéger nos convois dans la Manche, et il m'y embarqua comme commandant en second. Je craignis, d'abord, d'être embarrassé de tant d'autorité ; mais tout allait assez bien, lorsque sept vaisseaux furent désignés par le consul Bonaparte pour aller porter des secours à l'armée qu'il avait abandonnée en Egypte. *Le Dix-Août* étant un de ses vaisseaux, j'y retournai avec empressement. J'y retrouvai mes anciens camarades, moins Moreau, mais plus Louin et Desbois, deux très bons jeunes gens de La Guerche[1]. Louin se retira du service, à la paix d'Amiens. Desbois a péri dans ses navigations, victime du climat des colonies ; tu vois que la mort a terriblement moissonné dans nos rangs.

Cette armée d'Egypte était dans un état déplorable. Kléber, qui en avait pris le commandement après le départ de Bonaparte, avait été assassiné. Menou, qui l'avait remplacé, n'avait pas ce qu'il fallait pour remonter le moral d'hommes courroucés de l'abandon de leur premier général ; et les généraux en sous-ordre, consternés de la mort de Kléber, ne pouvaient s'accorder ni entre eux, ni avec Menou, et ils revenaient en France dès qu'ils

---

[1] Chef-lieu de canton du département d'Ille-et-Vilaine, à 21 kilomètres au sud de Vitré.

le pouvaient. Les vivres, les vêtements, les armes, les munitions, tout manquait, en Egypte, à nos soldats; le pays était en hostilité permanente; les ports étaient bloqués par des vaisseaux anglais; enfin, une armée de cette nation, débarquée sur le sol africain, faisait cause commune avec le pays.

Dans cet état, sept vaisseaux portant 3.000 hommes de troupes étaient bien peu de chose; aussi crut-on que le Consul voulait, seulement, paraître se rappeler ses compagnons d'armes. Ces vaisseaux étaient commandés par le contre-amiral Ganteaume[1] montant *l'Indivisible*, et ayant sous ses ordres le contre-amiral Linois[2], montant *le Formidable*, de 80 canons comme *l'Indivisible*[3].

Sous Gibraltar, nous fûmes aperçus par des navires garde-côtes anglais. Dès le lendemain, au point du jour, une corvette anglaise se trouva à portée de canon de notre escadre. Elle ne résista pas et fut prise. Quelques indiscrétions nous firent savoir qu'à notre apparition le commandant de Gibraltar avait expédié ce bâtiment et deux autres qui étaient prêts, pour porter, dans toute la Méditerranée, la nouvelle de notre présence dans cette mer. Les deux autres bâtiments étaient la frégate *Success* et le cutter *Sprightly*. Admirons, toutefois, notre heureuse étoile. Le surlendemain, nous rencontrâmes la

---

[1] Honoré-Joseph-Antoine Ganteaume, né le 13 avril 1755, à la Ciotat (aujourd'hui département des Bouches-du-Rhône), avait servi dans la Marine royale en qualité d'officier auxiliaire, lieutenant de frégate et capitaine de brûlot, du 30 mars 1779 au 17 mai 1785. Il y était rentré comme sous-lieutenant de vaisseau, le 1ᵉʳ mai 1786. La Révolution le nomma successivement lieutenant de vaisseau, en 1793, capitaine de vaisseau en 1794. Ce fut la partie brillante de sa carrière, pendant laquelle il servit avec éclat sous Villaret-Joyeuse et Renaudin. Contre-amiral en 1798, il ramena Bonaparte en France, au mois d'octobre 1799. Après le 18 brumaire, le premier Consul le fit entrer au Conseil d'Etat. Nommé vice-amiral, le 30 mai 1804, créé comte de l'Empire, Ganteaume est mort en activité de service à Aubagne (Var), le 28 septembre 1818. Il était pair de France et Inspecteur général des classes.

[2] Voyez ci-après la notice sur l'amiral Linois.

[3] L'escadre partit de Brest, le 23 janvier 1801.

frégate que, malgré sa marche distinguée, *le Jean-Bart* et *le Dix-Août* atteignirent et réduisirent promptement; car elle ne se défendit en aucune manière; et, peu après, *le Dix-Août* aperçut et chassa le cutter.

D'abord il nous gagna et sembla devoir nous échapper. Le commandant Bergeret prévit que le temps faiblirait dans la soirée, qu'alors *le Sprightly* serait en calme, tandis que nos voiles hautes, beaucoup plus élevées que les siennes, porteraient encore. Il persista donc, et il fit bien, puisque, avant la nuit, ce bâtiment était à nous. J'y fus envoyé pour l'amariner; mais, comme l'amiral ne voulut pas l'adjoindre à son escadre, il l'expédia pour Malaga; ainsi je n'en gardai pas le commandement; ce fut un chef de timonerie qui fut chargé de cette mission de quelques heures.

Qui n'aurait cru, d'après cela, que nous allions continuer notre route avec diligence et sécurité? Il n'en fut pas ainsi : trois voiles furent vues, un soir, qui ne furent ni chassées ni reconnues, et que nous ne revîmes pas le lendemain. Leur aspect fit changer les projets de l'amiral, qui prit, aussitôt, la direction de Toulon, où il arriva[1], et où il fut abandonné par deux capitaines, étonnés sans doute de cette rentrée. M. Bergeret était l'un d'eux. Quel vide il nous laissa et comme je le regrettai ! Toutefois il fut remplacé par M. le Goüardun[2], homme du monde, peu marin, mais très brave, très poli, très spirituel. Avant de quitter définitivement son bord, le commandant Bergeret nous fit appeler, Hugon et moi, pour nous embrasser et nous faire un cadeau d'adieu. Le mien fut le hamac de matelot dans lequel le commandant Bergeret couchait habituellement et quelques Essais sur la tactique navale, qu'il avait écrits pendant la campagne de Bruix.

[1] Le 18 février 1801.
[2] Louis-Marie Le Goüardun, né le 9 septembre 1754, était capitaine de vaisseau, depuis le 12 brumaire de l'an III. C'était un ancien officier auxiliaire de la Marine royale.

Par l'un, il semblait me dire qu'un marin ne devait jamais être assez bien couché pour que la vigilance lui fût difficile ; et, par son manuscrit, que, quels que fussent les devoirs que l'on eût à remplir, il fallait disposer l'emploi de son temps, de manière à pouvoir toujours donner quelques moments à l'étude. Excellentes leçons, et que je n'ai point oubliées ; heureux de les avoir reçues d'un tel chef !

Bonaparte se montra mécontent de notre relâche, et il fallut partir presqu'aussitôt[1]. Nous naviguions, à dix heures du soir, dans le sud de la Sardaigne ; je travaillais, à la lueur du fanal de *la Sainte-Barbe*, à quelques calculs nautiques avec Hugon, lorsqu'au milieu d'une violente secousse, un bruit effroyable se fit entendre : « Du canon » me dit Hugon ; « Oui », lui répondis-je, « ou bien un abordage » ; et déjà nous étions sur le pont. Quel spectacle ! *le Formidable* et nous, nous nous étions abordés, fort maladroitement, à ce qu'il paraît. Nous avions perdu le mât de beaupré, et *le Formidable* celui d'artimon. Dans la nuit, le vent fraîchit ; il nous portait droit sur les côtes de la Barbarie ; mais heureusement qu'au point du jour il changea. La nuit fut bien pénible ; la pluie entravait nos travaux et nous faisait beaucoup souffrir. Pour ma part, j'y contractai un rhumatisme au bras droit, qui ne s'est dissipé que pendant mes longues campagnes subséquentes des pays chauds de l'Inde.

Aujourd'hui de telles avaries se répareraient à la mer ; alors nous étions moins expérimentés, surtout plus mal approvisionnés ; nous rentrâmes donc à Toulon pour nous remettre en état.

Même mécontentement du Consul, qui nous fit repartir avec ordre de prêter, en passant, notre secours aux troupes qui attaquaient l'île d'Elbe et ses forts ; nous nous y rendîmes, en effet, et tous les soirs nos vaisseaux

---

[1] Le 19 mars 1801.

défilaient, mettaient en panne devant ces forts et les canonnaient ; ceux-ci ripostaient ; mais c'était plus de bruit que d'effet, et il en résultait peu de dommage. L'assaut fut enfin résolu ; l'amiral envoya un renfort de troupes, et je commandais un canot de débarquement. En passant sous un fort, son feu se dirige sur nous ; un de nos soldats se lève entre les bancs des rameurs, et le voilà qui gesticule, menace l'ennemi, crie et s'agite. Ses mouvements gênent le jeu des avirons, et je lui donne ordre de s'asseoir ; il fait semblant de ne pas m'entendre ; je me lève à mon tour ; je vais à lui, et, j'allais le prendre au collet, lorsqu'une volée très bien nourrie passe au-dessus du canot ; le soldat, alors, s'abaisse, et il paraît se coucher au fond de l'embarcation. Le pauvre homme ! nous vîmes, en débarquant, qu'il ne s'était pas couché de peur... il était mort, et il n'avait pas été atteint. Un boulet était passé entre sa figure et mon bras ; l'action violente de ce boulet avait opéré sur sa respiration, du moins, on le dit ainsi ; et il avait cessé de vivre.

L'île d'Elbe devint une conquête de Bonaparte, qui la perdit ensuite, et qui, plus tard, y subit un premier exil en face de cette autre île où il avait reçu le jour. Quant à nous, reprenant nos troupes, nous songeâmes à achever notre mission.

Cependant nous avions beaucoup de malades ; nos bâtiments étaient mal armés ; aussi l'amiral, débarquant ses malades à Livourne, jugea que le reste des soldats pourrait se placer sur quatre vaisseaux ; il choisit les quatre meilleurs voiliers, les pourvut aux dépens des trois autres[1], se dirigea vers le détroit appelé le phare de Messine et renvoya trois vaisseaux, sous le commandement de l'amiral Linois qui, plus tard, eut avec eux, à Algésiras[2], un

---

[1] Indépendamment de ces quatre vaisseaux, Ganteaume garda en outre, sous ses ordres, une frégate, une corvette et quelques transports.
[2] Combats d'Algésiras, des 6 et 13 juillet 1801, contre l'escadre de lord Cochrane (Voyez le rapport de l'amiral Linois, sur ces combats, dan

très beau combat, où il triompha de forces anglaises plus que doubles des siennes.

Le moral de nos équipages et de nos passagers était très affecté ; on allait jusqu'à dire que Bonaparte se souciait fort peu de l'armée d'Egypte, qu'il ne voulait faire qu'une démonstration ; et, en effet, il y avait lieu de le penser : d'abord, à cause de l'insignifiance de l'armement et de la singularité de l'avoir expédié de Brest plutôt que de Toulon ; ensuite, en raison du simple mécontentement du Consul (lui qui était si absolu !), du départ toléré de deux bons capitaines, de la continuation de confiance accordée à l'amiral Ganteaume, du temps, pour ainsi dire perdu devant l'île d'Elbe, enfin du morcellement de nos forces. Plus tard cette opinion devint encore plus probable lorsque, l'Egypte ayant été conquise par les Anglais, nos soldats rendus à la paix d'Amiens furent aussitôt envoyés à Saint-Domingue, où le climat, les fatigues et la fièvre jaune les détruisirent presque tous. Il en fut de même des soldats de Moreau, qui eut des torts réels avec Bonaparte, mais qui fut traité par lui avec une grande dureté. Ces soldats avaient conservé un attachement touchant à leur général ; Napoléon leur fit expier cet attachement aux mêmes lieux où succombèrent ceux qui l'avaient accompagné en Egypte, et qui avaient murmuré d'y avoir été abandonnés.

Je ne veux certainement pas atténuer les grandes choses que le Consul fit à cette époque ; mais ce sont ces taches qui, ensuite, l'ont fait juger sévèrement par des esprits supérieurs. Mme de Staël, entre autres, dans ses sublimes *Considérations sur la Révolution française*, dit expressément de lui : « Il n'eut pas même cette sagesse commune à tout homme au milieu de la vie, quand il voit s'approcher les grandes ombres qui doivent bientôt l'envelopper :

Fr. Chassériau, *Précis historique de la Marine française, son organisation et ses lois*, Paris, 1845, t. I).

une seule vertu, et c'en était assez pour que toutes les prospérités humaines s'arrêtassent sur sa tête ; mais l'étincelle divine n'était pas dans son cœur ! » Châteaubriand et l'abbé Delille en ont parlé avec la même sévérité.

S'il est une carrière où il soit facile aux chefs de favoriser ceux qu'ils veulent avancer, c'est, sans doute, la Marine, car on ne peut guère y obtenir de grades qu'en allant à la mer sur des bâtiments de choix ayant des missions importantes, et qu'en en changeant à volonté. Les sept huitièmes des officiers n'ont pas cette facilité ; mais ceux qui, tenant aux hommes élevés par leur rang ou par leur crédit, peuvent s'en prévaloir, sont presque toujours en évidence, et, tandis que les autres luttent péniblement, en cherchant une chance heureuse, ceux-là sont, sans cesse, en mesure de la trouver et d'en profiter. J'étais, alors, dans les rangs des favorisés, et tu as pu remarquer combien M. de Bonnefoux était attentif à me faire participer à ces avantages.

De ces nombreux changements de navires j'obtenais encore un résultat non moins profitable : celui de me trouver, à chaque instant, en rapport avec des hommes nouveaux, avec des chefs différents, avec d'autres camarades ; or ceux-ci sont une excellente école pour la jeunesse. « L'équitation, a dit Plutarque, est ce qu'un prince apprend le mieux, parce que son cheval ne le flatte pas. » Les camarades non plus ne flattent pas ; souvent même ils sont impitoyables. J'avais eu à souffrir des taquineries d'un d'entre eux à bord du *Jean-Bart*, et il fallut absolument une petite affaire, dite d'honneur, pour en finir ; mais je n'en avais pas moins les genoux en dedans, le dos voûté, l'accent gascon ; et, partout, je trouvais des rieurs et des mauvais plaisants. Enfin j'en pris mon parti : je ripostai, parfois, sur le même ton ; mais, par-dessus tout, je m'attachai à la résolution de me redresser, de me corriger, et c'est ce qu'il y a de mieux à tout âge. Ainsi, me faisant une orthopédie à moi, m'assujettissant à des lectures lentes, étudiées, écoutant alternativement ou cherchant à imiter les personnes qui possédaient une bonne prononciation, j'arrivai à être comme tout le monde, et j'évitai, souvent, d'autres affaires.

On a beaucoup parlé contre le duel ; je crois qu'on ne l'a pas assez envisagé sous son vrai point de vue. Quand il devient une sorte de profession ou seulement d'habitude, c'est évidemment une infamie ; mais, sans le duel, beaucoup de choses seraient remises à la force brutale. Dans les réunions de jeunes gens, surtout, il n'y aurait, sans la ressource d'y pouvoir recourir, que des oppresseurs et des opprimés. Par le duel, au contraire, ou rien qu'en montrant à propos qu'on ne le craint pas, et, en faisant entrevoir, s'il le faut, qu'on est prêt à le proposer, on arrête les taquins, et l'on se fait respecter. Je n'avais guère que vingt-cinq ans, lorsqu'un camarade avec qui je jouais au reversis, et qui était fort mauvais joueur, se laissa aller à me dire des choses assez piquantes ; les premières, je les laissai passer ; les secondes étant plus vives, je vis où nous allions être conduits. Alors, loin de répondre sur le même ton, je posai les cartes sur la table, et je dis à mon interlocuteur : « Si vous voulez que la partie s'achève convenablement, changeons de conversation ; mais si vous désirez me provoquer ou que je vous provoque, expliquez-vous clairement ; il vaut beaucoup mieux que ce soit avant que les choses soient trop envenimées. » Je vois souvent cet ancien ami à Paris, et il m'a récemment avoué qu'il avait eu, en cette occasion, la bizarre humeur de m'entraîner à quelque réponse animée, pour aller ensuite sur le terrain, mais que mon sang-froid l'avait soudain ramené. J'avais, à peu près de même façon, éludé une autre affaire avec un officier d'infanterie passager sur un de nos bâtiments ; et, toutes les fois que je l'ai revu depuis, il m'a témoigné une estime infinie ; mais revenons à notre escadre.

Après avoir repris la route de notre destination et traversé le détroit de Messine, nous naviguâmes avec la plus grande vigilance. Comme c'était la saison des vents du nord-ouest, nous atteignîmes promptement les côtes égyptiennes. Nous en étions à vingt-cinq lieues, et nous nous attendions à voir, le lendemain, Alexandrie, à en forcer même l'entrée (comme récemment, et avec plus de danger, une de nos escadres a forcé Lisbonne), si les Anglais et leurs vaisseaux voulaient s'opposer au passage ; mais, ô surprise ! l'amiral ordonne de mouiller [1] et de se préparer à débarquer nos troupes sur cette partie de la côte. Quel trajet il aurait resté à faire à nos soldats dans les sables, sans eau, presque sans provisions et ayant à combattre les indigènes et les détachements anglais qui parcouraient le pays ! Cependant la mer était trop forte pour songer à un débarquement immédiat, et nous attendions le calme, lorsque deux bâtiments parurent au coucher du soleil et fort loin. Ce pouvaient être des transports destinés à approvisionner les Anglais ; ce pouvait être encore une avant-garde ; l'amiral le jugea ainsi [2], et il appareilla dans la nuit.

Avec les vents du nord-ouest, il n'y avait qu'une route possible, celle qui tendait vers les côtes de l'Asie-Mineure ou vers l'Archipel de Grèce. Nous reconnûmes, en effet, les approches de Rhodes ; et, louvoyant à grand'peine dans l'Archipel pour doubler Candie et Cérigo (Cythère), nous n'y parvînmes qu'après plus d'un mois de périlleuse navigation [3].

---

[1] Le 5 juin, la frégate anglaise, *la Pique*, prit chasse devant l'escadre française et rallia celle de lord Keith. Le 7, l'amiral Ganteaume détacha la corvette *l'Héliopolis*, qui, échappant à la croisière anglaise, entra dans le port d'Alexandrie. L'amiral, ne la voyant pas revenir, la crut capturée et se décida, le 9, à mettre les troupes à terre. Voyez Chevalier, *Histoire de la Marine française sous le Consulat et l'Empire*, 1886, p. 45.

[2] C'était bien, en effet, l'avant-garde de l'escadre de lord Keith.

[3] Dans une *Notice sur la campagne de l'amiral Ganteaume*, rédigée à Toulon en janvier 1842 et conservée aux *Archives nationales*, M. Savy de Mondiol, capitaine de frégate en retraite, ancien aspirant de *l'Indivisible*, assigne seulement à cette navigation une durée de huit à dix jours.

Plus que jamais notre mission nous semblait un simulacre ; cependant l'amiral revint sur la côte d'Afrique, mais, devant Derne[1], c'est-à-dire à cent vingt lieues d'Alexandrie. Nouvel ordre de débarquement, et plus grande surprise de notre part, en voyant si bénévolement exposer, nous disions même, sacrifier nos troupes. On se mit en mesure d'exécuter l'ordre : le temps était superbe : nos canots partirent chargés d'officiers, de soldats, de munitions. Verbois, Hugon et moi, nous en commandions un chacun, et nous marchions de front. A cinquante pas du rivage, nous découvrîmes une jetée en pierre, construite au bas d'un petit monticule sur lequel retentissaient les sons d'une musique sauvage. Depuis notre apparition le pays avait appelé ses enfants ; les chevaux arabes, sillonnant toutes les directions, avaient recruté, rallié tout ce qui, dans les environs, pouvait porter les armes ; et, prompt comme l'éclair, l'essaim qui couvrait le monticule, pressé par la musique qui devenait plus animée, poussant des cris barbares, précipitant des coursiers renommés pour leur agilité, et agitant, dans les airs, ses armes brillantes, ses croissants dorés, ses bannières de mille couleurs, arrive à la jetée, met pied à terre, s'agenouille, appuie ses fusils sur les pierres et tire une volée très nourrie, mais peu meurtrière. L'odeur de la poudre excite nos soldats, et nous continuions à avancer avec ardeur, quand Verbois saisit son porte-voix et hêle qu'il vient à son tour d'être hêlé pour un retour immédiat à bord, signalé par l'amiral[2] à l'officier qui commandait le débarquement.

---

[1] Derne ou Dernah, l'ancienne Darnis ou Dardanis, ville maritime de la Cyrénaïque, comprise aujourd'hui dans le vilayet turc de Barca ou Barkah.

[2] L'amiral Ganteaume comptait que le général Sahuguet achèterait le concours des Arabes au moyen d'une somme de 300.000 francs qu'il lui avait fait allouer. Voyez ses lettres au ministre de la Marine, qui sont conservées aux *Archives nationales* et en particulier celle du 4 ventôse an IX. L'accueil fait aux embarcations de l'escadre lui enleva ses illusions.

Là finirent nos singulières tentatives de secourir l'armée d'Egypte ; et nous reprîmes le chemin de Toulon entre la Sicile et la côte d'Afrique, bien tristes, bien fatigués, réduits en rations de vivres et d'eau, car il fallait continuer à nourrir nos soldats, et ayant tant et tant de malades que notre batterie basse en était encombrée. Jamais je n'ai autant souffert, surtout de la soif, que pendant cette campagne. Une nuit, vers la fin de mon quart, je me traînai à quatre pattes, jusqu'à l'extrémité de la cale, où je parvins à obtenir d'un calier une ou deux cuillerées d'eau infecte, pour lesquelles, pourtant, j'aurais donné tout ce que je possédais. La fortune nous devait quelque dédommagement, et elle nous en offrit un à quelques lieues de Goze [1], qui avoisine l'île de Malte.

Au point du jour, un vaisseau de ligne anglais fut reconnu à deux lieues au vent de l'escadre. *L'Indivisible* profita de sa marche supérieure pour se porter de l'avant à lui, afin de lui couper la retraite ; *le Dix-Août* se tint par son travers pour l'empêcher de faire vent arrière ; et nos deux autres vaisseaux virèrent de bord pour s'élever au vent, en cas que l'ennemi cherchât à s'échapper dans cette direction.

C'était une bonne disposition ; mais ces deux vaisseaux s'éloignèrent tellement que l'Anglais, imitant en quelque sorte la ruse de guerre du dernier des trois Horaces, laissa porter sur *le Dix-Août*, espérant le dégréer avant que l'amiral l'eût rejoint, pour n'avoir plus affaire ensuite qu'avec *l'Indivisible*. C'est donc nous qui soutînmes le choc, et nous le soutînmes dignement ; car, avant une demi-heure de temps, notre adversaire ne pouvait plus manœuvrer. *L'Indivisible* avait mis le cap sur nous, et

---

[1] Goze ou Gozzo, île au nord-ouest de Malte, dont elle constitue une dépendance. Le combat raconté ci-après n'eut donc pas lieu, comme le dit le commandant Chevalier, entre Candie et la côte d'Egypte. A la vérité, il y a, sur la côte Sud de Candie, une petite île qui en dépend, et qui porte, elle aussi, le nom de Gavdo ou Gozzo. Seulement, d'après les *Mémoires*, c'est de la première qu'il s'agit ici.

l'amiral nous hêla de laisser arriver pour qu'il pût prendre notre place. « Non, répondit l'intrépide. Le Goüardun, plutôt mourir mille fois que de quitter le poste d'honneur ! » L'amiral n'insista pas, et il manœuvra pour aller se placer sur l'avant du vaisseau anglais. Une ou deux volées de *l'Indivisible* suffirent pour achever de désemparer le vaisseau ennemi qui, bientôt, amena son pavillon[1] ; et nous, nous jetâmes dans les airs les cris mille fois répétés de « Vive la République ! » que, cette fois, je dois le dire, j'entonnais de grand cœur ; car alors c'était bien de l'honneur national qu'il s'agissait, et quand de si grands intérêts sont en jeu, les ressentiments particuliers doivent se taire. C'était le vaisseau le *Swiftsure*, de 74, qui, comme nous, venait de quitter les parages d'Alexandrie pour aller se ravitailler à Malte.

Je voyais enfin mes vœux réalisés ; j'avais assisté à un combat ; nous avions longtemps lutté à forces égales ; nous avions eu des avantages incontestables, le *Swiftsure* avait parfaitement manœuvré, s'était vivement défendu ; j'avais tout vu, car j'étais l'aspirant de service auprès du commandant pendant le combat, et son admirable sang-froid avait excité mon enthousiasme. Dans le fort de l'action, il m'avait envoyé transmettre un commandement dans la batterie basse : c'est elle qui souffrit le plus ; des malades, eux-mêmes (car nous en avions tant que la cale et l'entrepont n'avaient tous pu les contenir) y avaient reçu la mort dans leurs cadres. J'avais, en passant, serré la main à Verbois et à Hugon qui, solides à leur poste, excitaient de leur mieux les canonniers ; mais je quittais à peine ce dernier qu'une file entière de servants d'une pièce est emportée devant moi, et j'arrive sur le pont couvert de la cervelle et des cheveux de ces nobles vic-

---

[1] Le Gouvernement consulaire accorda à chacun des deux vaisseaux *l'Indivisible* et *le Dix-Août*, deux grenades, deux fusils et quatre haches d'abordage d'honneur. En réalité, *le Dix-Août* avait à peu près seul soutenu le combat.

times. En ce moment le porte-voix du commandant étant fracassé devant sa bouche par un boulet, il se retourne pour en demander un autre ; je l'envoie chercher par un pilotin, en disant au commandant que je suis prêt, en attendant, à porter ses ordres ; et, comme il me voit teint de sang : « Il paraît, me dit-il, qu'il fait chaud en bas », et, un instant après, il ajouta, en suivant son idée : « Allez prendre l'air dans le gréement, et faites dépêcher les gabiers que vous voyez travailler au point de la voile du grand hunier. » Je galope dans les haubans ; bientôt il me voit revenir, car la réparation était finie, et il me dit en frappant sur mon épaule : « Vous êtes un brave garçon, et je demanderai pour vous le grade d'enseigne de vaisseau ! » Je crus rêver, tant ces paroles m'enivrèrent de joie... rien, désormais, ne me parut plus impossible ; il m'aurait dit de sauter à pieds joints à bord de l'ennemi, que je me serais élancé, quoique nous en fussions à cinquante toises environ.

Un autre dédommagement de la fortune fut la prise du *Mohawk*, chargé de comestibles pour l'armée anglaise en Egypte. La répartition de ces comestibles fut faite aussitôt dans l'escadre. J'eus pour ma part un pain de sucre, une demi-livre de thé, deux livres de café et quelques autres provisions. Cette aubaine nous réconforta beaucoup. Nous n'en arrivâmes pas moins à Toulon[1] dans un état sanitaire affreux. Une épidémie pestilentielle agissait sur nous sans relâche et nous enlevait tous les jours quelques compagnons d'armes ; nos forces, ranimées pour le moment du combat, avaient disparu ; le scorbut compliquait l'épidémie, et nous fûmes soumis à une longue quarantaine. Ce fut pendant cette éternelle quarantaine que, couché, une nuit, je sens mon cadre (ou lit de bord) violemment secoué par Verbois dont la place était voisine de la mienne, et je vois, à la lueur du fanal de la Sainte-

---

[1] En thermidor an IX (août 1801).

Barbe, où nous couchions lui et moi, la figure de mon camarade entièrement décomposée. Sa bouche s'ouvre pour donner passage à une voix éteinte, convulsive, qui m'invite à aller chercher le docteur. J'y vole, je le ramène. Au premier aspect, celui-ci me dit : « Dépendez votre lit; fuyez : la dysenterie est ici! » Je n'en tins aucun compte ; j'aidai les infirmiers ; mais, deux heures après, ce brave jeune homme avait succombé ! Nous avions dîné ensemble ; nous avions, dans la soirée, fait une partie de barres au lazaret ; nous nous étions couchés en tenant de ces discours d'intimité, si doux avec lui ; et quelques heures plus tard ! Jamais l'amitié n'a versé de plus sincères larmes que les miennes sur une fin si précoce.

Enfin la cruelle quarantaine s'acheva. Parmi les aspirants de l'escadre se trouvait Jérôme, frère de Napoléon, et, alors, mais pas pour longtemps, destiné par lui à la Marine. Le consul appelait son gouvernement une République, dénomination qu'il lui conserva, cauteleusement, assez longtemps après qu'il se fut nommé empereur; car, chez lui, la ruse allait toujours de pair avec la force; mais, quoique républicain, il agissait, dès lors, en tout, à la manière des anciens souverains; aussi M. l'aspirant Jérôme mangeait avec l'amiral; il n'avait jamais subi d'examen, et il ne faisait de service que ce qui lui convenait. A Brest, il avait été pompeusement conduit par le colonel Savary, depuis duc de Rovigo, mais alors aide de camp du Consul, et il logeait chez le préfet maritime, M. de Caffarelli[1], dont M. de Bonnefoux était devenu le chef d'état-major. Mme de Caffarelli m'avait souvent fait

---

[1] Louis-Marie-Joseph de Caffarelli, comte de l'Empire, né au château du Falga, dans le Haut Languedoc, le 12 mars 1760, était lieutenant de vaisseau plusieurs années avant la Révolution. Le premier Consul l'appela, le 20 juillet 1800, à la Préfecture maritime de Brest, poste qu'il occupa pendant quatorze ans, et où il se distingua. Louis de Caffarelli est mort, le 14 août 1845.

déjeuner avec l'aspirant privilégié ; nous nous étions assez liés pour qu'il fît des instances afin que je consentisse à passer du *Dix-Août* sur *l'Indivisible ;* mais quitter Bergeret, Hugon, Verbois ! mais jouer le rôle de flatteur ou de favori ! ce n'était nullement dans mon caractère, et je refusai nettement, quoique avec beaucoup de politesse. Après la campagne, il retourna à Paris et voulut m'y emmener ; si j'avais été mieux en fonds, j'aurais peut-être accepté, et j'y serais allé avec lui ; mais cette considération, qu'il s'offrit pourtant à lever, m'en empêcha. C'eût été le commencement d'une belle liaison, selon les opinions de la multitude ; toutefois, tout en rendant justice aux qualités sociales de Jérôme, je n'ai jamais regretté cette occasion ; car, au plus tard, j'aurais renoncé à son amitié lorsque, par ordre de son frère, il déclara nul le mariage le plus valide qui fût jamais, contracté aux Etats-Unis d'Amérique, quelques années après, entre lui et miss Paterson. Depuis lors il fut créé roi de Westphalie, et l'un de nos camarades de *l'Indivisible,* M. de Meyronnet, qui s'était attaché à sa personne, devint grand maréchal du palais ; mais il mourut ensuite pendant les interminables guerres impériales.

Le commandant Le Goüardun n'oublia pas sa promesse d'avancement pour moi ; cependant les événements marchaient vite, et notre quarantaine, pendant laquelle Verbois avait péri de l'épidémie, avait été de 75 jours. L'Egypte avait été reconquise par les Anglais ; la paix avait été signée à Amiens ; une expédition pour la reprise de Saint-Domingue avait été ordonnée, nos vaisseaux en firent partie, et nous étions en marche pour y aller rejoindre tous ceux qui avaient été expédiés de divers ports de France et d'Espagne, avant que la réponse à la demande de M. Le Goüardun fût revenue de Paris. Nous ne restâmes à Saint-Domingue que le temps de débarquer nos troupes, de voir éteindre les flammes allumées par les noirs pour dévorer la resplendissante ville du Cap, et d'assister au naufrage d'un des vaisseaux que l'amiral Linois y conduisait de Cadix. J'oubliais de dire qu'à notre départ de Toulon nous avions eu de si mauvais temps que *le Dix-Août* vit périr, à quelques brasses de lui, et sous Oran, un des vaisseaux de notre division, *le Banel*, auquel nous ne pûmes seulement pas porter le moindre secours. Les bonnes qualités du *Dix-Août* suffirent à peine pour le préserver d'une semblable destinée. Notre retour en France fut également marqué par des vents impétueux, particulièrement vers la hauteur du banc de Terre-Neuve. Nous en souffrîmes beaucoup; et, dans ces parages, nous rencontrâmes deux navires de commerce, sans mâture, sans hommes, défoncés par la mer et flottant entre deux eaux. Sous d'autres rapports, cette campagne fut douce pour moi, parce qu'un enseigne de vaisseau venant à débarquer à Toulon, notre commandant ne fit pas de démarches pour le faire remplacer, mais m'installa dans ses fonctions; dès ce moment les officiers du vaisseau vinrent m'engager à prendre sa chambre, et, malgré la différence de mon traitement de table au leur, à manger avec eux. C'est ainsi que j'effectuai mon retour à Brest, où je trouvai mon brevet d'enseigne de vaisseau [1], et où M. de Bonnefoux, avec une joie pour ainsi dire paternelle, me le remit ainsi qu'un congé de trois mois que je passai dans les délices, à Marmande et à Béziers, et que je ne devais pas voir se renouveler de bien longtemps.

Je ne partis, cependant, pas immédiatement. Il fallut me guérir d'un commencement de scorbut, qui me retint dix-sept jours dans ma chambre; heureusement que j'étais tout voisin de l'appartement d'un officier de marine, mort depuis en pays étranger, et dont la femme est aujourd'hui ma belle-mère [2]. Je reçus d'elle les attentions

---

[1] En date du 24 avril 1802.
[2] M⁻ La Blancherie, morte à Orly (Seine), en 1856, quelques mois après son gendre. Comme nous le disons dans la préface, et comme on le

les plus affectueuses ; ce fut elle qui me donna mes premières épaulettes ; plus tard elle me fit un cadeau bien autrement précieux ; ainsi je lui dois des soins pendant une maladie douloureuse, la récompense de mes premiers travaux, et le prix que pouvait seul obtenir un homme d'honneur et de bonne réputation.

Voici le moment de parler de Sorbet, que j'avais revu à Saint-Domingue. Après son embarquement de punition, il revint chez M. de Bonnefoux, afin de se mettre en mesure pour l'examen suivant, qu'il manqua encore. Même châtiment et puis même résultat. Il fit plus, cette fois-ci, il fit des dettes et ne fréquenta que les plus mauvais lieux de Brest. Un jour que, dans ses intérêts, je lui parlais de sa conduite, il me dit des choses si provoquantes que je me laissai aller à lui jeter un verre d'eau que je tenais à la main. J'avais eu, en diverses occasions, quelques vivacités de ce genre ; celle-ci fut la dernière ; car je pris, à son sujet, la résolution ferme de m'étudier à devenir aussi calme que j'étais emporté. Sorbet me demanda satisfaction de l'insulte, et il fallut me mettre à sa disposition, car j'avais mis les torts de mon côté, tandis qu'il est si utile, et qu'il aurait été si facile pour moi, de les mettre du sien ; je poussai même la cruauté jusqu'à lui dire, avec dédain, que je voulais bien lui faire cet honneur. Parole imprudente, qui pouvait entraîner à une affaire à mort. Je me suis toujours reproché une répartie aussi peu généreuse, aussi mortifiante. Cependant nous nous donnâmes chacun un coup d'épée peu grave, et je n'étais pas encore bien rétabli du mien qu'il me fallut partir pour mes campagnes d'Egypte. Quant à lui, ayant bientôt passé l'âge des examens, et étant aban-

---

verra ci-après, Pierre-Marie-Joseph de Bonnefoux, veuf de Mlle Pauline Lormanne, épousa, en 1818, Mlle Nelly La Blancherie. Léon de Bonnefoux, auquel l'auteur s'adresse, était né du premier mariage de son père. Mme La Blancherie n'était donc pas sa grand'mère, bien qu'elle l'ait toujours traité comme un petit-fils. Cette observation explique le ton du récit.

donné par M. de Bonnefoux, il fut obligé de continuer à servir comme novice ou comme matelot, et il se trouvait, à l'hôpital du Cap, en proie à la fièvre jaune qui y exerçait alors ses plus grands ravages, quand eut lieu l'arrivée du vaisseau *le Dix-Août*. Il me fit demander ; je me rendis avec empressement auprès de lui ; mais je ne pus le reconnaître qu'à la voix, il était à la dernière extrémité : « Je meurs bien malheureux, — me dit-il ; — allez voir ma mère... et... » Ce furent ses dernières paroles, la maladie l'oppressa entièrement, et il ne reprit plus connaissance. Il ne put même pas entendre le désaveu que je voulais lui faire de ma bravade de Brest, qui était alors plus pesante sur mon cœur que jamais. Je la revis, sa mère infortunée, pendant mon congé ; à mon aspect, elle s'évanouit et tomba inanimée sur le carreau ! Des soins lui furent donnés ; elle revint à elle, et je remplis ma triste mission. Depuis ce moment le bonheur et la santé l'abandonnèrent à tout jamais.

Une aventure assez piquante eut lieu pendant mon séjour à Béziers : J'étais en emplettes chez un chapelier ; un garçon vint me présenter un chapeau que je demandais, et je reconnus, en lui, un de ces bons lurons qui avaient si bien daubé sur moi, à la suite d'une *batadisse*. Nous rougîmes tous les deux jusqu'au blanc des yeux en nous reconnaissant. Il me parla le premier, me disant avec trouble : « Vous voilà donc officier ; on dit que vous avez fait de belles campagnes et que vous avez eu un beau combat. » Je lui tendis la main et lui répondis ces paroles : « Heureusement, pour moi, que le sort des armes est journalier. » L'érudit M. de La Capelière, cet officier du Canada qui, avant la mort de ma mère, avait donné des soins à mon instruction ; et à qui je racontai cette conversation, me répéta, alors, que Crevier, continuateur de Rollin, dit en parlant du jeune Scipion, le second Africain : « Il est important d'amortir l'éclat d'une gloire naissante par des manières douces et modestes, et de ne pas irriter la jalousie par des airs de hauteur et de suffisance. » Il n'y avait certainement en moi rien de Scipion, et je n'avais pas à chercher à amortir l'éclat d'une gloire naissante; mais ce conseil, avec des modifications convenables, peut s'adresser à tout le monde; il était finement donné, et je me promis d'en faire mon profit. A l'expiration de mon congé, je revins à Brest avec mon frère [1] que, sous mes auspices, mon père destina, comme moi, à la Marine; mon frère avait alors quatorze ans.

[1] Laurent de Bonnefoux né à Béziers en 1788.

CHAPITRE IV

Sommaire : La reprise de possession des colonies françaises de l'Inde. — L'escadre du contre-amiral Linois. — Le vaisseau *le Marengo*, les frégates *la Belle-Poule*, *l'Atalante*, *la Sémillante*. — Mon frère et moi nous sommes embarqués sur *la Belle-Poule*, mon frère comme novice et moi comme enseigne. — Avant le départ de l'expédition, mon frère passe, avec succès, l'examen d'aspirant de 2ᵉ classe. — Après divers retards, la division met à la voile, au mois de mars 1803. — A la hauteur de Madère, *la Belle-Poule* qui marche le mieux, et qui porte le préfet colonial de Pondichéry, se sépare de l'escadre et prend les devants. — Passage de la ligne. — Arrivée au cap de Bonne-Espérance, après cinquante-deux jours de traversée. — L'incident de l'albatros. — Une de nos passagères, Mᵐᵉ Déhon, craint pour moi le sort de Ganymède. — Coup de vent qui nous éloigne de la baie du Cap. — Nouveau coup de vent qui nous écarte de celle de Simon et nous rejette en pleine mer. — Rencontre de trois vaisseaux de la Compagnie anglaise des Indes, auxquels nous parlons. — Etrange embarras des équipages. — Ignorant que la guerre était de nouveau déclarée, et que, depuis un mois, les Anglais, en Europe, arrêtaient nos navires marchands, nous manquons notre fortune. — Retour de la frégate vers la baie de Lagoa ou de Delagoa — Infructueux essais d'accostage. — Un brusque coup de vent nous écarte une troisième fois de la côte. — Le commandant se dirige alors vers Foulpointe, dans l'île de Madagascar, pour y faire de l'eau et y prendre des vivres frais. — Relâche de huit jours à Foulpointe. — Le petit roi Tsimâon. — Partie champêtre. — *Sarah-bé, Sarah-bé*. — A la suite d'un manque de foi des indigènes, je tente d'enlever le petit roi Tsimâon, et je capture une pirogue et les trois noirs qui la montaient. — On les garde comme otages à bord de la frégate, jusqu'à ce que satisfaction nous soit donnée. — Résultats peu brillants de mes ambassades. — Arrivée à Pondichéry cent jours après notre départ de Brest. — Nous débarquons nos passagers; mais les Anglais ne remettent pas la place. — Une escadre anglaise de trois vaisseaux et deux frégates se réunit même à Gondelour, en vue de *la Belle-Poule*. — Branle-bas de combat. — Plainte de M. Bruillac au colonel Cullen, commandant de Pondichéry. — Réponse de ce dernier. — Pondichéry, les Dobachis, les Bayadères. — L'amiral débarque à Pondichéry, vingt-six jours après nous. — Instruit des difficultés relatives à la remise de la place, il envoie *la Belle-Poule* à Madras pour essayer de les lever. — Réponse dilatoire du gouverneur anglais. — Guet-apens tendu à *la Belle-Poule*, à Pondichéry. — La frégate est sauvée. — Elle se dirige vers l'Ile de France. — Grandes souffrances à bord par suite du manque de vivres et d'eau. — La division arrive à son tour à l'Ile-de-France. — Récit de ses aventures. — Le brick *le Bélier*. — Perfidie des Anglais. — L'aviso espion. — La corvette *le*

Berceau mouille à l'Ile-de-France, apportant des nouvelles de la métropole. — Installation du général Decaen et des autorités civiles. — La frégate marchande *la Psyché* est armée en guerre et reste sous le commandement de M. Bergeret, qui rentre dans la Marine militaire. — Un navire neutre me rapporte ma malle, laissée dans une chambre de Pondichéry. — La fidélité proverbiale des Dobachis se trouve ainsi vérifiée.

Une expédition pour reprendre possession de nos colonies dans l'Inde avait été ordonnée. Elle se composait du vaisseau *le Marengo* (amiral Linois et capitaine Vrignaud) et des frégates : *la Belle-Poule*, *l'Atalante* et *la Sémillante*, commandées par MM. Bruillac, Beauchêne et Motard. Dès les premiers préparatifs de l'armement, M. de Bonnefoux avait embarqué mon frère et moi sur *la Belle-Poule* ; et moi, dès mon arrivée à Marmande, j'avais inspiré à mon frère le désir de se débarrasser promptement du grade de novice et d'être prêt à passer, avant le départ de l'expédition, l'examen d'Aspirant de 2ᵉ classe. Il travailla ; j'étais son professeur, et je ne lui laissai pas perdre un seul instant ; aussi réussîmes-nous ; il eut son brevet, et mon père fut dans l'enthousiasme de la joie.

Plusieurs causes politiques, plusieurs alternatives de nouvelles de guerre ou de continuation de paix retardèrent le départ de la division, qui n'eut lieu qu'au mois de mars 1803, c'est-à-dire près d'un an après mon retour de Saint-Domingue.

J'avais profité de ce long intervalle, surtout de mon retour à Brest, pour prendre, aux cours publics, des leçons de dessin ; je m'étais donné un maître d'escrime, un de danse ; avec un de mes camarades, j'avais appris les éléments de la musique et de l'exécution sur la flûte ; à l'Observatoire, je m'étais complètement familiarisé avec mon cercle de réflexion et avec les calculs relatifs aux montres marines ; enfin je n'avais rien négligé pour me préparer dignement à tirer tout le parti possible d'une campagne qui devait, au moins, durer trois ans, et pour en rendre la longueur agréable. Aussi, me pénétrant de plus en plus de la beauté de la devise de Robertson : *Vita sine litteris mors est*, m'étais-je muni d'une infinité de livres de littérature, de critique, d'agrément, de mathématiques, de physique, de chimie ; j'emportai, en outre, des grammaires anglaises, des dictionnaires et autres ouvrages pour apprendre cette langue, à l'étude de laquelle je donnai rigoureusement deux heures par jour ; je fis provision de modèles, de papier, de crayons et autres objets nécessaires pour le dessin ; et ce fut, ainsi pourvu et préparé, que j'appareillai sans regrets, et plein de la confiance, au contraire, qu'un aussi beau voyage allait marquer ma place dans le corps et m'y rendre tout facile pour l'avenir.

Enfin la Division partit : à la hauteur de Madère, le préfet colonial de Pondichéry, que nous portions sur *la Belle-Poule*, demanda à profiter de l'avantage de marche de la frégate pour prendre les devants et préparer la réception du capitaine général Decaen [1], passager sur *le Marengo*.

L'amiral y consentit. Le vent continuant à être bon, nous franchîmes diligemment le groupe riant des îles Canaries, couronnées par le pic aérien de Ténériffe ; nous doublâmes celles du cap Vert et, dix jours après notre départ de Brest, nous étions dans les parages où règnent habituellement les calmes de la ligne équinoxiale. La cérémonie burlesque du baptême y fut d'autant plus divertissante que nous avions de fort aimables passagères. Après quelques contrariétés, le temps redevint favorable ; enfin, au bout d'une traversée de cinquante-deux jours, nous nous présentâmes devant le cap de Bonne-Espérance.

Les approches de cette terre nous furent annoncées par les foux, oiseaux au long cou, à la physionomie stupide ; par les damiers, dont le plumage figure les cases

---

[1] Charles-Matthieu-Isidore Decaen, plus tard comte de l'Empire, né à Creully, près de Caen, le 13 avril 1769, était général de division depuis 1800.

du jeu de ce nom, et par les albatros, qui ont des ailes de huit à dix pieds d'envergure ; on en voit jusqu'à deux cent lieues de terre : les vents de la tempête, au milieu de laquelle ils semblent se jouer, provoquent leur courage, et leur force est si prodigieuse que maint berger des pâturages du Cap voit souvent enlever par eux quelque brebis qui se hasarde à s'éloigner du troupeau. Un jour, j'étais dans un petit canot suspendu à notre poupe ; pendant que j'y faisais une observation astronomique, un de ces oiseaux se dirigea vers moi avec tant d'assurance que la crainte de voir mon instrument fracassé d'un coup d'aile me fit machinalement plier le corps en deux pour que mon cercle fût garanti par l'embarcation. Mon mouvement était fort naturel ; mais j'avais été vu, et ce fut un texte inépuisable de plaisanteries. Mme Déhon, jeune Parisienne, renchérissait sur tous, et, toutes les fois qu'un albatros paraissait, elle me priait, en grâce, de me dérober à la vue du bipède emplumé, redoutant pour moi le sort de Ganymède, enlevé par l'oiseau de Jupiter.

Le cap de Bonne-Espérance fut pour nous le cap des Tempêtes, nom qu'il portait avant les illustres Diaz et Gama.

Nous fîmes route pour y relâcher ; un coup de vent furieux s'éleva et nous en éloigna. Nous espérâmes être plus heureux à la baie de Simon[1], adossée à celle du Cap ; nouveau coup de vent qui se déclara à une lieue du port et qui nous rejeta au large. Là, nous rencontrâmes trois vaisseaux de la Compagnie anglaise des Indes, fatigués par le mauvais temps et auxquels nous parlâmes. Ils en parurent médiocrement satisfaits, montrèrent beaucoup d'embarras dans leurs manœuvres, et s'éloignèrent de nous aussitôt qu'ils en eurent la faculté. Ils avaient bien raison, car nous sûmes depuis que déjà la guerre s'était

---

[1] Mouillage de Simon's Town dans False-Bay, baie ouverte au sud et située à l'est du cap de Bonne-Espérance.

rallumée entre les deux nations, et nous les avions laissé passer, malgré les nouvelles douteuses qui avaient précédé ou retardé notre départ. A cette même époque, les Anglais, en Europe, arrêtaient et capturaient depuis un mois, avant toute déclaration de guerre, ceux de nos navires marchands qu'ils rencontraient, naviguant sur la foi des traités. Si nous les avions imités, notre fortune était faite à tout jamais, et nous l'aurions due à la contrariété du coup de vent de Simon's bay.

La frégate revint vers la côte des Hottentots; elle s'y dirigea vers la baie de Lagoa[1], située à l'est du cap de Bonne-Espérance. Un coup de vent, plus impétueux encore que les précédents, succéda, en dix minutes, au plus beau temps du monde. Décidément on eût pu croire que le Géant chanté par le Camoëns soulevait de sa terrible voix les flots contre nous. Le commandant pensa qu'il serait plus expéditif d'aller chercher, à Foulpointe[2], île de Madagascar, l'eau et les vivres frais que nous cherchions pour soulager nos malades et le grand nombre de nos passagers; nous y arrivâmes assez promptement, et nous y fîmes une relâche de huit jours. C'est moi que le commandant désigna pour aller traiter de nos communications avec la terre, de l'achat de bœufs, de riz, de légumes frais et des moyens de faire notre eau. J'y trouvai un jeune roi de dix ans et un conseil de vieux ministres qui se montrèrent accommodants; bientôt nous fûmes les meilleurs amis du monde; le roi fut fêté à bord; il fut même fêté à terre, où état-major, aspirants, passagers et passagères de distinction, au nombre d'une soixantaine, nous organisâmes une partie champêtre, s'il en fut jamais, dont le plaisir, l'originalité, pourraient

---

[1] Baie Delagoa, plus anciennement dite de Lagoa (de la Lagune), appelée aussi baie de Lourenço-Marquès. Sur la côte sud-orientale de l'Afrique, vers 26°, latitude sud et 30°30′ longitude est. Fait partie de la colonie portugaise de Mozambique.

[2] Foulpointe ou Mahavelona. Port de la côte orientale de Madagascar à 60 kilomètres nord de Tamatave.

difficilement être surpassés. Dans sa naïve admiration, le jeune roi, nommé Tsimâon, ne cessait de s'écrier : Sarah-bé! Sarah-bé! (ah! que c'est beau, que c'est beau!)

Toutefois, la veille du départ de la frégate, la bonne intelligence fut vivement troublée entre les insulaires et nous; le dénouement fut sur le point de tourner au tragique. J'étais allé chercher douze bœufs, qui étaient payés et qui devaient être près de la plage. N'en trouvant que onze, j'allai me plaindre chez le roi ; quelques-uns de ses tuteurs ou surveillants rirent beaucoup, en écoutant ma réclamation, traduite par un des Français établis à Foulpointe pour y diriger les opérations commerciales des maisons de l'Ile-de-France. A vingt et un ans, on n'aime pas les mauvais plaisants; piqué au vif, je saisis le petit roi par la main, et l'emmène vers le lieu où ma chaloupe et mes chaloupiers m'attendaient. Je n'étais pas à moitié chemin qu'une dizaine de ces mêmes Français, établis à Foulpointe, accourent vers moi, arrachent Tsimâon de mes bras et m'exhortent à songer à mon salut; en effet une troupe d'une trentaine de noirs, armés de sagaies parut en avant-garde, poussant des cris affreux. Leur roi leur est rendu par mes compatriotes; mais la vengeance est dans leurs cœurs, quoique avec moins d'énergie. J'arrive à mes chaloupiers ; je les range en ligne, les préparant à soutenir l'attaque ; les colons français s'interposent généreusement; tout se calme, et je m'embarque sans en être venu aux mains. En me rendant à bord de *la Belle-Poule*, je rencontrai une pirogue ; je m'en emparai, je l'emmenai à bord, et, à défaut de Tsimâon, ce furent les trois noirs, marins de la pirogue, qui furent gardés en otage jusqu'à la restitution du douzième bœuf. Tout s'arrangea ainsi ; mais mon incartade, quoique motivée par un rire insultant et par une conduite méprisante, compromit la propriété des Français dans l'Ile ; elle mit leurs jours en danger ; et ceux de mes chaloupiers et les miens, quoiqu'ils eussent été vivement défendus, furent également exposés à un péril imminent. Le commandant me fit des reproches mérités; il me loua cependant de la capture de la pirogue; mais je vis bien que le rôle d'ambassadeur n'allait pas à mon âge.

De Foulpointe, rien ne contraria plus notre route jusqu'à Pondichéry, où nous arrivâmes, cent jours après notre départ de Brest. Nous y débarquâmes nos passagers, mais les Anglais ne remirent pas la place. Ils rassemblèrent même sous Gondelour[1], en vue de *la Belle-Poule*, une escadre de trois vaisseaux et deux frégates. Une de celles-ci, s'avançant un soir, vers nous, en faisant des démonstrations équivoques, nous nous mîmes en état de défense; on crut, un moment, qu'elle allait passer sur nos câbles; notre commandant lui héla de changer de route ou qu'il allait engager le combat; la frégate anglaise accéda et jeta l'ancre à quelque distance. Envoyé à bord, comme par étiquette, je vis les canons prêts à faire feu; chacun était à son poste, et je fus reçu avec une politesse excessivement froide. Après quelques questions réciproques, je revins à bord de *la Belle-Poule*, mais non sans avoir prié de remarquer que nous étions également disposés pour une action.

Notre commandant se plaignit au colonel Cullen, commandant de Pondichéry, de ces menaces d'agression, lorsqu'on avait lieu de se croire garanti par l'état de paix où nous nous trouvions. — « Vous êtes garanti par votre épée », répondit le colonel. « Eh bien ! elle sera prête »; lui dit M. Bruillac; et, dès ce moment, malgré le départ de la frégate anglaise, qui eut lieu le lendemain, il défendit à qui que ce fût de descendre à Pondichéry, où, depuis quinze jours, nous nous étions en quelque sorte établis, et dont nous contemplions les magnifiques monuments, les rues admirables, les belles maisons d'heureuse situa-

---

[1] Caddalore ou Caddalour, ville de la présidence anglaise de Madras, à 27 kilomètres sud-sud-ouest de Pondichéry.

tion, et les alentours ravissants. On n'y avait pas vu de Français récemment arrivés d'Europe depuis si longtemps, que nous fûmes l'objet de l'empressement général. Les maisons particulières nous furent ouvertes ; les dobachis, ou domestiques indiens, s'offrirent à nous servir, comme il est d'usage, pour de très infimes salaires ; les jongleurs affluèrent pour nous faire admirer leur adresse et leurs tours qui, depuis, ont été, pour la plupart, importés en France ; les bayadères elles-mêmes accoururent d'assez loin ; mais j'avoue que je les trouvai fort au-dessous de leur réputation : une fois, j'en voyais une danser ; elle s'anima au point de paraître saisie d'un accès de folie, auquel elle sembla succomber. La voyant comme en léthargie, j'allais me retirer, lorsqu'elle se ranima subitement, tira un poignard de sa ceinture, leva le bras, et, d'un bond, se précipita sur moi, faisant le geste de me frapper de son arme, qui s'arrêta pourtant à quelques doigts de ma poitrine. D'un mouvement involontaire je repoussai brusquement l'effrayante sirène ; mais, honteux de ma brutalité, je m'attachai à faire cesser un mécontentement qu'elle feignit, peut-être, plus grand qu'il ne l'était réellement, en contribuant avec générosité à la récompense ou rétribution qu'elle attendait de chacun des spectateurs.

Vingt-six jours après nous, l'amiral arriva avec le gros de la division. Il fut instruit des difficultés qui existaient pour la remise de la place ; alors il expédia *la Belle-Poule* à Madras pour obtenir une décision de l'autorité principale. Nous ne reçûmes qu'une réponse peu concluante, avec laquelle nous quittâmes Madras. Cependant deux frégates anglaises avaient appareillé en même temps que nous : l'une se dirigeait, comme nous, vers Pondichéry, en suivant la côte de près ; l'autre avait l'air de croiser au large ; mais elle ne nous perdait jamais de vue : c'était fort inquiétant.

En vue de Pondichéry, nous avions nos longue-vues

braquées sur la rade. Pour mon compte, j'y trouvais bien le même nombre de navires avec pavillon français, de même force, de même peinture, de même position relative; mais, dans les détails du gréement, il existait de grandes différences, qu'on pouvait cependant attribuer aux suites d'une réinstallation plus soignée : une, toutefois, de ces différences, me frappa tellement que j'en parlai au commandant. — « Voyons, dit-il, car il y a ici bien de l'extraordinaire. » — Puis, tout en continuant à observer : « Forcez de voiles, ajouta-t-il, gouvernez au large, et nous verrons bien ! » — J'exécutai la manœuvre, car j'étais de quart ; elle était à peine finie que déjà les câbles de ces bâtiments étaient filés ; ces mêmes navires appareillèrent aussitôt et se dirigèrent sur nous ; ceux qui restaient mouillés à Gondelour appareillèrent également; les frégates de Madras cherchèrent à nous couper la route; mais nous marchions mieux que tout cela. Nous passâmes entre eux tous, et, au coucher du soleil, nous les avions tellement gagné que nous n'en voyions plus un seul. Le commandant me dit que j'avais sauvé sa frégate ! Il aurait mieux fait de dire qu'un avis émis par moi, sans que j'y attachasse de portée, l'avait mis sur la route de la vérité. Nous nous hâtâmes de nous rendre à l'Ile-de-France, espérant y trouver la division ; nous eûmes la douleur de ne pas l'y voir. Ce dernier voyage avait été fort pénible ; car, malgré une grande réduction dans les rations de vivres et d'eau dont nous étions presque dépourvus, lors même de notre départ de Pondichéry, nous en étions aux derniers expédients lorsque nous arrivâmes. Que devait-ce donc être pour la division qui n'avait débarqué aucun de ses passagers dans l'Inde, et qui était encore à la mer, si même elle n'était pas capturée ? Nous la vîmes enfin arriver accrue du brick *le Bélier*, expédié de France peu de jours après nous pour nous nformer que, contre toute apparence, la politique avait changé de face et que la guerre était déclarée. *Le Bélier* était arrivé à Pondichéry, le jour même de notre départ pour Madras ; aussi les Anglais le crurent-ils de l'expédition, et simplement retardé. L'amiral anglais, stationné à Gondelour, avait envoyé, auprès de l'amiral Linois, un aviso porteur de compliments, d'offres de services, et celui-ci dit à notre amiral qu'il resterait à sa disposition. Les dépêches du *Bélier* étaient péremptoires ; nos bâtiments n'attendirent donc que la nuit pour échapper au danger qui les menaçait, et ils partirent au plus vite, regardant *la Belle-Poule* comme nécessairement sacrifiée. Il n'échappa pourtant, ensuite, à personne d'entre nous, que l'amiral Linois aurait fort bien pu envoyer *le Bélier* à notre recherche. C'était, je crois, son devoir, et *la Belle-Poule* en valait bien la peine.

A l'instant du départ de la division de Pondichéry, l'aviso prétendu de politesse et de paix, mais qui n'était qu'un espion, se couvrit de mille feux d'artifice très éclatants. Les forces de Gondelour virent, sans doute, ces perfides signaux ; elles appareillèrent probablement aussi ; mais ce fut sans succès. On fut très fâché, sur nos bâtiments, que l'amiral n'eût pas ordonné à quelqu'un d'entre eux de passer sur le corps de cet infâme aviso, et l'on fut encore plus fâché que *l'Atalante*, qui, comme nous, dans son voyage, avait visité des bâtiments anglais très richement chargés, ne s'en fût pas emparée. Peu de temps après notre arrivée à l'Ile-de-France, la corvette *le Berceau* y mouilla ; elle apportait des nouvelles de France récentes et détaillées. Les Anglais ont prétendu que la guerre qui éclata alors n'était causée que par la position et le caractère du premier Consul Bonaparte ; l'une, en effet, exigeait qu'il tînt constamment les Français en haleine, et que son armée, sans cesser d'être forte, lui fût de plus en plus affectionnée ; l'autre le poussait à l'ambition de devenir souverain, et Pitt ne pouvait pas ne pas l'avoir deviné.

Bonaparte, de son côté, saisit l'occasion de lenteurs mises par les Anglais dans la restitution de l'île de Malte aux chevaliers de l'Ordre ; et, après une scène violente qu'il fit à l'ambassadeur Withworth, les hostilités furent dénoncées. Le général Decaen, les troupes, les autorités civiles, les passagers portés par *le Marengo* et le gros de la division, s'installèrent dans l'île, et les bâtiments furent mis en état pour établir des croisières dans l'Inde. Quelque temps après on leur adjoignit *la Psyché*, petite frégate marchande qu'on arma en guerre, et qui resta sous le commandement de mon cher et ancien commandant Bergeret. Il rentra, ainsi, dans la Marine militaire, qu'il avait quittée pendant la paix pour se livrer, avec les colonies, à des spéculations commerciales. Hugon, qui était aspirant sur *l'Atalante*, passa sur sa frégate, comme enseigne de vaisseau auxiliaire. M. Bergeret voulut aussi m'avoir, et j'aurais servi avec lui comme lieutenant de vaisseau ; mais le pouvais-je ? Etait-il convenable, pour la gloriole d'un grade, de quitter M. Bruillac, dont je n'avais qu'à me louer, et qui, pendant mon congé, m'avait gardé, à son bord, une place, alors si recherchée, dans l'état-major de sa belle frégate ; *le Bélier* avait été détaché de la division, et il ne tarda pas à retourner en France, comme porteur de dépêches.

Dans la précipitation des événements de Pondichéry, j'y avais laissé une malle, dans une chambre que j'avais inconsidérément prise à terre ; je la croyais bien perdue, lorsqu'un bâtiment neutre me la rapporta et m'apprit que j'en étais redevable à la fidélité proverbiale de mon dobachi. Je me promis pourtant de me souvenir de la leçon et de ne jamais me séparer de mes effets sans une indispensable nécessité.

CHAPITRE V

Sommaire. — Coup d'œil sur l'état-major de la division. — L'amiral Linois, son avarice. — Commencement de ses démêlés avec le général Decaen. — M. Vrignaud, capitaine de pavillon de l'amiral. — M. Beauchêne, commandant de l'*Atalante*; M. Motard, commandant de *la Sémillante*. — Le commandant et les officiers de *la Belle-Poule*. — M. Bruillac, son portrait. — Le beau combat de *la Charente* contre une division anglaise. — Le second de *la Belle-Poule*, M. Denis, les prédictions qu'il me fait en rentrant en France. — Son successeur, M. Moizeau. — Delaporte, lieutenant de vaisseau, son intelligence, sa bonté, l'un des hommes les meilleurs que j'aie connus. — Les enseignes de vaisseau par rang d'ancienneté, Giboin, L..., moi, Puget, « mon Sosie », Desbordes et Vermot. — Triste aventure de M. L..., sa destitution. — Croisières de la division. — Voyage à l'île Bourbon. — Les officiers d'infanterie à bord de *la Belle-Poule*, MM. Morainvillers, Larue et Marchant. — En quittant Bourbon, l'amiral se dirige vers un comptoir anglais nommé Bencoolen, situé sur la côte occidentale de Sumatra. — Une erreur de la carte; le banc appelé Saya de Malha; l'escadre court un grand danger. — Capture de *la Comtesse-de-Sutherland*, le plus grand bâtiment de la Compagnie anglaise. — Quelques détails sur les navires de la Compagnie des Indes. — Arrivée à Bencoolen. — Les Anglais incendient cinq vaisseaux de la Compagnie et leurs magasins pour les empêcher de tomber entre nos mains. — En quittant Bencoolen, l'escadre fait voile pour Batavia, capitale de l'île de Java. — Batavia, la ville hollandaise, la ville malaise, la ville chinoise. — Après une courte relâche, la division à laquelle se joint le brick de guerre hollandais, *l'Aventurier*, quitte Batavia au commencement de 1804, en pleine saison des ouragans pour aller attendre dans les mers de la Chine le grand convoi des vaisseaux de la Compagnie qui part annuellement de Canton. — Navigation très pénible et très périlleuse. — Nous appareillons et nous mouillons jusqu'à quinze fois par jour. — Prise, près du détroit de Gaspar, des navires de commerce anglais *l'Amiral-Raynier* et *la Henriette*, qui venaient de Canton. — Excellentes nouvelles du convoi. — Un canot du *Marengo*, surpris par un grain, ne peut pas rentrer à son bord. Il erre pendant quarante jours d'île en île, avant d'atteindre Batavia. — Affreuses souffrances. — Habileté et courage du commandant du canot, M. Martel, lieutenant de vaisseau. — Il meurt en arrivant à Batavia. — Conversations des officiers de l'escadre. On escompte la prise du convoi. — Mouillage à Poulo-Aor. — Le convoi n'est pas passé. — Le détroit de Malacca. — Une voile, quatre voiles, vingt-cinq voiles, c'est le convoi. — Temps superbe, brise modérée. — Le convoi se met en chasse devant nous; nous le gagnons de vitesse. — A six heures du soir, nous sommes en mesure de donner au milieu d'eux. — L'amiral Linois ordonne d'attendre au lendemain matin. — Stupéfaction des officiers et des équipages. — Le mot du commandant Bruillac, celui du commandant Vrignaud. — Le lendemain matin, même beau temps. — Nous hissons nos couleurs. — Les Anglais ont, pendant la nuit, réuni leurs combattants sur huit vaisseaux. — Ces huit vaisseaux soutiennent vaillamment le choc. — Après quelques volées, l'amiral Linois quitte le champ de bataille et ordonne au reste de la division d'imiter ses mouvements. — Déplorables résultats de cet échec. — Consternation des officiers de la division. — Récompense accordée par les Anglais au capitaine Dance.

La division avait eu des relations assez fréquentes de bâtiment à bâtiment, et, dès le début, sa position avait été assez critique pour que, déjà, nous pussions nous connaître parfaitement ; nulle part, en effet, les hommes ne se jugent mieux, ni si vite, que lorsqu'ils sont frappés par un malheur commun, ou qu'ils sont réunis pour résister à un même ennemi. L'amiral[1] avait une réputation de mérite personnel, généralement assez médiocre ; mais son combat d'Algésiras et la bravoure qu'il y avait déployée, l'avaient beaucoup relevé dans l'opinion du corps. Malheureusement un vice vint à se développer en lui, qui, ordinairement, aliène tous les cœurs, ce fut une avarice sordide. Le général Decaen en fut le témoin de trop près, puisqu'il mangeait à sa table, pour ne pas en être frappé, et il lui en resta une impression si fâcheuse que l'accord qui pouvait assurer ou multiplier le succès des opérations combinées par ces deux chefs en fut incessamment troublé.

[1] Charles-Alexandre-Léon Durand de Linois, né à Brest, le 27 janvier 1761, décédé à Versailles le 2 décembre 1848, appartenait à l'ancienne Marine, dans laquelle il avait servi comme officier auxiliaire. Après la Révolution, il avait, à bord de *l'Atalante*, croisé dans les mers de l'Inde pendant trois ans. Prisonnier de guerre en Angleterre du mois de mai 1792 au mois de janvier 1793, capitaine de vaisseau le 4 mai de la même année, chef de division le 22 mars 1796, le ministre de la Marine Bruix le nomma, le 8 avril 1799 contre-amiral pour la durée de la campagne de la Méditerranée, que l'auteur raconte plus haut. Le Premier Consul le confirma dans ce grade, le 25 janvier 1801, et lui confia le commandement de la division avec laquelle il s'illustra à Algésiras. A titre de récompense nationale, il reçut un sabre d'honneur, le 28 juillet 1801. Telle était la carrière de l'amiral Linois, lorsqu'il s'embarqua à Brest, en 1803. Les présents *Mémoires* racontent en détail sa campagne de l'Inde. Bornons-nous à ajouter que, créé comte

Le fils même de l'amiral[1], alors aspirant à son bord, puis officier sur *la Psyché*, et qu'il tenait dans une sujétion, dans une pénurie vraiment ridicules, ne pouvait se taire sur cette lésinerie, qui devait absorber, fausser, une grande partie des pensées de l'amiral. Quel horrible défaut! et qu'il coûta cher à M. Linois, non seulement pendant son commandement, où la considération personnelle était si importante pour lui, mais, par la suite, puisque son fils en prit un caractère tellement violent, tellement désordonné et qui éclatait avec tant d'essor, quand il pouvait éluder la surveillance de son père, que des querelles perpétuelles en étaient le résultat, et qu'il a fini par périr en duel! pourtant que de bonnes choses il y avait dans son cœur!

M. Vrignaud[2], capitaine de pavillon de l'amiral, était un homme d'une bravoure consommée et qui avait très bien servi. On pouvait en dire autant de MM. Beauchêne[3]

de l'Empire, le 15 août 1810, pendant sa seconde captivité en Angleterre, il fut, à la paix, nommé gouverneur de l'île de la Guadeloupe. La seconde Restauration le mit à la retraite, le 18 avril 1816, après son acquittement par le premier conseil de guerre de la première division militaire, devant lequel il avait été traduit pour sa conduite à la Guadeloupe pendant les Cent-Jours. Plus tard le Gouvernement royal lui conféra le titre de vice-amiral honoraire par ordonnance du 22 mai 1825.

[1] Charles-Hippolyte Durand de Linois, nommé enseigne de vaisseau, le 5 juillet 1805.

[2] Joseph-Marie Vrignaud, né à Brest, le 23 février 1769, s'engagea comme mousse, à l'âge de treize ans, le 21 janvier 1782. Il était second pilote au moment de la Révolution. Il servit sous les ordres de Bruix, d'abord comme premier pilote, puis comme enseigne de vaisseau. Au moment du départ de la division, il avait le grade de capitaine de frégate depuis le 21 mars 1796 ; mais il fut élevé à celui de capitaine de vaisseau le 21 septembre 1803. Joseph-Marie Vrignaud prit sa retraite en qualité de contre-amiral. Il assista à quatre combats dans les mers d'Europe et à quatre autres dans celles des Indes orientales. Il avait déjà antérieurement reçu quatre blessures, lorsqu'un boulet de canon lui emporta le bras droit, dans le combat qui termina la campagne de la division.

[3] Camille-Charles-Alexis Gaudin de Beauchêne, né à Saint-Briac (aujourd'hui département d'Ille-et-Vilaine), le 11 septembre 1765, sortait de la Marine marchande, dans laquelle il avait servi comme officier. Il se couvrit de gloire dans le combat soutenu à Vizagapatam contre le vaisseau anglais *le Centurion*, combat auquel n'assistait pas *la Belle-Poule*, mais que l'auteur raconte cependant un peu plus loin. Lorsque M. Gaudin de

et Motard[1], qui commandaient *l'Atalante* et *la Sémillante*. M. Motard avait, en outre, des manières charmantes, qui ne gâtent jamais rien, et l'esprit plus orné que les autres capitaines.

Il me reste à parler du commandant et des officiers de *la Belle-Poule*, car il est inutile de revenir sur l'ancien commandant du *Dix-Août*, devenu celui de *la Psyché*, sur M. Bergeret, enfin, à qui je regrettais infiniment que le commandement de la division n'eût pas pu être dévolu. Quelle différence c'eût été pour les résultats !

M. Bruillac[2] avait pour lui de belles actions, entre autres le combat de *la Charente* qu'il commandait, lorsqu'elle se mesura si dignement, devant Bordeaux, contre une division anglaise; il avait de bons services, un jugement sain, et il n'était constamment occupé que de ses

---

Beauchêne mourut à Montpellier, le 19 juillet 1807, il était capitaine de vaisseau et officier de la Légion d'honneur.

[1] Léonard-Bernard Motard, plus tard baron de l'Empire, naquit le 27 juillet 1771 à Honfleur (aujourd'hui département du Calvados). Entré comme volontaire dans la Marine royale, le 1ᵉʳ avril 1786, la Révolution le nomma enseigne de vaisseau, le 1ᵉʳ avril 1793. A la bataille d'Aboukir, capitaine de frégate à bord du vaisseau *l'Orient*, qui sauta, il reçut deux blessures. Il obtint, lui aussi, le grade de capitaine de vaisseau, le 24 septembre 1803. Léonard Motard commanda *la Sémillante* du 20 avril 1802 au 5 février 1809. *La Sémillante* se sépara de bonne heure de la division et eut une histoire particulière. Elle prit part au combat de la baie de Saint-Paul de l'île de la Réunion, et lutta contre la frégate anglaise *la Terpsychore*. Le commandant Motard prit sa retraite, le 23 novembre 1813.

[2] Allain-Adélaïde-Marie de Bruillac de Kerel, né à Rennes le 22 février 1764, s'était engagé comme mousse en 1776. Il avait pris part à la guerre de l'Indépendance d'Amérique comme novice, puis comme volontaire, assisté à la bataille d'Ouessant sur le vaisseau *le Solitaire*, à sept combats sur le vaisseau *le Souverain*, faisant partie de l'escadre du comte de Grasse. Après avoir servi comme officier de la Compagnie des Indes, il était officier auxiliaire de la Marine royale, au moment où éclata la Révolution. Lieutenant de vaisseau en 1794, capitaine de frégate en 1796, il reçut le commandement de *la Charente*, et soutint, le 26 germinal an VI, un combat glorieux contre un vaisseau anglais de 74 canons, un vaisseau rasé et une frégate portant du 18. A la suite de ce combat, il fut promu capitaine de vaisseau. L'auteur de ces *Mémoires* écrit toujours Bruilhac, nom qui figure également dans les *États généraux de la Marine*. Le nom véritable de Bruillac se trouve dans l'acte de baptême et dans un autographe du commandant que nous avons eu entre les mains.

devoirs. Une seule chose ternissait tant d'avantages : c'était
un éloignement invincible à rapprocher les officiers de lui,
à les entendre, à suivre les progrès de la science ; et cela,
par suite d'une instruction peu cultivée, et dont, par cet
isolement, il espérait dissimuler la faiblesse. Son officier
en second, M. Denis, était un marin distingué, qui aurait
fait un vrai bijou de sa frégate, si le commandant avait
seulement voulu le laisser entrer, quelques minutes par
jour, en communication officielle avec lui. Au lieu de cela,
nous restâmes constamment en arrière des autres bâtiments, sous le rapport des soins, de la tenue, de la police
intérieure ; et Denis[1], ne pouvant se résigner à cette
infériorité, dont il croyait que sa réputation serait atteinte,
quitta la frégate et retourna en France. Que de regrets il
me témoigna ! que de belles prédictions il me fit sur mon
avenir militaire ! « Oui, me dit-il, vous arriverez à tout,
car vous avez, à la fois, un protecteur puissant et tout ce
qu'il faut pour en profiter ; mais, si l'on prévient votre âge
par les honneurs, faites en sorte de pouvoir dire, comme
un illustre Romain, que vous avez prévenu les honneurs
par vos services. » Fondées ou non, nous verrons, par la
suite, comment s'évanouirent de si brillantes espérances.
M. Denis fut remplacé par M. Moizeau[2], excellent marin
pratique et le meilleur homme du monde, mais un peu
âgé pour ramener ou même pour désirer de ramener
M. Bruillac à des idées plus en harmonie avec le temps.
Delaporte[3] venait ensuite ; comme M. Moizeau, il était

---

[1] Denis (Julien-Marius-Jean), né le 7 juillet 1769, s'engagea comme
novice en 1782. Plus tard il passa l'examen d'aspirant de 1ʳᵉ classe et
devint enseigne en 1793, et lieutenant de vaisseau en 1794. Il avait
encore ce grade lors de sa mise à la retraite, au mois de novembre 1815
Il mourut en 1822.

[2] Jacques Moizeau, né le 14 mars 1765, à l'Ile d'Yeu, s'était engagé comme
mousse en 1776. Il était lieutenant de vaisseau depuis l'an V.

[3] François-Julien de La Porte, né à Brest, le 19 avril 1778, s'était, lui
aussi, engagé comme mousse le 1ᵉʳ octobre 1789. Aspirant de 3ᵉ classe,
le 6 mai 1793, il avait, sur le vaisseau *le Téméraire*, pris part au combat
du 23 prairial an II (1ᵉʳ juin 1794), entre l'escadre de Villaret-Joyeuse

lieutenant de vaisseau ; mais il n'avait que vingt-cinq ans ; et noblesse, dignité, intelligence, affabilité, courage, gaieté, instruction, bonté, justice, sévérité, douceur, sang-froid, avantages physiques, il possédait tout, il savait tout employer à propos. On eût dit que mon bon génie l'avait exprès placé là pour me servir de type vivant de perfection. A peine avait-il quatre ans de plus que moi, et, tout en l'aimant comme un camarade, je le respectais comme un père.

Les autres officiers de la frégate étaient des enseignes de vaisseau ; et, par rang d'ancienneté, c'étaient Giboin, L..., moi, Puget, Desbordes, et Vermot. La santé du premier[1], altérée par de longues campagnes, acheva de se délabrer dès le commencement de celle-ci ; il retourna en France dès qu'il le put, et il est mort, depuis, en activité de service.

L..., d'une éducation très négligée, commit la faute impardonnable de s'approprier quelques objets de valeur, d'une prise qu'il alla amariner pendant une de nos croisières. Le fait était pourtant douteux. L'amiral lui promit pardon et oubli, s'il en convenait, et s'il restituait les objets que l'on feindrait de tenir d'une main repentante et anonyme. L...... eut un heureux retour sur lui-même, avoua le fait et rendit ces objets ;

---

et celle de l'amiral Howe. Ayant passé successivement les examens d'aspirant de seconde, puis d'aspirant de 1ʳᵉ classe, il fut capturé une première fois par les Anglais, le 19 ventôse an V (9 mars 1797) sur la corvette *la Constance*, à la suite d'un combat soutenu, dans les parages d'Ouessant contre les deux frégates anglaises, *le San-Fiorenzo* et *la Nymphe*. Il était enseigne de vaisseau sur la flûte *la Pallas*, qui succomba non loin de Saint-Malo, le 17 pluviôse an VIII (5 février 1800), après deux engagements, le premier avec deux corvettes anglaises, le second avec une frégate et quatre corvettes. Lorsque *la Belle-Poule* mit à la voile, de La Porte, qui avait été promu lieutenant de vaisseau, le 5 mars 1803, comptait donc déjà de longs et brillants services.

[1] Pierre-Louis-Esprit Giboin, né le 28 mai 1776, à Monferat (aujourd'hui département du Var), avait d'abord navigué au commerce. Il obtint le grade de capitaine de frégate, et mourut à Brest, en 1829.

mais l'amiral oublia non pas la faute, mais sa promesse, et M. L... fut destitué.

Je ne sais qui je plaignis le plus, de M. L... ou de M. Linois. En lisant cette destitution, qui eut lieu en pleine mer, M. Bruillac ajouta que, par ordre de l'amiral, le malheureux ex-officier serait expulsé de sa chambre et qu'il vivrait d'une ration de matelot dans l'espèce de cachot nommé Fosse-aux-Lions. Frappé de cette excessive sévérité, je m'avançai et je dis au commandant qu'en poussant les choses trop loin on produisait un effet contraire au but proposé, et que si cet ordre était exécuté, j'irais porter moi-même la moitié de mon dîner à mon ancien camarade. « C'est ce que j'allais dire », s'écria Delaporte ; et comme il y eut unanimité dans l'état-major : « Tel est l'ordre de l'amiral, répondit le commandant, et j'en défère l'exécution à M. Moizeau. » C'était annoncer qu'il fermerait les yeux ; d'après cela, nous convînmes, entre nous, que M. L... resterait aux arrêts dans sa chambre, et que nous lui ferions porter ses repas, de notre table, par son domestique.

Puget[1] était un jeune homme très instruit et de très bonne humeur. Delaporte l'appelait mon Sosie, parce qu'il m'était impossible d'adopter un costume, une habitude, une locution, sans que Puget en fît l'objet d'une imitation soudaine. Hélas ! quelques années après, étant prisonnier de guerre, il se sauvait dans une embarcation ; il fut arrêté, près de Calais, par une frégate anglaise, dont le commandant eut l'infamie de le faire frapper de coups de bouts de corde, pour le punir de son évasion. Il en fut tellement humilié qu'il fut atteint sur-le-champ d'une folie complète et que rien ne put guérir.

Desbordes et Vermot étaient des officiers très zélés, très laborieux, fort bons camarades, et faits pour honorer le

---

[1] Louis Puget, du port de Lorient, enseigne de vaisseau du 4 floréal an X (24 avril 1802).

corps en toute circonstance. Desbordes[1] est mort, il y a quelques années, à la suite des fatigues d'une campagne très pénible, sur un bâtiment qu'il commandait. Vermot[2] est capitaine de corvette ; il commande en ce moment le brick *le Palinure*, qui vient de faire noblement respecter notre pavillon devant Tunis ; et, dans la Marine, il reste seul avec moi de l'état-major de *la Belle-Poule*, car Delaporte mourut, en 1813, sur le vaisseau *le Polonais*, où il était capitaine de frégate, commandant en second. Quel deuil pour ce vaisseau, pour la Marine, pour sa famille et pour moi !

Nous pouvons actuellement entreprendre le récit des croisières diverses de la division de l'amiral Linois ; notre première opération fut d'aller porter et installer à l'île Bourbon, que Napoléon ne tarda pas à appeler l'île Bonaparte, les autorités et les troupes destinées à cette colonie. Chaque bâtiment garda, cependant, et renouvela toujours un détachement et quelques officiers d'infanterie, soit pour grossir l'équipage, soit au besoin pour quelque coup de main en cas de descente, à effectuer sur quelqu'une des possessions anglaises. Ainsi, entre autres, *la Belle-Poule* vit à son bord MM. Morainvilliers, Larue et Marchant, avec lesquels je me liai d'amitié ; mais ces liaisons sont courtes dans nos carrières aventureuses ! J'ai revu, par la suite, Larue lieutenant-colonel à Brest, en 1814, et j'ai rejoint Marchant, à Paris, un instant, en 1817. L'infortuné ! il n'eut que le temps de me dire qu'il avait fait, en qualité d'aide de camp du maréchal Ney, la funeste campagne de Russie, qu'il avait été fait prisonnier pendant la retraite de l'empereur, et qu'il était rentré à Paris, le jour même où son général avait été fusillé, par suite d'une

---

[1] Jean-Baptiste-Henri Desbordes, du port de Brest, enseigne de vaisseau du 3 brumaire an XII (26 octobre 1803).

[2] René-Just Vermot, né à Nantes, le 4 février 1784, navigua comme matelot de 1797 à 1799, et passa ensuite les examens d'aspirant de 2ᵉ classe, puis d'aspirant de 1ʳᵉ classe. Promu capitaine de vaisseau, en 1840, il fut retraité en 1844.

condamnation que Louis XVIII aurait dû annuler mille fois par son droit bienfaisant, par le plus beau de tous les droits, celui de faire grâce, même lorsqu'on ne le demande pas.

Mais revenons à nos croisières. De Bourbon, nous nous dirigeâmes vers le comptoir anglais nommé Bencoolen, situé sur la côte occidentale de Sumatra. Peu après notre départ, nous nous trouvâmes inopinément au-dessus d'un banc, appelé Saya de Malha, que les cartes plaçaient beaucoup plus sur notre droite. La *Belle-Poule* s'en aperçut la première, en regardant une multitude de petits poissons qui, s'agitant à la surface de l'eau, excitèrent son attention. La mer était heureusement fort belle; on put donc même voir le fond, qui était à très peu de profondeur. La frégate changea subitement de route, tira du canon, fit des signaux. Les autres bâtiments nous imitèrent dans nos manœuvres, et il était bien temps; car, quelques brasses de plus dans cette direction, nous touchions tous sur ce banc, et il est vraisemblable que c'en était fait de nos navires.

Une rencontre plus agréable nous était réservée, celle de *la Comtesse-de-Sutherland*, le plus grand bâtiment de la Compagnie anglaise des Indes qui eût jamais été construit. Il fut chassé, pris, amariné, et expédié pour l'île de France avec sa riche cargaison. Ces bâtiments de la Compagnie anglaise sont de grands navires destinés aux entreprises commerciales de cette Compagnie dans l'Inde; ils sont, en général, de la forme et de la grosseur des anciens vaisseaux de guerre de 50; ils portent une trentaine de bouches à feu; mais ordinairement, surtout en temps de paix, ils n'ont pas un équipage suffisant à la fois, pour la manœuvre, et pour le service de leur artillerie. *La Comtesse-de-Sutherland* était du port de près de 1.500 tonneaux, qui est à peu près celui des anciens vaisseaux de guerre de 64 canons.

De longs calmes, sous la ligne équinoxiale, que nous

fûmes obligés, par la contrariété des brises, de couper et de recouper jusqu'à dix fois, nous retardèrent beaucoup. Enfin nous vîmes les hauteurs de Sumatra, et nous mouillâmes à Bencoolen [1], où, trouvant sur rade les deux petits navires anglais, *l'Elisa-Anne* et *le Ménage*, nous les prîmes et nous les expédiâmes, comme *la Comtesse-de-Sutherland*. La ville se mit en état de défense ; c'était inutile, car les forts la garantissaient suffisamment ; mais nous en voulions aux magasins de la Compagnie et à cinq de ses vaisseaux qui, n'ayant pas le temps d'aller chercher la protection des forts, s'incendièrent par tous les points. Les magasins, trop éloignés pour être protégés, en firent autant. Quel spectacle que celui des flammes dévorantes, sillonnant jusqu'aux nues le ciel assombri par la nuit ! Les Anglais y perdirent plus de 3 millions ; mais ils les perdirent sans que rien en profitât à leurs ennemis. Étranges conséquences, cependant, des lois de la guerre, que celles qui vont jusqu'à dépouiller le paisible commerçant, en faisant porter sur lui le poids des inimitiés des chefs des empires belligérants ! Nous quittâmes bientôt Bencoolen, où il n'y avait plus que des ruines à contempler.

Nous fîmes voile, alors, vers le détroit de la Sonde [2], que nous traversâmes pour atteindre Batavia, opulente capitale de l'île de Java, coupée par mille canaux, contenant des édifices splendides, et entourée d'un vaste demi-cercle appuyé sur la mer et formant une grande route bordée de maisons de campagne, ravissantes de végétation, de richesse et de magnificence. Les Hollandais y ont transporté leurs mœurs laborieuses, leurs habitudes de propreté, leur industrie persévérante ; d'un autre côté, par

---

[1] L'orthographe qui prévaut aujourd'hui est Bencoulen ou Benkoulen, ville sur la côte ouest de l'île de Sumatra. Capitale des possessions anglaises de Sumatra jusqu'en 1824, cédée, à cette époque, aux Hollandais.

[2] Entre Sumatra et Java.

un mélange piquant, la ville est flanquée de deux autres villes, faisant corps avec elle, dont l'une, toute malaise, est habitée par des Malais, au caractère de feu, d'énergie, d'indépendance d'un peuple à demi-sauvage, et l'autre, toute chinoise, l'est par des Chinois entièrement adonnés au commerce. Un tel séjour est d'un haut intérêt pour un Européen; il peut, en quelques heures, visiter trois nations très différentes; sa curiosité doit donc être pleinement satisfaite, et il doit lui rester de profondes impressions. Là, par un esprit essentiellement conciliant, l'idolâtrie des Malais subsiste à côté du culte éclairé du christianisme, qui y montre sa supériorité en employant seulement des voies de persuasion; et celui-ci n'est nullement froissé par l'exercice de la religion des sectateurs de Confucius. Que craindre, en effet, des doctrines de celui qui, 550 ans avant Jésus-Christ, avait déjà dit aux hommes :

« Le sage est toujours sur le rivage, et l'insensé au milieu des flots. »

« L'insensé se plaint de n'être pas connu des hommes; le sage, de ne pas les connaître. »

« Un bon cœur penche vers la bonté et l'indulgence. »

« Un cœur étroit ne possède ni la patience, ni la modération. »

« Conduisez-vous comme si vous étiez observé par dix yeux et montré par dix mains. »

« Un homme faux est un char sans timon : par où l'atteler ? »

Confucius, après avoir atteint les privilèges de l'élévation, mourut pourtant dans une misérable disgrâce : sa famille, aujourd'hui la plus illustre de la Chine, remonte jusques à Hoang-ti, le premier législateur de ce pays; et, dans chacune des maisons de la ville chinoise de Batavia, nous vîmes son portrait.

Nous goûtâmes, à Batavia, le fruit exquis nommé mangoustan; et nous y vîmes le cacatois, si doux, si blanc, avec sa belle crête de plumes jaunes, et le loris, dont le plumage est moitié noir de jais, moitié rouge ardent, et qui devient si privé, si caressant.

Le brick de guerre hollandais *l'Aventurier* se joignit à nous. Nous partîmes, après une courte relâche de repos et d'approvisionnement, pour aller attendre, dans les mers de la Chine, le grand convoi des vaisseaux de la Compagnie, qui part annuellement de Canton. Le but était noble; la conception en était heureuse.

Nous étions alors au commencement de 1804; c'était la saison des ouragans dévastateurs qui désolent, parfois, les îles de France et de Bourbon; rien n'y résiste : ni arbres, ni navires ni maisons! Nos opérations furent toujours combinées en vue de nous trouver à la mer pendant ces crises affreuses de la nature.

C'est une chose inouïe que les fatigues, les peines, les contrariétés, que nous éprouvâmes pour nous rendre à notre destination.

Equipages, officiers, commandants, tout le monde était harassé! Les calmes, les vents contraires, les grains se succédaient sans interruption; les courants étaient contre nous; mais, puisque c'était l'époque favorable pour quitter la Chine, puisque le fameux convoi devait en profiter, il fallait bien affronter toutes ces contrariétés pour aller le chercher. Joignons-y que nous naviguions sans cesse sur des haut-fonds, au milieu d'îles et de bancs mal déterminés sur nos cartes, et l'on verra ce qu'il fallait de patience ou d'habileté pour parvenir à nos fins. Nous appareillions et nous mouillions jusqu'à quinze fois par jour, quêtant, recherchant sans cesse le moindre souffle d'un bon vent, ou quelque lit de courant moins rapide; aussi, souvent, n'avancions-nous pas d'une lieue par jour.

Près du détroit de Gaspar[1], notre courage fut ranimé par

---

[1] Le ou plutôt les détroits de Gaspar se trouvent dans l'archipel de la

la rencontre et la prise des navires de commerce anglais, *l'Amiral-Raynier*, et *la Henriette*, qui venaient de Canton. Nous apprîmes d'eux que le convoi, consistant en vingt-cinq vaisseaux de la Compagnie, se disposait à appareiller, lors de leur départ. Quelle excellente nouvelle! mais elle nous coûta bien cher.

Le dernier canot envoyé par *le Marengo* pour l'amarinage de *la Henriette* avait été surpris par un grain si fort qu'il ne put, en quittant ce navire, regagner son vaisseau. Il faisait nuit; *le Marengo* le crut resté à bord de *la Henriette* ; celle-ci prit sa route pour l'Ile-de-France, croyant qu'il avait atteint le vaisseau ; et par suite de cette fausse manière de voir des deux parts, la malheureuse embarcation, négligée par les deux bâtiments, n'en put rejoindre aucun. Elle erra quarante jours d'île en île, exposée à tous les dangers d'une navigation périlleuse, souffrant de la faim, soumise aux plus durs traitements des peuples sauvages ; et son équipage, épuisé, décimé par mille maladies, ne put revoir les rives de Batavia qu'après une série innombrable d'infortunes. M. Martel, lieutenant de vaisseau[1], commandait ce canot ; par sa constance, sa force d'âme, sa prudence, il eut le bonheur de le conduire au port ; mais il y avait usé tout ce qu'il possédait de vie, et il expira peu de jours après son arrivée. Un autre canot que je commandais avait quitté *la Henriette* un quart d'heure seulement avant le grain fatal.

L'attente du convoi si riche et si désiré soutenait nos forces ; il était l'objet unique de nos pensées, de nos espérances, de nos conversations. Quatre-vingts millions qui allaient tomber en notre pouvoir. Quel texte inépuisable! que de richesses! quel retentissement! combien de promotions! et, pour l'Angleterre, quel coup de foudre! son Gouvernement ne pouvait manquer de s'en ressentir pro-

---

Sonde entre l'île de Bangka et l'île de Billiton. Ils sont parsemés de récifs, et on y compte une centaine d'îlots.

[1] Jean Martel, du port de Brest.

fondément; et la paix pouvait, elle-même, en être une conséquence immédiate, ainsi que la consolidation du pouvoir, qui, depuis peu, avait tant fait pour la France!

Ce fut dans ces dispositions que, parvenant à surmonter une nouvelle série de difficultés, nous mouillâmes à Poulo-Aor[1] (l'île d'Aor). Elle est habitée par des Malais, et aucun navire ne peut pénétrer dans le détroit de Malacca, que devait prendre le convoi, sans en passer très près. Nous courûmes à terre, interrogeâmes les Malais; le convoi n'était pas passé. C'était tout ce que nous désirions. Les Malais, toujours jaloux, avaient, dès notre abord, caché leurs femmes dans les mornes; mais peu nous importait. Nous voulions du riz, des chevreaux, du sagou, des volailles, des fruits, de l'eau; ils nous en vendirent, nous facilitèrent les moyens de les quitter avec promptitude, ce qu'à notre plus grande satisfaction nous fîmes pour reprendre la mer sur-le-champ, certains, cette fois, que notre belle proie ne pouvait plus nous échapper.

Un beau matin, le ciel était d'azur, la brise modérée, la mer comme une glace; les îles dont ces eaux sont parsemées n'avaient jamais étalé de plus riante verdure, n'avaient jamais exhalé plus de parfums; et tous nos regards étaient vers l'horizon. — « Navire ! » s'écrie la vigie. — « Navire ! » répond spontanément l'équipage entier, comme un fidèle écho ! — « Quatre navires ! » ajoute presque aussitôt la vigie. Chacun veut les voir, on se précipite dans les haubans; mais ce n'était plus quatre; on en voyait déjà, disait-on, quinze, trente, cinquante ! Nos lunettes firent justice de l'exagération; vingt-cinq furent bien comptés, c'était le nombre attendu : ainsi, il n'y avait plus à en douter; l'ivresse était générale.

Les quatre premiers navires aperçus étaient les éclaireurs du convoi, qui faisaient voile, vent arrière, sur

---

[1] Dans le sud-ouest du groupe des Anambas, à l'est de la côte orientale de la presqu'île de Malacca.

nous. Ces quatre bâtiments ne purent pas nous voir sans soupçonner que nous fussions ennemis ; ils tinrent le vent pour rallier le corps du convoi, à qui ils firent des signaux et qui tint le vent également pour chercher à nous fuir. Nous leur appuyâmes alors la chasse la mieux conditionnée qu'on puisse imaginer ; nous les gagnâmes, et, vers six heures du soir, nous étions en mesure de donner au milieu d'eux. L'amiral mit en panne et fit le signal de passer à poupe. Il s'entretint alors quelque temps, au porte-voix, avec M. Bruillac, qui lui dit ces paroles électriques : « C'est le jour de la gloire et de la fortune ! » et pourtant M. Linois donna pour dernier ordre d'être disposé à n'attaquer le convoi que le lendemain matin !

La physionomie bouleversée de nos matelots, leur silence respectueux, mais glacial, indiquèrent qu'ils auraient préféré, de beaucoup, attaquer immédiatement ; cependant leur moral se remonta pendant la nuit. M. Vrignaud avait plus directement blâmé ce retard à bord du *Marengo*, car il avait dit avec véhémence à l'amiral lui-même : « Tombons fièrement au milieu d'eux ; il n'y a pas de nuit qui tienne, et feu des deux bords ! »

Au point du jour, même beau temps ; l'amiral hissa ses couleurs ; chacun de nous, les nôtres, et, d'un air guerrier, nous nous avançâmes majestueusement vers les Anglais ; mais ceux-ci n'étaient plus intimidés comme la veille. Ils avaient employé la nuit à monter leurs canons, à les préparer, à disposer leurs bâtiments, et, comme ils s'étaient rendus en Chine en temps de paix, avec de faibles équipages qu'ils n'avaient pu y augmenter, ils dégarnirent dix-sept vaisseaux de leur convoi de presque tous les matelots, et ils portèrent, sur les huit plus forts, tout ce qu'ils pouvaient avoir d'hommes robustes, d'armes, de munitions. Ces huit vaisseaux soutinrent vaillamment le choc. Il n'est pas probable qu'ils eussent pu lutter longtemps contre les efforts persévérants de la division ; toutefois la question ne put être matériellement décidée ;

car, après quelques volées, l'amiral quitta le champ de bataille, avec ordre, au reste de la division, d'imiter ses mouvements.

Les huit vaisseaux de la Compagnie n'en montrèrent que plus d'audace, et ils osèrent nous chasser pendant notre retraite; mais, inférieurs en marche, ils se virent bientôt contraints de nous abandonner, ce qu'ils ne firent pourtant pas sans nous envoyer une dernière et insolente volée de leur artillerie, que les journaux anglais ont publié, depuis, avoir été chargée avec du sucre candi !

Telle fut la fin déplorable d'une tentative qui assombrit pour longtemps nos marins, qui acheva d'aigrir le général Decaen, qui jeta une teinte de ridicule sur nos subséquentes opérations, qui agit sur les conceptions futures ou sur les décisions de l'amiral, et qui indisposa vivement le ministre de la Marine et l'empereur. Les officiers de la division en furent consternés; l'âme généreuse, elle-même, de notre noble camarade Delaporte, ne put trouver un mot de justification sur le funeste délai d'une nuit ; enfin nous en souffrîmes tous; en mon particulier, je sus plus tard, par ma correspondance avec M. de Bonnefoux, que, s'il y avait eu succès, j'aurais été, à peine âgé de vingt-deux ans, nommé lieutenant de vaisseau.

L'Angleterre, au contraire, poussa des cris de joie ; M. Dance, capitaine d'un des vaisseaux du convoi, et qui y exerçait le commandement supérieur, comme s'y trouvant le plus ancien des capitaines de la Compagnie, reçut un million de récompense ; et ses compatriotes, faisant allusion au nombre assez considérable de matelots asiatiques qu'il devait avoir, renouvelèrent pour lui le mot fameux d'Iphicratès : « Qu'une armée de cerfs, commandée par un lion, est plus redoutable qu'une armée de lions commandée par un cerf »; mais ne nous apesantissons pas davantage sur ce douloureux souvenir ; voyons seulement à quoi tient la carrière d'un jeune officier : Attaquer le soir était très probablement réussir ; alors je marchais à grands pas vers un avancement que, plus tard, d'autres circonstances ont encore arrêté ; et une quarantaine de mille francs que la répartition légale de nos parts de prise m'aurait rapportée, eût été un très beau commencement de fortune. Tu vois que, comme on le dit proverbialement et, comme les hommes sont enclins à le faire, nous avions dressé trop tôt nos comptes, et nous avions vendu la peau de l'ours avant de l'avoir jeté par terre.

CHAPITRE VI

Sommaire : Retour de l'escadre à Batavia. — Le choléra. — Mort de l'aspirant de 2ᵉ classe Rigodit et de l'officier de santé Mathieu. — Les officiers de santé de *la Belle-Poule* : MM. Fonze, Chardin, Vincent et Mathieu. — Visite d'une jonque chinoise en rade de Batavia. — Réception en musique. — Les sourcils des Chinois. — Le village de Welterfreder. — Conflit avec les Hollandais. — Déplorable bagarre. — *Fuyards du convoi de Chine.* — Départ de Batavia. — Le détroit de la Sonde. — Violents courants. — Terreur panique de l'équipage. — Belle conduite du lieutenant de vaisseau Delaporte. — *Le Marengo, la Sémillante* et *le Berceau*, se dirigent vers l'Ile-de-France. — *La Belle-Poule* et *l'Atalante* croisent à l'entrée du golfe de l'Inde, et rentrent à l'Ile-de-France après avoir visité les abords des côtes occidentales de la Nouvelle-Hollande. — Pendant cette longue croisière, prise d'un seul navire anglais, *l'Althéa*, ayant pour 6 millions d'indigo à bord. — Le propriétaire de *l'Althéa*, M. Lambert. — Craintes de Mᵐᵉ Lambert. — Sa beauté. — Scène sur le pont de *l'Althéa*. — L'officier d'administration de *la Belle-Poule*, M. Le Lièvre de Tito. — Un gentilhomme, *laudator temporis acti*. — Ses bontés à mon égard. — Plaisanteries que se permettent les jeunes officiers. — Les fruits glacés de M. Le Lièvre de Tito. — Sa correspondance avec Mᵐᵉ Lambert. — Départ de M. et Mᵐᵉ Lambert, après un séjour de quelques mois à l'Ile-de-France. — M. Lambert souhaite nous voir tous prisonniers, en Angleterre, pour nous prouver sa reconnaissance. — Réponse de Delaporte. — Part de prise sur la capture de *l'Althéa*. — Décision arbitraire de l'amiral Linois. — Nous ne sommes défendus ni par M. Bruillac, ni par le général Decaen. — Au mois d'août 1804, *le Berceau* est expédié en France. — Je demande vainement à l'amiral de renvoyer, par ce bâtiment, mon frère Laurent pour lui permettre de passer son examen d'aspirant de 1ʳᵉ classe.

Nous retournâmes à Batavia et y laissâmes *l'Aventurier*, qui ne demandait pas mieux que de nous quitter, car il avait été un instant compromis dans la chasse que nous reçûmes du convoi. Batavia est admirablement placé au centre d'un pays d'un commerce extrêmement riche; mais le climat en est on ne peut plus insalubre. Une maladie, semblable au choléra asiatique le plus intense, tel que celui qui frappa la France en 1832, y règne presque sans interruption. Nos bâtiments avaient pris mille précautions de santé ; cependant, lors de notre première relâche, ils avaient eu beaucoup de victimes ; j'eus à regretter plus particulièrement le frère d'un de mes camarades, nommé Rigodit, aspirant de 2° classe, qui m'avait été recommandé par mon père, et Mathieu, officier de santé, que son zèle, son dévoûment et ses connaissances avaient rendu cher à tous. Cette mort me fit péniblement réfléchir sur quelques inconséquences que j'avais commises, quoique involontairement, à son égard. L'officier de santé en chef de la frégate se nommait Fonze : c'était un homme d'un commerce agréable, avec qui les officiers s'étaient tous liés avec empressement. Il avait sous ses ordres MM. Chardin, Vincent et Mathieu. Pas plus que les aspirants, ces trois messieurs, d'après les règlements, ne faisaient partie de l'état-major ; mais ils étaient réellement devenus des nôtres, par leurs talents et leur éducation.

Chardin, gai, spirituel, était bien réellement celui que je préférais ; cependant le haut savoir de Vincent[1], ses habitudes réfléchies, ses conversations instructives, le plaisir qu'il avait à me prodiguer ses conseils littéraires, me le rendaient très cher, et je cherchais, sans cesse, à le lui prouver : « Le goût, me disait cet honnête jeune homme, est, à la littérature, ce que la probité est aux mœurs », et toujours chez lui le goût fut inséparable de la probité ; dans ses compositions, dans ses actes, l'un et l'autre furent également et sans cesse respectés. Quant à Mathieu, qui était peu communicatif, je l'estimais beaucoup ; mais je le fréquentais peu. Il paraît que son écorce froide recélait une âme très susceptible, et qu'il avait été choqué soit

---

[1] Calixte-Jacques Vincent, né le 17 février 1792 à Saint-Brieuc (Côtes-du-Nord), nommé chirurgien auxiliaire de 3° classe, en mai 1808, et chirurgien entretenu, en février 1810, donna sa démission en septembre 1817. C'est le seul des officiers de santé de *la Belle-Poule*, sur lequel nous avons pu nous procurer quelques renseignements.

de ma partialité pour ses collègues, soit d'actions ou de paroles qui, contre mes intentions sans doute, l'avaient violemment irrité contre moi. Malheureusement je l'ignorais ; car non seulement je me serais abstenu de la plus innocente raillerie à son égard, mais encore je me serais appliqué à lui prouver le cas que je faisais de lui ; je ne l'appris qu'après sa mort, et par Chardin à qui, sous le secret juré, il s'en était ouvert sans entrer pourtant dans les détails, et en lui disant seulement qu'il saurait bien trouver une occasion, à terre, de me provoquer sur mes plaisanteries désobligeantes, sur mes prétendus mépris, et qu'il s'en vengerait les armes à la main.

Voilà pourtant où conduit une manière d'être peu mesurée ; mais, aussi, comme il est difficile, en ce monde, de se conduire avec convenance, avec dignité, de rendre à chacun ce qui lui est dû, et d'être généralement aimé et estimé ! C'est l'affaire la plus importante de la vie, celle à laquelle on doit le plus d'attention, celle enfin par laquelle on acquiert les plus grands des biens, je veux dire une bonne réputation et l'estime universelle.

J'avais vu les Chinois dans leur ville, à Batavia ; je voulus les visiter à bord d'un de leurs bâtiments. Il y avait précisément, alors, sur la rade, une jonque ou somme, soi-disant fort belle, armée par de soi-disant fort bons matelots, et arrivant directement du soi-disant Céleste-Empire. Dans un élégant canot que faisaient voler, sur la surface des eaux, dix-huit vigoureux rameurs, je m'y rendis avec un interprète. Les officiers de la jonque jugèrent ou crurent qu'il leur arrivait un personnage de marque, et ils m'empêchèrent de monter à bord. Ma première pensée fut qu'ils voulaient s'y tenir aussi mystérieusement inconnus que dans leur pays ; toutefois l'interprète m'expliqua que l'on prenait quelques minutes pour préparer ma réception, qui fut étourdissante ; car, à peine parvenu sur le pont, je fus entouré d'une bande de musiciens hideux, qui soufflaient, à me fendre la tête, dans les plus barbares instruments. Bientôt je fus conduit dans tous les endroits du bâtiment que je désirais voir ; mais la sauvage musique ne me quittait pas. C'est un moyen plus poli que leurs lois intérieures pour éluder les investigations étrangères ; mais il n'est guère moins efficace. Je partis donc assez promptement et fort peu édifié de l'état de leurs connaissances nautiques.

Quelle est grande, pourtant, la force du frein imposé à ce peuple, qui a tant devancé les autres, et qui, depuis des siècles, rejette respectueusement les innovations les plus utiles, celles même qui, dans le cas dont il s'agit, préserveraient du naufrage quantité de leurs navires ou de leurs marins ! Pendant quelque temps nous avions eu à bord une douzaine de matelots provenant d'une jonque qui périt à la mer, sous nos yeux, pendant que nous étions dans une sécurité parfaite ; on devait croire qu'au milieu de nous ils auraient songé à s'instruire de nos usages maritimes. Loin de là ils nous regardaient en pitié ; et, à part les prières, leur seule occupation avait été de soigner leur toilette, celle surtout de leurs sourcils, que, devant de petits miroirs, ils passaient des heures entières à contempler, raser, dessiner, noircir, arquer, comme n'imaginerait certainement pas de le faire, chez nous, la coquette la plus raffinée. Mais laissons ces malheureux avec leur teint cuivré, leur costume hétéroclite et leurs charmants sourcils.

Je voulus voir aussi la campagne de l'île de Java, et je fis cette excursion avec Delaporte, Puget, Larue, Marchant, Fonze et Chardin. Le terme de notre promenade fut le joli village de Welter-Freder[1], situé à cinq ou six kilomètres de Batavia. Nous fûmes émerveillés du luxe de végétation qu'y entretiennent à un degré éminent la chaleur et les pluies alternatives de ce pays équatorial.

---

[1] Welter-Freder ou plutôt Weltevreden (paix du monde) est aujourd'hui le centre de la nouvelle ville de Batavia et l'un de ses plus beaux quartiers.

Arrivés à l'hôtel principal du village, nous y trouvâmes société nombreuse d'officiers des autres navires de la division, et précisément les plus mauvaises têtes. Je n'ai jamais aimé les parties où l'on fait assaut de bruit, de cris, d'ardeur à boire et à manger, et d'extravagances dans les chants, les paroles, le rire, les actes ou les discours. Trop souvent, à l'Ile-de-France, il y avait de ces réunions; je les évitais de mon mieux; mais, ici, il n'y eut pas moyen de m'en tirer. Delaporte me fit remarquer que nous étions en incandescente compagnie, et il me prédit que la journée finirait mal.

Nous dînâmes tous ensemble: copieux fut le repas, abondantes les libations, et la conversation bruyante. Il y avait deux billards dans l'hôtel; pendant qu'on servait le café, nous voulûmes y jouer; mais ils étaient occupés par des Hollandais. Attendre nous parut de trop mauvais goût; en conséquence, Marchant s'empara des billes, et Chardin, montrant la porte aux joueurs dépossédés, leur dit avec un ton de politesse exquise, mais fort ironique, qu'il y avait sans doute d'autres billards dans le village. Ils sortirent, mais rentrèrent avec du renfort et redemandèrent le billard avec non moins de politesse et d'ironie; c'était d'assez bonne guerre. Nous autres, Français, non seulement nous n'aimons pas les mystifications, mais nous avons la prétention d'être les maîtres partout, et peut-être y réussirions-nous, si nous savions nous y prendre, tant nous avons de bonnes qualités pour y parvenir; mais la force est un mauvais moyen, et notre impatience nous porte ordinairement à y avoir recours. La bonne plaisanterie des Hollandais fut donc reçue assez brutalement, car nous les chassâmes. Je voyais, dans les yeux de Delaporte, que les choses l'inquiétaient.

Je lui en parlai; il me répondit: « Contre fortune, bon cœur; nous sommes étrangers; nous sommes isolés, et, si nous ne formons pas un seul faisceau, nous sommes perdus. »

Les Hollandais rentrèrent encore, mais avec une garde de vingt hommes. Soudain nous nous précipitons sur cette garde avec cet élan que les Italiens ont si bien caractérisé par le nom de *furia francese*; nous la désarmons avant qu'elle ait le temps de se reconnaître, et, à coups de crosse, nous lui faisons tourner les talons. Pendant ce temps le malheureux mot de : *Fuyards du Convoi de Chine !* avait été lancé contre nous, et il était devenu le signal d'un épouvantable désordre. Assistants, voisins, propriétaire de l'hôtel, domestiques, meubles, glaces, queues, billards, lustres, tout fut battu, renversé, cassé, brisé, mis en pièces; la population du village se souleva ; les Malais de la contrée, avec leurs belles jambes, leurs bras carrés, leur peau rougeâtre, leurs corps nerveux, pensant à leurs femmes, se mirent de garde à leurs portes, armés de leurs kryss empoisonnés, la bouche sanguinolente du bétel qu'ils mâchaient, et les yeux enflammés par l'effet de leur enivrant opium. Pour nous, nous n'avions qu'un parti à prendre : c'était de nous serrer, et nous nous plaçâmes sous la conduite de Delaporte, qui parvint, après bien des difficultés, à nous ramener à Batavia et, de là, à bord de nos bâtiments.

Il s'ensuivit ce qui arrive toujours en pareille circonstance; des injures avaient été proférées et rendues, des coups donnés et reçus, des plaintes portées; des officiers furent sévèrement punis, et, finalement, les dégâts estimés et payés au compte des insensés fauteurs de la scène. En outre, plusieurs d'entre nous furent, par suite, très malades, à tel point qu'un enseigne de vaisseau de *la Sémillante* resta pendant six mois en danger, expiant dans son lit la part qu'il avait prise à ces coupables excès.

Nous partîmes de Batavia. La saison des pluies avait produit, dans le vaste bassin formé par les îles avoisinantes, un trop plein tellement considérable que le détroit de la Sonde nous présenta l'aspect de flots violemment émus, qui paraissaient se briser comme sur des récifs. Ils formaient, en outre, des courants si vifs que ni ancres, ni voiles, ni gouvernail n'étaient d'aucun effet. Les équipages, croyant apercevoir des rochers tout autour de nous et frappés de l'inutilité des manœuvres, ne virent devant eux qu'une perte inévitable et manifestèrent une terreur panique complète. Je causais, en ce moment, avec Delaporte dans sa chambre; le bruit nous appelle sur le pont où nous paraissons aussitôt; le noble visage de mon ami prend alors une expression sublime d'indignation; sa voix mâle fait résonner le mot de « Silence! » et, à ce seul mot, sorti de sa bouche sonore et soutenu de son œil imposant, les clameurs se taisent, les plaintes se dissipent, la confiance renaît. Je fus stupéfait d'une telle influence; jamais je n'ai mieux compris la force de l'ascendant moral que la nature a départi à ceux sur le front desquels elle a gravé le sceau du commandement. *La Belle-Poule* perdit des ancres, cassa des câbles, fit des manœuvres sans résultat; mais, dès lors, tout se passa sans désordre. Par l'effet de ces courants qui rappellent ceux qui existent, d'après une cause semblable, dans le détroit de Messine, et que les anciens avaient poétiquement nommés les gouffres de Charybde et de Scylla, nous étions promenés et jetés d'écueils en écueils, de danger en danger. Notre frégate fut même portée sur une des îles charmantes dont nous étions entourés. Nos vergues, nos voiles s'entrelacèrent avec les branches de ses arbres séculaires; mais le courant qui nous avait entraînés sur cette île, heureusement d'un abord très escarpé, formait autour d'elle une sorte de bourrelet et de contre-courant, qui seul nous en éloigna; et, toujours en continuant à tourbillonner, la frégate parvint à gagner des eaux plus tranquilles. Les autres bâtiments de la division s'en tirèrent à peu près comme nous; toutefois *la Sémillante* fut sur le point de rester sur un haut-fond, et courut de grands dangers.

A peine parvenu en pleine mer, l'amiral, dont le vaisseau avait besoin de réparations, prit la route de l'Ile-de-

France, avec *la Sémillante* et *le Berceau*, et il donna ordre à *la Belle-Poule* et à *l'Atalante* de croiser à l'entrée du golfe de l'Inde, et d'aller ensuite le rejoindre à l'Ile-de-France, en visitant, lors de leur retour, les abords ou le voisinage des côtes occidentales de la Nouvelle-Hollande.

Nous ne découvrimes qu'un navire dans cette longue croisière; mais il était fort grand; il avait pour 6 millions d'indigo à bord, et il fut vendu, ensuite, pour cette somme aux neutres qui accouraient à l'Ile-de-France pour s'y enrichir de l'achat de nos prises.

C'était *l'Althéa*, appartenant à un Anglais, nommé Lambert, présent à bord; la cargaison était assurée. M. Lambert, à l'âge de trente-six ans, retournait dans sa patrie pour y jouir de son immense fortune, et y recevoir le titre de Nabab, que l'usage y décerne à ceux qui y apportent de grands biens acquis dans l'Inde par leurs travaux.

Quelques coups de canon avaient suffi pour nous rendre maîtres de *l'Althéa*. Lors de la précédente guerre, nos corsaires avaient fait, dans l'Inde, des exploits prodigieux, mais qui avaient fait couler beaucoup de sang et qui avaient inspiré une véritable terreur. Sous l'empire de cette terreur, Mme Lambert, qui voyageait avec son mari, n'eut pas plutôt vu flotter notre pavillon qu'elle se crut perdue, et que, dans son désespoir, elle affronta notre artillerie sur le pont. Delaporte fut nommé commandant de cette prise.

Je l'accompagnai avec Desbordes pour l'amariner. Ce ne fut pas un spectacle peu surprenant pour nous que d'y voir, évanouie, dans les bras de son mari, une jeune femme de vingt ans d'une figure admirable. Elle était entourée de caméristes au teint noir, mais aux cheveux plats et aux traits extrêmement fins, de femmes malaises, toutes également empressées, et elle avait à ses pieds deux petits grooms Mahrattes, bien bronzés, qui veillaient ses premiers regards et attendaient ses premiers ordres.

« Ils ne nous tuent donc pas », dit-elle, quand elle reprit

ses sens. Notre physionomie la rassura plus encore que nos discours, et elle se livra à tout l'élan d'une joie qui surpassait peut-être la douleur qu'elle avait ressentie, et qui rehaussa parfaitement l'éclat de son beau visage. Cléopâtre, sur le Cydnus, au milieu d'esclaves belles, obéissantes, et de jeunes marins vêtus en folâtres amours, sur un navire dont les cordages étaient de soie, les voiles de pourpre et les sculptures d'or, ne parut certainement pas plus belle aux Romains, enchantés, que Mme Lambert à nos yeux éblouis.

L'officier d'Administration comptable de *la Belle-Poule* était un homme de la Marine de Louis XVI, que sa haute probité, sa capacité reconnue, et peut-être, plus que tout cela, le hasard, avaient maintenu en place pendant les orages de la Révolution. Il se nommait Le Lièvre de Tito [1]; un de ses frères, lieutenant de vaisseau, avait été le camarade de M. de Bonnefoux; mais l'émigration le lui avait ravi. Agé de soixante ans, frisé, poudré, chaussé de bas de soie blancs, même à bord, M. Le Lièvre supportait les fatigues de notre campagne avec beaucoup de verdeur. Les habitudes aristocratiques de cet inépuisable *laudator temporis acti*, son exquise politesse, s'arrangeaient peu des manières de notre jeunesse, et il vivait assez à l'écart. Cependant il avait, principalement, vu en moi ce qu'autrefois on appelait un gentilhomme; quelques déférences que je n'ai jamais refusées aux personnes âgées, le touchèrent, et j'eus toutes ses prédilections.

Il avait une bibliothèque choisie; elle fut à ma disposition; il savait beaucoup, et je trouvai en lui un homme aussi communicatif, aussi obligeant pour moi que l'avait été M. de La Capelière; il était doué d'un esprit très observateur, et il me donnait les meilleurs conseils.

Tantôt le brave homme mettait un frein à ma volu-

---

[1] Le Lièvre de Tito (Paul), du port de Toulon, commissaire de la Marine de 2e classe.

bilité ; tantôt il me répétait, avec bonté, ce qu'il avait entendu dire, ou bien il me faisait part, lui-même, de ce qu'il avait remarqué touchant ma manière d'être à bord, mon ton de commandement ou mes relations avec chacun ; quelquefois il m'expliquait ses vues, ses opinions sur la toilette d'un homme aux diverses époques de sa vie, ou suivant son état et sa position, et il me faisait promettre de me raser tous les jours, ainsi que d'avoir, moi-même, le soin exclusif de mes effets ou vêtements ; souvent il m'entretenait des égards qu'on doit aux gens en leur parlant, leur écrivant même le plus simple des billets, et du ridicule qu'il y avait à combler certaines personnes de prévenances et à estropier l'orthographe de leurs noms, ou à écrire de travers leurs grades, adresses, titres ou qualités ; il me recommandait surtout de m'habituer à lire vivement toutes les écritures, à comprendre toutes les locutions, même les plus vicieuses, et à y répondre comme si c'était du français le plus intelligible. En un mot, je ne finirais pas si je disais tout ce que je devais à son affection, qui se manifestait le plus fréquemment après les déjeuners, qu'il m'engageait à faire dans sa chambre, en tête à tête avec lui.

Il avait un service à thé charmant, une très belle cannevette à liqueurs, qu'il nettoyait, entretenait lui-même ; et il fallait voir comme c'était propre et brillant. Il possédait une profusion de chocolat, de confitures, d'endaubages, de petits poissons marinés, de café, de biscuits, de sucreries, de fruits glacés, etc. etc. Tout cela était d'une élégance, d'un soin, d'une coquetterie inimaginables, et je me trouvais un heureux mortel, quand j'entrais dans ce sanctuaire du goût, de la délicatesse, de l'amitié. Qui croirait, d'après cela, que je la trahissais, cette amitié ?

Rien n'était pourtant plus vrai, et c'était par le ridicule que j'avais la faiblesse de la trahir ! Je m'en voulais du fond du cœur ; je jurais cent fois de contenir cette intempérance de langue, cette soif de plaisanter ; mais l'occasion se présentait-elle d'amadouer M. Le Lièvre et de le mettre en scène? je résistais trop rarement au malin plaisir de l'exciter, de l'attirer sur la voie, d'abonder dans son sens, de l'applaudir; et, bientôt, il nous débitait que « se taire à propos vaut mieux que bien parler; que c'est dans l'enfance que l'on jette les fondements d'une bonne vieillesse; qu'il n'y a d'homme libre que celui qui obéit à la raison; que la personne qui reproche à un autre les accidents de la fortune est comme le serviteur qui, battant un habit, frappe sur le corps et non sur le vêtement; que le flatteur dit à la colère: venge-toi! à la passion: jouis! à la peur: fuyons! au soupçon: crois tout! » et mille autres maximes de Plutarque ou de ses auteurs favoris, que nous avions l'impertinence de lui faire répéter comme un air à une serinette. En parlant de l'enfance, La Fontaine a dit: « Cet âge est sans pitié! » On peut dire, en général, de celui que j'avais alors, qu'il est sans égards, sans ménagements, et qu'il immole tout à ses plaisirs.

Comme commandant de *l'Althéa*, Delaporte était resté à bord; il avait pensé, quand je retournai sur la frégate, que les friandises de notre agent comptable pourraient être agréables à sa belle prisonnière, et il me recommanda d'y intéresser sa vieille galanterie. Mme Lambert était enceinte; aussi, tous les soirs, *la Belle-Poule* qui avait un four et faisait du pain, mettait-elle en panne, pour lui en envoyer du frais. Notre docteur se servait de l'occasion du canot qui le lui portait pour aller s'informer de sa santé, et je fis si bien qu'un jour il fut chargé, par M. Le Lièvre, de quelques fruits glacés à l'adresse de l'intéressante malade, qui les trouva exquis. Elle en fit ses remerciments par un joli billet qui, tournant la tête à notre antique chevalier, lui inspira des folies vraiment fort amusantes. Il répondit au billet, et, l'esprit plein de riantes pensées, il fit comme le Métromane pour la Muse inconnue de Quimper-

Corentin ; il ne rêva plus qu'aux lettres et qu'aux cadeaux du lendemain. Mme Lambert soutint la plaisanterie avec beaucoup de finesse ; elle y mit les égards que méritait M. Le Lièvre, et, quand elle le vit à l'Ile-de-France, au lieu de nous offrir un spectacle que quelques-uns de nous attendaient avec malice, celui d'accabler un galant homme par d'ironiques quolibets, elle nous donna une véritable leçon, en le remerciant avec dignité, lui montrant une gracieuse reconnaissance, et lui inspirant un sentiment vrai de respectueuse affection.

Nos mauvaises plaisanteries à part, nous traitions nos prisonniers avec distinction, mesurant nos égards au sexe, au grade, à l'âge, à l'éducation : tous étaient l'objet de notre empressement à adoucir leur situation. Ils étaient, d'ailleurs, pour nous, l'occasion précieuse de nous initier aux difficultés de la conversation anglaise, et nous en profitions de notre mieux.

Mme Lambert resta quelque temps à l'Ile-de-France ; elle y fit ses couches, qu'elle avait présumé devoir faire au cap de Bonne-Espérance, où *l'Althéa* devait relâcher. Fille de Française et parlant notre langue comme nous, elle se montra enchantée d'avoir un enfant né dans la patrie de ses aïeux, et elle se réjouit de la perte de 50.000 francs seulement qu'éprouvait son mari par la prise de son navire, qui était en grande partie assuré, puisqu'elle en avait recueilli le plaisir d'habiter quelques mois une aussi charmante colonie que l'Ile-de-France ; elle partit sur un bâtiment neutre des Etats-Unis.

Au moment des derniers adieux, M. Lambert nous dit qu'il se souviendrait toujours avec reconnaissance de nos bons procédés, et, en véritable Anglais, il ajouta qu'il avait le plus grand désir de nous voir tous « prisonniers » en Angleterre, pour nous prouver cette reconnaissance. Delaporte, à qui il s'adressait le plus directement, ne voulut pas relever l'inconvenance d'un pareil langage, et il se borna à lui dire qu'il espérait, lui, que la paix nous fournirait une occasion plus agréable de nous revoir ; mais le rude insulaire lui répondit : « Non, point le paix, avec M. Bonaparte ; guerre à mort à M. Bonaparte ; jamais le paix avec lui ! » Cette boutade nous dérida, et sa douce femme mit fin à tout en s'empressant de lui dire, dans son baragouin qu'elle imitait parfaitement : « Si, mon ami, le paix avec M. Bonaparte, le paix honorable pour tous, et nous nous reverrons avec plaisir. »

L'Althéa était rentrée à l'Ile-de-France avec nous ; et, encore, nous avions fait nos calculs trop à l'avance. Pour ma part, comme enseigne de vaisseau, il me revenait, sur le produit de cette prise, une vingtaine de mille francs ; mais nous avions de nouveau compté sans notre hôte ; il fallut donc compter deux fois et, à la seconde, il y eut une forte réduction. Ce bâtiment ayant été capturé dans une mission particulière, pendant que la division ne courait aucun risque au mouillage, toutes les lois l'excluaient du partage ; mais, dans ces temps de république et de despotisme, les lois n'étaient qu'un vain mot pour les gouvernants ou pour les chefs supérieurs ; et M. Linois fit facilement décider que tous les bâtiments partageraient avec nous. Nous espérions que M. Bruillac soutiendrait nos intérêts. Hélas ! M. Linois ordonna que la part allouée au grade de M. Bruillac serait augmentée ; d'un autre côté, M. Decaen, à qui nous aurions pu en appeler, avait besoin, peut-être, du consentement de l'amiral, relativement à un emprunt que, pour les besoins de la colonie, il voulait faire sur notre grasse proie, et tout se termina au très grand avantage de nos chefs, et directement à nos dépens. Quel scandale ! et comme il est heureux que nous ne vivions plus sous un régime aussi inique ! Dans ces spoliations, rendons toutefois justice aux sentiments des officiers, qui oublièrent leurs intérêts lésés ; ils s'occupèrent d'affaiblir l'effet de ces abus de pouvoir sur l'esprit des matelots, et ils déplorèrent moins la perte de quelques écus que la déconsidération dont se frappaient, eux-mêmes, leurs égoïstes chefs. Pour en finir sur ce sujet, je dirai tout de suite ici, qu'à la fin de notre campagne, qui dura plus de trois ans, et pendant le reste de laquelle nous fîmes encore quelques belles prises, je n'eus à recevoir, décompte fait, tant pour les prises que pour la solde et le traitement de table arriérés, qu'une somme d'environ 10.000 francs, qui n'était certainement pas le cinquième de ce qui me revenait, et sur laquelle, moitié, à peu près, était pour ladite solde et le dit traitement de table arriérés.

Au mois d'août 1804, *le Berceau* fut expédié pour la France. J'étais, à notre bord, l'officier chargé de diriger l'instruction des aspirants. Je m'étais adonné de tout cœur à ce soin, d'autant que mon frère en recueillait le fruit. Je l'avais mis à même de subir son examen d'aspirant de 1re classe, et je fis des démarches pour obtenir qu'il partît sur *le Berceau*, afin d'aller en France se présenter devant les examinateurs; mais j'avais parlé un peu haut dans l'affaire de *l'Althéa*, et je ne pus voir que ce motif pour un refus d'autant plus rigoureux qu'il retombait, avec injustice, sur un jeune homme laborieux, dont on retardait arbitrairement, ainsi, l'avancement si bien mérité sous tous les rapports. Ce fut un de mes premiers chagrins au service, et il fut bien vif. Mon pauvre frère resta donc sur *la Belle-Poule*, qui se radouba; et le reste de la division mit à la voile, en nous donnant, à époque fixe, rendez-vous dans le sud-est de Ceylan.

CHAPITRE VII

Sommaire : La division met à la voile. — L'amiral donne rendez-vous à *la Belle-Poule* dans le sud-est de Ceylan. — Rencontre, sur la côte de Malabar, d'un navire de construction anglaise monté par des Arabes. — Odalisques et cachemires de l'Inde. — Chasse appuyée par la frégate à la corvette anglaise *le Victor*. — Emouvante lutte de vitesse. — La corvette nous échappe. — *la Belle-Poule* prend connaissance de Ceylan. — Trente jours employés à louvoyer au sud-est de l'île. — Une montre marine qui se dérange. — Graves conséquences de l'accident. — La division passe sans nous voir. — La batterie de *la Belle-Poule*, les jours de beau temps. — Puget et moi. — Observations astronomiques. — Cercles et sextants. — Sur la côte de Coromandel. — Prise du bâtiment de commerce anglais, *la Perle*. — M. Bruillac m'en offre le commandement. — Je refuse. — Retour vers l'Ile-de-France. — Le blocus de l'île. — La frégate se dirige vers le Grand-Port ou port du sud-est. — Plan du commandant Bruillac. — La distance de Rodrigue à l'Ile-de-France. — Le service que nous rend la lune. — Les frégates anglaises. — Le Grand-Port. — Arrivée de la division deux jours après nous. — *L'Upton-Castle*, *la Princesse-Charlotte*, *le Barnabé*, *le Hope*. — Combat, près de Vizagapatam, contre le vaisseau anglais *le Centurion*. — *L'Atalante* se couvre de gloire. — *Le Centurion* se laisse aller à la côte. — Impossibilité de l'amariner à cause de la barre. — Importance stratégique de l'Ile-de-France. — Les Anglais lèvent le blocus. — La division appareille pour se rendre au port nord-ouest. — Curieuse histoire du *Marengo*. — La roche encastrée dans son bordage. — Le Trou Fanfaron. — *Le Marengo* reste à l'Ile-de-France. — *La Psyché* va croiser. — L'amiral expédie *la Sémillante* aux Philippines pour annoncer la déclaration de guerre faite par l'Angleterre à l'Espagne. — Nouvelles de France. — Proclamation de l'Empire. — Projet de descente en Angleterre. — Le chef-lieu de la préfecture maritime du 1er arrondissement est transporté à Boulogne. — M. de Bonnefoux est nommé préfet maritime du 1er arrondissement et chargé de construire, d'armer et d'équiper la flottille. — Il assiste à la première distribution des croix de la Légion d'honneur et reçoit, lui-même, des mains de l'empereur, celle d'officier. — Une lettre de lui. — *La Belle-Poule* et *l'Atalante* quittent l'Ile-de-France au commencement de 1805. — M. Bruillac, commandant en chef. — Croisière de soixante-quinze jours. — Calmes presque continus. — Rencontre, près de Colombo, de trois beaux bâtiments, que nous chassons et approchons à trois ou quatre portées de canon. — M. Bruillac les prend pour des vaisseaux de guerre. — Il m'envoie dans la grand'hune pour les observer. — Je descends en exprimant la conviction que ce sont des vaisseaux de la Compagnie des Indes. — Le commandant cesse cependant les poursuites. — Nouvelles apportées plus tard par les journaux de l'Inde. — Le golfe de l'Inde. — Notre présence est signalée par des barques de cabotage. — L'une d'elles, que nous capturons, nous apprend le combat de *la Psyché* et de la frégate anglaise de premier rang, *le San-Fiorenzo*. — Récit du combat. — Valeur du commandant Bergeret, de ses officiers et de ses matelots. — Sa présence d'esprit. — Capitulation honorable. — Tous les officiers tués, sauf Bergeret et Hugon. — *La Belle-Poule* et *l'Atalante* quittent les côtes du Bengale, et visitent celles du Pégu, du Tonkin, de la Cochinchine. — Capture de *la Fortune* et de *l'Héroïne*. — Un aspirant de *la Belle-Poule*, Rozier, est appelé au commandement de *l'Héroïne*. — On lui donne pour second Lozach, autre aspirant de notre bord. — Belle conduite de Rozier et de Lozach. — Rencontre par *l'Héroïne* d'un vaisseau anglais de 74 canons entre Achem et les îles Andaman. — Rozier accueilli avec enthousiasme à l'Ile-de-France. — Paroles que lui adresse Vincent. — Retour de *la Belle-Poule* et de *l'Atalante* à l'Ile-de-France. — Observations astronomiques faites par Puget et par moi devant Rodrigue. — Elles confirment nos doutes sur la situation exacte de cette île. — Sur notre rapport, un hydrographe est envoyé à Rodrigue par la colonie. — Les résultats qu'il obtient sont conformes aux nôtres. — Quarante-cinq navires de commerce ennemis capturés par nos corsaires, malgré les treize vaisseaux de ligne, les quinze frégates et les corvettes qu'entretenaient les Anglais dans l'Inde. — Séjour prolongé à l'Ile-de-France. — Les colons. — M. de Bruix, les Pamplemousses, le Jardin Botanique. — MM. Céré, père et fils. — Paul et Virginie. — La crevasse de Bernardin de Saint-Pierre. — Bruits de mésintelligence entre le général Decaen et l'amiral Linois. — Projets attribués à l'amiral. — *La Sémillante* bloquée à Manille. — *L'Atalante* reste au port nord-ouest pour quelques réparations. — Le cap de Bonne-Espérance lui est assigné comme lieu de rendez-vous. — Les bavardages de la colonie sur l'affaire des trois navires de Colombo. — M. Bruillac me met aux arrêts. — Il vient me faire des reproches dans ma chambre.

Avant de prendre connaissance de Ceylan, *la Belle Poule* fit deux rencontres près de la côte de Malabar. La première était un navire de construction anglaise, que je fus chargé d'aller visiter. Il était monté par des Arabes qui avaient une cargaison belle, opulente, mais point embarrassante ; savoir : vingt odalisques de Georgie ou de Circassie pour l'iman de Mascate, et six grandes malles remplies de magnifiques cachemires. Je fus ébloui, à la vue de tant de richesses, de tant de beautés ; je ne pus, cependant, juger de ces femmes, tant vantées, que par l'élévation de leur taille, l'aisance de leurs mouvements, ou la noblesse de leur port, car elles se tinrent constamment voilées ; mais mon imagination y suppléa. Les papiers du navire étaient parfaitement en règle ; rien n'indiquait qu'il fût armé au compte des Anglais, et nous le laissâmes passer.

L'autre rencontre fut une corvette ennemie que nous abusâmes longtemps par des signaux feints ou embarrassés ; elle ne découvrit la ruse qu'à deux portées de canon. Cessant alors de se laisser approcher, elle prit retraite devant nous. La chasse que nous lui appuyâmes fut vigoureuse ; mais, malheureusement, le temps était à grains, et, pendant ces grains, nous ne pouvions pas porter autant de voiles que ce bâtiment, à cause de notre grande vergue, cassée récemment, et qui, quoique réparée, nous obligeait à des ménagements. J'ai vu des joutes, des luttes, des courses d'hommes ou de chevaux, des défis entre bâtiments, voitures légères ou canots, mais jamais rien d'aussi intéressant que la chasse dont je parle en ce moment. La corvette avait tout dehors : pendant les grains, elle ne rentrait pas un pouce de toile ; dans les éclaircies, on la voyait comme enveloppée par d'énormes lames, qui semblaient, à chaque instant, prêtes à l'engloutir ; le vent la couchait à faire frémir, et elle jetait à l'eau, des mâts, des vergues de rechange, des futailles, des madriers, des embarcations, des cages à poules et autres objets dont elle s'allégeait. La frégate gouvernait droit dessus avec la même vigilance qu'un chien couchant qui suit la trace ; elle rayonnait d'espérance quand, après une bourrasque, elle pouvait établir sa grande voile ; elle frémissait au retour du grain, quand il la fallait recarguer. Nos regards se partageaient entre notre ennemi épouvanté et la flexion de la grand'vergue, que nous ne nous décidions à soulager de sa voile qu'à la dernière extrémité ; et, passant majestueusement à travers des débris flottants jetés par la corvette pour accélérer son sillage, tantôt nous nous en approchions avec enthousiasme, tantôt nous la voyions, avec douleur, se dérober à nos efforts. La nuit qui survint acheva de la dégager. Nous avons su plus tard que c'était la corvette anglaise *le Victor*, la même qui fut prise, assez longtemps après, à Manille, par le commandant Motard, de *la Sémillante*. Elle fut ensuite commandée par mon ami Hugon, qui ramena dessus M. Bergeret, de l'Ile-de-France en Europe.

Nous prîmes connaissance de Ceylan, et nous nous établîmes au rendez-vous assigné. Nous y passâmes trente jours, ainsi que le prescrivaient nos instructions; mais nous ne vîmes ni division, ni un seul navire étranger, neutre ou ennemi. Notre commandant avait une montre marine, en laquelle il avait la plus grande confiance. Puget en était chargé; il s'y entendait parfaitement. Toutefois la montre se dérangea; c'est un inconvénient de ces instruments, rare à la vérité, mais à peu près irrémédiable en pleine mer. De mon côté j'étais chargé de la route par l'estime ainsi que des observations astronomiques avec le cercle de réflexion et j'entretins Puget de mes doutes sur la montre. Il les avait lui-même. Cependant il ne voulut point les communiquer au commandant avant d'avoir à présenter une masse concluante d'observations pour lesquelles il se joignit à moi. Quand nous fûmes bien certains que la longitude donnée par la montre était défectueuse, nous fîmes notre rapport. Il était détaillé, clair, irréfutable; mais ce que nous avions prévu arriva: M. Bruillac ne voulut pas en entendre parler; il continua à déduire sa position de sa montre; il finit par se trouver à 85 lieues de Ceylan, au lieu d'en être à 25, et il lui fallut, pour reprendre connaissance de cette île, quatre jours au lieu d'un sur lequel il comptait. La division avait passé; elle nous avait cherchés; des bâtiments ennemis que nous aurions pu capturer. s'étaient, sans doute, présentés pour prendre connaissance du cap Comorin; et nous n'avions rien vu; nous étions restés dans une profonde solitude.

Nos matelots, nos timoniers, ayant, sans cesse, sous les

yeux, des officiers aussi laborieux que nous, n'avaient cru, pour la plupart, mieux faire que de suivre notre exemple. On peut dire, en effet, de l'esprit de l'homme : *Sequitur facilius quam ducitur.* Ils s'approchaient de nous quand nous observions ; ils notaient les éléments de nos calculs ; ils nous demandaient, ou aux plus instruits d'entre eux, des conseils, des renseignements ; ils imitaient notre assiduité. C'était vraiment un coup d'œil bien satisfaisant, quand le temps était beau, et que les exercices de manœuvres, d'artillerie, d'abordage, ou autres, étaient finis, que de voir la batterie de la frégate remplie de tables, sur lesquelles s'inclinaient tant de têtes méditatives, se délassant noblement des fatigues du corps par le travail, qui est un des plus doux plaisirs de l'intelligence.

Avec de tels hommes, l'histoire de la montre n'avait pu passer inaperçue ; mais ils savaient que leur commandant avait de très bonnes qualités comme marin, comme homme d'exécution, comme homme de courage ; aussi, grâce surtout un peu à la direction de leurs facultés vers les objets qui concentraient, depuis quelque temps, les pensées de Puget et les miennes, n'y songèrent-ils bientôt plus. Les recherches auxquelles mon camarade et moi nous nous adonnâmes à cette occasion, tournèrent fort à notre avantage.

Jamais observations de tous genres ne furent plus multipliées, calculs plus soignés, solutions plus concordantes. Nous jouions, nous badinions, en quelque sorte avec nos cercles, avec nos sextants ; les positions les plus gênantes pour nous en servir de jour, de nuit, par les plus grosses mers, n'étaient plus rien pour nous ; nous en étions venus au point de calculer comme on parle, comme on écrit, et nous n'obtenions plus que des résultats d'une exactitude dont jamais encore on n'avait ouï parler. Mais nous étions à la meilleure des écoles, celle d'une navigation incessante, et au milieu de dangers de toute espèce. Après avoir pris connaissance de Ceylan, nous poussâmes une reconnaissance vers la côte de Coromandel. Là, sous Sadras[1], nous nous emparâmes de *la Perle*, bâtiment de commerce anglais dont M. Bruillac m'offrit le commandement; je ne trouvais rien de plus instructif, de plus favorable à mon avancement que ma position sur la frégate, et je le remerciai. Loin d'insister, il me dit qu'il avait cru devoir, par esprit d'équité, me faire cette proposition, mais qu'il voyait avec satisfaction qu'elle ne m'avait pas convenu.

Nous revînmes vers l'Ile-de-France. D'après quelques indiscrétions des Anglais prisonniers de *la Perle*, nous eûmes lieu de penser que l'île était bloquée. Le commandant présuma avec beaucoup de justesse, comme la suite effectivement le confirma, que le gros des forces anglaises du blocus se tenait devant le port nord-ouest, qui est le plus fréquenté, et que deux seules frégates devaient être devant le Grand-Port ou port sud-est, qui est sur un point de l'île opposé au premier.

Rodrigue, île située à environ cent lieues dans l'est de l'Ile-de-France, nous servit à nous guider pour notre attérage au Grand-Port, devant l'entrée duquel le commandant avait pris la louable résolution de se trouver, au point du jour, à très petite distance, pour être entre la terre et les frégates qui devaient croiser en cette partie. J'avais toujours cru remarquer, précédemment, qu'il y avait plus de distance entre Rodrigue et l'Ile-de-France que les géographes n'en avaient mesuré; si cela était vrai, notre attérage était manqué! J'étais de quart et travaillé par cette idée, quand je vis la lune se coucher; le ciel était si pur qu'aucune partie ne m'en fut interceptée; elle atteignit l'horizon de la mer, descendit peu à peu et disparut. Le commandant vint précisément alors sur le pont et me dit que nous avions à peu près parcouru la distance entre les deux îles; qu'il venait d'estimer le chemin fait, et que, bientôt, nous mettrions en

---

[1] Sadras, village à 66 kilomètres sud-sud-ouest de Madras.

panne pour nous arrêter. Je lui demandai dans quelle direction il supposait la terre : il me montra le côté du crépuscule de la lune. Je lui parlai alors de mes doutes sur la distance établie entre les deux îles; j'ajoutai que la manière dont la lune s'était couchée prouvait que l'Ile-de-France était encore loin, puisque ses hauteurs n'avaient pas caché l'astre à ses derniers moments; je parvins enfin, peut-être par le souvenir de Ceylan qu'il se rappela sans doute, involontairement, à obtenir qu'il fît encore quelques lieues, et il fit bien ; en effet, au point du jour, nous étions en dedans des frégates anglaises au lieu d'en être en dehors. Les postes de l'île étaient couverts de pavillons pour indiquer le blocus et mettre les navires sur leurs gardes; les frégates anglaises essayèrent de nous atteindre; elles tirèrent du canon, firent des signaux; les mouches de la croisière volèrent vers le gros de leurs forces, qui s'ébranla; mais nous étions déjà dans le port, et en sûreté.

Le surlendemain, la division arriva avec *l'Upton-Castle*, *la Princesse-Charlotte*, *le Barnabé*, *le Hope*, riches prises qu'elle avait faites ; instruite, comme nous, par ses prisonniers, elle avait également pris le parti d'entrer au Grand-Port, dont les frégates du blocus lui laissèrent respectueusement le passage libre. Près de Vizagapatam[1], elle avait attaqué et fait amener le vaisseau de guerre anglais *le Centurion* ; *l'Atalante* se couvrit de gloire dans cette affaire[2]; mais ce vaisseau se laissa aller à la côte. La barre ou le ressac de la mer devant les plages sablon-

---

[1] La cité de Visakha, le « Mars » hindou, sur la côte des Circar.
[2] Dans sa *Note sur la Fixation de l'effectif naval en France*, note insérée dans les *Nouvelles Annales de la Marine et des colonies*, M. de Bonnefoux dit à propos de ce combat : « Nous nous garderons bien de passer sous silence que les honneurs de cette journée furent pour le capitaine Gaudin-Beauchêne, de la frégate *l'Atalante*, qui tirant moins d'eau que *le Marengo*, s'approcha beaucoup plus près du *Centurion* et dont le feu fut si foudroyant et les manœuvres si hardies que l'amiral Linois, son état-major, son équipage, mus par un sentiment électrique, le saluèrent par une acclamation trois fois répétée de : Vive Beauchêne ».

neuses de ces parages empêcha qu'on ne l'amarinât, et il fut perdu pour nous.

Ce fut un plaisir inexprimable de nous revoir, et nous fraternisâmes dans ce Grand-Port, à jamais célèbre par les rudes combats qu'y ont soutenu, après nous, les vaillants capitaines Bouvet, Hamelin, Duperré; car l'Angleterre vit bientôt, par le résultat de nos opérations, combien l'Ile-de-France lui était préjudiciable; elle ne recula devant aucun sacrifice, et elle fit, par la suite, la conquête de ce boulevard si important, si facile pourtant à défendre, mais que l'empereur négligea, et où il n'envoya, comme il l'avait fait pour l'Egypte, que des secours insignifiants. La paix vint après; mais elle nous fut imposée après les désastres de nos armées; les Anglais se gardèrent bien de se désaisir de l'Ile-de-France (qu'ils appellent île Maurice), ainsi que du cap de Bonne-Espérance, dont ils s'emparèrent avant d'attaquer l'Ile-de-France; ainsi ils sont encore les maîtres de ces deux points menaçants qui, seuls, troublaient la tranquille possession de leurs vastes établissements dans l'Inde.

Les forces navales du blocus anglais ayant eu l'amertume de voir entrer à l'Ile-de-France notre division tout entière, ainsi que nos prises, n'eurent d'autre parti à prendre que celui de se retirer. Aussitôt nous appareillâmes nous-mêmes pour nous rendre au port nord-ouest. En entrant au Grand-Port, *le Marengo* avait touché sur une roche jusqu'alors inconnue; comme les pompes n'eurent que très peu d'eau à extraire, on crut d'abord que ce n'était qu'un simple choc; toutefois le vaisseau ne pouvait reprendre la grande mer sans une visite formelle. Dès notre arrivée au port nord-ouest, on le conduisit donc dans le Trou-l'anfaron, où se font les radoubs, et l'on s'occupait de le désarmer, lorsque tout à coup il coula au fond; la roche qu'il avait touchée s'était écrêtée; elle s'était logée dans ses flancs; par un miraculeux hasard, elle s'y était conservée pendant notre trajet du Grandl'ort au port nord-ouest; enfin elle ne s'en était détachée que dans le Trou-Fanfaron, où il n'y avait guère plus d'eau que le vaisseau n'en exigeait pour flotter, quelques heures plus tôt, et, en un clin d'œil, il s'ensevelissait en mer pour jamais! Il fallut le relever, le réparer; or, ces opérations demandant beaucoup de temps, le *Marengo* resta seul à l'Ile-de-France; la *Psyché* alla croiser; la *Belle-Poule* et l'*Atalante* se disposèrent à la suivre, et la *Sémillante* fut expédiée pour les îles Philippines, afin d'informer les Espagnols que, sans aucune démarche préalable, les Anglais, qui étaient en pleine paix avec eux, avaient jugé convenable de leur déclarer la guerre, en capturant quatre de leurs frégates richement chargées qui faisaient route pour Cadix!

Nous avions, en effet, trouvé à l'Ile-de-France des journaux venus de la métropole, des dépêches ministérielles, des nouvelles de nos familles : Bonaparte, consul était devenu Napoléon, empereur. Une descente en Angleterre était projetée; Boulogne était choisi pour port central d'une flottille; le chef-lieu de la préfecture maritime du 1er arrondissement y avait été transféré; M. de Bonnefoux en avait été nommé préfet; il était chargé de faire construire, armer, équiper, cette immense flottille, et il avait assisté à la grande cérémonie de la distribution des premières croix de la légion d'honneur, où Napoléon l'avait personnellement décoré de celle d'officier. Il me l'écrivit lui-même; et, me donnant de bonnes nouvelles de toute la famille, il m'assura qu'il saisirait l'occasion de son premier voyage à Paris pour parler à son ancien camarade Decrès, alors ministre de la Marine[1], de mon

---

[1] Jusqu'en 1796, la carrière de Denis de Crès, né à Château-Villain (aujourd'hui département de la Haute-Marne), le 18 juin 1762, s'était confondue avec celle de son camarade Casimir de Bonnefoux. Ils avaient été promus aux mêmes grades, la même année. Aspirant-garde de la Marine en 1779, garde de la Marine en 1780, enseigne de vaisseau en 1782, de Crès était lieutenant de vaisseau depuis 1786, au moment où la Révolution éclata; il fut, comme Casimir de Bonnefoux, nommé capitaine de vaisseau

avancement et de celui de mon frère. Ma belle-mère[1], fort jeune alors, habitait Boulogne à cette époque ; et elle se rappelle, avec complaisance, que l'empereur, y rencontrant ses deux filles, qui étaient de fort jolies enfants, s'en approcha affectueusement et les embrassa toutes les deux. La grandeur a ce privilège qu'aucun de ses actes n'est indifférent, et que leur souvenir, surtout quand il flatte, est religieusement conservé.

La Belle-Poule et *l'Atalante* quittèrent le port au commencement de 1805. D'après la hiérarchie militaire, notre commandant avait autorité sur M. Beauchêne. Notre croisière fut de soixante-quinze jours ; ils nous parurent bien longs, à cause de calmes presque continus, très monotones, et qui nous empêchèrent de faire beaucoup de rencontres. La première, cependant, sur notre route vers le golfe du Bengale, qui était notre destination principale, eut lieu près de Colombo, et elle aurait suffi pour nous dédommager de nos peines, si M. Bruillac avait cru devoir attaquer.

Il s'agissait de trois beaux bâtiments, que nous chassâmes et approchâmes à trois ou quatre portées de canon. Le commandant, qui, en pareil cas, se trompait rarement dans ses jugements, les prit pour des bâtiments de guerre. Se croyant sûr de son fait, et voulant paraître suivre l'opinion de tous en cessant de les poursuivre, il m'ordonna de monter dans la grand'hune et de bien observer ces navires, avec sa longue-vue, qui était excellente. Quelle

---

en 1793, chef de division en 1796. A partir de ce moment, au contraire, leurs destinées divergèrent. Contre-amiral en 1798, de Crès se voyait élevé, le 3 octobre 1801, au ministère de la Marine, qu'il devait diriger pendant treize ans. Plus tard l'empereur le nomma vice-amiral et le créa duc de l'Empire. Ce n'est pas ici, le lieu de juger le rôle de de Crès comme ministre de la Marine. On verra du reste, dans la *Biographie* de Casimir de Bonnefoux, à la fin de ce volume, le récit d'un entretien entre le préfet maritime de Boulogne et le ministre de la Marine, dans lequel ce dernier ne joue pas le beau rôle.

[1] Mme La Blancherie.

ne fût pas sa surprise, lorsqu'après être descendu sur le pont, je lui dis, lui affirmai que c'étaient des vaisseaux de la Compagnie. Il me questionna minutieusement, et il en résulta que ce que j'avais vu, jugé, comparé, analysé, témoignait de ma conviction. M. Bruillac, fâché d'avoir lui-même provoqué, sur le pont, ces explications que d'ailleurs je faisais avec un ton respectueux, se contenta de répondre que, lorsque des bâtiments de guerre marchaient moins bien que des bâtiments ennemis qu'ils voulaient attirer à eux, ils savaient fort bien se déguiser, se transformer, employer la ruse, comme nous l'avions fait pour *le Victor*, et qu'il ne voulait pas être si grossièrement dupé. Je n'avais rien à répondre à cet argument, qui n'était plus de ma compétence ; il leva la chasse ; mais il fut avéré depuis, par les journaux de l'Inde, que c'étaient bien trois riches vaisseaux de la Compagnie. Il est juste d'ajouter que je n'énonçais ici que mon opinion individuelle et que rien n'est plus sujet à erreur que les jugements en pareille matière.

Sur les bords du Gange ou plutôt de l'Hougli sont bâties les deux villes opulentes de Calcutta et de Chandernagor[1] ; celle-ci a été restituée à la France ; mais alors elle était sous la domination anglaise. Croiser à l'embouchure était donc menacer l'arrivage ou le débouché d'un commerce maritime très étendu ; mais il fallait ne pas être vu : or, d'un côté, les trois navires de Colombo donnant l'éveil sur la côte, aucun bâtiment anglais ne s'aventura pour le golfe du Bengale ; et, de l'autre, nous fûmes découverts par des barques du cabotage. Quelques-unes d'entre elles furent, à la vérité, jointes par nous ou par nos embarcations, et coulées ou brûlées après que les marins en furent retirés ; mais nous ne pûmes toutes les aller chercher sur les hauts fonds, où elles se réfugiaient, de sorte que notre présence fut signalée dans ces parages ;

---

[1] Au commencement du siècle, Chandernagor était très prospère.

embargo fut donc mis sur tous les navires de commerce, et nous avisâmes en vain.

Nous n'avions pas eu connaissance de *la Psyché*, que nous pensions trouver dans le golfe de Bengale. Nous hésitions même, à cause d'elle, à nous en éloigner, lorsqu'une dernière barque, saisie par nous, nous apprit que la frégate anglaise *le San-Fiorenzo*, du premier rang, avait récemment rencontré *la Psyché*, dont l'épaisseur, l'artillerie, le calibre des pièces, l'équipage, équivalaient à peine à la moitié de l'épaisseur, de l'artillerie, du calibre des pièces, de l'équipage du *San-Fiorenzo*. Il y avait eu, entre ces bâtiments, une action mémorable où Bergeret, ses officiers, ses matelots, avaient montré une valeur surhumaine. Réduit à la dernière extrémité, Bergeret ne voulait, à aucun prix, amener son pavillon. Le *San-Fiorenzo* était dans un état déplorable. Il y eut, alors, un moment de silence de la plus imposante solennité, comme les poètes des temps reculés en rapportent des exemples, lorsque les illustres chefs des armées de ces siècles héroïques voulaient haranguer leurs soldats. Une capitulation fut proposée pendant ce temps d'arrêt, et tel était l'état de délabrement de la frégate anglaise que les termes en furent aussitôt acceptés. Bergeret obtint donc, par sa présence d'esprit, aussi rare que son courage, qu'aucun des siens ne serait prisonnier, que tous seraient renvoyés à l'Ile-de-France, aux frais des Anglais; qu'ils conserveraient armes, bagages, effets particuliers, et qu'à ces conditions seules *la Psyché* cesserait de se battre, c'est-à-dire renoncerait à se faire couler. Admirable combat, qui est un titre impérissable de gloire pour tous ceux qui y ont participé et où le vaincu mérita la palme cent fois plus que le vainqueur[1] !

Pendant quelques minutes, nous avait-on dit, Bergeret

---

[1] Voyez le récit de ce combat dans Frédéric Chassériau, *Notice sur le vice-amiral Bergeret*, Paris, 1858.

était resté seul sur son pont, tant il y avait eu de tués et de blessés, et l'état-major entier avait succombé. J'avais besoin de révoquer en doute la mort de mon ami Hugon ; car de trop belles espérances auraient été détruites ; mes affections auraient été trop froissées. Je me refusai donc à admettre la dernière partie du récit ; la suite me prouva que mes pressentiments ne m'avaient pas trompé ; Bergeret et lui étaient les seuls officiers qui eussent survécu.

Cette affaire s'était pourtant passée à une vingtaine de lieues de nous ; bien plus, en rapprochant ou comparant les jours, les dates, les positions, nous nous convainquîmes que lorsque *le San-Fiorenzo* et *la Psyché* firent route pour le Gange où elles rentrèrent, elles durent passer, pendant la nuit, à une très petite distance de nous. Quel bonheur, si c'eût été de jour ! Quelle capture nous aurions effectuée ! de quel prix inestimable n'eussent pas été de si glorieux débris ! Quel doux moment, enfin, que celui où, sur son pont vainqueur, le brave Bruillac, embrassant le brave Bergeret, lui aurait remis *le San-Fiorenzo* et *la Psyché*, l'un témoin manifeste, l'autre théâtre brillant de sa mâle intrépidité !

Nous nous éloignâmes des côtes alors désertes du Bengale pour aller visiter celles du Pégu[1]. Nous y capturâmes *la Fortune* et *l'Héroïne*. Celle-ci fut donnée, en commandement, à l'un de nos aspirants, nommé Rozier[2] ; son second était Lozach[3], autre

---

[1] Pégu, grand pays du nord-ouest de l'Indo-Chine, sur le golfe du Bengale et le golfe de Martaban.

[2] A mon très vif regret, je n'ai pu me procurer aucun renseignement sur Rozier au ministère de la Marine. Son nom ne figure en outre dans aucun des *États généraux de la Marine*. Prisonnier en Angleterre, à la suite du dernier combat de *la Belle-Poule*, il eut sans doute le sort de Laurent de Bonnefoux, de Rousseau, dont il sera question plus loin, et de beaucoup d'autres aspirants ; il fut licencié à la paix. Le procès-verbal de capture de *la Belle-Poule*, rédigé à bord du vaisseau anglais *le Repulse*, le 23 ventôse an XIV (14 mars 1806) porte la signature B. Rozier, aspirant de 1re classe. Les *Archives nationales* possèdent ce procès-verbal parmi les *Pièces relatives à la campagne de l'amiral Linois*.

[3] *L'État général de la Marine* pour 1805 mentionne Lozach, François

aspirant de notre bord. Ils eurent une occasion de se distinguer dans cette mission ; ils la saisirent de la manière la plus signalée. Entre Achem[1] et les îles Andaman[2], au point du jour, *l'Héroïne* se trouva à petite portée d'un vaisseau de 74, anglais, qui tira, en l'air, un coup de canon à boulet, lequel signifiait dédaigneusement : « Je ne veux pas vous faire de mal ; mais approchez-vous de moi pour que je vous amarine à mon aise. » Rozier laissa arriver sur le vaisseau ; il poussa même l'attention jusqu'à vouloir passer sous le vent à lui, afin de lui faciliter l'envoi de ses embarcations ; mais, en silence, il avait disposé son monde pour forcer de voiles, et, à l'instant où il se trouva dans la direction de l'avant du bâtiment, il mit tout ce qu'il avait de voiles dehors et détala dans cette direction. Aussitôt son équipage se porta à la cargaison et en jeta à la mer autant qu'il le put pour donner plus de marche à *l'Héroïne*, en l'allégeant.

Le vaisseau, avec la confiance de sa force, s'était mis en panne ; il débarquait ses canots, et il ne pensait pas même à installer à l'avant ses canons de chasse. Il lui fallut donc quelque temps avant d'avoir pu présenter le côté à notre prise, afin de lui envoyer sa volée entière. L'intelligent Rozier avait tous ses marins dans la cale ; Lozach était au gouvernail ; pour lui, il semblait défier l'ennemi ; car, debout, sur le couronnement, tenant à la main la drisse de son pavillon qu'il avait rehissé, son attitude prouvait qu'il ne voulait pas qu'on pût croire qu'il amènerait. La volée cribla la voilure, mais ne fit aucun dégât majeur ;

Louis, du port de Brest, enseigne de vaisseau du 3 brumaire an XII (26 octobre 1803). Il ne saurait être question ici de notre héros, mais peut-être d'un frère plus âgé. D'après le procès-verbal que je viens de citer l'aspirant de *la Belle-Poule* s'appelait Jean-Baptiste.

[1] Achem, ville de la côte de Sumatra, plus connue aujourd'hui sous le nom d'Atchin.

[2] Andaman (îles). Archipel situé dans le golfe du Bengale par 90° de long. E. et entre 10°,25' et 13°34' lat. N., sur une longueur de 425 kilomètres avec une superficie totale de 6.497^{km},9.

cependant le vaisseau remit le cap sur *l'Héroïne;* mais il y avait eu du temps perdu pour ses canots, et pour établir ses voiles de nouveau. Quant à Rozier, il s'allégeait toujours et filait de plus en plus. Enfin, après quatre heures de lutte, d'efforts, de canonnade, d'incertitudes, le faible navire put se rire des menaces, de la colère de son colossal adversaire, et il fut pour jamais à l'abri de ses coups, désormais impuissants.

Rozier fut accueilli à l'Ile-de-France avec l'enthousiasme que méritait sa courageuse conduite. Vincent[1], dont l'esprit était plein de grâce et de poésie, Vincent, qui avait toujours une parole agréable à la bouche, ou un vers d'une heureuse application, ne manqua pas de s'en rappeler un charmant de La Fontaine, et faisant allusion à la délicatesse des traits de Rozier, qui l'avait fait surnommer l'Amour par ses camarades, il lui dit, en l'accostant à la première rencontre: *Et dans un petit corps s'allume un grand courage!*

Le bel état que l'état militaire, la noble profession que celle qui initie à de telles émotions, qui cimente des amitiés comme celles qui unirent, depuis lors, Rozier à son digne second, ainsi qu'à nous tous, et qui rend acteurs ou témoins d'aussi remarquables actions! C'est bien la carrière de l'honneur, c'est bien celle des sentiments les plus exaltés; oui, c'est bien celle qui commande le respect, l'admiration des contemporains et de la postérité.

Tels étaient nos aspirants, et, comme cette campagne avait mûri de jeunes têtes, avait élevé de jeunes cœurs de quinze à dix-huit ans! Rozier, Lozach, mon frère, Gibon de Kerisouet, entre autres, vous aviez déjà le talent, le courage, l'expérience d'hommes faits; vous étiez dès lors un juste sujet d'espérance pour la Marine.

Puget et moi, lors de notre rentrée à l'Ile-de-France, portâmes plus de soins encore que jamais à nos observations

---

[1] Officier de santé sur *la Belle-Poule.*

astronomiques devant Rodrigue [1]. Nos calculs nouveaux confirmèrent tellement nos doutes précédents que nous pûmes dresser et présenter un travail, qui ne permit plus à la colonie d'hésiter à faire rectifier la position géographique d'un point aussi important pour l'attérage de l'Ile-de-France. Un savant hydrographe, envoyé sur les lieux, fut chargé d'en préciser exactement la place dans l'Océan ; il revint après six semaines de séjour, et ses résultats confirmèrent exactement des opérations que, cependant, nous n'avions pu faire qu'en passant.

Plusieurs corsaires revinrent de croisière en même temps que nous ; on comptait déjà 45 riches navires capturés par eux, et tant de mal était fait aux Anglais, malgré 13 vaisseaux de ligne, 15 frégates et plusieurs corvettes qu'ils entretenaient dans l'Inde, à grands frais, pour protéger leur commerce contre nous ! Rien ne démontre mieux l'intérêt qu'ils eurent à s'emparer de cette colonie à tout prix, ni les efforts qu'aurait dû faire le Gouvernement pour la défendre et la conserver ; hélas ! on ne pensait alors qu'à élever autour de la France des trônes que l'on regardait comme des surcroîts de puissance.

La relâche que nous fîmes fut assez agréable ; car, pour les colons, nous commencions à être d'anciennes connaissances.

Leurs maisons nous étaient ouvertes ; leurs invitations nous appelaient à leurs campagnes. Nous visitâmes ainsi tous les quartiers de l'île ; et moi, particulièrement, le Cap d'Ambre où était l'habitation d'un de nos passagers, M. de Bruix, frère de l'amiral de ce nom, et les Pamplemousses où se trouve le Jardin botanique du Gouvernement, alors dirigé par M. Céré, père de Mme d'Houdetot, de Mme Barbé-Marbois, d'une charmante jeune fille qu'il avait avec lui, et d'un jeune homme employé, à cette

---

[1] Rodrigue ou Rodrigues, île de l'Océan Indien, à 638 kilomètres de Maurice, l'ancienne Ile-de-France.

époque, dans les bureaux de la Préfecture maritime, et qui réunissait aux plus beaux sentiments une éducation soignée, une taille élevée et des traits fort distingués. Céré, fils, était de toutes nos parties.

Dès l'arrivée de la frégate, dès que notre second, M. Moizeau, pouvait mettre un canot à ma disposition, j'allais chercher Hugon ou quelque autre ancien aspirant de ma connaissance, qu'en ma qualité d'officier on me refusait rarement, et puis nous voilà partis, et nous passions de bons moments ensemble et avec Céré. Ainsi je ne laissai pas refroidir l'amitié de ceux avec qui j'étais précédemment lié.

C'est près des Pamplemousses qu'est le théâtre des scènes attachantes du roman de *Paul et Virginie*, de Bernardin de Saint-Pierre, dont le secret, comme écrivain, se résume dans ce peu de mots échappés à sa plume : « Si votre âme est sensible, votre pinceau sera immortel ; sentez et écrivez, vous serez sûr de plaire ! » Que de fois, lorsque la frégate se dirigeait sur l'Ile-de-France, je m'étais enivré, en espérance, du plaisir de contempler les lieux enchanteurs décrits par Bernardin, les paysages riants foulés par les pieds légers de son héroïne, les îlots, les rochers où vint se briser *le Saint-Géran*, la place funeste où périrent les deux tendres amants ; et que de fois je m'étais dit, comme Delille, quand il brûlait d'aller voir la poétique patrie de son modèle dans l'art des vers :

> Oui, j'en jure Virgile et ses accents sublimes ;
> J'irai, de l'Apennin je franchirai les cimes ;
> J'irai, plein de son nom, plein de ses vers sacrés,
> Les dire aux mêmes lieux qui les ont inspirés.

Je tins parole, et à mon plaisir inexprimable, j'allai souvent me blottir dans la crevasse élevée d'un morne majestueux, d'où l'œil embrasse la plaine des Pamplemousses, les îlots, la mer ; et où l'on prétend que Bernardin de Saint-Pierre, les yeux fixés sur ce magnifique tableau, allait, bien au-dessus des vulgaires humains, chercher ses magiques inspirations.

Le séjour que nous fîmes alors dans cette colonie fut plus long qu'à l'ordinaire ; mais tout nous disait que c'était le dernier. Il circulait que la mésintelligence entre MM. Decaen et Linois était à son comble, que l'amiral ne voulait plus expédier de prises pour l'Ile-de-France, qu'il choisirait enfin, pour point central de ses opérations, le cap de Bonne-Espérance, appartenant, alors, à nos alliés les Hollandais. La suite a prouvé qu'il y avait beaucoup de vrai dans ces assertions, et qu'il ne pouvait arriver, à la colonie et à nous, rien de pire que les événements qui ont succédé.

La Sémillante était encore à Manille, où elle fut bloquée. Longtemps après elle retourna à l'Ile-de-France; mais nous ne la revîmes plus. *L'Atalante* resta au port nord-ouest pour quelques réparations, et reçut le cap de Bonne-Espérance pour rendez-vous avec *le Marengo* et *la Belle-Poule*, qui se mirent en mesure d'entreprendre une croisière d'une étendue vraiment gigantesque.

J'allais éprouver de cuisants regrets, en quittant un si doux pays ; heureusement qu'une lettre vint les adoucir en me donnant l'assurance qu'à Paris on pensait à mon frère et à moi, et qu'à la prochaine promotion, il était arrêté que nous serions nommés, lui enseigne, et moi lieutenant de vaisseau.

S'il est un tort préjudiciable aux jeunes gens, c'est, sans contredit, de parler inconsidérément d'objets dont ils ne calculent pas la portée, ou d'être faciles aux suggestions de ceux qui, ayant le désir de les faire discourir, flattent leur amour-propre pour les exciter à sortir des bornes qu'un peu d'expérience leur apprend à ne pas franchir. L'affaire des trois navires de Colombo, où j'avais joué un certain rôle, avait, pendant quelque temps, occupé la colonie. Il paraît que certaines personnes voulurent s'autoriser de mon nom, et que je fus mis en scène par quelques habitués de la maison du capitaine général, qui ne manquèrent pas de mêler, selon l'usage, beaucoup d'exagération à un peu de vérité. Ce tripotage revint à M. Bruillac qui, aussitôt, se rendit à bord. C'était un jour d'exercice ; il comptait m'y trouver, mais j'étais descendu à terre avec la permission cependant de M. Moizeau.

M. Bruillac n'accueillit pas cette explication, et il ordonna, sans plus ample informé, que M. Moizeau m'envoyât chercher et m'infligeât les arrêts jusqu'à nouvel ordre. Je subissais cette punition depuis deux jours, me perdant en vaines conjectures, lorsque le commandant revint à bord, me fit demander, et, après quelques détails sur mon absence dont il prétendait ignorer l'autorisation, il vint au fait et me fit des reproches sur le tort que mes indiscrétions, à l'égard des navires de Colombo, pouvaient faire à sa réputation et indirectement à moi-même.

Le colloque fut long, et je me défendis mal, car j'étais désolé d'avoir blessé la susceptibilité d'un homme dont j'estimais la capacité militaire. Entre autres choses, il me dit, en avouant franchement sa méprise à Colombo, qu'il y avait loin de l'opinion souvent irréfléchie d'un jeune homme sur une question grave, à la conduite d'un chef responsable de l'honneur du pavillon, ainsi que de la liberté ou même de la vie de ses subordonnés ; que la prudence, qui l'avait égaré en cette circonstance, avait été utile à la frégate en maintes circonstances, notamment lors de notre retour de Madras à Pondichéry ; qu'en ce qui me concernait, j'étais punissable par le seul fait de ma demande d'absence, un jour d'exercice ; que la permission de M. Moizeau, à qui il en ferait des reproches, ne me justifiait pas complètement ; enfin qu'on avait souvent vu éclater des inimitiés de chefs à officiers, qui avaient eu assez de force ou de durée pour entraver ceux-ci dans leur carrière, et cela quand les motifs en étaient beaucoup moins sérieux.

Je tins à rétablir les faits, dont j'élaguai tout ce que la malveillance avait envenimé ; et nous nous séparâmes, le commandant en levant mes arrêts, moi résolu à remonter à la source des exagérations ; mais j'en fus pour mes recherches ; personne n'avait plus rien dit, plus rien répété... Je crois même qu'on ne fut pas fâché de mes arrêts ; car la malignité ne s'arrête pas ; et un peu de zizanie à bord ne pouvait déplaire aux artisans de nos discordes.

Le temps, le bon esprit de M. Bruillac le firent revenir de la froideur occasionnée par cet incident ; et, sans que je fisse autre chose que mon devoir, je me revis assez promptement traité, par lui, avec la même distinction qu'auparavant.

CHAPITRE VIII

Sommaire : Préparatifs de départ de l'Ile-de-France. — Arrivée à bord de Céré fils engagé comme simple soldat. — Son enthousiasme patriotique et ses sentiments de discipline. — Au moment de l'appareillage de *la Belle-Poule*, tentative de mutinerie d'une partie de l'équipage. — Admirable conduite de M. Bruillac. Ses officiers l'entourent. L'ordre se rétablit. — Paroles que m'adresse le commandant en reprenant son porte-voix pour continuer l'appareillage. — *Le Marengo* et *la Belle-Poule* se dirigent vers les Seychelles. — Mouillage à Mahé. — Mahé de la Bourdonnais et Dupleix. — But de notre visite aux Seychelles. — M. de Quincy. — Un gouverneur qui tenait encore sa commission de Louis XVI. — Un homme de l'ancienne cour. — Chasse de chauve-souris à la petite île Sainte-Anne. — Danger que mes camarades et moi nous courons. — Le « chagrin ». — Les caïmans. — De Mahé, la division se rend aux îles d'Anjouan. — Croisière à l'entrée de la mer Rouge. — Croisière sur la côte de Malabar, devant Bombay. — Aucune rencontre. — Dommage causé indirectement au commerce anglais. — Pendant mon quart, *la Belle-Poule* est sur le point d'aborder *le Marengo*. — L'équipage me seconde d'une façon admirable et j'en suis profondément touché. — L'abordage est évité. — Réflexions sur le don du commandement. — Mes diverses fonctions à bord, officier de manœuvre du commandant, chargé de l'instruction des aspirants, des observations astronomiques, des signaux. — M. Bruillac m'avait proposé de me décharger de mon quart et de le confier à un aspirant. J'avais refusé. Pendant toute la durée de la campagne, je ne manquai pas un seul quart. — Visite des abords des îles Laquedives et des îles Maldives. — En approchant de Trinquemalé, rencontre de deux beaux vaisseaux de la Compagnie des Indes. — Manœuvre du commandant Bruillac contrariée par l'amiral. — Un des vaisseaux se jette à la côte et nous échappe. — A la suite d'une volée que lui envoie, de très loin, *la Belle-Poule*, l'autre se rend. — C'était *le Brunswick*, que l'amiral expédie en lui donnant pour premier rendez-vous la baie de Fort-Dauphin (Ile de Madagascar) et Falsebay pour le second. — Continuation de la croisière à l'entrée de la mer de l'Inde. — Après avoir traversé cette mer dans le voisinage des îles Andaman, la division se dirige vers la Nouvelle-Hollande, et aux environs du Tropique, elle remet le cap vers l'ouest. Nous nous trouvons alors, par un temps de brume, à portée de canon de onze bâtiments anglais, que l'on prend pour onze vaisseaux de la Compagnie. — L'amiral attaque avec résolution. — Ces bâtiments portaient trois mille hommes de troupes, qui font un feu de mousqueterie parfaitement nourri. — Les voiles de *la Belle-Poule* sont criblées de projectiles. — M. Bruillac et moi nous avons nos habits et nos chapeaux percés en plusieurs endroits. — Le vaisseau de 74 canons, *Le Blenheim*, qui escortait les dix autres bâtiments, parvient enfin à se dégager. — Intrépidité et habileté du commandant Bruillac. — *La Belle-Poule* canonne *le Blenheim*, pendant une demi-heure, sans être elle-même atteinte. — Elle lui tue quarante hommes. — L'amiral qui se trouvait un peu sous le vent, signale au commandant Bruillac de cesser le combat et de le rejoindre. — La division reprend sa direction vers le Fort-Dauphin. — En passant près de l'Ile-de-France. — « Elle est pourtant là sous Acharnar. » — Nous ne trouvons pas *le Brunswick* à Fort-Dauphin. — Traversée du canal de Mozambique. — Changement des moussons. — La terre des Hottentots.

Notre départ allait avoir lieu, nous en faisions les préparatifs à bord, quand il y arriva un canot du pays, portant un jeune soldat en uniforme. J'étais de service ; le soldat s'avança vers moi en faisant le salut militaire, et il me présenta un ordre d'embarquement. J'avais déjà reconnu Céré ; la joie brillait sur son visage. « Je n'avais pas voulu vous en parler, me dit-il ; mais j'ai enfin décidé mon père, et me voici ; accordez-moi cinq minutes dans votre chambre ; je vous raconterai tout ; je satisferai aux étreintes de l'amitié ; je ne serai plus ensuite que soldat, et je ne vous connaîtrai que du nom de lieutenant. » Les premières formalités d'inscription du nouvel arrivé sur les rôles aussitôt remplies, je le conduisis dans ma chambre, où je lui dis que je le devinais, que je l'admirais et que je l'écoutais. Il me dit que sa carrière administrative lui répugnait plus que la mort ; que dût-il rester soldat, il ne regretterait jamais d'avoir changé la plume pour l'épée ; que la vie douce, parsemée de soi-disant plaisirs, qu'on lui faisait chez son père, lui était insupportable ; que le désespoir s'emparait de son âme toutes les fois qu'il nous voyait partir pour nos courses périlleuses ; enfin, que sa famille ayant consenti à lui laisser souscrire un engagement, et ayant obtenu son embarquement du capitaine général, il se trouvait au comble de ses vœux. Nous nous embrassâmes étroitement, l'attendrissement au cœur, les larmes aux yeux ; et le noble jeune homme prit place parmi les autres soldats, remplit dignement ses devoirs, supporta les duretés de la navigation avec courage et ne chercha jamais à se prévaloir de nos relations pour obtenir le moindre adoucissement aux rigueurs de sa position.

Un jour même, par mauvais temps, pendant mon quart, une lame l'avait entièrement couvert et inondé ; je m'approchai de lui pour le prier de venir, après le quart, passer quelques moments dans ma chambre, et je lui dis qu'il y trouverait du vin chaud et des paroles d'amitié. Céré se redressa, mit la main à son bonnet de police, et, parodiant le vers qui avait fait tressaillir le grand Condé d'admiration, le vers le plus romain qui soit jamais sorti du cœur d'un poète, il me répondit austèrement :

> Je suis simple soldat, je ne vous connais plus.

La réplique de Curiace :

> Je vous connais encore!

est empreinte d'une profonde sensibilité ; cependant elle ne me parut pas suffisante, pour rendre ce que j'éprouvai.

J'aurai l'occasion de revenir sur ce modèle du plus généreux enthousiasme.

Après que l'ancre fut levée, le commandant venant à ordonner des manœuvres de l'appareillage, le silence avec lequel l'équipage obéissait habituellement fut troublé par un léger bruit qui devint un murmure, et qui, grossissant par degrés, comme le vent précurseur de la tempête, éclata en cris tumultueux et en refus d'exécuter les ordres donnés, si les parts de prises, du reste légitimement gagnées, et injustement retenues dans la colonie, n'étaient pas distribuées. Une cinquantaine de mutins, à l'instigation, sans doute, des fauteurs de désordre de l'Ile-de-France, avaient monté ce complot, et ils espéraient entraîner l'équipage entier qui, peut-être, n'attendait, pour se décider, que la manière dont ce coupable essai réussirait. La position de chefs, placés entre le désir de faire leur devoir et le sentiment de l'équité d'une réclamation qui ne pèche que par la forme, est bien pénible, et il n'y a que sous des Gouvernements pareils à ceux qui nous régissaient alors, que de semblables injustices peuvent exister et produire de telles conséquences.

M. Bruillac fut admirable en cette circonstance; il sortit son sabre du fourreau; il s'élança sur le groupe rebelle, et sans donner à qui que ce soit le temps de se revoir : « Obéissez, dit-il, ou je n'épargne personne; vous me jetteriez à la mer cent fois avant que je reculasse devant la révolte. » Déjà il était entouré de tous les officiers; leur attitude dévouée, les regards foudroyants la figure indignée de Delaporte, par-dessus tout la résolution soudaine du commandant, son maintien ferme, glacèrent les cœurs de ces malheureux, et l'ordre se rétablit. Un conseil de guerre atteignit ceux que l'on reconnut être à la tête de la trame; mais l'indulgence naturelle de M. Bruillac fit atténuer les peines; et ce mélange de force, de légalité, de clémence, apaisa les esprits pour toujours.

En reprenant son porte-voix pour continuer l'appareillage, le commandant me demanda si je persistais à penser qu'il était convenable de jamais chercher à affaiblir la force morale d'un chef, et si l'union complète d'un état-major n'était pas indispensable pour le bien général, ainsi que pour la sécurité des officiers... Achevant ensuite ses commandements, il ne me donna pas le temps de répondre; mais j'entendis une voix intérieure qui disait : « Brave homme que vous êtes, par quelle fatalité avez-vous donc consenti vous-même à diminuer cette force morale, en acceptant l'augmentation illégale que vous accorda l'amiral, lorsque vous pouviez, en vous montrant le défenseur de vos subordonnés, gagner leurs cœurs sans retour. » Vraiment le cœur de l'homme est un tissu de contradictions.

Nous nous dirigeâmes vers les îles Seychelles, et nous jetâmes l'ancre sur la rade de la principale d'entre elles, qui porte le nom de Mahé de la Bourdonnais, du fondateur de la colonie de l'Ile-de-France, de celui qui vainquit sur mer et mit en fuite l'amiral Boscawen, qui vainquit sur terre et prit Madras, de celui enfin, qui devint victime de la jalousie de Dupleix. Dupleix fut un autre puissant génie, dont l'influence donna aux Anglais beaucoup d'ombrage dans l'Inde, balança longtemps leur crédit auprès des souverains de ces riches contrées, mais qui eut le malheur de ne pas pouvoir ouvrir les yeux, quand il s'agissait du mérite de son illustre rival.

Nous n'avions, à Mahé[1], d'autre but que d'y faire reconnaître l'empereur, qui s'en laissa ensuite déposséder, malgré l'importance de la position. Depuis de longues années M. de Quincy en était le gouverneur; la Révolution avait laissé ce galant homme ignoré dans ces îles lointaines qu'il régissait en père, et qu'en dépit des orages de la politique, il conservait, en bon Français, à la métropole. Il tenait son mandat de Louis XVI; l'amiral le lui renouvela au nom de Napoléon. C'était un homme de l'ancienne cour, d'une politesse exquise, de manières on ne peut plus distinguées, et qui nous reçut à bras ouverts. Il pleura d'attendrissement en revoyant des vaisseaux, des canons, des uniformes; et la noblesse de son maintien, la dignité de sa parole, convertirent bientôt en enthousiasme le ridicule que la jeunesse attache si facilement à l'antiquité de la mise ou à des habitudes surannées.

Entr'autres curiosités des Seychelles, on remarque l'oiseau-feuille, très petit animal, dont les ailes ressemblent exactement aux feuilles des arbres sur lesquels il se complaît, et les œufs à des graines de fleurs; le coco de mer, d'une configuration renommée; la tortue de terre, à l'écaille si belle, et les chauve-souris, gibier vraiment exquis du pays; elles y abondent à la petite île Sainte-

---

[1] Mahé (des Seychelles), île de l'Océan Indien, au nord-nord-est de Madagascar, par 4° 45′ latitude sud et 55° 10′ longitude est.

Anne, vers laquelle, un beau matin, avant le jour, nous nous acheminâmes pour en faire une ample provision. Excepté M. Moizeau et l'officier de service, tout l'état-major était dans le canot.

Du moment où nous quittâmes le bord, un énorme chagrin se mit à nous suivre. Ce poisson est un requin parvenu à un âge avancé; sa voracité est très redoutée des nègres, dont il chavire les pirogues d'un coup de queue et qu'il dévore ensuite. Ceux-ci, à l'approche du terrible animal, n'ont de chance de se soustraire à son quintuple râtelier de dents cruelles qu'en lui jetant du poisson par intervalles, et qu'en l'occupant ainsi avec le produit de leur pêche, pendant qu'ils dirigent leur frêle esquif vers le rivage, afin d'y trouver leur salut. Notre embarcation était trop grande pour appréhender le sort des pirogues; nous nous amusions donc, sans inquiétude, à suivre, des yeux, le sillage du chagrin, qui faisait scintiller la mer phosphorescente de ces parages, et à lui tirer des coups de fusil; mais le plomb ne faisait qu'effleurer sa peau, employée en Europe, par les menuisiers, pour polir les bois, ou, par les tabletiers, pour couvrir certains étuis. Tout à coup le canot touche sur un banc, échoue et s'incline tellement que si l'on n'avait pas mis autant de diligence à piquer les avirons dans le sable, pour nous contre-butter à force de bras, c'en était fait de plusieurs d'entre nous. Le monstre nous crut à lui; car la dense atmosphère où vivent les poissons n'étouffe pas leur intelligence; il rôda, s'agita, s'éleva à l'aide de ses nageoires... la moindre fausse position nous perdait; aussi nous ne fîmes pas un seul mouvement! Delaporte était là, commandant l'immobilité par sa parole, inspirant la sécurité par sa présence, forçant à la soumission par son ascendant. Le jour se fit attendre; il vint enfin... La frégate nous vit, envoya la chaloupe et des grappins pour nous retirer du banc, car elle ne nous croyait qu'échoués; et nous pûmes joyeusement aller faire la guerre aux chauves-souris.

Cependant un autre danger nous attendait à l'île Sainte-Anne; ce furent les caïmans, dont nous troublâmes, sans le savoir, le soin des femelles qui, alors, couvaient leurs œufs dans un petit marais desséché et couvert de roseaux. Quelques indigènes accoururent vers Puget et moi, en nous voyant nous engager dans ce lieu d'un péril imminent : il était plus que temps; les roseaux frémissaient déjà du bruit de ces bêtes féroces qui s'épouvantaient, et qui n'allaient pas tarder à s'élancer vers nous! Voilà des chauves-souris qui manquèrent nous coûter bien cher, et il en est bien souvent, ainsi, de beaucoup de parties d'agrément, soit immédiatement, soit par les suites; presque toujours la peine passe le plaisir.

Nous visitâmes les îles d'Anjouan[1]; nous allâmes ensuite croiser à l'entrée de la mer Rouge, près du cap Guardafui, de l'île de Socotora[2], puis, sur la côte de Malabar, devant Bombay, devant Surate[3]; mais nous n'y rencontrâmes rien. Les bâtiments de commerce anglais, devenus méfiants, ne se hasardaient guère plus sans escorte; perdant beaucoup, il est vrai, par les lenteurs de cette manière de naviguer, mais s'y assujettissant pour ne pas s'exposer à être pris.

Il m'arriva, dans ces courses, un événement fait pour marquer dans la carrière d'un officier, et qui fut pour moi une époque caractérisée de transition. *La Belle-Poule* avait ordre, la nuit surtout, de se tenir à portée de voix du *Marengo*, ce qui exigeait, de notre part, une attention très soutenue. Étant de quart, je me relâchai, sans doute,

---

[1] L'île d'Anjouan est une des îles Comores, entre la côte orientale d'Afrique et Madagascar.
[2] A 170 kilomètres est du cap Guardafui, la pointe la plus orientale de l'Afrique.
[3] Surate ou Sourat, dans le golfe de Cambay, à 270 kilomètres nord de Bombay, passait, à la fin du xviii° siècle, pour la ville la plus peuplée de l'Inde.

de cette attention, car la frégate s'élançant vers le vaisseau, je n'en fus averti que par le bruit des pas des matelots, alors à dîner sur le pont, et qui, s'apercevant du mouvement avant moi, s'étaient, en partie, levés. Il fallait manœuvrer, manœuvrer vite, et être bien secondé pour ne pas aborder *le Marengo*. L'équipage ne pouvait voir ici aucun danger personnel; mais il reconnut promptement qu'il y aurait lieu à reproches, à punition pour moi; enfin, c'était une de ces circonstances où la réputation, l'avenir d'un officier sont entre les mains de ses subordonnés ; ne soyez point aimé, ils obéissent de manière à vous perdre; soyez chéri, rien ne les arrête; ils arracheraient des montagnes de leurs fondements! A peine la série pressée de mes commandements sortit-elle de mon porte-voix que l'équipage se précipita, renversa le dîner ou ses apprêts, et, comme par enchantement, tout fut exécuté. C'est un des plus beaux moments de ma vie; cet empressement unanime, cet élan spontané, cette intention manifeste de me tirer d'un mauvais pas, me touchèrent tellement qu'au seul souvenir j'en suis encore tout ému.

Au commencement de la campagne, j'avais adopté le système d'une rigidité qu'on avait souvent essayé de faire fléchir et dont ni Delaporte ni M. Le Lièvre ne m'avait encore entièrement guéri. C'est l'arme des jeunes officiers, c'est encore celle des chefs qui ne savent se faire obéir que la menace à la bouche, que le règlement à la main, que le châtiment pour conclusion. Certainement il faut des moyens coercitifs pour parer à tous les cas, pour venir au secours de ceux qui ne peuvent pas commander autrement; car la façon d'inspirer confiance dans la supériorité de ses lumières ou de sa position ne s'apprend ni ne s'acquiert : c'est un don de la nature; c'est le plus grand, peut-être, qu'elle puisse faire à un homme ; heureux celui à qui elle départit une faveur si précieuse, car il lui suffit de parler, et chacun s'incline avec respect. Rollin l'a bien dit, qu'il fallait convaincre ceux à qui l'on commande, que l'on sait mieux qu'eux ce qui leur est utile; et il ajoute que c'est de ce principe que part la soumission aveugle du marin pour le pilote, du voyageur pour le guide, du malade pour le médecin. Que j'eusse abordé le vaisseau, que j'eusse contrarié l'expédition, que mon nom eût pu être cité avec un blâme mérité, j'avais un sentiment trop exalté de mes devoirs, et c'est ainsi que l'on sert bien, pour ne pas donner ma démission! Ce malheur ne m'arriva pas, grâce seulement à l'heureuse disposition des matelots, et j'en retirai un grand avantage, celui de connaître leur affection pour moi; aussi, achevant de me dépouiller pour toujours de toute forme acerbe, je pus, n'ayant que vingt-trois ans, ne plus leur parler que comme un ami, ou user envers eux, quand mon cœur m'y portait, d'une indulgence pour leurs fautes, dont, quelque temps auparavant, je me serais bien gardé. Il est rare que, depuis lors, j'aie employé les jurements ou que je me sois servi d'un ton plus élevé que celui de la conversation, ou enfin que j'aie fait usage du *tu*, beaucoup moins persuasif que le *vous*, moins bienveillant, moins honorable, moins correct, moins sonore, moins conforme en un mot à la bonne éducation où toujours un officier trouvera son meilleur appui. Un subordonné abruti paraît quelquefois, je le sais, surpris de ces manières, de cette forme de langage auxquelles il n'est pas habitué; peut-être se sent-il, d'abord, disposé à n'en tenir aucun compte; mais, quand la phrase est répétée avec assurance, qu'elle est soutenue par un regard décidé, le mauvais vouloir disparaît, la dignité de l'homme se relève, et une machine obéissante devient un instrument intelligent, dont le dévouement est à jamais acquis.

Outre le quart, c'est-à-dire le commandement de la manœuvre dont sont chargés, à bord des vaisseaux, les lieutenants de vaisseau, à bord des frégates, les lieutenants de vaisseau et les enseignes; outre le quart, dis-je, chaque officier d'un bâtiment est investi de certains détails, et, précisément, j'étais l'officier de manœuvre. C'est celui qui est choisi par le capitaine pour faire exécuter les ordres, qu'il donne, lui-même, d'une manière générale, dans les occasions où il commande sur le pont et où tout le monde est à son poste. L'abordage, que j'avais si heureusement évité, me donna beaucoup d'aplomb dans mes fonctions d'officier de manœuvre; or j'en avais besoin; car M. Bruillac avait souvent la bonté de me dicter ses ordres très en grand ; il se retirait ensuite, s'en reposan sur moi de leur entière exécution.

Le poste de M. Moizeau, second à bord, était marqué par les règlements, ainsi que celui de Delaporte, le premier des autres officiers; l'un, sur le gaillard d'avant, l'autre commandant de la batterie; parmi les autres officiers, le capitaine choisit celui de manœuvre, et je l'étais, même avant que Giboin et M. L..., mes anciens, eussent quitté la frégate. J'ai déjà dit qu'en outre j'étais chargé de l'instruction des aspirants, dont je m'occupais assidûment, ainsi que des observations astronomiques, qui faisaient mes délices ; et, comme M. Bruillac m'avait, de plus, confié la direction des signaux, et que notre navigation avec l'amiral rendait cette tâche assez pénible, il m'avait offert de me soulager de mon quart, se proposant de le faire commander par un de nos aspirants. Je m'étais refusé à cette offre; car, regardant l'accomplissement du quart comme la pierre angulaire de l'instruction et de la réputation d'un officier, je ne voulais pas que la malveillance pût s'emparer de mon désistement, comme d'un éloignement recherché pour ce qu'il y avait de plus rigoureux dans le métier ; ou qu'elle pût avoir le prétexte d'arguer, qu'il y avait, de ma part, incapacité, soit de corps, soit d'esprit; et j'eus le bonheur bien rare, dans cette campagne entière si longue, si variée, si pénible, si hérissée d'événements difficiles, de n'avoir jamais manqué un seul quart;

pas un motif, pas une indisposition, ne vint jamais entraver ma résolution.

Nous visitâmes les abords des îles Laquedives[1], des îles Maldives[2], le point de reconnaissance de Malique[3]; et, nous rapprochant ensuite de Trinquemalé[4], pris par M. de Suffren pendant la guerre de l'Indépendance des Etats-Unis[5], nous aperçûmes, non loin de la côte, deux beaux vaisseaux de la Compagnie. *La Belle-Poule* se précipita, avec la supériorité de marche qu'elle possédait, sur eux, ainsi que sur *le Marengo*. Il s'agissait de leur couper la terre, ce qui retardait, mais assurait le moment de la capture; l'amiral, n'en jugeant pas ainsi, nous signala de virer de bord, et de virer, comme il est vrai que l'indique la tactique pour atteindre un navire chassé en pleine mer, dans le plus court espace de temps. Les signaux furent même si minutieusement réitérés que M. Bruillac prétendit qu'il devait y avoir erreur, ou qu'on était trop loin pour pouvoir les bien distinguer, et il suivit ses premières inspirations. Il vit bientôt qu'il était un peu tard, car le plus avancé des deux Anglais se jeta à la côte; le second allait l'imiter, lorsque M. Bruillac s'imagina de faire tirer dessus à toute volée. Vu l'éloignement, personne à bord ne croyait à l'efficacité de cette bordée; cependant telle était l'adresse, l'habileté de nos canonniers que cinq boulets frappèrent le vaisseau de la Compagnie qui, craignant le retour d'un avertissement aussi significatif, laissa arriver sur nous pour se faire amariner. C'était *le Brunswick*, que nous expédiâmes, en

---

[1] Archipel de l'océan Indien, sur la côte ouest de l'Inde, au nord des Maldives, entre 10° et 14° 30′ latitude N. 69°50′ et 72° longitude E.
[2] Entre 1° et 7° 30′ latitude N., entre 70° 30′ et 72° 20′ longitude E.
[3] L'île Malique, aujourd'hui Miniçoy ou Minikoi entre les Laquedives et les Maldives.
[4] Trinquemalé ou Trincomali, excellent port de la côte N.-E., de l'île de Ceylan.
[5] En 1782.

lui donnant pour premier rendez-vous la baie du Fort-Dauphin (île de Madagascar) et False-bay pour le second. Nous continuâmes notre croisière à l'ouverture de la mer de l'Inde que nous traversâmes, dans le voisinage des îles de Sumatra, Andaman, de Java ; nous filâmes ensuite vers la Nouvelle-Hollande, et, comme aux environs du Tropique nous remettions le cap à l'ouest, nous nous trouvâmes, par un temps de brume, à portée de canon de onze bâtiments anglais, que nous prîmes d'abord pour onze vaisseaux de la Compagnie ; l'amiral eut, ici, la résolution qui lui avait manqué en Chine ; aussi le feu fut-il bientôt engagé à portée de pistolet.

Notre artillerie faisait voler en éclats la boiserie ainsi que les ornements sculptés de ces navires, qu'elle foudroyait ; ceux-ci pliaient, et ils ne se rendaient pourtant pas ; leurs canons n'étaient pas très bien servis ; mais trois mille hommes de troupes qu'ils portaient entretenaient un feu de mousqueterie parfaitement nourri.

Nos voiles en furent criblées ; le commandant Bruillac et moi principalement, qui étions élevés sur le banc de manœuvre, nous eûmes nos habits et nos chapeaux percés en plusieurs endroits.

Malgré cette résistance, nous espérions avoir raison du convoi, car tout fuyait ou semblait fuir ; nous poursuivions la chasse, faisant feu des deux bords, quand, tout à coup, un grand vide parvient à se former au milieu de tous ces navires, et, semblable à ces guerriers vêtus de toutes armes, qui, dans les batailles anciennes, surgissaient tout à coup, au plus fort de la mêlée, resplendissants de valeur et d'éclat, paraît, isolé, un beau vaisseau anglais de 74. Il escortait les dix autres bâtiments, dont tous les efforts, jusque-là, avaient tendu à dégager son travers pour qu'il pût faire jouer ses batteries contre nous. L'intrépide Bruillac ne balança pas à l'attaquer ; mais, unissant le talent au courage, il prit de si bonnes positions, relativement à la fraîche brise qui soufflait, qu'il le canonna pendant une demi-heure sans qu'aucun de ses boulets pût nous atteindre. L'amiral n'avait pu voir immédiatement avec qui *la Belle-Poule* avait nouvellement affaire; quand il s'en aperçut, il se trouvait un peu sous le vent; il jugea la partie trop inégale; il nous signala très sagement de le rejoindre, et nous quittâmes ce dangereux voisinage.

C'est dans de semblables occasions que je m'estimais heureux d'être l'officier de manœuvre qui est le confident naturel des conceptions du chef. Mon instruction gagnait beaucoup à être témoin de tout; mon jeune cœur s'enflammait à l'aspect de ces inspirations belliqueuses de notre commandant, qui m'enseignait, par l'exemple, ce que la présence d'esprit et la prudence peuvent ajouter d'effet au courage.

> Vis consili expers mole ruit sua;
> Vim temperatam di quoque provehunt
> In majus (HORACE).

Nous sûmes, par la suite, que ce pauvre vaisseau, si malheureux dans l'envoi de ses boulets, était *le Blenheim*; qu'il conduisait, dans l'Inde, un convoi de troupes européennes pour le service des colonies asiatiques, que nous lui avions tué une quarantaine d'hommes, et qu'il avait été censuré pour son échec contre nous. Cette censure, en réalité, était une couronne décernée à M. Bruillac.

Nous avions repris notre direction vers le Fort-Dauphin. J'avais, un soir, prolongé, assez avant dans la nuit, quelques calculs de position, et j'étais monté sur le pont pour prendre l'air avant de me coucher. Delaporte était de quart. « Elle est cependant là, lui dis-je, là, sous Acharnar » (brillante étoile qui ne se lève jamais pour les habitants de l'Europe). Elle est même assez près, et il n'est que trop vrai que nous ne la reverrons pas. » — Delaporte me demanda de quoi je parlais. — « De la ravissante Ile-de-France, lui répondis-je, terre riante de plaisirs, objet réel de mes regrets! — Enfant, me dit Delaporte, ne venez-vous ici que pour me faire partager vos préoccupations...? Allez, allez, dans votre chambre, dormez, et laissez-moi veiller en paix à la manœuvre du bâtiment! » Je descendis ; mais je vis bien que mon sage ne pensait pas sans émotion que le cap que nous tenions allait bientôt nous éloigner du pays enchanteur, où nous avions passé de si beaux jours. Quant à Céré, il n'en témoignait aucun mécontentement ; il voulait servir ; il servait ; tout s'abaissait devant cette idée.

Point de *Brunswick* au Fort-Dauphin[1] ; il fallut traverser le canal de Mozambique ; mais c'était le temps du changement des moussons. Dans l'Inde, on appelle moussons les vents qui y soufflent six mois du nord-est, et les six autres mois de l'année du sud-ouest.

Lorsqu'une de ces saisons succède à l'autre, c'est rarement sans ouragans ou violentes secousses dans l'atmosphère. En cette circonstance, nous éprouvâmes des sautes de vent si spontanées, si fortes, si réitérées, qu'il fallut toute notre vigilance, toute l'habitude de la mer de nos équipages pour nous en tirer sans avaries. Enfin nous prîmes connaissance de la terre des Hottentots et nous entrâmes à False-bay.

[1] Au sud de l'île de Madagascar.

CHAPITRE IX

Sommaire : False-bay et Table-bay. — Partage de l'année entre les coups de vent du sud-est et les coups de vent du nord-ouest. — Nous mouillons à False-bay. — Excellent accueil des Hollandais. — Nous faisons nos approvisionnements. — Arrivée du *Brunswick* avec un coup de vent du sud-est. — Naufrage du *Brunswick*. — Croyant la saison des vents du sud-est commencée, nous nous hâtons de nous rendre à Table-bay. — Arrivée de l'*Atalante* à Table-bay. — La division est assaillie par un furieux coup de vent du nord-ouest en retard sur la saison. — Trois bâtiments des Etats-Unis d'Amérique, trompés comme nous, vont se perdre à la côte. — *La Belle-Poule* brise ses amarres. — Elle tombe sur l'*Atalante*, qu'elle entraîne. — Le naufrage paraît inévitable. — Sang-froid et résignation de M. Bruillac. — L'ancre à jet de M. Moizeau. — *La Belle-Poule* est sauvée. — L'*Atalante* échoue sur un lit de sable sans se démolir. — On la relève plus tard, mais ses avaries n'étant pas réparées au moment de notre départ, nous sommes obligés de la laisser au Cap. — *Le Marengo* et *la Belle-Poule* quittent le cap de Bonne-Espérance, peu avant la fin de l'année 1805. — Visite de la côte occidentale d'Afrique. — Saint-Paul de Loanda, Saint-Philippe de Benguela, Cabinde, Doni, l'embouchure du Zaïre ou Congo, Loango. — Capture de *la Ressource* et du *Rolla* expédiés à Table-bay. — En allant amariner un de ces bâtiments, *la Belle-Poule* touche sur un banc de sable non marqué sur nos cartes. Elle se sauve ; mais ses lignes d'eau sont faussées et sa marche considérablement ralentie. — Relâche à l'île portugaise du Prince. — La division se dirige ensuite vers l'île de Sainte-Hélène. — But de l'amiral. — Quinze jours sous le vent de Sainte-Hélène. — A notre grand étonnement, aucun navire anglais ne se montre. — Apparition d'un navire neutre que nous visitons. — Fâcheuses nouvelles. — Prise du cap de Bonne-Espérance par les Anglais. — L'*Atalante* brûlée, de Belloy tué, Fleuriau gravement blessé. — Le gouverneur de Sainte-Hélène averti de notre présence probable dans ses parages. — Tous les projets de l'amiral Linois bouleversés par ces événements. — Sa situation très embarrassante. — Le cap sur Rio-Janeiro. — La leçon de portugais que me donne M. Le Lièvre. — Changement de direction. — En route vers la France. — Un mois de calme sous la ligne équinoxiale. — Vents contraires qui nous rejettent vers l'ouest. — Le vent devient favorable. — Hésitations de l'amiral. — Où se fera l'atterrissage ? A Brest, à Lorient, à Rochefort, au Ferrol, à Cadix, à Toulon ? — Etat d'esprit de l'amiral Linois. — Son désir de se signaler par quelque exploit avant d'arriver en France. — Le 13 mars 1806, à deux heures du matin, nous nous trouvons tout à coup près de neuf bâtiments. — M. Bruillac et l'amiral. — Est-ce un convoi ou une escadre ? — La lunette de nuit de M. Bruillac, les derniers rayons de la lune, les trois batteries de canons.

Ordre de l'amiral d'attaquer au point du jour. — Dernière tentative de M. Bruillac. — Manœuvre du *Marengo*. — *La Belle-Poule* le rallie et se place sur l'avant du vaisseau à trois-ponts ennemi. — Ce dernier souffre beaucoup; mais, à peine le soleil est-il entièrement levé, que *le Marengo* a déjà cent hommes hors de combat. — L'amiral Linois et son chef de pavillon, le commandant Vrignaud, blessés. — L'amiral reconnaît son erreur. — Il ordonne de battre en retraite et signale à *la Belle-Poule* de se sauver; le trois-ponts fortement dégréé; mais deux autres vaisseaux anglais ne tardent pas à rejoindre *le Marengo*, qui est obligé de se rendre à neuf heures du matin. — L'escadre anglaise composée de sept vaisseaux et de deux frégates. — La frégate *l'Amazone* nous poursuit. — Marche distinguée; néanmoins elle n'eût pas rejoint *la Belle-Poule* avant son échouage sur la côte occidentale d'Afrique. — Combat entre *la Belle-Poule* et *l'Amazone*. — A dix heures et demie, la mâture de la frégate anglaise est fort endommagée, et elle nous abandonne; mais nous avons de notre côté des avaries. — Deux vaisseaux ennemis s'approchent de nous, un de chaque côté. — Deux coups de canon percent notre misaine. — Gréement en lambeaux, 8 pieds d'eau dans la cale, un canon a éclaté à notre bord et tué beaucoup de monde. — M. Bruillac descend dans sa chambre pour jeter à la mer la boîte de plomb contenant ses instructions secrètes. — Il me donne l'ordre de faire amener le pavillon. — Transmission de l'ordre à l'aspirant chargé de la drisse du pavillon. — Commandement : « Bas le feu »! — L'équipage refuse de se rendre. J'envoie prévenir le commandant, qui remonte, radieux, sur le pont. — Le pavillon emporté par un boulet. — Le chef de timonerie Couzanet (de Nantes), en prend un autre sur son dos, le porte au bout de la corne et le tient lui-même déployé. — Autres beaux faits d'armes de l'aspirant Lozach, du canonnier Lemeur, du matelot Rouallec et d'un grand nombre d'autres. — Le vaisseau anglais de gauche, *le Ramilies*, s'approche à portée de voix sans tirer. — Son commandant, le commodore Pickmore, se montre seul et nous parle avec son porte-voix. « Au nom de l'humanité. » — M. Bruillac, s'avance sous le pavillon et ordonne à Couzanet de le jeter à la mer. — *La Belle-Poule* se rend au *Ramilies*. — L'escadre du vice-amiral Sir John Borlase Warren. — Prisonniers. — Rigueur de l'empereur pour les prisonniers. — Mon frère sain et sauf. — La grand'-chambre de *la Belle-Poule* après le combat.

Falsebay et Tablebay sont deux rades adossées l'une à l'autre ; la première ouverte au sud-est, l'autre au nord-ouest[1]. Comme, pendant six mois, les coups de vent de ces parages sont ordinairement du sud-est, et qu'ils soufflent du nord-ouest pendant le reste de l'année, il s'ensuit que les navires mouillent, selon la saison, dans l'une ou dans l'autre de ces baies; c'est d'après ces données que nous

[1] Baie de la Table, sur la côte ouest, tournée vers le nord. C'est sur la baie de la Table que se trouve la ville du Cap.

avions pris abri à False-bay, où il y a un fort joli village. A Table-bay est la belle ville du Cap; entre les deux, on trouve, d'un côté, le cap de Bonne-Espérance ; de l'autre, en tirant vers le nord, Constance et son terroir, renommé par ses vins exquis. Nous visitâmes ces endroits charmants, dont les Hollandais, alors maîtres de la colonie, nous firent les honneurs le plus affectueusement du monde.

Nous prenions nos approvisionnements à False-bay, quand *le Brunswick* parut, venant avec un vent frais du sud-est, qui augmenta à mesure que ce bâtiment s'approchait, et qui devint de la plus grande impétuosité. *Le Brunswick* essaya de mouiller; ses câbles cassèrent; il alla à la côte, et il fit un naufrage qui coûta plusieurs hommes ainsi qu'une grande partie de la cargaison. On dut croire la saison des vents du sud-est arrivée; nous nous hâtâmes donc de nous rendre à Table-bay; mais ce n'avait été qu'un coup de vent anticipé, auquel un autre arriéré de la saison opposée succéda; celui-ci nous assaillit avec une fureur extrême. *L'Atalante* venait de nous rejoindre; elle avait mouillé sur l'arrière de *la Belle-Poule*. Trois bâtiments des Etats-Unis d'Amérique, trompés comme nous, furent jetés sur le rivage où ils se brisèrent. *Le Marengo*, ferme comme un rocher dont les racines atteignent le centre de la terre, défia majestueusement les vents, les vagues, et il tint bon; mais nous, nous vîmes rompre nos câbles ; nous tombâmes sur *l'Atalante*, qui ne put soutenir ce choc, et nous fûmes, l'un et l'autre bâtiments, emportés vers un point de la côte où, peu de temps auparavant, les deux vaisseaux anglais, *le Sceptre* et *l'Albion*, s'étaient perdus corps et biens. M. Bruillac donnait l'exemple du sang froid, de la résignation ; il s'occupait déjà des moyens de sauver le plus de monde possible, en s'échouant de la manière la plus favorable, lorsqu'une figure inspirée se montra au-dessus des panneaux, et cria qu'il restait à bord une ancre à jet. C'était notre lieutenant en pied ! c'était M. Moizeau! c'était un ange tutélaire! Il avait déjà fait mettre sur cette petite ancre deux faibles câbles ou grelins qui lui restaient ; il les avait disposés bout à bout, et il dit au commandant qu'il n'avait qu'à le prescrire, qu'immédiatement l'ancre à jet serait au fond. L'ordre fut aussitôt donné ; cette ancre accrocha heureusement encore la patte d'une de celles dont *l'Atalante* venait d'être séparée ; et tandis que cette dernière frégate allait accomplir son naufrage, *la Belle-Poule* se rassit sur les eaux, et vit passer, sans plus bouger, toutes les horreurs de l'ouragan.

L'Atalante eut, cependant, une chance inespérée, celle de trouver, près des rochers qui avaient brisé *le Sceptre* et *l'Albion*, un lit de sable sur lequel elle ne se démolit pas, ce qui lui permit de conserver son équipage ; elle se releva même, ensuite, mais très avariée, ayant besoin de longues réparations, de sorte qu'à notre départ nous fûmes obligés de la laisser. Il faut avouer que nous n'étions pas heureux dans nos essais de relâche en ces pays tempétueux.

C'est presque à la fin de 1805 que nous partîmes du cap de Bonne-Espérance. L'amiral voulut visiter tous les comptoirs de la côte occidentale de l'Afrique vers le sud, tels que Saint-Paul de Loanda, Saint-Philippe de Benguela[1], Cabinde[2], Doni, l'embouchure du Zaïre[3], Loango[4] et autres lieux, où se faisait, librement alors, la traite des noirs, et où il espérait trouver des navires anglais. Malheureusement pour nous, deux frégates françaises, récemment expédiées de Brest, s'étant dirigées vers ces parages, y avaient fait la râfle sur laquelle nous devions compter. Nous y surprîmes, cependant, deux bâtiments : *la Ressource* et *le Rolla*[5], que nous destinâmes pour Table-

---

[1] Saint-Paul de Loanda et Saint-Philippe de Benguela, villes principales de la colonie portugaise de l'Angola.

[2] Cabinde, Cabinda, port portugais, à 65 kilomètres nord de l'embouchure du Congo.

[3] Le nom de Congo a prévalu.

[4] Port de la colonie française du Congo, au sud de la colonie.

[5] Dans les Etats de service de M. Vermot, dont nous avons parlé plus

bay; mais l'un deux fut bien fatal à *la Belle-Poule* qui, en allant l'amariner, toucha sur un banc de sable non marqué sur nos cartes; le vent la poussant, elle le franchit pourtant à l'aide de la houle, qui la faisait alternativement surnager et talonner; toutefois elle éprouva deux si fortes secousses que nul ne tint debout sur le pont, et qu'il fallut toute la solidité de sa carène et de sa mâture pour que celle-ci ne fût pas abattue, et que l'autre ne s'entrouvrît pas entièrement.

Je n'essayerai pas de décrire l'impression pénible que nous ressentîmes tous, et elle n'était que trop bien fondée; car, dès que nous fûmes au large, et que nous eûmes mis la marche de la frégate à l'essai, nous eûmes la douleur de voir que nos lignes d'eau étaient faussées et qu'à peine nous pouvions aller aussi vite que *le Marengo*.

Nous allâmes faire à l'île portugaise du Prince[1], placée de ce côté-ci de l'équateur, une courte relâche pour des vivres frais et de l'eau; et nous reprîmes le cours de notre interminable croisière, que nous dirigeâmes vers l'île Sainte-Hélène, où, certainement, on ne devait pas supposer notre approche, en raison de nos apparitions si récentes dans les mers de l'Inde, et où nous espérions faire des prises nombreuses. On ne peut disconvenir, en effet, que les plans de l'amiral n'eussent été fort bien combinés.

Ne pouvant atteindre Sainte-Hélène directement, nous prolongeâmes la bordée jusqu'au tropique du Capricorne; là, à l'aide des brises variables sur lesquelles nous comptions, nous nous élevâmes dans l'ouest, et, remettant le cap sur notre destination, nous arrivâmes en vue de l'île, qui n'est qu'un point dans l'immensité de l'océan, et nous

---

haut, se trouve la note suivante : « A pris à l'abordage dans la nuit du 7 décembre 1805, avec le canot de *la Belle-Poule*, le négrier anglais *le Rolla*, armé de 8 canons et de 26 hommes d'équipage. »

[1]. do Principe, à environ 2° latitude N., en face de la côte nord de la colonie française du Congo.

y arrivâmes avec toute la précision désirable. Il semblait fabuleux, alors, de parler ainsi de bordées de sept à huit cents lieues, entreprises comme chose aussi facile que naturelle ; de courses d'un continent à l'autre, comme s'il s'agissait d'un simple passage ; de reconnaissances enfin d'un point isolé, comme si rien n'était plus commun, comme si l'on n'avait pas à lutter contre les vents et les courants. Actuellement la science est assez perfectionnée pour qu'on exécute ainsi de tels trajets ; mais, jusqu'alors, il n'en avait pas été de même et les anciens officiers de notre division admiraient la perfection avec laquelle était dirigée notre navigation.

Afin de bien profiter de notre position, afin d'arrêter tous les navires qui, sortant de l'île, devaient aller soit en Angleterre, soit aux Antilles, nous nous plaçâmes assez loin sous le vent pour ne pas être découverts par les vigies anglaises, et ce fut ainsi que nous attendîmes quelque bonne rencontre près de cette île, qui rappelle involontairement et qui rappellera toujours l'homme le plus actif de l'univers, condamné à la plus profonde inaction, le souverain qui y mourut captif, pour s'être trouvé trop à l'étroit sur le plus beau trône du monde.

Quinze jours s'écoulèrent sans qu'à notre grande surprise rien parût à nos yeux. Enfin une voile fut signalée, chassée et jointe : c'était un navire neutre qui venait de relâcher au cap de Bonne-Espérance et à Sainte-Hélène. Son journal de bord, les gazettes qu'il avait de ces colonies, nous apprirent de fâcheuses nouvelles. Une escadre anglaise avait forcé l'entrée de Table-bay ; elle avait débarqué des troupes dans le pays ; la ville avait été attaquée ; *l'Atalante* s'était brûlée ; ses marins s'étaient joints aux Hollandais ; mais on n'avait pu soutenir la lutte, et les Anglais s'étaient emparés de la colonie, ainsi que de *la Ressource* et du *Rolla*, qui venaient d'y arriver. Deux de mes meilleurs camarades, de Belloy et Fleuriau [1], offi-

---

[1] Aimé-Benjamin de Fleuriau, naquit à la Rochelle, le 12 juin 1785.

ciers de *l'Atalante*, avaient été frappés, le premier d'un coup mortel, le second d'une balle à la poitrine, qui lui causa une blessure dont il ne réchappa que comme par miracle. Quant à ce qui concernait Sainte-Hélène, le port était encombré de riches navires prêts à partir; mais l'amiral anglais, qui commandait l'escadre du Cap, avait expédié un aviso vers le gouverneur de l'île, lui donnant connaissance que, probablement, nous irions croiser dans son voisinage; et, soudain, embargo avait été mis jusqu'à ce qu'on pût y rallier une escadre assez forte pour garantir la navigation de ces navires.

A quoi tiennent pourtant les destinées d'un pays? Si notre division était arrivée un peu plus tard à Table-bay, si, même, elle y avait fait naufrage, comme *l'Atalante*, nos vaisseaux, nos canons, ou, au moins, nous, nos marins, nos soldats, nous formions un renfort susceptible de faire avorter l'entreprise des Anglais, et ce pays était sauvé. Loin de là, il avait succombé ; notre croisière devenait stérile; nous étions comme perdus dans des mers ennemies, et le point de relâche sur lequel nous comptions nous était enlevé. Toutefois nous nous félicitâmes d'avoir été à même de recueillir des détails aussi précis, aussi authentiques, en vertu desquels, surtout, nous savions à quoi nous en tenir sur nos projets de retourner à Table-bay où, probablement, nous étions

---

Après avoir navigué comme novice de 1798 à 1801, il était aspirant de 1ʳᵉ classe, depuis le 7 décembre 1802. Embarqué en cette qualité sur *l'Atalante*, il assista au brillant combat de Vizagapatam, contre le vaisseau anglais *le Centurion*, et prit part aux croisières de l'escadre de l'amiral Linois, jusqu'au moment où sa frégate se mit à la côte au Cap de Bonne-Espérance. Lors de l'attaque de la colonie hollandaise par les Anglais, l'équipage de *l'Atalante* lutta vaillamment contre l'envahisseur, et M. de Fleuriau grièvement blessé d'un coup de feu à la poitrine, au combat de Blavberg, tomba entre les mains de l'ennemi, mais fut renvoyé en Europe comme incurable. Il guérit néanmoins, et devint capitaine de vaisseau. Nommé maître des requêtes au Conseil d'État, il remplit assez longtemps les fonctions de *Directeur du Personnel* au ministère de la Marine. M. de Fleuriau, chevalier de Saint-Louis, et grand officier de la Légion d'honneur, mourut à Paris, le 3 décembre 1862.

attendus avec plus de confiance, encore, que, jadis, *la Belle-Poule* ne l'avait été à Pondichéry.

A en juger par nos réflexions, quelles durent être celles de l'amiral? que sa situation était embarrassante! Pas de vivres pour retourner à l'Ile-de-France, plus de relâche à False ni à Table-bay! Aller aux Antilles? Elles étaient vraisemblablement au pouvoir des Anglais! Revenir en France? Nous n'avions pas d'ordres pour abandonner la station. Il restait encore Rio-Janeiro; mais ensuite, que faire? que devenir? Ce fut pourtant le parti auquel, après quelques irrésolutions, parut s'arrêter M. Linois, du moins si l'on en peut juger par la route qu'il fit.

En pareille circonstance, le pire est de ne pas prendre une décision; aussi fûmes-nous tous satisfaits, quand celle-ci fut marquée et que nous quittâmes Sainte-Hélène, qui, vraiment, n'était plus tenable. Le nom de Rio-Janeiro, où Duguay-Trouin avait tant illustré sa carrière, circulait donc de bouche en bouche, quand je vis venir à moi ce bon M. Le Lièvre, un livre à la main et avec un sourire plein de bonté : « Eh bien! me dit-il, vous allez faire la cour aux Portugaises. — Peut-être, mais il y faut la condition que vous me servirez d'interprète, puisque vous connaissez et pas moi la langue du pays. — Non, non, tout seul, car je n'entends plus rien aux discours galants; et pour que vous puissiez vous passer de moi, j'apporte ma grammaire, et, en moins de quinze jours, si vous voulez être mon élève, vous en saurez assez pour vous faire comprendre. »

J'acceptai avec reconnaissance, et nous commençâmes immédiatement la première leçon; mais elle ne fut pas longue; car l'amiral, ayant déjà changé d'avis, et prenant sur lui une grande responsabilité, avait quitté la route où il gouvernait et se dirigeait vers la France! Oh! ce fut un vrai délire alors! penser qu'après trois ans nous allions revoir nos amis, notre patrie, nos parents, que nos fatigues allaient finir, que nous serions, sans doute, récompensés de tant de travaux... Penser tout cela, c'était impossible sans les plus chaudes émotions. Nous n'avions plus de vivres frais, et peu nous importait; à peine nous restait-il assez de biscuit et d'eau pour une traversée ordinaire, et nous envisagions, sans nous plaindre, la fatale demi-ration; des malades, des hommes exténués, avaient beaucoup à craindre d'une longue navigation, et ils oubliaient leurs maux... La France... la France ! mot électrique, cri consolant, vœu le plus cher, qui était dans toutes les bouches, qui résonnait dans tous les cœurs ! et on ne voyait plus que la France, et on ne s'occupait plus que de la France !

Près d'un mois de calme nous attendait sous la ligne équinoxiale; on le supporta sans murmurer : des vents contraires soufflèrent ensuite pendant longtemps, qui, avec les courants, nous jetèrent beaucoup dans l'ouest; même résignation. Enfin la brise se déclara favorable, fraîche, et nous nous couvrîmes de voiles à l'instant ! L'amiral sembla d'abord vouloir se diriger sur Brest; le lendemain, la route obliqua un peu; le surlendemain, elle fut encore changée, puis reprise, de sorte que tantôt nous présumions que nous atterririons à Rochefort ou à Lorient, et tantôt au Ferrol, à Cadix ou même à Toulon; ces variations nous étonnaient, mais nous inquiétaient peu, puisqu'il n'y avait plus à revenir sur le point capital, celui de notre retour en France.

Nous voyions, d'ailleurs, M. Linois animé de la plus grande ardeur guerrière; nous avions souvent communiqué avec lui depuis Sainte-Hélène, et jamais notre commandant, jamais un officier ne l'avait quitté sans qu'il eût exprimé son désir de faire une bonne rencontre, de se signaler par quelque exploit remarquable avant d'arriver. C'était le temps des belles victoires de l'empereur, les lauriers embrageaient, alors, le front de nos soldats; il était naturel et noble, tout à la fois, de ne vouloir reparaître devant eux que dignes de leur renommée. Nous savions, ensuite, que l'affaire du convoi de Chine avait été blâmée par Napoléon : l'amiral devait donc tout tenter pour lui faire oublier ce funeste épisode de notre campagne, comme aussi pour qu'il pardonnât notre retour effectué sans ses ordres, car il entendait fort peu raison à cet égard. Mais, au résumé, si nous pensions, avec peine, à l'instabilité des vues de l'amiral sur le lieu de notre atterrissage, nous n'en applaudissions pas moins, de cœur, à l'insistance avec laquelle il nous associait à ses vœux de trouver une bonne occasion de toucher au port avec éclat.

Les vents contraires nous avaient considérablement portés vers l'ouest; les tergiversations perpétuelles de M. Linois touchant notre route nous conduisirent au point de croisière pour les navires qui effectuaient leur retour des Antilles en Europe, et, le 13 mars 1806, à deux heures du matin, naviguant par une continuation de vent très favorable[1], nous nous trouvâmes tout à coup près de neuf bâtiments.

Étant à portée de voix de l'amiral, M. Bruillac put bientôt lui dire qu'il jugeait que c'était une escadre anglaise. Cependant l'amiral lui répondit qu'il avait reconnu un convoi; dès lors M. Bruillac n'insista pas; mais il se mit à observer attentivement ces navires avec sa lunette de nuit. Nous avions diminué de voiles pour nous mettre à la même marche qu'eux; nous nous préparions au combat, et nous serrions leur queue de près, lorsque notre commandant, profitant d'un mouvement que fit le dernier d'entre eux, par lequel son côté se présenta vers la frégate, aux derniers rayons de la lune vers son coucher, compta et me fit compter, avec sa lunette, trois batteries complètes de canon. Sachant fort bien qu'il n'est pas d'usage que les convois soient escortés par un vaisseau à trois ponts, il reparla à l'amiral, lui fit part de sa décou-

---

[1] Par 26° latitude Nord et 33° longitude Ouest.

verte et renouvela sa première opinion d'escadre anglaise ; mais M. Linois, toujours frappé de son idée primitive, enchanté, d'ailleurs, de pouvoir se battre à souhait, ne répondit que par ces mots : « Au point du jour, nous attaquerons le vaisseau qui escorte ces navires ; nous le réduirons, et nous nous emparerons du convoi. »

Cependant la route que faisaient ces bâtiments, quand nous les découvrîmes, ne conduisait ni en Europe, ni aux Antilles ; j'en fis la remarque, que je communiquai à notre commandant. En me disant qu'il l'avait déjà reconnu, il se décida, quoiqu'il lui en coûtât beaucoup, à faire une troisième tentative pour détourner l'amiral de son dessein et pour lui prouver que nous avions, en vue, une escadre en croisière. Il fit valoir à l'appui l'ordre de tactique sous lequel nos ennemis naviguaient, la voilure qu'ils portaient, les signaux qu'ils faisaient... L'amiral persista ; il finit, même, par demander avec quelque humeur à M. Bruillac, s'il n'était pas prêt à se battre. « Vous verrez que si ! » répondit notre commandant avec fierté ; et il ne s'occupa plus que de prouver qu'effectivement il était prêt, bien prêt, toujours prêt, comme il le dit en se retournant vers nous, après cette infructueuse conversation.

En voyant tant d'aveuglement, en réfléchissant à l'obstination des hommes, souvent sur des objets opposés ; en me rappelant l'incrédulité de M. Bruillac devant Colombo, de M. Bruillac ne pouvant aujourd'hui dessiller les yeux de l'incrédule avec qui, à son tour, il avait affaire, il me revint à l'esprit le reproche que Dorine, avec tant de verve, adresse à Orgon :

> Triste retour, Monsieur, des choses d'ici-bas ;
> Vous ne vouliez pas croire, et l'on ne vous croit pas.

Cette escadre anglaise, car enfin c'en était une, attendait une de nos divisions, qui devait avoir récemment quitté les Antilles, et, nous voyant de nuit et venant du sud, où elle ne supposait aucun bâtiment français, elle nous prenait pour des Américains qui voulaient s'offrir à prendre des paquets ; ainsi elle ne faisait aucune attention à nous. Rien n'était donc plus facile que de nous sauver, puisque nous n'avions qu'à continuer notre route à la faveur du reste de la nuit ; mais l'amiral voulait se battre ; il le voulait absolument, et ses yeux étaient restés fermés à la vérité.

Environ trente ans après l'instant de l'attaque, je tressaille encore quand je me représente notre commandant me criant avec l'enthousiasme d'un noble courage : « Diminuez de voiles, ralliez *le Marengo* ; nous n'y serons pas à temps ! nous n'y serons pas à temps ! » C'est qu'en effet l'amiral, n'attendant pas même le point du jour, s'approchait du dernier vaisseau, le trois ponts, et nous qui étions de l'autre côté de l'amiral, mais un peu de l'avant, nous tendions à nous en éloigner.

Tirer un coup de canon sans que M. Bruillac y fût, eût été désespérant pour lui ; aussi dès qu'il avait vu M. Linois marquer son mouvement, il avait deviné son intention ; il voulut se hâter d'aller le seconder, et j'exécutai ses ordres avec promptitude. *Le Marengo* se plaça par le travers du trois ponts, nous sur son avant où nous lui fîmes beaucoup de mal ; mais *le Marengo* souffrit beaucoup. Quand le jour fut entièrement fait, il avait plus de cent hommes hors de combat ; M. Linois avait un mollet emporté, et M. Vrignaud, qui était son capitaine de pavillon, un bras. On pansait l'amiral dans la cale, quand on alla lui dire qu'il n'y avait plus à en douter, que c'était réellement une escadre, et qu'elle manœuvrait pour nous envelopper. Alors, douloureusement éclairé, il donna l'ordre de battre en retraite, et il nous fit faire le signal de nous sauver.

Le trois ponts, fortement dégréé par nous, ne pouvait empêcher *le Marengo* d'exécuter son projet et, quand celui-ci fut entièrement dégagé du feu des formidables batteries de cet adversaire, M. Bruillac cessa le combat, pensant à trouver son salut dans sa marche. Toutefois *le Marengo* ne tarda pas à être rejoint par deux autres vaisseaux ennemis ; il se défendit tant qu'il put ; mais, à neuf heures, il fut obligé de se rendre.

L'escadre anglaise se composait de sept vaisseaux et deux frégates ; l'une d'elles de notre rang, *l'Amazone*, se distinguait par sa marche. Ce fut elle qui nous poursuivit de plus près ; mais elle ne nous aurait pas joints sans l'échec que nous avait fait éprouver notre échouage sur la côte d'Afrique. Nous fîmes tout ce que nous pûmes pour nous donner un peu plus de sillage ; toutefois, nous ne réussîmes pas à l'empêcher de nous joindre.

L'action entre les deux frégates commença à dix heures ; à dix heures et demie, la frégate anglaise était fort endommagée dans sa mâture et ne put continuer à nous suivre ; mais nous aussi nous avions des avaries qui nous arrêtaient, et qui permirent à deux vaisseaux ennemis[1] de s'approcher de nous, un de chaque côté. Le plus voisin tira sur nous dès qu'il le put ; nous ripostâmes en continuant notre route et avec l'espoir de le démâter ; mais nous n'eûmes pas ce bonheur. L'autre vaisseau, quand il fut à portée, tira deux coups de canon qui percèrent notre misaine. M. Bruillac me dit alors qu'il ne lui restait aucune chance de se sauver ; en effet, le gréement était en lambeaux ; nous avions huit pieds d'eau dans la cale ; nos ponts étaient teints de sang. Le canon le plus voisin du commandant avait éclaté en blessant tous ceux qui environnaient M. Bruillac et moi ; alors, s'acheminant vers sa chambre pour jeter à la mer la boîte de plomb où les instructions secrètes étaient renfermées, ce brave commandant m'ordonna de faire amener le pavillon.

Il n'était personne qui ne dût avoir prévu cet ordre ; on ne pouvait même s'étonner que de ne pas l'avoir

---

[1] *Le London* et *le Ramilies*.

entendu donner plus tôt, et pourtant il retentit à mon oreille comme un glas funèbre; ma voix faiblit en le transmettant à l'aspirant chargé de veiller à la drisse du pavillon, et il m'en resta à peine assez pour faire le commandement de « bas le feu ! », qui lui succéda immédiatement.

Mais, à ce moment, la scène changea et prit un caractère de sublimité extraordinaire : à ces mots, de « bas le feu ! » une voix se fit entendre, une seule voix, mais composée de plus de cent voix unanimes; et cette voix formidable cria que *la Belle-Poule* ne devait pas se rendre, que *la Belle-Poule* ne pouvait pas être prisonnière, en un mot que *la Belle-Poule* devait se faire couler ! Je ne voulus pas prendre sur moi de faire discontinuer le combat; j'envoyai donc avertir le commandant, qui revint, radieux de ce qu'il apprenait, et qui se battit de plus belle, en prodiguant des paroles d'admiration à son équipage.

Peu d'instants après, ce pavillon, que je n'avais pas fait amener, fut emporté par un boulet. Un chef de timonerie — jamais je n'oublierai son nom ni sa figure, — Couzanet, né à Nantes en prit un autre sur son dos, le porta au bout de la corne, le déploya, le tint lui-même développé, et resta dans cette position périlleuse, jurant d'y périr s'il le fallait. Mille autres traits honorèrent cette journée, et j'en pourrais citer d'aussi beaux de l'aspirant Lozach, du canonnier Lemeur, du matelot Rouallec et d'une infinité d'autres; mais il faudrait un volume; et d'ailleurs tous auraient le droit d'être individuellement nommés, car tous furent des braves, et si quelques-uns parurent se distinguer davantage, c'est qu'ils eurent le bonheur d'avoir eu, pour le faire, une occasion que les autres auraient saisie, si elle s'était offerte à leur courage.

Enfin le vaisseau anglais de gauche, qui voyait notre situation, nos efforts, s'approcha à portée de voix sans plus tirer. Au péril mille fois de la vie, son commandant se mit en évidence, seul, sur le bord, faisant signe qu'il voulait parler. C'eût été une atrocité que de continuer le feu sur un si digne homme; le silence le plus profond succéda au fracas de l'artillerie; alors, d'un ton ému, notre généreux ennemi prit son porte-voix, et, en notre langue, il prononça ces paroles : « Braves Français, tous mes canons sont chargés à double charge; toute résistance est inutile; rendez-vous; je vous en conjure au nom de l'humanité ! »

M. Bruillac, entendant cet appel fait à l'humanité, comprit alors ses vrais devoirs : il dit qu'il voulait conserver de si glorieux restes au pays; et, sans plus rien écouter il alla lui-même sous le pavillon, et il ordonna à Couzanet de le jeter à la mer. Couzanet, en ce moment, était couché en joue par un peloton de fusiliers anglais; il le savait et il ne sourcillait pas ! Les belles choses que l'on voit au milieu de l'horreur des combats ! que de dévouement, que d'héroïsme, que de grandeur !

Le nom du vaisseau auquel nous nous rendîmes était *le Ramilies;* celui de son magnanime commandant: Pickmore, qui versa des larmes d'attendrissement et de philanthropie, en voyant, quand il monta à notre bord, les traces du carnage qui s'offrirent à ses yeux, et qui venait d'assister à la bataille de Trafalgar avec trois autres vaisseaux de l'escadre si imprudemment attaquée par nous. Cette escadre était commandée par le vice-amiral Sir John Borlase Warren[1]; et, en ce moment, tant par suite de Trafalgar que par le fait de cette croisière, les côtes de France étaient débloquées, et nous aurions pu y rentrer avec facilité, sans la fatalité qui nous poussait à notre perte.

Ainsi fut consommée la perte d'une frégate[2] qui avait coupé la ligne équinoxiale vingt-six fois, et qui, depuis

---

[1] Né en 1751, mort en 1822.
[2] Comparez E. Chevalier, capitaine de vaisseau, *Histoire de la Marine française sous le Consulat et l'Empire.* Paris, 1886, pp. 305 et 306.

plus de trois ans, marchant de périls en périls, avait triomphé de tous ; ainsi fut arrêtée ma carrière, au moment où, sans contredit, de toute ma vie, j'ai été le plus capable de commander. Nous savions, en effet, que l'empereur était sans pitié pour les prisonniers et que l'Angleterre tenait trop à le contrarier en tout pour jamais accéder à aucun échange ; nous n'ignorions pas que nous allions longtemps souffrir dans la captivité, et souffrir de toutes les manières ; car Napoléon non seulement n'accordait pas une demi-solde aux officiers de sa propre armée quand ils étaient pris ; mais notre temps n'était même pas compté pour la retraite. Que la paix soit sur ses cendres, car il fut prisonnier à son tour ; il le fut par sa faute ; il n'eut pas alors la philosophie qu'on pouvait attendre de lui ; il le fut six ans, et il mourut en buvant, jusqu'à la lie, le calice d'amertume.

Mon premier soin fut de chercher mon frère que j'embrassai, satisfait de le voir sain et sauf. Je m'occupai ensuite de ramasser dans une malle quelques-uns des effets de corps les plus utiles ; puis, montant sur le pont, j'y trouvai mon épée sur le banc de quart. Il est d'usage que, après un combat, les vainqueurs rendent aux officiers leurs armes personnelles. Pour moi, je regardai comme une humiliation de tenir une arme d'une autre main que celle de mon souverain ; et pour m'y soustraire, j'en cassai la lame sur un de mes genoux et je jetai les deux morceaux à la mer. M. Moizeau resta sur le pont pour recevoir les officiers anglais ; le reste de l'état-major descendit dans la grand'chambre ; et là, assis chacun sur notre malle, nous attendîmes qu'on vînt nous donner une destination.

CHAPITRE X

Sommaire : Le commandant Parker, à bord de *la Belle-Poule*. — Un commandant de vingt-huit ans. — Belle attitude de Delaporte. — Avec mon frère, Puget et Desbordes, je passe sur le vaisseau *le Courageux* commandé par M. Bissett. — Le lieutenant de vaisseau Heritage, commandant en second. — Le lieutenant de vaisseau Napier, arrière-petit-fils de l'inventeur des Logarithmes. — Ses sorties inconvenantes contre l'empereur. — Je quitte la table de l'état-major, et j'exprime à M. Heritage mon dessein de manger désormais dans ma chambre et de m'y contenter, s'il le faut, de la ration de matelot. — Intervention de M. Bissett. — Il me fait donner satisfaction. — Je reviens à la table de l'état-major. — La croisière de l'escadre anglaise. — Armement des navires anglais. — Coup de vent. — Avaries considérables qui auraient pu être évitées. — Communications de l'escadre avec le vaisseau anglais, *le Superbe*, revenant des Antilles. — Encore un désastre pour notre Marine. — Destruction de la division que notre amiral Leissègues commandait aux Antilles, par une division anglaise sous les ordres de l'amiral Duckworth. — Portrait de Nelson suspendu pendant l'action dans les cordages. — Les bâtiments de l'amiral Duckworth, fort maltraités, étaient rentrés à la Jamaïque pour se réparer. — L'amiral se rendait en Angleterre à bord du *Superbe*. — Le même jour, un navire anglais, portant pavillon parlementaire, traverse l'escadre. — Mon ami Fleuriau, aspirant de *l'Atalante*. — Télégraphie marine des Anglais. — J'imagine un système de télégraphie que, peu de temps après, j'envoyai en France. — L'amiral Warren renonce à sa croisière. — M. Bruillac réunit tous les officiers de *la Belle-Poule*, et nous faisons en corps une visite à l'amiral Linois, qui était encore fort souffrant. Il nous adresse les plus grands éloges sur notre belle défense. — L'amiral Warren. — Le combat contre la frégate *la Charente*. — Quiberon. — Relâche à São-Thiago (Îles du Cap Vert). — Arrivée à Portsmouth, après avoir eu le crève-cœur de longer les côtes de France. — Soixante et un jours en mer avec nos ennemis.

Ce fut le commandant de *l'Amazone*, aujourd'hui l'amiral Parker[1], qui vint à bord de *la Belle-Poule* pour notifier les intentions de l'amiral Warren à notre égard. Jamais conduite plus distinguée, jamais hommages plus

---

[1] William Parker, plus tard sir William Parker, né en 1781 à Almington-Hall, comté de Stafford, mort en 1866, après une brillante carrière.

flatteurs ne surpassèrent ce que cet amiral ordonna dans cette circonstance. M. Parker n'avait alors que vingt-huit ans[1]. C'est le bel âge pour commander à la mer; c'est celui où la force physique accroît l'énergie morale; quelques fautes peuvent être commises, à la vérité; mais, comme elles sont compensées par cette habitude, par cette force de commandement que plus tard on ne contracte plus qu'imparfaitement, et qui seule fait les bons amiraux! La marine, de toutes les professions, est certainement la plus dure; aussi, lorsqu'on s'y adonne par vocation, par goût, il faut avoir cette perspective de commander jeune; il faut avoir celle d'un avancement rapide, et non pas de servir de marche pied. Ainsi je pensais alors; ainsi je pense encore; j'avais donc rêvé, moi aussi, de commander bientôt; toutes mes actions avaient tendu vers ce but; mais, pour la première fois, je vis que ce n'étaient que des rêves; et, quand M. Parker parut, ce que la fortune avait fait pour lui et ce que je voyais qu'elle faisait contre moi, me causa le plus pénible désenchantement.

Il se présenta avec bienséance, nous salua; mais il n'avait pas encore parcouru de l'œil toute la grand'-chambre, que l'aspect de Delaporte, froid, sévère, résigné, le frappa. C'était vraiment l'expression de fierté de Papirius devant les Gaulois.

Il se remit et nous fit connaître les noms des bâtiments de l'escadre, en ajoutant tout ce qui pouvait nous être agréable pour notre translation. A l'exception de mon frère, qui ne faisait qu'un avec moi, nous tirâmes, à peu près, au sort, et je passai, avec Puget et Desbordes, sur le vaisseau *le Courageux*, commandé par M. Bissett. L'on m'y donna une chambre d'officier qui se trouvait vacante; et je mangeai, assez fréquemment, avec M. Bissett, par invitation, mais habituellement avec l'état-major et placé

---

[1] Il n'en avait même que vingt-cinq, un an de plus que l'auteur de ces *Mémoires*.

à côté du lieutenant de vaisseau Heritage, commandant en second du *Courageux*.

C'était le meilleur des humains ; mais j'avais à table, pour vis-à-vis, un autre lieutenant de vaisseau, M. Napier[1], arrière-petit-fils de l'inventeur des Logarithmes, qui vient encore d'illustrer son nom par la capture hardie de la flotte de Dom Miguel, dernier souverain du Portugal[2] ; et qui, par opinions politiques, par esprit national mal entendu, par haine excessive contre Napoléon[3], se montrait à tous moments d'une taquinerie insupportable. Comme je parlais assez bien l'anglais, il s'adressait ordinairement à moi, d'autant qu'il avait cru remarquer, car j'avais eu le tort de le lui laisser pénétrer, que j'étais loin d'admirer les conceptions politiques de l'empereur. Je soutenais les discussions en termes généraux, et je m'efforçais de les y ramener quand elles en sortaient ; le bon Heritage m'appuyait pour éloigner les personnalités qui font le venin des querelles ; mais l'ardent Napier brisait tous les obstacles, et reprenait toujours son thème favori. Un jour, il sortit tellement des bornes que, par respect pour le souverain de mon pays, je quittai la table ; je me retirai dans ma chambre, et j'exprimai à M. Heritage mon dessein formel d'y manger désormais, et de m'y contenter, s'il le fallait, de la ration de matelot. M. Heritage voulut ramener les esprits ; mais il ne put rien sur

---

[1] Sir Charles Napier, né le 6 mars 1786, mort le 6 novembre 1860, deux fois membre du Parlement, contre-amiral en 1846, vice-amiral en 1854. D'un caractère très passionné, il eut des démêlés célèbres d'abord avec l'amiral Stopford, plus tard avec les lords de l'Amirauté. Il était le cousin germain du général sir Charles-James Napier, le héros du Sindh, et de son frère, le général sir William-Francis-Patrick Napier, l'historien de la guerre d'Espagne.

[2] En 1833, sir Charles Napier, qui avait accepté le commandement de la flotte de dona Maria, remporta au cap Saint-Vincent une victoire signalée sur celle de Dom Miguel. Il publia trois ans plus tard un récit de cette guerre.

[3] Par une ironie du sort, sir Charles Napier termina sa carrière active sous Napoléon III, en qualité de commandant de l'escadre de la Baltique pendant la guerre de Crimée.

moi sans m'avoir promis quelques réparations; et, pour obtenir, après bien des pourparlers, que je renonçasse au projet que j'avais formé, il fallut que M. Bissett intervînt; en effet, le commandant Bissett me fit assurer que M. Napier, à qui il en avait fait de vifs reproches, lui en avait exprimé ses regrets, et qu'il avait la certitude que ma juste susceptibilité ne serait plus blessée par le retour de conversations aussi déplacées. A ces conditions, je revins. Heritage parut au comble du bonheur. Napier devint le plus aimable des hôtes; et je sais que le respectable Bissett aurait fait débarquer Napier, plutôt que de souffrir que je fusse encore molesté, et qu'en attendant il m'aurait donné un couvert à sa table. Voilà comment les affaires peuvent s'arranger sans duels, sans scènes ignobles; mais encore je commis une faute en ceci : de ne pas avoir prévu les suites d'une première tolérance, et de n'avoir pas, dès le principe, pris le parti auquel, plus tard, il fallut arriver.

L'escadre anglaise continua sa croisière au même point : c'est un avantage signalé que de connaître ses ennemis; je mis, pendant que je restais avec eux, mon temps à profit sous ce rapport. J'y appris beaucoup de choses; car notre Gouvernement s'occupait si peu de mârine que nos armements ne pouvaient pas soutenir le parallèle avec ceux des bâtiments anglais; aussi ne doit-on pas s'étonner s'ils eurent si bon marché de nos flottes à Trafalgar et en quelques autres circonstances. Toutefois je trouvai les officiers anglais moins bons marins, moins instruits que ceux d'entre nos marins qui avaient fait de longues campagnes, et, à chaque instant, ils étaient en faute dans leur navigation ou dans leurs évolutions; en un mot je leur vis faire des avaries considérables qu'ils auraient pu empêcher par l'emploi de précautions ou de moyens qui nous étaient très familiers. Un coup de vent se déclara; plusieurs nouvelles avaries, et de très graves, eurent lieu, et je ne trouvai point chez ces hommes l'à-propos, l'habileté, le sang-froid surtout, sans lesquels il n'est pas de bon marin. Dans cette tempête, *le Marengo* fut démâté de tous ses mâts et faillit périr ; mais il avait tant souffert dans sa vaillante résistance qu'il n'y avait rien d'étonnant.

L'escadre continuait encore sa croisière lorsqu'un vaisseau anglais, revenant des Antilles, la joignit. Des communications eurent lieu, des signaux multipliés furent faits, des démonstrations de joie éclatèrent ; mais, près de nous il y eut une réserve complète dont nous nous abstînmes de chercher à pénétrer le mystère ; il finit cependant par être connu ; c'était encore un désastre pour notre Marine. Le nouveau vaisseau était *le Superbe* monté par l'amiral Duckworth[1], qui se rendait en Angleterre, après avoir détruit l'escadre que notre amiral Leissègues[2] commandait aux Antilles.

Nelson, à Trafalgar, après avoir donné ses ordres particuliers à ses capitaines, signala à l'armée navale : « L'Angleterre compte que chacun fera son devoir. » Duckworth, rencontrant notre escadre des Antilles[3], suspendit un portrait de Nelson dans les cordages au-dessus de sa tête, et il signala : « Ceci sera glorieux. » Rendons justice à nos ennemis et avouons que ce sont de sublimes inspirations. Les bâtiments de l'amiral Duckworth étant fort maltraités[4], rentrèrent à la Jamaïque pour se réparer ;

---

[1] Sir John-Thomas Duckworth, né à Loatherhead (Surrey), en 1748, mort à Plymouth en 1817, était, depuis 1800, vice-amiral et gouverneur de la Jamaïque.

[2] Corentin-Urbain-Jacques-Bertrand de Leissègues, né à Hanvec, près de Quimper, le 29 août 1758, mort à Paris, le 26 mars 1832, commandait en 1793 la division qui reprit la Guadeloupe aux Anglais. Il fut nommé contre-amiral à la suite de ce succès, le 16 novembre 1793, et vice-amiral en 1816.

[3] Le 6 février 1806, à Santo-Domingo, capitale de la partie espagnole de l'île de Saint-Domingue, cédée à la France par le traité de Bâle et où le général Ferrand s'était maintenu après le triomphe de l'insurrection dans l'ancienne colonie française. L'amiral de Leissègues, parti de Brest le 13 décembre 1805 avec cinq vaisseaux, deux frégates et une corvette, avait porté mille hommes de renfort au général Ferrand.

[4] L'escadre de l'amiral Duckworth se composait de 7 vaisseaux, 2 fré-

mais l'Amiral en était parti sur *le Superbe* qui, le premier, fut mis en état de reprendre la mer, afin d'aller en Angleterre rendre compte de sa mission.

Les prisonniers français furent consternés de ce nouvel échec ; les Anglais, Napier lui-même, mirent, cependant, devant nous, beaucoup de discrétion dans leurs transports ; et c'était se respecter que nous respecter ainsi ; mais on ne reçoit un pareil hommage que lorsqu'on l'a mérité ; et, peut-être que si, précédemment, j'avais supporté avec indifférence des sarcasmes proférés devant moi, j'aurais eu à subir un redoublement de jactance en ce moment.

Le jour même de la rencontre du *Superbe*, un autre navire anglais, portant pavillon parlementaire, traversa l'escadre. Comme il passait le long du *Courageux*, j'aperçus un individu qui attira mes regards par la manière attentive dont il me fixait. C'était Fleuriau, mon ami Fleuriau, aspirant de *l'Atalante* qui, blessé dans l'affaire du cap de Bonne-Espérance, avait obtenu d'être renvoyé en France comme malade. Il était pâle, affaibli ; mais il paraissait heureux de retourner dans sa patrie que, comme lui, j'aurais bien voulu avoir l'espérance de revoir au même prix ! Il me salua de la main, me montra sa poitrine où avait frappé le coup fatal ; je lui tendis les bras ; mais le vent soufflait ; le navire obéissait au timonier, et je le perdis de vue, absorbé dans mes regrets. Mélange étonnant, concours singulier d'événements ! On eût dit que, sur un point de l'univers, vainqueurs, vaincus, amis, infortunés, avaient cherché à triompher de mille difficultés pour se réunir un instant, se communiquer leurs émotions, et se séparer après s'être seulement entrevus. J'appris, par la suite, que l'air natal, les bons soins de sa famille, les douceurs du pays, avaient rétabli à la longue la santé alors très altérée de Fleuriau.

gates et 2 bâtiments légers. Voyez, sur le combat, Fr. Chassériau, *Précis historique de la Marine française*, t. I, p. 338.

En France, nous n'avions pas encore appliqué à la Marine la télégraphie, qui est, pourtant, l'invention d'un Français. Je fus honteux qu'on pût nous faire plus longtemps un reproche dont je sentais la justesse par la rapidité avec laquelle les plus minces détails de l'affaire de l'amiral Duckworth étaient parvenus au *Courageux*. Je ne pouvais cependant pas prétendre à ce que les Anglais me communiquassent l'explication de leur système ; mais l'idée première devait me suffire pour en trouver la clef ou pour en former un autre équivalent.

Je me mis donc à l'œuvre, et j'en traçais effectivement un que, peu de temps après, j'envoyai en France ; mais telle était l'insouciance avec laquelle on y traitait les affaires navales que ce ne fut que sept ans après que cette innovation précieuse fut définitivement introduite sur nos vaisseaux. Ce travail, en particulier, me rendit le plus grand service pendant le temps que je restai sur mer avec nos ennemis et qui dura soixante et un jours. C'est en effet le propre de l'étude d'adoucir les chagrins, d'affaiblir les idées sombres, de calmer l'esprit, de soulager le cœur de ses douleurs.

Le résultat de la mission de l'amiral Duckworth rendant inutile la croisière de l'amiral Warren, celui-ci se décida à y mettre un terme et à aller se ravitailler à São-Thiago (îles du cap Vert) pour ensuite retourner en Angleterre. Quelques moments, toutefois, avant de faire route, M. Bruillac obtint la permission de réunir tous les officiers de *la Belle-Poule* pour faire une visite de corps à l'amiral Linois, qui commençait à entrer en convalescence. Je regardais cette visite comme un devoir en présence des Anglais, comme une déférence au malheur ; mais j'avouerai qu'en toute autre position j'aurais préféré m'en abstenir, tant j'attribuais de part à M. Linois dans l'éternelle captivité par laquelle mes pas se trouvaient arrêtés. Il était encore fort souffrant ; il nous fit cependant les plus grands éloges sur notre belle défense ; et nous en fîmes la remarque; car, jusque-là, il avait été fort sobre de compliments : encore s'il avait su profiter des bons avis !

Je n'omettrai pas de mentionner que M. Bruillac avait trouvé dans M. Warren, l'ex-commandant de la division à laquelle il avait, jadis, sur *la Charente*, porté de rudes coups devant Bordeaux, et que M. Warren ne lui en témoigna que plus d'estime et d'égards : ainsi les querelles militaires qui se décident les armes à la main diffèrent généralement des chicanes de particuliers ; celles-ci sont étroites, mesquines, rancunières ; les autres, au contraire, portent un cachet de grandeur et de loyauté. C'est encore M. Warren qui commandait les forces navales de l'Angleterre dans la fatale expédition de Quiberon, en 1795, où il déploya tant d'humanité.

La relâche à Sâo-Thiago, le voyage en Angleterre, ne présentèrent aucun incident remarquable, et nous arrivâmes à Portsmouth, après avoir eu le crève-cœur de longer les côtes de France, d'en apercevoir les sites riants et de nous en éloigner avec le pénible sentiment de notre liberté perdue !

LIVRE III

LA CAPTIVITÉ EN ANGLETERRE

CHAPITRE PREMIER

Sommaire : Les vaisseaux de la Compagnie des Indes mouillés à Portsmouth célèbrent notre capture en tirant des salves d'artillerie. — Bons procédés de l'amiral Warren et de ses officiers. — L'état-major du *Courageux* nous offre un dîner d'adieu. — Franche et loyale déclaration de Napier. — Le perroquet gris du Gabon, que j'avais donné à Truscott, l'un des officiers du *Courageux*. — Le « cautionnement » de Thames. — Détails sur la situation des officiers prisonniers vivant dans un « cautionnement ». — Lettre navrante que je reçois de M. de Bonnefoux. — M. Bruillac me réconforte. — Lettre de ma tante d'Héméric. — Mes ressources pécuniaires. — Mon plan de vie, mes études, la langue et la littérature anglaises. — Visite que nous font, à Thames, M. Lambert (de *l'Althéa*) et sa femme. — Le souhait exprimé autrefois par M. Lambert se trouve réalisé. — Il tient parole et nous fête pendant huit jours. — Il nous dit qu'il espère bien voir un jour M. Bonaparte prisonnier des Anglais. — Nous rions beaucoup de cette prédiction. — Avant de repartir pour Londres, M. Lambert apprend à Delaporte sa mise en liberté, qu'il avait obtenue à la suite de démarches pressantes et peut-être de gros sacrifices d'argent. — Delaporte avait commandé *l'Althéa* après sa capture. — Départ de cet admirable Delaporte que j'ai eu la douleur de ne plus revoir. — Description de Thames. — Les ouvriers des manufactures. — Leur haine contre la France, entretenue par les journaux. — Leur conduite peu généreuse vis-à-vis des prisonniers. — La bourgeoisie. — Relations avec les familles de MM. Lupton et Stratford. — M. Litner. — Agression dont je suis victime, un jour, de la part d'un ouvrier. — Rixe entre Français et ouvriers. — Le sang coule. — Je conduis de force mon agresseur devant M. Smith, commissaire des prisonniers. — Etat d'esprit de M. Smith. — Il m'autorise cependant à me rendre à Oxford pour porter plainte. — Visite à Oxford. — Le château de Blenheim. — Le magistrat me répond qu'il ne peut entamer une action entre un Anglais et un prisonnier de guerre. — Retour à Thames. — Scène violente entre M. Smith et moi. — Plainte que j'adresse au Transport Office contre M. Smith. — Réponse du Transport Office. — M. Smith reçoit l'ordre de me donner une feuille de route pour un autre cautionnement nommé Odiham, situé dans le Hampshire, et de me faire arrêter et conduire au ponton, si je n'étais pas parti dans les vingt-quatre heures. — Ovation publique que me font les prisonniers en me conduisant en masse jusqu'à l'extrémité du cautionnement, c'est-à-dire jusqu'à un mille. — Ma douleur en me séparant de mon frère et de tous mes chers camarades de *la Belle-Poule*. — Autre sujet d'affliction. — Miss Harriet Stratford. — Souvenir que m'apporte M. Litner. — Emotion que j'éprouve.

Il se trouvait, à Portsmouth, un assez grand nombre de vaisseaux de la Compagnie des Indes ; notre capture leur procura un sentiment de satisfaction qu'ils manifestèrent par des salves d'artillerie; il y avait de quoi flatter notre amour-propre pour le passé; mais, comme tout nous parlait de notre captivité actuelle, nous fûmes peu longtemps sensibles à cet hommage indirect; car enfin, malgré tout, nous ne pouvions pas ne pas voir que nous prenions place parmi les quatre-vingt mille autres prisonniers, marins ou soldats ; nombre qui s'accrut encore, par la suite, en Angleterre, et qui s'élevait à cent vingt mille, lors de la chute de l'empereur.

L'amiral Warren, les commandants, les officiers des bâtiments sous ses ordres, M. Bissett surtout à mon égard, à l'instant où nous allions nous séparer, redoublèrent de bons procédés envers nous. A cette occasion, même, l'état-major du *Courageux* donna un dîner d'adieux où furent invités plusieurs de leurs amis, ainsi que quelques jeunes dames de leur connaissance, de Portsmouth. Je rapporte cette circonstance, parce qu'elle me rappelle deux souvenirs vraiment touchants : le premier est une franche déclaration de Napier des torts qu'il avait eus avec moi, qu'il fit en présence de tous, pour que je n'emportasse aucun levain contre lui, pour qu'il pût, dit-il, se réconcilier entièrement avec lui-même. N'est-ce pas un bonheur que de commettre des fautes, quand on sait les réparer ainsi?

Pour expliquer le second de ces souvenirs, je dois remonter jusqu'à l'Ile-du-Prince, où j'avais acheté un perroquet gris du Gabon, qui avait le talent tout à fait particulier d'imiter, au naturel, le bruit argentin d'une petite sonnette. Ce bel animal, qui parlait avec une facilité prodigieuse, avait eu une patte cassée à bord; je l'avais soigné; je l'avais guéri; et, quoiqu'il se fût montré fort reconnaissant de mes bons soins, je ne soupçonnais pas jusqu'où allait son attachement pour moi. Aussi, après notre prise, ayant vu qu'il plaisait beaucoup à M. Truscott, l'un des officiers du *Courageux*, je fus enchanté de pouvoir le lui offrir. Cependant, les transports que le perroquet manifestait lorsque j'allais voir Truscott dans sa chambre, m'avaient décidé à n'y plus retourner. Il y avait donc cinquante jours que nous ne nous étions vus, lorsque, pendant ce dernier dîner, Truscott voulut montrer l'oiseau miraculeux à ses convives.

On l'apporta sur la table; à peine y fut-il qu'il s'élança sur moi, s'accrocha à ma cravate, et me fit tant de caresses que tous, particulièrement nos jolies visiteuses, en furent attendris. Truscott voulut me le rendre; il insista, pressa, et j'avoue qu'il me fallut beaucoup prendre sur moi pour m'y refuser. Mais, comment me décider à en priver l'aimable Truscott, comment ne pas reculer devant les embarras du transport, pendant les phases probables de ma captivité?

L'amiral Linois fut destiné pour Cheltenham[1], plus tard pour Bath[2], lieux renommés par l'agrément, la salubrité de leurs bains, où il passa le temps de son infortune. L'état-major du *Marengo* et de *la Belle-Poule*, ainsi que les aspirants et les chirurgiens, reçurent l'ordre de se rendre à Thames, qui était déjà le cautionnement de cent cinquante prisonniers. On appelait cautionnements, les petites villes où étaient les divers dépôts d'officiers prisonniers qui avaient la permission d'y résider, après s'être engagés, sur leur parole d'honneur, à ne pas s'en écarter à plus d'un mille de distance, à rentrer tous les soirs chez

---

[1] Dans le comté de Glocester, à quatorze kilomètres N.-E. de Glocester.
[2] Dans le comté de Somerset, à dix-sept kilomètres E. de Bristol.

eux au coucher du soleil, et à comparaître deux fois par semaine devant un commissaire du Gouvernement. L'Angleterre accordait, par jour, 18 pence (36 sous) à chaque officier, quel que fût son grade, et 1 schelling (24 sous) à chacun des prisonniers qui, par faveur ou autrement, ayant obtenu la faculté d'habiter un cautionnement, étaient au-dessous du grade d'officier. Ces rétributions étaient juste ce qu'il fallait, en ce pays, pour se loger, pour se vêtir, pour ne pas mourir de faim, et ceux d'entre nous qui n'avaient pas de ressources en France, étaient obligés d'utiliser leurs talents ou leurs forces physiques, afin de subvenir aux nécessités les plus pressantes. Que d'officiers déjà anciens, que de militaires décorés, que d'hommes ayant versé leur sang dans les batailles, n'y ai-je pas vus, bêchant noblement la terre, exerçant courageusement un dur métier, et préférant présenter la main pour recevoir une rémunération bien acquise, que la tendre pour demander un secours, ou que s'engourdir dans la misère et l'oisiveté. Les matelots, les soldats, étaient renfermés dans quelques prisons à terre mais le plus grand nombre dans des pontons, lieux d'horrible mémoire, et dont je n'aurai que trop à parler dans la suite.

Les premières nouvelles que je reçus de ma famille furent déchirantes par le chagrin qu'elles respiraient, et bien peu rassurantes sur mon avenir.

M. de Bonnefoux, qui avait acquis la certitude qu'au premier travail qui devait paraître très prochainement, nous serions nommés, moi, lieutenant de vaisseau, et mon frère, enseigne, m'annonça qu'il n'avait plus aucun espoir de ce côté, tant les intentions de l'empereur étaient bien connues à cet égard. M. Bruillac, à qui je communiquai cette nouvelle, n'en fut pourtant pas découragé : il me répéta que, dans le rapport de son combat, il avait demandé, comme stricte justice, de l'avancement et la croix pour moi; et il me donna sa parole qu'il ne cesserait de faire valoir mes droits, ceux de mon frère, ceux enfin, de ses subordonnés dont la conduite le méritait. Ma bonne tante d'Hémeric, au milieu de ses larmes, me disait, dans ces premières nouvelles, qu'elle achèverait de faire rentrer les 10,000 francs (pour lesquels je lui avais envoyé procuration) qui me revenaient, ainsi que je l'ai déjà dit, pour appointements, traitement de table, parts de prises, arriérés; qu'elle les placerait, et qu'elle m'en ferait exactement tenir la rente, alors bien utile pour moi.

Comme j'avais en réserve quelque argent de l'Inde, je pus, sans être trop gêné, attendre ces envois, qui se faisaient fort difficilement, à cause des entraves apportées par le Gouvernement anglais à tout ce qui émanait du Gouvernement français. Quelquefois donc je me suis trouvé assez à mon aise, pendant ma captivité, et quelquefois très réduit en finances; mais au résultat, avec l'ordre, avec la prévoyance que la nécessité m'eut bientôt enseigné à adopter, je parvins à être, en général, assez bien sous ce rapport.

Il fallait, cependant, prendre mon parti; il fallait oublier que j'étais arrivé aux portes de la France, qu'elles s'étaient fermées sur moi, au moment où j'avais acquis l'expérience, l'instruction voulues pour commencer à commander un petit bâtiment; que ce commandement eût été le premier échelon de distinction, toujours si difficile à monter, à saisir et que la position de M. de Bonnefoux, préfet à Boulogne, ami intime du Ministre, connu, considéré par l'empereur, me l'eût rendu aisé à trouver. Ainsi j'arrivais, jeune, aux grades supérieurs, les prédictions de mes camarades s'accomplissaient; je marchais de front avec ceux qui, dans la même catégorie que moi, mais étant libres, allaient servir, commander, avancer, toujours avancer, toujours commander, toujours servir...; au lieu de cela, que voyais-je? la prison, l'inaction, un exil d'une durée incalculable, l'oubli de mon état, mon éloignement de ma famille, la perte de ma jeunesse, enfin, et de toutes mes espérances.

A tant de maux, il n'y avait qu'un palliatif: celui qui, à la mer, m'y faisait trouver le temps agréable, celui qui, à bord du *Courageux*, avait calmé mes premières angoisses; celui dont Cicéron a dit: *Nobiscum peregrinatur*, je veux dire l'étude; et quand je fus un peu remis de mon premier étourdissement, je m'attachai fortement à l'idée du travail. Je vis que j'avais beaucoup à faire, beaucoup à acquérir; que n'ayant plus aucun devoir qui vint me distraire, j'aurais abondamment le temps nécessaire pour y parvenir, et je traçai un plan dont je ne me départis plus: celui de distribuer les heures de ma journée entre mes occupations et mes camarades. Exact aux premières, j'y puisai bientôt un charme croissant: mes idées changèrent insensiblement de direction; mes réflexions s'adoucirent peu à peu; et je vis, en quelques semaines, que, lorsque j'arrivais parmi mes amis, mon esprit, comme sentant le besoin de se détendre, mon corps fatigué du repos, me portaient naturellement à un élan, à une gaieté, à un entraînement, qui bannissaient le découragement de beaucoup d'entre nous, et qui, peut-être, n'avaient été surpassés, en moi, à aucune autre époque de ma vie.

Je m'appliquai spécialement à l'anglais, à la littérature, aux bons ouvrages de cette langue que je voulus connaître à fond et bien parler, j'étudiai les mœurs, la politique, le gouvernement de l'Angleterre, à qui l'arme puissante de la liberté de la presse, qu'elle sait si bien employer, suffit pour résister à l'ascendant guerrier de Napoléon; je voulus refaire un cours complet de ma propre langue, que je m'étais déjà aperçu ne pas connaître suffisamment; j'écrivis beaucoup pour dégrossir mon style, soit en français, soit en anglais; je me remis au latin; enfin je continuai à cultiver l'escrime, le dessin et la flûte, sur laquelle je n'ai jamais eu qu'un talent très médiocre, mais qui, par les amis qu'elle m'a procurés, par les liaisons qui en sont résultées, par les heures de solitude ou de réflexions pénibles qu'elle a remplies ou adoucies, a été, dans mille circonstances, du charme le plus heureux pour moi.

Ressouvenons-nous, actuellement, que, lorsque M. Lambert (*de l'Althéa*) avait pris congé de l'Ile-de-France, il avait exprimé le souhait que nous fussions faits prisonniers de guerre, afin d'avoir le plaisir de nous revoir dans son pays. Ce souhait sauvage était accompli; quant à notre rencontre, elle ne tarda pas à avoir lieu, car M. Lambert arriva à Thames presque en même temps que nous, et il y arriva avec sa femme plus belle, plus aimable que jamais, leurs deux enfants (celui de l'Ile-de-France et un nouveau-né), une foule de domestiques, deux voitures et tout le train d'un prince. M. Lambert prit le plus bel hôtel à sa disposition; il tint table somptueuse, où nous fûmes constamment invités, ainsi que les Anglais les plus distingués de la ville; et il fut assez agréable de sa personne, même quand il parlait de M. Bonaparte, qu'il espérait bien, un jour, voir prisonnier des Anglais: nous en rîmes beaucoup; mais il ne disait que trop vrai! Mme Lambert, dans les veines de qui coulait beaucoup de sang français, l'empêchait souvent de se lancer ou de s'appesantir sur ce sujet délicat; et, grâce à elle, tout se passa bien sous ce rapport. Sous tous les autres, on ne pouvait pas être plus affectueux, plus empressé, plus prévenant.

Cette visite dura huit jours, passés dans les fêtes, et elle se termina d'une manière encore plus satisfaisante, c'est-à-dire par la liberté de Delaporte, le commandant de l'*Althéa*, après qu'elle fût tombée en notre pouvoir; M. Lambert apprit, quelques moments avant de repartir pour Londres, la nouvelle de cette liberté qu'il avait sollicitée, qu'il ne dut qu'au crédit accordé, en ce pays plus qu'en aucun autre, à une grande fortune, et qui, dans les circonstances actuelles, lui coûta peut-être fort cher. La singulière chose, cependant, qu'une connaissance qui, datant d'un combat, prélude à coups de canon, commence en Asie, près du tropique du Capricorne, se cultive sur l'immensité de l'Océan, se cimente dans une île de l'Afrique, et amène, finalement, en Europe, la liberté de l'un d'entre nous! Il partit peu de temps après, ce cher Delaporte, à qui je n'ai encore trouvé personne que je puisse lui comparer; il était bien heureux; mais, hélas! il ne tarda pas à succomber, à son poste, à bord d'un vaisseau qu'il commandait en second avec le grade de capitaine de frégate, et j'ai eu la douleur de ne plus le revoir.

Thames est une petite ville de l'Oxfordshire, située près de la source de la Tamise, qui n'y est qu'un faible ruisseau, et dans un pays pluvieux, autant, à peu près, que le reste de l'Angleterre, mais boisé, pittoresque, et parfaitement bien cultivé. Nous y étions arrivés au mois de mai 1806, et il y avait si longtemps que je n'avais joui de l'aspect du printemps que la beauté des sites me parut encore plus grande.

Il se trouvait dans cette ville des manufactures, dont les ouvriers, formant une population flottante, ne tenaient au pays par aucun lien de famille, et chez qui la responsabilité d'une conduite répréhensible était d'un poids fort léger.

Cette tourbe, sur laquelle l'action de journaux remplis de virulentes imprécations contre la France était toute-puissante, laissait éclater envers nous, prisonniers sans défense, ses ressentiments peu généreux, et manquait rarement l'occasion de nous provoquer par quelque insulte, et d'engager ensuite une lutte à coups de pierres ou corps à corps. Les habitants paisibles de la ville gémissaient de ces scènes dégoûtantes; mais ils étaient presque tous dans la crainte des ouvriers; ils redoutaient de passer pour mauvais patriotes; et c'était beaucoup, quand ils s'abstenaient de paraître approuver les perturbateurs.

Quelques familles, cependant, se trouvèrent amenées, par des circonstances particulières ou par de pressantes recommandations, à entretenir quelques relations avec certains d'entre nous; telles furent celles de MM. Lupton et Stratford, chez qui je fus introduit par un officier nommé Litner, charmant jeune homme récemment sorti de Saint-Cyr, avec qui je n'avais pas tardé à me lier, et qui, comme moi, venait de voir briser son épée par la fortune adverse. M. Lupton avait un fils et deux filles; M. Stratford, deux filles; il se réunissait, quelquefois, chez eux, des personnes de connaissance: et, en ce moment, une élégante de Londres, très grande amie des dames Lupton, Miss Sophia Bode, était en visite chez elles, visite qu'elle renouvelait tous les ans.

Mes occupations, auxquelles mon frère se joignait, mes amis, cette société... et j'étais parvenu à trouver le temps supportable, d'autant que ces dames étaient bien élevées, jolies et fort instruites. Elles faisaient des vers charmants, miss Jane Lupton surtout; elle en composa au sujet d'un moineau que j'avais apprivoisé, qu'elle avait malicieusement nommé Flora, du nom d'une petite épagneule appartenant à miss Harriet Stratford, et qui mourut au milieu de nos soins et de nos regrets.

Dans les révolutions fâcheuses de la vie, il n'y a, sans doute, rien de mieux à faire que de chercher les bons côtés des contre temps, et que de s'attacher à les rendre moins pénibles. C'est ce que j'avais réussi à effectuer à Thames; mais cet état de chose ne dura pas longtemps. Je rentrais, un jour, avec Litner, lorsqu'un ouvrier, passant près de moi, me heurta rudement à la poitrine. Je le poussai plus rudement encore, et il tomba. Il cria; des camarades vinrent à lui: des Français accoururent vers nous; une bagarre s'ensuivit à coups de pierres où j'étais si redoutable, à coups de poings, à coups de cannes ou de bâtons; et quand on parvint à nous séparer, des meurtrissures étaient faites, et le sang coulait depuis assez longtemps. Je n'avais pas perdu de vue mon agresseur, et je parvins à le traîner devant M. Smith, commissaire des prisonniers, à qui je demandai sa punition. Il me la promit; mais, au bout de quelques jours, il me dit qu'il n'y pouvait rien, qu'il fallait que l'affaire allât à Oxford, et il m'autorisa à m'y rendre pour porter plainte au procureur du roi.

Je crus voir que M. Smith, craignant le ressentiment des ouvriers, ne cherchait qu'à traîner l'affaire en longueur pour qu'elle s'éteignît d'elle-même.

Je n'en saisis pas moins, avec empressement, l'occasion d'aller voir Oxford, son Université, ses vingt-deux collèges, ses belles promenades, et Blenheim, qui l'avoisine, Blenheim, château fastueux, récompense nationale décernée à Churchill, duc de Marlborough, général de la reine Anne contre Louis XIV et dont les gigantesques proportions, un parc grandiose de huit lieues de tour, la profusion de tout ce qui peut flatter la vanité, forment le caractère distinctif.

Le magistrat me répondit qu'il ne pouvait entamer une action entre un Anglais et un prisonnier de guerre sans l'autorisation du Gouvernement. Cette justice qui, pour les affaires civiles, nous jetait hors du droit commun, me parut assez singulière dans un pays qui se prétend si impartial.

Je revins donc à Thames, sans solution, et je pressai de nouveau M. Smith. Comme son mauvais vouloir ne pouvait manquer de paraître en tout son jour, je lui en fis des reproches: une scène s'ensuivit; il me menaça même de voies de fait, et saisit une canne.

Aussi prompt que lui, je m'armais d'un poker [1], et le

---

[1] Petit pieu en fer dont on se sert pour attiser le feu de charbon de terre dans les cheminées anglaises.

défiai; sa femme, ses domestiques accoururent; je le défiai encore devant eux; je le traitai de misérable, et je sortis en lui disant que j'allais dresser une plainte contre lui, par devers le Transport Office qui, à Londres, est le bureau chargé du service des bâtiments-transports, auquel, pendant la guerre, on ajoute celui de la garde, de la surveillance, du soin des prisonniers.

Dans cette plainte que je revins bientôt remettre à M. Smith lui-même, pour qu'il l'expédiât au Transport Office, je demandais son renvoi, et toujours justice contre l'agresseur dans la bagarre. M. Smith s'offrit alors à me faire des excuses, dans son cabinet; mais je les exigeai en présence de dix prisonniers; nous ne pûmes nous accorder, et ma plainte partit. La réponse fut un nouvel acte de mépris du droit commun, car M. Smith reçut l'ordre de me donner une feuille de route pour un autre cautionnement, nommé Odiham, situé dans le Hampshire[1]; et si je n'étais pas parti dans les vingt-quatre heures, de me faire arrêter et conduire au ponton. Voilà, au moins, ce qui s'appelait parler; c'était du turc, c'était du despotisme bien franc, bien pur. On voit alors clairement ce que les gens entendent par justice; on se soumet, on les méprise, et l'on part. Telle est, en général, pourtant, l'Angleterre, ayant un Gouvernement machiavélique, qui ne recule devant aucun acte de mauvaise foi quand il le croit utile à ses intérêts; affligée d'une populace toujours prête à servir les plus mauvaises passions, et au milieu de tout cela, possédant des hommes du plus noble caractère, des militaires de la plus grande loyauté, des particuliers à qui aucune belle action n'est difficile.

Je crois que les prisonniers m'avaient un peu mis en avant en tout ceci; ils m'en récompensèrent par une espèce d'ovation publique, en me conduisant, en masse, jusqu'à l'extrémité du mille. Là, j'embrassai MM. Bruil-

---

[1] A trente-quatre kilomètres N.-E. de Winchester.

lac et Moizeau, si bons pour moi; mon sosie Puget, inconsolable de mon départ; l'affectueux Desbordes; l'excellent Vincent; l'aimable Chardin; ce cher M. Le Lièvre, qui me serrait dans ses bras avec le pressentiment que je ne le reverrais plus; mon frère, enfin, de qui on me séparait si brutalement, et, je les quittai tous, frappé au cœur d'abandonner des amis si éprouvés.

J'avais encore un sujet réel d'affliction. Je n'ai pas besoin d'expliquer qu'il s'agissait de mon nouvel ami Litner, ainsi que des familles Lupton, Bode et Stratford. Je leur avais fait mes adieux la veille; mais, à l'instant du départ, Litner, qui avait été appelé par elles, me remit quelques objets de souvenir à moi destinés, et qu'il en avait reçus le matin même. Puis, mystérieusement, il ajouta qu'il avait, en outre, obtenu de la jeune miss Harriet, aux beaux yeux bleus, au teint éblouissant, à la physionomie animée, à la taille divine, une boucle de ses admirables cheveux blonds qu'il mit entre mes mains, disant que j'étais un mortel bien heureux, et qu'il ne regretterait pas de quitter Thames, s'il pouvait en obtenir autant de miss Sophia.

L'impression que j'en éprouvai m'apprit, sur mon propre compte, plus que je n'en soupçonnais; et c'était, selon la saine raison, un vrai bonheur pour moi que mon départ, car je ne pouvais, sans folie, penser à me marier en ce moment; or, il ne devait y avoir aucune autre issue à cette passion naissante, si j'eusse continué à rester auprès de celle qui l'avait allumée, et qui paraissait la partager.

CHAPITRE II

Sommaire : J'arrive à Odiham, en septembre 1806. — La population d'Odiham. — Les prisonniers. — Je trouve parmi eux mon ami Céré. — Je suis l'objet de mille prévenances. — La Société philharmonique, la loge maçonnique, le théâtre des prisonniers, son grand succès. — La recherche de la paternité en Angleterre. — L'aventure de l'officier de marine français, Le Forsoney. — Ne pouvant payer la somme de 600 francs environ destinée à l'entretien de l'enfant mis à l'hospice, il allait être emprisonné. — Je lui prête la somme dont il avait besoin ; affectueuse reconnaissance de Le Forsoney, qui écrit à sa famille et ne tarde pas à s'acquitter vis-à-vis de moi — Une maxime de M. Le Lièvre, agent d'administration de *la Belle-Poule*. — En juin 1807, un amateur de musique, M. Danley, m'emmène secrètement passer une journée à Windsor. — Je vois, sur la terrasse du château, le roi Georges III, la reine, quatre de leurs fils, leur fille Amélie. — Le château de Windsor. — Nous rentrons à Odiham, où nul ne s'était douté de mon absence. — Je commets l'imprudence de raconter mon équipée à deux de mes camarades dans la rue, devant ma porte, sous les fenêtres d'une veuve qui, ayant été élevée en France, connaissait parfaitement notre langue. — La bonne d'enfants, Mary. — Le billet trouvé par la veuve. — Énigme insoluble expliquée par notre conversation. — Articles de journaux qui me donnent, à mon tour, une énigme à deviner. — Dénonciation au Transport Office. — L'écriture du billet à Mary, rapprochée de celle d'une lettre de moi à mon frère. — M. Shebbeare, agent des prisonniers, à Odiham, reçoit l'ordre de me faire arrêter sur-le-champ et partir le lendemain sous escorte pour les pontons de la rade de Chatham. — Mon indignation. — D'après les règlements j'étais seulement passible d'une amende d'une guinée, et encore à condition que quelqu'un se fût présenté pour réclamer cette guinée, comme prix de sa dénonciation. — Petit coup d'État de la police. — M. Shebbeare, agent des prisonniers à Odiham, ses excellents procédés à mon égard. — Il me laisse en liberté jusqu'au lendemain. — A l'heure dite, je me présente chez lui. — Il me remet entre les mains d'un agent de la police. — Les pistolets de l'agent. — Digression sur Rousseau, aspirant de 1re classe pris dans l'affaire de Sir T. Duckworth. — Son héroïsme. — Lettre qu'il avait écrite au Transport Office pour reprendre sa parole d'honneur. — Au moment où je quittais à mon tour Odiham, on venait de le conduire sur les pontons. — L'hôtel du Georges, la voiture à mes frais. — Je me sauve par la fenêtre de l'hôtel. — Mystification de l'agent aux pistolets. — Joie des prisonniers. — Hilarité des habitants. — La nuit close, je me rends dans une petite maison habitée par des Français. — J'y reste caché trois jours. — Une jeune fille de seize ans, Sarah Cooper, vient m'y prendre le soir du troisième jour, et elle me conduit par des voies détournées à Guilford, capitale du Surrey, distante de six lieues d'Odiham. — Dévouement de Sarah Cooper. — De Guilford une voiture me conduit à Londres, tandis qu'une autre ramène Sarah à Odiham. — Je descends à Londres à l'hôtel du café de Saint-Paul. — Dès le lendemain, grâce à des lettres que m'avait remises Céré et qu'il tenait d'une Anglaise, j'avais acheté un extrait de baptême ainsi que l'ordre d'embarquement d'un matelot hollandais nommé Vink, matelot sur *le Telemachus*, qui avait Hambourg pour lieu de destination. — Le capitaine, qui était seul dans le secret, m'autorise à rester à terre jusqu'au jour de l'appareillage. — Je passe trente et un jours à Londres, et je visite la ville et les environs. — Départ de Londres du *Telemachus*. — L'un des passagers, le jeune lord Ounslow. — Il me prend en amitié. — Les vents et les courants nous contrarient pendant cinq jours. — Nous atteignons Gravesend. — Au moment où *le Telemachus* partait enfin, un canot venant de Londres à force de rames, l'aborde. — Un agent de police en sort et demande M. Vink. — Mon arrestation. — Offres généreuses de lord Ounslow. — Je suis jeté à fond de cale dans le bâtiment où étaient gardés les malfaiteurs pris sur la Tamise. — J'y reste deux jours. — Affreuse promiscuité. — Plus d'argent. — Le canot du ponton *le Bahama*, de la rade de Chatham.

La population d'Odiham, beaucoup plus sédentaire que celle de Thames, était aussi moins malveillante, et les prisonniers s'y trouvaient bien moins mal. J'en rencontrais un assez grand nombre, absents de France depuis moins longtemps que ceux de Thames; ils étaient, pour la plupart, gais, aimables et ils s'efforçaient d'oublier leur position, en se réunissant fréquemment de manière à s'étourdir sur leur captivité, ou en employant agréablement leur temps. Ainsi ils avaient institué une société philharmonique, une loge de franc-maçonnerie et un théâtre. Je fus ravi d'être en si joyeuse compagnie, surtout lorsqu'à mon inexprimable bonheur j'eus appris que Céré, mon inséparable de l'Ile-de-France, mon inébranlable subordonné de *la Belle-Poule*, aujourd'hui mon égal par le malheur, que Céré, enfin, toujours mon ami, venant par le crédit de sa famille d'obtenir la faveur d'un cautionnement, était au nombre de mes nouveaux camarades. La correspondance établie entre les prisonniers des diverses villes avait instruit ceux de ma résidence actuelle de la persistance que j'avais mise dans la bagarre de Thames; il n'en fallut pas davantage pour me faire accueillir à Odiham avec enthousiasme. Je fus donc l'objet de mille prévenances; toutefois je ne voulus pas me départir de mon plan de travail; mais, en mesurant bien mon temps, il m'en resta encore assez pour faire face à tout. Je m'associai aux réunions philharmoniques où se comptaient des amateurs fort distingués. Je m'affiliai aux francs-maçons, mais, la vérité me force à le déclarer, leurs mystères et leurs cérémonies me frappèrent d'un ennui si complet que, depuis Odiham, il ne m'est plus jamais arrivé de désirer partager leurs travaux. Enfin je me lançai dans la carrière du théâtre. La salle avait été installée, décorée par les prisonniers, les acteurs, les actrices, — et il y en avait d'un talent très remarquable, — étaient aussi des prisonniers ; enfin costumes, mise en scène, musique, couplets, orchestre, composition ou arrangement des pièces, tout était notre ouvrage. C'était une source inépuisable d'occupation ; nous nous amusions beaucoup ; les Anglais en raffolaient ; il en venait même de Londres pour nous voir jouer, et, vraiment, c'était de très bon goût. L'heureux âge que celui où les chagrins les plus vifs fuient au seul aspect du plaisir.

Les lois anglaises sont prévoyantes à l'excès pour assurer l'existence des enfants nés hors du mariage : lorsqu'il en vient un au monde, la mère est interrogée par un magistrat et tenue de nommer le père. Dès lors celui qui est désigné, quel qu'il soit (et, une fois, une fille poussée à bout désigna le magistrat, lui-même, qui était loin de s'y attendre) ; dès lors, dis-je, cet homme est obligé, sous peine de prison, de payer soit une pension alimentaire, soit une somme, une fois comptée, d'environ 600 francs à l'hospice où l'enfant est placé. Peu après mon arrivée, un de nos officiers de Marine, nommé Le Forsoney, se trouva dans cette situation fâcheuse ; il n'avait pas les 600 francs, et la justice anglaise, qui s'était récusée quand il s'était agi de me venger d'un outrage, n'hésita pas à prononcer quand elle eut à sévir contre un autre prisonnier Le Forsoney allait donc être enfermé dans une maison de détention ; mais j'avais encore quelques réserves de l'Inde, et je le libérai. Il m'était souvent, et il m'est encore arrivé depuis, d'obliger des ingrats ou de perdre, en prêts d'obligeance, des sommes même considérables; mais, cette fois, le bienfait fut bien placé; il m'attira à un haut degré l'estime de mes compatriotes, la considération des Anglais, et Le Forsoney, qui en conserva une affectueuse reconnaissance et qui avait écrit à sa famille, ne tarda pas à se libérer envers moi. J'y comptais peu, cependant, avant notre retour en France; aussi avais-je mis en usage, à cette occasion, une noble maxime de l'expérimenté M. Le Lièvre, celle que, lorsqu'il était question de dettes entre camarades, il fallait prendre note non pas de ce que l'on prêtait, mais de ce que l'on devait; chose qui, au surplus, ne m'est jamais arrivée que pour des bagatelles ou de courts intervalles. Il est, en effet, fort peu de circonstances où un homme d'ordre, de cœur et de prévoyance ne puisse se suffire à lui-même. Cette aventure acheva de me mettre en vogue dans le pays; elle me fut fort utile dans une position très pénible où je ne tardai pas à me trouver, et où, à côté de beaux sentiments, il y eut, comme à l'ordinaire, de l'envie, de la jalousie dont je devins la victime; car, à tout prendre, ici comme partout, le bonheur n'est pas dans l'éclat, et il s'attache rarement à ceux qui sont le plus en évidence.

Un amateur anglais, M. Danley, qui faisait souvent sa partie dans nos concerts, me rechercha beaucoup depuis ce moment. Il me dit un jour qu'il avait le projet d'aller le lendemain à Windsor, ville située à neuf lieues d'Odiham, où se trouve un château royal, et il m'offrit de se charger de moi, si je voulais n'en parler à personne. Je me gardai bien de refuser, et nous partîmes. La famille royale se trouvait alors à Windsor: Georges III régnait. Sur la belle terrasse où affluaient les spectateurs, il se promena avec la reine, avec cinq de ses fils (le prince de Galles et le duc de Sussex étaient absents) et avec une de ses filles nommée Amélie, une des plus jolies femmes qui aient jamais existé, et que, peu d'années après, une courte maladie enleva à l'admiration de l'Angleterre[1] Les quatre princes étaient des hommes superbes. La cour était fort brillante, les troupes en tenue parfaite, les chevaux de toute beauté, les équipages resplendissants, la musique des régiments excellente. Nous vîmes une grande partie des appartements pendant que la famille royale assistait au service divin du matin; nous visitâmes les jardins, le parc, la forêt, les chasses, les meutes; nous allâmes voir la magnifique église, où nous assistâmes à l'office du soir, célébré avec de très belles voix; enfin nous revînmes à Odiham extrêmement contents de notre journée, et ayant si bien pris nos mesures que nul ne se douta de mon absence. Mais la jeunesse est indiscrète : j'étais arrivé à Odiham en septembre 1806 ; j'avais fait la partie de Windsor en juin 1807, et j'avais gardé mon secret jusqu'au mois de septembre suivant. C'était beaucoup; mais quoique Danley, alors, ne pût plus être inquiété, pour ce fait, ce n'était pas assez. Surtout, ce qu'il fallait éviter, c'était de faire mes confidences dans la rue, en rentrant chez moi, un soir, accompagné de deux de mes camarades et achevant de leur raconter tous les détails de mon voyage, arrêté avec eux devant ma porte, sous les croisées des maisons voisines.

Une veuve qui, ayant été élevée en France, en entendait parfaitement le langage, était alors sans lumière derrière les jalousies de sa chambre, où elle respirait l'air frais de la soirée. Placée immédiatement au-dessus de notre tête, elle ne perdit pas un mot de notre conversation. Depuis quelque temps on lui avait rapporté qu'une charmante bonne d'enfants de sa maison, nommée Mary, chargée de promener souvent les siens, avait été vue plusieurs fois

[1] En 1807, Georges III avait sept fils, le prince de Galles, plus tard Georges IV, le duc d'York, le duc de Clarence, le futur Guillaume IV, le duc de Kent, père de la reine Victoria, le duc de Cumberland qui devint en 1837 roi de Hanovre sous le nom d'Ernest-Auguste, le duc de Sussex, le duc de Cambridge.

avec moi, causant en divers endroits ; elle avait encore su que j'avais été chez elle, un soir qu'elle assistait à notre spectacle, après une pièce où j'avais joué, et pendant la suivante où je n'avais pas de rôle : finalement, elle avait surpris un billet, non signé, il est vrai, mais où il était dit à Mary : « Demain, j'aurai le chagrin de ne pas vous voir, mais je verrai votre roi. » Ç'avait été pour la veuve une énigme qui lui fut dévoilée par mon voyage à Windsor, et aussitôt elle conçut le projet d'une infernale vengeance : heureusement que je n'avais compromis que moi dans mes discours et que je n'avais pas poussé l'imprudence jusqu'à dire que j'avais été emmené par un Anglais.

Mon tour vint bientôt d'avoir une énigme à expliquer. Je vis, en effet, à très peu de jours de là, un article dans les journaux informant le public qu'un étranger fort suspect, ayant des projets criminels contre le roi d'Angleterre, avait osé pénétrer jusque dans son château de Windsor, qu'il s'était mêlé à la foule quand elle entourait la famille royale, lors de sa promenade sur la terrasse, mais que la police tenait les fils de cette intrigue, et que, sous peu, cet audacieux étranger serait probablement arrêté. Excepté les vues d'un conspirateur, je reconnus aussitôt ce qui m'était relatif dans ce récit, mais, ignorant, ce que j'ai su depuis de la vindicative veuve, je ne pus lier les faits entre eux, et j'abandonnai cette idée. D'abord, aussi, j'avais cru avoir laissé, à notre hôtel de Windsor, quelque chiffon de papier, quelques lignes de mon écriture ; je voulais même ne plus écrire à mon frère, de ma propre main, pour ne pas fournir ce moyen de conviction au Transport Office, qui lisait toutes nos lettres ; mais je renonçai également à ce dessein.

Je continuai donc, avec mon frère, ma correspondance comme à l'ordinaire ; c'était pourtant ce que le Transport Office attendait ; la veuve m'avait dénoncé d'une manière indigne ; à l'appui de sa relation envenimée, elle avait joint le billet surpris. L'écriture en fut confrontée avec ma première lettre à mon frère, et un ordre fut aussitôt lancé à M. Shebbeare, agent des prisonniers à Odiham, de me faire arrêter sur-le-champ et de me faire partir, le lendemain, sous escorte, pour les pontons de la rade de Chatham. C'était la punition infligée à ceux d'entre nous qui quittaient le cautionnement pour rompre leur parole en cherchant à se rendre en France.

Lorsque nous nous écartions des limites du mille accordé, ou que nous sortions en dehors des heures autorisées et seulement dans un but de promenade, nous étions passibles d'une amende d'une guinée. Ce cas-ci était bien le seul qui me fût applicable; encore eût-il fallu que l'on m'eût arrêté, et que quelqu'un se fût présenté pour réclamer la guinée; mais la police, en Angleterre comme partout, voulait se rendre importante et se faire valoir; on préféra un petit coup d'État, et, sans que je fusse entendu, sans justification ni explications possibles, la dénonciation porta tous ses fruits.

Bien différent de M. Smith, M. Shebbeare était un homme de bonne éducation qui me plaignit, me consola beaucoup, s'engagea à s'employer pour me faire revenir au cautionnement, et qui, sous sa responsabilité, poussa la complaisance jusqu'à me laisser, comme auparavant, en liberté pour faire mes apprêts de départ. Le cautionnement était bouleversé; les Français étaient indignés; les Anglais blâmaient hautement l'autorité; Mary, quittant sa veuve et retournant dans son pays, courait dans les rues comme une insensée; plusieurs maisons me furent offertes pour me cacher; mais je ne pouvais tromper M. Shebbeare, envers qui je m'étais lié, et, le lendemain, à l'heure convenue, je me rendis chez lui. Il me remit entre les mains d'un agent de la police, qui s'assura que je n'avais pas d'armes sur moi, me montra ses pistolets, les chargea en ma présence, et me dit poliment qu'à l'hôtel du Georges il y avait une voiture, à mes frais, laquelle l'attendait pour me conduire au ponton!

Avant de parler de mon départ d'Odiham, je dois dire que ce cautionnement venait de perdre un des plus utiles soutiens de nos réunions, Rousseau[1], aspirant de 1re classe, pris dans l'affaire de l'amiral Duckworth, où il s'était fait remarquer par sa valeur. Quelque temps auparavant, il avait proposé de se dévouer, pour aller, de nuit, à la nage, attacher sous la poupe d'un vaisseau anglais, mouillé en observation devant un de nos ports, un appareil qui devait l'incendier ! Le départ inattendu de ce vaisseau avait seul empêché l'exécution de cet audacieux projet. La mère de Rousseau était veuve ; ses lettres indiquaient un chagrin profond, que rien, si ce n'est le retour de son fils, ne pouvait alléger ; et celui-ci, retenu par sa parole d'honneur, nourrissait depuis longtemps, pour revoir sa mère, sans manquer à ses engagements, le plan d'une résolution que son âme héroïque mit enfin à exécution. Il écrivit au Transport Office les motifs sacrés qu'il avait de retourner en France, et il acheva sa lettre en déclarant qu'il retirait sa parole d'honneur, et que si, sous huit

---

[1] Louis-Jean-Marie-Népomucène Rousseau, né à Angerville, près d'Étampes, le 18 avril 1787, appartenait à une très honorable famille de l'Orléanais. Il entra dans la Marine en qualité de novice, vers le milieu de l'an XII, à l'âge de seize ans, et devint successivement aspirant de 2me, puis de 1re classe. Lorsque, le 13 décembre 1805, la division du contre-amiral de Leissègues réussit à tromper la vigilance de la croisière anglaise et à sortir de Brest, Louis Rousseau était embarqué sur un des vaisseaux de cette division, l'*Alexandre*, commandant Garreau. Doué d'une grande intelligence et d'une merveilleuse énergie, le jeune aspirant vit sa carrière brisée par le combat du 6 février 1806, dans lequel il se signala, du reste, par sa valeur. Prisonnier avant d'avoir atteint l'âge de dix-neuf ans, il fit vingt-deux tentatives d'évasion, dont M. de Bonnefoux raconte quelques-unes, d'une audace singulière. Nous aurons l'occasion de retrouver la belle et attachante figure de Louis Rousseau. Son fils, Armand Rousseau, inspecteur général des Ponts et Chaussées, né à Tréflez (Finistère), le 21 août 1835, mort gouverneur général de l'Indo-Chine, à Hanoï, le 10 décembre 1896, tenait de lui « son imagination ardente, son caractère entreprenant et énergique, et ce courage qui ne reculait devant aucune tâche et n'en entreprenait aucune sans espérer la mener à bien ». M. C. Colson, ingénieur en chef des Ponts et Chaussées, le constate avec raison dans sa *Notice sur la vie et les travaux d'Armand Rousseau* (*Annales des Ponts et Chaussées*, 1er trimestre 1897).

jours, il n'était pas arrêté et conduit au ponton, d'où il espérait s'évader et d'où il le pourrait sans parjure, il se regarderait comme entièrement dégagé et quitterait le cautionnement. En réponse à cette admirable déclaration, le Transport Office demanda si Rousseau persistait, et, d'après sa réponse affirmative, il fut dirigé sur les pontons de la rade de Portsmouth. Je ne connais pas de plus touchant exemple de tendresse filiale, de courage et d'honneur.

Cependant mon garde, avec ses pistolets, me conduisit gravement à l'hôtel du Georges. On attelait la fatale voiture, et quelques camarades m'y attendaient. Je mangeai un morceau avec eux ; nous bûmes le verre des adieux, et j'allai en régler le compte dans le cabinet de la maîtresse de l'hôtel. Le susdit garde, se confiant, sans doute, en la toute-puissance de ses pistolets, ne m'y suivit que de l'œil. La maîtresse ne s'y trouvait pas, ce qu'on ne pouvait voir que lorsqu'on était entré, car le comptoir était derrière la porte. Une croisée, donnant sur un jardin était à côté du comptoir, je l'ouvre, je saute, je franchis le jardin, une haie, puis un pré, j'entre dans un fossé que je parcours à quatre pattes et qui me conduit assez loin ; je pénètre, ensuite, dans un taillis, le traverse ; enfin, je me blottis dans un nouveau fossé garni, des deux côtés, d'une haie pour ainsi dire impénétrable. Un quart d'heure, au moins, s'écoula avant que l'on se fût bien assuré de mon évasion. Grandes furent la mystification du garde avec ses pistolets, la joie des prisonniers, l'hilarité des habitants, et les perquisitions de la police. Agents, mouchards, constables, gens à pied, gens à cheval, guetteurs, chiens même, furent lancés après moi, mais inutilement.

J'attendis la nuit close ; alors je sortis de ma retraite, et regardai, comme l'asile le plus sûr, une petite maison du cautionnement, habitée par quelques Français et située sur les confins de la ville ; j'y fus reçu avec attendrissement. On commença par m'y restaurer le corps, puis on s'occupa de me pourvoir de quelques effets, car ma malle avait été saisie. Ensuite on alla aux enquêtes pour savoir quelle était la route la plus prudente à prendre ; car mon signalement avait été donné partout, et les chemins étaient soigneusement surveillés. Céré et Le Forsoney furent les seuls des autres prisonniers que je fis informer du lieu où j'étais ; ils s'employèrent avec zèle et intelligence à m'en faire sortir. Pendant trois jours il fut impossible de songer à mettre les pieds dehors ; ce ne fut qu'au bout de ce temps qu'à la faveur de quelques bruits jetés dans le public que j'avais été vu à Winchester, ville voisine, puis sur la route de Douvres, que les poursuites commencèrent à s'affaiblir dans les environs d'Odiham. Enfin, un soir, je vis arriver une jeune personne de seize ans, nommée Sarah Cooper, dont j'avais fait la connaissance chez sa mère, marchande de gâteaux, et qui me dit qu'ayant été instruite du lieu de ma retraite par MM. Céré et Le Forsoney, elle accourait pour m'offrir ses services ; elle ajouta que ces Messieurs m'attendaient sur la route pour me faire leurs adieux, et qu'elle se chargeait de me conduire à Guilford, capitale du Surrey, d'où nous n'étions qu'à six lieues, dont elle connaissait le chemin par des voies détournées, et qui se trouvait dans la direction où il y avait, pour moi, le plus de chances de salut. Je demandai à Sarah si sa mère connaissait son projet ; elle me répondit qu'elle en serait instruite à dix heures du soir, qu'elle serait certainement enchantée de la bonne œuvre projetée, mais qu'on ne lui en parlerait pas avant que notre départ ne fût consommé, de peur que, par crainte, elle ne vît mal les choses en ce moment, tandis que, ce départ effectué, il ne lui resterait plus que son approbation à donner, et que cette approbation était sûre ; je dis alors à Sarah, que je pensais qu'il pleuvrait pendant la nuit ; elle répliqua que peu lui importait ; enfin j'objectai cette longue course à pied, sa toilette et sa capote blanches, car c'était un dimanche, et elle leva encore cette difficulté en prétendant qu'elle avait du courage et que, dès qu'elle avait appris qu'elle pouvait me sauver, elle n'avait voulu ni perdre une minute pour venir me chercher, ni rentrer chez elle pour changer de costume, dans le doute d'y être retenue par quelque obstacle imprévu. Je n'avais plus un mot à dire ; car, pendant qu'elle m'entraînait, d'une de ses petites mains elle me fermait gracieusement la bouche, de l'autre, elle se mit à mon bras, me conduisit d'abord vers Céré et Le Forsoney, qui me serrèrent sur leur poitrine, me dirigea ensuite avec autant de gentillesse que de présence d'esprit, essuya en riant, sous l'abri d'un arbre, une averse d'une heure, et m'installa enfin dans un bon hôtel de Guilford où nous arrivâmes au point du jour. Une historiette de sa composition, fort bien racontée par elle, suffit, avec quelques démonstrations de bourse bien garnie, pour nous faire bien accueillir ; car, dans ce pays d'Angleterre, les entraves, les passeports, sont choses presque inconnues aux voyageurs, de quelque nation qu'ils soient.

Après quelques moments de repos bien nécessaires, surtout pour Sarah, nous prîmes un bon déjeuner, nous demandâmes deux voitures, l'une pour Londres, l'autre pour ramener ma libératrice à Odiham, et, embrassant, les larmes aux yeux, cette charmante et bien généreuse enfant, je la quittai, mais non sans la plus grande émotion. Nous nous regardâmes longtemps par la portière ; mais les chevaux nous emportaient ; bientôt nous ne vîmes plus que nos mains se disant un pénible adieu, puis l'extrémité de nos voitures réciproques ; puis quelque poussière qui s'élevait à leur suite, puis, enfin, plus rien ! J'arrivai à Londres ; j'y descendis à l'hôtel du Café de Saint-Paul.

J'avais reçu de Céré diverses lettres, adresses, recommandations, qu'il tenait d'une bienveillante Anglaise, et qui me furent si utiles à Londres, que, dès le lendemain, j'avais fait l'acquisition d'un extrait de baptême, ainsi que de l'ordre d'embarquement d'un Hollandais, appelé Vink, qui allait entrer en fonctions, comme marin, sur le navire *le Telemachus*, destiné pour Hambourg, et que je fus accueilli, en son lieu et place, à bord de ce bâtiment. toutefois, comme je ne parlais pas hollandais, le capitaine, qui était seul dans le secret, m'autorisa à rester à terre jusqu'au jour de l'appareillage.

Je quittai alors mon hôtel et je me logeai dans Mansel-Street, quartier bien moins brillant.

Le bâtiment n'étant point prêt, je fus forcé de passer trente et un jours à Londres ; et comme j'y restai en pleine sécurité, voyant tout, visitant tout, allant partout, même dans les environs, à Greenwich, par exemple, à Chelsea, à Kensington, à Dalston, je fus loin d'en être fâché. Enfin nous partîmes de Londres : le jeune lord Ounslow, l'un de nos passagers, me remarqua sous les habits de marin dont je m'affublai pour le bord, et me parla. Je lui répondis, en anglais, que je venais des Indes Orientales, que mes parents m'avaient fait élever à Pondichéry, et que, parlant mieux le français et l'anglais que le hollandais, je le priai de causer avec moi, non plus en hollandais, mais dans l'une des deux autres langues. Il fut aise d'avoir cette occasion de s'exercer au français, qu'il possédait pourtant fort bien, et c'est ainsi que nous nous entretenions. Il était jeune, communicatif, confiant ; il ne mit pas ma fable en doute, me supposa de quelque bonne famille hollandaise que j'allais rejoindre ; et il eut, malheureusement, le temps de s'attacher beaucoup à moi, puisque les vents et les courants nous contrarièrent pendant cinq jours et nous contraignirent à laisser tomber, plusieurs fois, l'ancre, en descendant la Tamise.

Nous n'avions ainsi atteint que Gravesend ; pendant la marée montante, M. Ounslow et moi, nous étions allés nous promener à terre. Nous revînmes pour la marée descendante, car le vent était devenu bon, et *le Telemachus* était même occupé à mettre sous voiles. Nous partions enfin, lorsqu'un canot léger, venant de Londres à force de rames, nous aborde; il en sort un agent de police qui demande M. Vink; malgré mes efforts et ceux du capitaine, malgré les réclamations énergiques du jeune lord, il fallut céder; il fallut quitter *le Telemachus* ainsi que l'affectueux compagnon de voyage que le ciel m'avait donné, et qui s'offrit, quand il eût connu ma position, à me cautionner de sa fortune pour me sauver du ponton, et à ne pas poursuivre son voyage pour chercher à me dégager; mais il lui fut bientôt démontré que c'était tout à fait impossible. Vraiment ce monde est un dédale inextricable: je suis trahi, dénoncé, vendu à Londres par le véritable Vink que j'avais grassement payé; et, au même moment, le généreux Ounslow, qui me connaissait à peine, qui ne me devait rien, voulait tout sacrifier pour moi. Quelle douce consolation dans un revers si accablant!

Le Telemachus continua donc sa route; et moi, je fus jeté à fond de cale dans le bâtiment qui recélait les malfaiteurs pris en flagrant délit sur la Tamise. J'y restai deux jours, dans la vermine, au milieu des ordures, nourri des aliments les plus grossiers, ayant sous les yeux la plus dégoûtante dépravation; aussi, lorsqu'on vint me dire qu'un canot du ponton, *le Bahama*, de la rade de Chatham[1], était venu me chercher, je partis pour ma nouvelle prison, comme si c'avait été un lieu de délivrance! Mais je n'en étais pas moins prisonnier; et, pour comble de malheur, mes finances étaient à bout; ainsi, sans argent, puni sans être entendu ni jugé, éloigné de toutes connaissances, souillé par le contact immonde des malfaiteurs, privé de ma liberté, condamné au ponton, je m'écriai plus de cent fois, avant d'arriver à bord du *Bahama*: « Maudits mille fois, l'ignoble Hollandais, l'inique justice anglaise, la vindicative veuve, l'étourdi voyage de Windsor, et la sotte démangeaison d'en parler! »

[1] Chatham. Ville, port et arsenal d'Angleterre, comté de Kent, sur la Medway, à 17 kilomètres de son embouchure.

CHAPITRE III

Sommaire : *Le Bahama*. — Rencontre de Rousseau évadé du ponton de Portsmouth, repris au milieu de la Manche et conduit sur *le Bahama* trois jours auparavant. — Façon dont les prisonniers du *Bahama* accueillaient les nouveaux arrivants : « Il filait 6 nœuds ! avale ça, avale ça ! » Cette mystification nous est épargnée à Rousseau et à moi. — Chatham et Sheerness. — Cinq pontons mouillés sur la Medway, entre Chatham et Sheerness, sous une île inculte et vaseuse. — Description détaillée du ponton. Cette description se passe de commentaires. — La nourriture; l'habillement. — Les lieutenants de vaisseau qui commandaient les pontons étaient, en général, le rebut de la Marine anglaise. — La garnison du ponton. — Les officiers de corsaires à bord des pontons; il y en avait une trentaine sur *le Bahama*. — Leur poste près de la cloison de l'infirmerie. — Rousseau y avait été admis. — L'antipathie violente des officiers de corsaires pour les officiers du « grand corps ». — La majorité décide, cependant, qu'on m'accueillera. — La minorité se venge en m'adressant des lazzis. — Mon explication courtoise, mais ferme, avec l'un des membres de cette minorité, Dubreuil. — Je m'en fais un ami. — La masse des prisonniers veut m'astreindre aux corvées communes. — Je refuse. — Mon grade doit être respecté. — Des menaces me sont faites; mais la majorité ne tarde pas à se ranger de mon côté. — Première tentative d'évasion. — Les soldats anglais nous vendent tout ce que nous voulons. — Le projet des barriques vides. — Rousseau, inventeur du projet. — Les cinq prisonniers dans les cinq barriques. — Rousseau, moi, Agnès, Le Roux, officiers de corsaires, le matelot La Lime. — Les cinq barriques sont hissées de la cale et placées dans une allège avec les autres destinées à renouveler la provision d'eau du *Bahama*. — Le vent et la marée contrarient l'allège; elle n'entre pas dans le port ce jour-là et est obligée de mouiller à mi-chemin. — L'équipage de l'allège va coucher à terre. — La Lime, dont la barrique avait été mise par erreur au fond de la cale, nous appelle. — Le petit mousse laissé à bord. — Il donne l'éveil. — Nous sommes pris. — Ramenés au ponton. — Dix jours de black-hole. — Le black-hole est un cachot de 6 pieds seulement dans tous les sens où l'air ne parvient que par quelques trous ronds très étroits. — La punition supplémentaire de la réduction à la demi-ration jusqu'à réparation complète des dégâts. — Conduite honteuse de l'Angleterre. — L'esprit de solidarité des prisonniers. — Seconde tentative d'évasion. — A ma grande joie, ma malle m'arrive d'Odiham. — Je réalise une dizaine de guinées en vendant ma montre et divers effets. — Un certain nombre de prisonniers âgés et paisibles sont envoyés dans une prison à terre. — Rousseau, moi, et deux autres, nous nous substituons à quatre d'entre eux en leur payant leurs places et en nous grimant ; nous espérons nous évader en route.

— Nous partons. Le lendemain, le roulage fait une réclamation à l'occasion de ma malle. — Un appel sévère a lieu. On nous ramène Rousseau et moi au ponton. — Les deux autres s'évadent et arrivent en France. — Ma malle m'avait perdu. — Trois matelots de Boulogne, récemment faits prisonniers, sont embarqués sur *le Bahama*. Ils préparent sans tarder leur évasion. — Ils font un trou à fleur d'eau en avant de l'une des guérites qui avoisinaient la proue. — Ils se jettent dans l'eau glacée, un soir de décembre. L'un d'eux avait des obligations envers M. de Bonnefoux, préfet maritime de Boulogne. Il me propose de m'emmener et jure de me conduire à terre. Je crains de les perdre et je refuse. — Le trou appartenait à tous un quart d'heure après leur départ. — Un tirage au sort avait eu lieu. Rousseau avait le n° 5. — Le n° 2 manque périr de froid et crie au secours. — Il est remis à bord par les Anglais. — Le cadavre du n° 1 paraît le lendemain, à marée basse, à moitié enfoui dans les vases de l'île; le malheureux était mort de froid. — Le commandant du ponton n'a pas honte de le laisser à cette même place jusqu'à ce qu'il tombe en putréfaction. — Quant aux trois Boulonnais, ils se sauvent et rentrent dans leurs familles. — Le lieutenant de vaisseau Milne, commandant du *Bahama*. — Ses goûts crapuleux. — A deux reprises, le feu prend dans ses appartements pendant des orgies. — La seconde fois, l'incendie se propage rapidement. — Dangers graves que courent les prisonniers enfermés dans la batterie. — Milne, en état d'ivresse, ordonne aux troupes de faire feu sur nous en évacuant les meurtrières, si le feu se propage jusque-là. — Heureusement l'incendie est éteint. — Grave querelle parmi les prisonniers. — L'officier de corsaire Mathieu blesse un soldat prisonnier qui l'insulte et prend du tabac malgré lui dans sa boutique. — Nous réussissons, non sans peine, à faire évader Mathieu par l'infirmerie. — Compromis qui intervient. — Le tribunal arbitral dont je suis le président. — La séance du tribunal. — Scène burlesque. — La sentence. — L'ordre se rétablit.

La première figure qui frappa mes regards en arrivant à bord du *Bahama*, fut celle de Rousseau, du Rousseau d'Odiham, que je croyais à Portsmouth et qui se jeta dans mes bras dès que je fus sur le vaisseau : « — Vous ici ? — Oui, moi ici ! — Vous étiez à Portsmouth ? — Évadé, repris au milieu de la Manche, et conduit ici depuis trois jours ! — On s'évade donc d'ici ? — Oui, quand on a du courage ! — On est donc heureux ici ? — Oui, répéta-t-il, mais quand on a du courage ! — Eh bien, nous serons heureux ! » — Il n'y avait là que quatre ou cinq phrases entrecoupées ; mais elles changèrent toutes mes idées ; elles rassérénèrent mon esprit ; elles soulagèrent mon cœur ; je pris un air riant ; et, sentant à mes côtés un ami ferme, instruit, intrépide, frappé du doux espoir d'une prompte liberté, je vis tout, autour de moi, sous un jour moins sombre que je ne m'y étais préparé. Les prisonniers du *Bahama* avaient une manière, qu'ils trouvaient fort divertissante, d'accueillir les nouveaux arrivants : ils les entouraient poliment, comme pour s'enquérir de nouvelles, les questionnaient longtemps avec beaucoup de sérieux, leur faisaient raconter comment ils avaient été pris, et finissaient par leur demander combien leur bâtiment filait de nœuds (faisait de chemin) à l'instant où il avait succombé ; l'interrogé répondait, par exemple, « 6 nœuds ! » alors, ils se regardaient entre eux et se disaient dix ou douze fois les uns aux autres : « Monsieur filait 6 nœuds ; ah, Monsieur filait 6 nœuds ! Il n'est pas possible que Monsieur filât 6 nœuds ; mais comment se fait-il que Monsieur filât 6 nœuds ? » et ainsi de suite. L'arrivant affirmait, insistait, protestait, prouvait ; enfin l'on paraissait convaincu, et la scène finissait par une explosion de cris : « Il filait 6 nœuds, avale ça, avale ça ! » qui se répétaient, retentissant avec fracas, autour du patient, partout où il portait ses pas, et qui duraient, quelquefois, jusqu'à la fin du jour. C'était une mystification, ou, comme vous diriez, à Saint-Cyr, une brimade, assez innocente, en elle-même, mais fort vexante en réalité. Toutefois elle fut épargnée à Rousseau, et par suite à moi, comme provenant l'un et l'autre d'une évasion, et, par conséquent, comme ayant déjà subi les dures étreintes de la prison.

Chatham et Sheerness[1], qui en est fort près, sont deux ports qui n'en forment, pour ainsi dire, qu'un. C'est un des arsenaux les plus considérables de l'Angleterre, et il est situé sur la Medway, rivière qui, devant Sheerness, se perd dans la Tamise. Entre Chatham et Sheerness, est une petite île qui partage la Medway en deux branches. Cinq pontons étaient mouillés sous cette île qui est inculte et

[1] A 16 kilomètres E. N. E. de Chatham.

vaseuse ; mais les bords opposés de la Medway sont encaissés par de jolis coteaux, de sorte qu'à quelque distance la vue avait, au moins, à se reposer sur des sites assez agréables : voilà pour le pays qui nous avoisinait ; parlons actuellement du lieu que nous habitions ; je veux dire le ponton.

Un ponton était un vieux vaisseau, n'ayant qu'une mâture suffisante pour servir à soulever ou embarquer des fardeaux, peint extérieurement d'une manière lugubre, ayant les ouvertures des sabords grillées, installé en prison, et presque entouré, à fleur d'eau, d'une galerie extérieure surmontée de six guérites pour autant de sentinelles, qui étaient armées de fusils chargés, à l'effet de prévenir les évasions, surtout pendant la nuit. Un petit radeau, sur lequel était encore une sentinelle, se trouvait placé au bas de l'escalier ; c'était là qu'accostaient quelques marchands de tabac, de savon, de comestibles, et qu'on permettait à un prisonnier, à la fois, d'aller faire ses emplettes.

Près de la partie centrale de la seconde batterie, était ménagée une sorte d'enceinte découverte, d'une quarantaine de pieds de longueur sur autant de largeur, appelée parc. Les prisonniers pouvaient y prendre l'air pendant le jour ; toutefois, lorsqu'il faisait beau, on permettait, quelquefois, à six d'entre eux, d'aller se promener sur la petite partie du pont nommée gaillard d'avant. Le parc, dominé par les corridors appelés passavants, était, ainsi que le gaillard d'avant, lorsqu'il y avait promenade, l'objet d'une stricte surveillance.

Le jour, les mantelets ou volets des sabords étaient levés, ce qui donnait lieu à des courants d'air fort vifs, fort humides, fort dangereux ; la nuit, les sabords étaient fermés, et l'on étouffait. On a vu des sergents s'évanouir quand, au matin, ils ouvraient, sans prendre de précautions, la trappe par où l'on communiquait du parc aux batteries.

La partie de l'avant de la première batterie était disposée en infirmerie ou hôpital ; c'est-à-dire que les sabords y étaient garnis de châssis vitrés, et qu'il s'y trouvait des petits lits en fer ; car, pour qu'on occupât moins d'espace, on faisait coucher dans des hamacs les prisonniers bien portants.

A l'exception du parc, la seconde batterie était réservée, ainsi que la dunette qui la surmonte vers la poupe, pour nos gardes et pour leurs officiers ; les cuisines s'y trouvaient aussi ; or, comme il y avait, par vaisseau, de sept à huit cents prisonniers, on doit voir dans quelle gêne ils devaient être, puisqu'ils n'avaient pour tout espace que la première batterie (moins l'hôpital qui en enlevait le tiers), et l'entrepont, qui est situé entre la cale et la première batterie. Les hommes d'une taille un peu élevée ne trouvaient ni dans cette batterie ni dans l'entrepont assez de hauteur pour se tenir debout. Les lieux d'aisance étaient dans ces deux mêmes vastes salles, mais n'en étaient séparés par aucune porte ni cloison ; enfin la première batterie et l'entrepont étaient bornés, vers la poupe, par une forte muraille en planches percée de meurtrières, afin que, du réduit ainsi formé, nos gardes pussent nous épier et, au besoin, faire feu sur nous. Dans l'hiver, le froid y était excessif pendant le jour, et jamais notre local n'était chauffé.

Je n'accompagne d'aucune réflexion ces descriptions, qui suffisent sans doute pour saisir d'horreur à la simple lecture. Il est, en effet, difficile d'imaginer un supplice plus rigoureux ; il est cruel de l'établir pour un temps indéfini, d'y soumettre, enfin, les prisonniers de guerre qui méritent beaucoup d'égards, et qui sont incontestablement les innocentes victimes des chances de la fortune! Les pontons ont laissé de longues traces dans l'esprit des Français qui y ont survécu ; un ardent désir de vengeance a longtemps couvé dans leurs cœurs ;

aujourd'hui même[1], que de longs rapports de paix ont établi tant de sympathie entre les deux nations, alors ennemies, je doute que, si l'harmonie venait à être troublée entre elles, le souvenir de ces lieux horribles, dont l'établissement fut la honte de l'Angleterre, n'éveillât encore d'âpres ressentiments, de vifs mouvements de courroux chez ceux qui furent condamnés à les habiter, ou seulement qui ont entendu, de leurs parents, le récit des maux qu'ils y ont soufferts.

Du pain noir, de très mauvaise qualité, point de bière, de vin, ni de liqueurs spiritueuses; de mauvaise eau; quelquefois un peu de viande fraîche simplement bouillie; ordinairement du poisson et des vivres salés; telle était notre nourriture! Une grosse chemise, un pantalon, une veste, un gilet en grossier drap jaune, un bonnet de laine, tel était notre costume. Cependant on permettait, à ceux qui avaient quelque argent, de se nourrir, de se vêtir un peu moins mal; mais c'était l'infiniment petit nombre; d'ailleurs, l'agent supérieur des pontons, qui se faisait délivrer les sommes que l'on pouvait avoir sur soi en entrant, ou qu'on nous envoyait de France, ne nous en remettait que de faibles portions à la fois, et à des intervalles éloignés.

Il me reste à faire observer que les pontons étaient commandés par des lieutenants de vaisseau qui, en général, étaient le rebut de la Marine anglaise; ils avaient sous leurs ordres quelques vieux maîtres, et quelques matelots âgés, pour le service des embarcations ou de la propreté, et une centaine de militaires de l'infanterie de marine, y compris leurs officiers.

Les capitaines des bâtiments de commerce et des corsaires pris par les Anglais avaient la faveur du cautionnement; mais les officiers de ces bâtiments subissaient le ponton. *Le Bahama* contenait une trentaine de ceux-ci,

[1] En 1835.

provenant des corsaires des Antilles. Peu d'hommes eurent jamais plus d'énergie, plus de courage. Leurs mœurs maritimes mêlées de générosité et de cruauté, suivant les occasions, leur mépris de la mort, les rapprochaient des anciens flibustiers, une espèce d'hommes si remarquable, tantôt sublimes, tantôt féroces, quelquefois admirables d'humanité, d'autres fois se vautrant dans le crime, comme à plaisir. Ils s'étaient réunis dans un coin du ponton, vers la cloison de l'infirmerie; ils y avaient accueilli Rousseau; mais c'était plus difficile pour moi, car j'étais officier de ce que, par ironie, ils appelaient « le grand corps ». Il fut pourtant décidé qu'on se gênerait un peu pour moi et qu'on m'inviterait à prendre place dans ce poste.

Toutefois la minorité voulut me faire acheter cette politesse par de piquants lazzis. J'ignorais cette disposition d'esprit; mais j'en devinai bientôt une partie; en conséquence, coupant court à tout, j'allai droit à Dubreuil, l'un de ces officiers, qui m'avait le plus blessé, et je lui parlai avec tant de politesse et de fermeté que, ce même soir, le farouche marin me dit : « Je t'ai d'abord tutoyé parce que je te méprisais, actuellement je continue, par ce que je désire être ton ami. » Je lui rendis son tutoiement; j'acceptai son amitié, et cette amitié fut ensuite cimentée par des services signalés, réciproquement rendus.

Fort de cette victoire, je ne désespérai pas d'en remporter une autre sur la masse des prisonniers, qui voulaient m'imposer de faire avec eux toutes les corvées du bord, comme de gratter le pont, hisser l'eau, nettoyer les commodités, faire la cuisine, etc. Rousseau s'y était indirectement soumis, en payant un homme qui agissait pour lui; mais Rousseau n'était qu'aspirant et ne comptait pas encore, pour ainsi dire, dans la Marine. Je crus donc, ici, avoir mon caractère d'officier à soutenir, et je déclarai que je ne transigerais nullement à cet égard; que j'étais trop fier d'être le plus élevé en grade des prisonniers, pour m'exposer à leurs justes mépris; qu'ils me couperaient par morceaux, s'ils s'oubliaient assez pour me faire violence; mais que je ne faiblirais pas, que je vendrais cher ma vie, et que tôt ou tard ma mort serait vengée! Des menaces éclatèrent; mais, après avoir été méconnu un moment, le respect dû à un chef se réveilla dans le cœur du plus grand nombre; il fut décidé que je serais complètement exempté, et, chose étonnante, les officiers de corsaires en témoignèrent beaucoup de satisfaction. Je fis ensuite du bien à quelques-uns des prisonniers les plus malheureux; mais le principe fut garanti et ma dignité respectée.

Toutefois une évasion était sur le tapis; les soldats anglais eux-mêmes, tout en nous gardant fort bien, nous vendaient outils, cartes géographiques, provisions, liqueurs spiritueuses, tout enfin, s'exposant à la punition du fouet, à la dégradation même, par l'appât de quelques schellings; les prisonniers, s'étant procuré scies, tarières et ciseaux, avaient percé l'entrepont, s'étaient glissés dans la cale, et là, avec une merveilleuse dextérité, ils avaient enfermé cinq d'entre eux dans des barriques vides si bien disposées que, d'un coup de pied donné d'en dedans, le fond de la barrique pouvait, en se détachant, laisser une libre issue. Ces cinq personnes étaient : Rousseau (l'inventeur de ce projet), moi, Agnès, Le Roux (officiers de corsaires), et un matelot nommé La Lime, qui avait le plus mis la main à l'œuvre pour l'exécution.

C'était le jour où une allège venait de Chatham chercher les barriques vides du ponton, pour les déposer dans le port, afin d'être remplies, le lendemain, de la provision d'eau du bord. Les prisonniers furent appelés sur le pont, lors de l'arrivée de l'allège; ils hissèrent les barriques de la cale et les placèrent dans cette allège, qui partit ensuite pour Chatham. Le malheur voulut que le vent manqua et que la marée nous contraria, car nous comptions être mis à terre, puis quitter nos barriques, enfin sortir facilement, la nuit, à la nage ou autrement, de l'enceinte du port. Au contraire, la nuit arriva, et nous étions encore dans l'allège qui fut obligée de mouiller à moitié chemin. Nous entendîmes un canot s'en détacher; ensuite il y eut un silence qui nous fit présumer que les marins du navire étaient tous allés coucher à terre. Nul de nous ne bougea pourtant jusqu'à neuf heures.

Alors La Lime qui, par erreur, avait été mis au fond de la cale, défonça sa barrique; mais, obstrué par celles qui l'avoisinaient, il ne put se dégager, et il nous appela. En ce moment un petit bruit se fit entendre; mais bientôt il cessa. Aussitôt, d'un mouvement spontané, Rousseau, moi, Agnès et Le Roux, nous ouvrons nos barriques et nous paraissons sur le pont. Nous nous demandions si nous chercherions à dégager La Lime, ou si nous nous jetterions à la nage, lorsqu'une douzaine d'embarcations arrivèrent de la rade ou du port, et nous attaquèrent comme un navire qu'on veut prendre à l'abordage.

Le petit bruit que nous avions entendu avait été causé par un mousse couché à bord qui, effrayé par les cris de La Lime, avait pris un petit canot qui restait, pour aller jeter l'alarme. Le choc fut rude; nous fûmes durement traités, Le Roux surtout, qui eut, malgré son chapeau, le crâne atteint d'un coup de sabre! Enfin nous fûmes saisis, garrottés, embarqués et conduits à bord du *Bahama*, où nous eûmes à subir la punition des prisonniers déserteurs, savoir : dix jours de black-hole, qui était un cachot de 6 pieds seulement dans tous les sens, pratiqué dans la cale, et où l'air ne parvenait que par quelques trous ronds, qui n'auraient pas suffi au passage d'une souris.

Heureusement on ne nous avait pas fouillés, de sorte que, avec quelques outils que nous avions sur nous, nous pratiquâmes une ouverture dans une des cloisons et que, de temps en temps, nous allions respirer dans la cale et boire un petit supplément d'eau, prise dans ces mêmes barriques d'où nous avions espéré nous élancer vers la liberté! C'était d'autant plus facile qu'on ne venait qu'une fois par vingt-quatre heures nous visiter pour nous porter du pain, de la soupe, de l'eau, et changer la boîte de nos excréments, laquelle passait les vingt-quatre heures avec nous. Voilà ce qu'était le black-hole! Serait-ce sans raison qu'on se demanderait, à ce sujet, si l'Angleterre ne s'est pas ravalée au-dessous des nations les plus cruelles qui aient déshonoré l'humanité! Nous en sortîmes couverts de vermine, exténués, semblables à de vrais cadavres.

Il fallait, en outre, en ce cas-là, payer les dégâts ou les réparations; mais, comme aucun de nous n'avait de fonds chez l'agent supérieur, les Anglais, suivant l'usage par eux établi, nous réduisirent à demi-ration! Autre exemple de justice à leur manière! Il était tout simple qu'ils nous gardassent bien; mais, par une conséquence logique, nous étions dans notre droit en cherchant à tromper leur surveillance; or, quand cette surveillance était éludée, eux seuls avaient tort et non pas nous. Cette dernière punition, d'une longueur infinie, tendait inévitablement à nous faire périr d'inanition; les prisonniers le sentaient si bien qu'il était adopté en règle et convenu entre eux que la suppression de demi-rations pour cette cause serait toujours supportée par la totalité d'entre eux.

Nous n'en travaillâmes pas moins à organiser une nouvelle évasion; car l'art des Trenk, des Latude, préoccupait seul notre imagination. Bientôt, en effet, une autre occasion, dont je pus profiter, se présenta d'autant plus avantageusement que ma malle m'avait été envoyée d'Odiham; j'avais réalisé une dizaine de guinées provenant de la vente de plusieurs effets, ainsi que de ma montre, qui me restait encore. Outre les pontons, les Anglais avaient quelques prisons à terre, telles que Mill, près de Plymouth, où l'insalubrité du climat fit succomber tant de Français, et Norman-Cross, dans le nord de l'Angleterre. Ces prisons se peuplaient du trop-plein des pontons. Le moment était venu ; les prisonniers les plus paisibles, les plus âgés, furent désignés pour y être envoyés ; mais, moyennant une petite gratification, l'un d'eux me céda sa place et ses vêtements. Rousseau s'introduisit pareillement dans la même escouade ; nous nous grimâmes la figure ; nous partîmes ; nous nous associâmes à deux autres prisonniers de l'escouade, résolus à tout tenter pour s'évader en route, ce qui semblait devoir être facile, dans un long trajet par terre. Hélas ! le lendemain, on m'avait fait demander à bord pour une réclamation du roulage au sujet de ma malle. Je ne paraissais pas ; les prétextes que l'on donnait éveillèrent les soupçons ; on fit un appel nominal très sévère, qui amena la découverte de la vérité, et l'on nous fit prendre, Rousseau et moi, pour nous ramener au ponton, où cependant nous ne fûmes pas mis au black-hole, car il n'y avait que présomption de tentative d'évasion. Les deux autres prisonniers de l'escouade, auxquels nous nous étions associés, s'échappèrent comme ils l'avaient projeté ; ils arrivèrent en France, et moi, qui m'étais tant félicité de revoir ma malle ! Je vis que les hommes sont bien aveugles de regarder comme un bienfait ce qui, souvent, n'est que la cause d'un malheur.

Cependant il était arrivé, à bord, trois robustes matelots de Boulogne, qui étaient animés d'un désir, égal au nôtre, de s'évader, et qui s'occupaient de faire un trou à fleur d'eau, immédiatement en avant de l'une des guérites qui avoisinaient la proue. Ils avaient enlevé un bordage entier, et cela en évidant le bois près de la tête des clous ; cette opération faite, ils avaient scié la membrure du vaisseau et avaient avancé l'ouvrage jusqu'à une demi-ligne de la surface extérieure. Pendant qu'ils travaillaient, ils avaient des amis qui veillaient ; une ronde venait-elle visiter, frapper, cogner partout, ils remettaient le bordage, bouchaient le vide près des clous, avec du mastic noir, et il devenait impossible de rien découvrir. Le soir de leur départ, ils achevèrent leur trou, et se déshabillèrent tout nus ; leurs membres athlétiques furent oints de suif à plusieurs reprises ; ils mirent un gilet, un caleçon, des bas, une cravate de flanelle, le tout pour être moins sensibles à la froidure de l'eau, car nous étions en décembre, et il gelait. Une paire de souliers fut attachée aux ailes de leur chapeau dont la forme renfermait, en outre, une chemise et un gilet ; enfin une vessie remplie d'effets tenait à leur cou au moyen d'une petite ligne à l'aide de laquelle cette vessie devait les suivre dans leur trajet jusqu'à terre. C'étaient d'intrépides nageurs ; l'un d'eux ayant des obligations particulières à M. de Bonnefoux, alors préfet maritime à Boulogne, voulait absolument m'emmener, jurant de me conduire à terre ou de périr ; mais la rigueur du temps que moi, homme du Midi, je n'aurais pu supporter, l'embarras que je lui aurais causé si j'étais arrivé sans connaissance sur la plage, en firent pour moi une affaire de conscience, et je refusai. De quel avantage il est, en ce monde, pourtant, d'appartenir à une famille respectée ; quelle marque de reconnaissance plus éclatante était-il permis d'espérer !

Ces trois hommes déterminés nous dirent enfin adieu, puis ils partirent avec mille précautions pour n'être pas entendus de la sentinelle, qui piétinait à un pied de distance de leur tête. Leur trou, un quart d'heure après leur départ, devenait la propriété de tous ; aussi, longtemps à l'avance, les tours avaient été tirés au sort ; Rousseau, assez vigoureux pour tenter l'aventure, eut le cinquième numéro ; mais celui qui avait le second numéro pensa périr de froid, et il cria au secours. Les sentinelles tirèrent sur lui ; il fut manqué, s'accrocha aux plates-formes des guérites, dit qu'il se rendait, et fut remis à bord par les Anglais qui, ne pouvant s'imaginer qu'on fût dans le cas de supporter, dans l'eau, une pareille température, ne firent pas d'autres perquisitions, et se contentèrent d'allumer un fanal placé à l'embouchure extérieure du trou. Ce ne fut qu'à l'appel du lendemain qu'ils apprirent que quatre prisonniers s'étaient réellement évadés. Ils en eurent bientôt, du moins pour le quatrième, une preuve plus certaine ; ce malheureux parut, à marée basse, à moitié enfoui dans les vases de l'île, où il était mort de froid en arrivant à terre. Le commandant du ponton eut le raffinement de barbarie de le laisser à cette même place, comme un spectacle significatif destiné à nous dissuader de futures évasions, jusqu'à ce que son corps fût tombé en putréfaction. Quant aux trois Boulonnais, ils survécurent, gagnèrent Douvres, enlevèrent sur le rivage une embarcation garnie de voiles, traversèrent le Pas-de-Calais, et, cinq jours après, ils avaient revu leurs familles.

Il fallut laisser passer cette époque rigoureuse de l'année et nous borner à des projets ; car chacun avait le sien pour les autres ou pour soi, pour le conseil ou pour l'exécution. Ce temps fut pénible, d'autant qu'il fut marqué par deux tristes épisodes.

Le commandant du *Bahama* s'appelait Milne ; il quittait rarement le bord ; mais, pour s'en dédommager, il y attirait assez souvent compagnie.

Or cette compagnie, tant du côté des femmes que des hommes, se ressentait de la crapule des goûts de l'Amphitrion. Une fois, pendant une orgie, le feu avait pris dans les appartements du commandant ; mais il avait été promptement éteint. Une seconde fois, le même accident eut lieu et l'incendie fit de rapides progrès. La fumée nous parvenait déjà dans la batterie et nous attaquait la respiration. Des vociférations affreuses partaient de tous les points du ponton ; les figures prenaient l'expression du désespoir ; les uns se blottissaient dans des coins ; d'autres, à moitié nus, marchaient dans tous les sens, agitant des couteaux dont ils menaçaient ceux qu'ils rencontraient ;

enfin c'était une confusion extrême. Nous nous bornâmes, les officiers de corsaires, Rousseau et moi, à faire respecter notre poste, et nous y parvînmes; mais nous étions fort inquiets. En effet, un peu plus longtemps et nos efforts auraient été inutiles; un vrai carnage allait commencer. Heureusement qu'on réussit à maîtriser le feu et que nous fûmes délivrés des massacres dont nous étions sur le point d'être les acteurs, les témoins ou les victimes. Nous ignorions toutefois d'autres dangers non moins grands que nous avions courus. Or nous apprîmes, après l'événement, que Milne était ivre et que, sous le prétexte que les prisonniers (pourtant renfermés dans leurs entre-ponts) pouvaient se révolter, il avait fait charger les armes de la troupe et qu'il lui avait ordonné de faire feu sur nous en évacuant les meurtrières, si le feu gagnait jusque-là. Cette conduite abominable ne fut seulement pas blâmée par le Gouvernement; le même homme demeura commandant du ponton!

Vint ensuite une querelle d'intérieur qui ameuta presque tout le vaisseau. Mathieu, l'un des officiers de corsaires, tenait une petite boutique, qu'il avait mis tout son avoir à monter. Un soldat prisonnier, qui lui devait beaucoup voulait, néanmoins, obtenir encore du tabac à crédit. Mathieu refusa; le soldat insista, puis, d'une main, lui releva le menton et, de l'autre, prit du tabac. Un couteau de table était sur la boutique; Mathieu s'en saisit avec colère, frappa le soldat et, du coup, lui traversa le bras et le blessa au côté. Le sang coula abondamment; des cris tumultueux s'élevèrent, tels que « vengeance, vengeance contre les officiers », qui devinrent un mot de ralliement.

La première chose que nous fîmes fut d'enfoncer la cloison de l'infirmerie pour faire échapper Mathieu, que l'infirmier conduisit aux Anglais, auxquels il raconta l'événement. Dans nos bagarres, les Anglais ne se hasardaient jamais parmi nous; cette fois, ils firent parler à travers les meurtrières; ils menacèrent de tirer, si l'on ne dégageait pas notre poste, et tout se calma à peu près. Il avait fallu bien de l'énergie pour tenir aussi longtemps ; mais enfin nous y étions parvenus sans de graves accidents.

Mathieu était fort aimé, et nous voulions l'avoir de nouveau parmi nous; c'était impossible sans s'exposer à des rixes incessantes ou sans un compromis ; ce fut à ce dernier parti que l'on s'arrêta. On nomma un tribunal composé d'amis des deux adversaires ; j'en fus élu président. Alors au tragique succéda le burlesque. Les juges s'assirent sur le pont au-dessous des hamacs qui étaient suspendus, attendu que c'était le soir; les uns n'avaient que leur chemise; d'autres étaient seulement enveloppés de leur couverture; moi, j'avais ma chemise, mon bonnet de coton, un caleçon court et point de bas. L'un des juges tenait un morceau de chandelle allumé à la main, et le greffier écrivait sur une gamelle renversée entre ses genoux. Les débats seraient certainement comiques à rapporter; mais il suffit de savoir que le blessé fut grassement indemnisé en argent, en tabac, que les conditions furent ponctuellement remplies des deux parts et que, dès le lendemain, Mathieu revint parmi nous.

CHAPITRE IV

SOMMAIRE. — Au mois de mars 1808. — Troisième tentative d'évasion ; je suis l'auteur du projet, et je m'associe Rousseau et Peltier, aspirant qui vivait dans l'entrepont avec des matelots de son pays. — La yole du radeau. — Pendant les tempêtes, la sentinelle du radeau obligée de remonter sur le pont. — Je perce le ponton à la hauteur des sabords et non pas à la flottaison, comme l'avaient fait les Boulonnais. — Une nuit de gros temps, à deux heures du matin, je me laisse glisser sur le radeau à l'aide d'une corde. Rousseau, puis Peltier, me suivent. — L'officier de corsaire, Dubreuil, glisse généreusement cinq guinées en or dans ma chemise au moment où je quitte le ponton. — Nous nous emparons de la yole et quittons le bord sans être aperçus des sentinelles. — Nous abordons sur le rivage Nord de la rade et passons la journée dans un champs de genêts. — La nuit suivante, nous nous remettons en route. Rencontre d'un jeune paysan. — Peltier a la tête un peu égarée. — En marche vers la Medway. — Grande charité de l'Anglais Cole. Il nous reçoit dans sa maison et nous fait traverser la rivière en bateau. — La grande route de Chatham à Douvres. — Canterbury. — Nos provisions. — La mer. — La terre de France à l'horizon. — Châteaux en Espagne. Douvres. — Depuis le départ des Boulonnais, toutes les embarcations sont cadenassées et dégarnies de mâts et d'avirons. — Exploration infructueuse sur la côte. — A Folkestone, nous sommes reconnus. — Nous nous sauvons chacun de notre côté en nous donnant rendez-vous à Canterbury. — Le lendemain soir, nous nous retrouvons. — En route sur Odiham. — Cruelles souffrances endurées pendant nos courses. — La soif. — Jeunes bouleaux entaillés par Rousseau. — Nous atteignons Odiham un soir, à la nuit close, et nous sommes accueillis par un Français nommé Ruby. — Repos pendant huit jours. — Céré et Le Forsoney nous procurent tout ce que nous désirions. — Au moment où nous allions nous mettre en route, la police nous arrête chez M. R.... — En prison. — Le billet de Sarah. — Tentative d'évasion. — Mis aux fers comme des forçats. — Paroles du capitaine polonais Poplewski. — Soupçons qui atteignent M. R... — Céré le provoque. — M. R... grièvement blessé. — Nous quittons Odiham. — Je ne devais revoir ni Le Forsoney ni Céré. — Histoire de Céré : Sa mort. — L'escorte qui nous ramène au ponton. — Précautions prises pour nous empêcher de nous échapper. — L'escorte de Georges III. — Projet de supplique. — Quatre jours à Londres dans la prison dite de Savoie. — Les déserteurs anglais. — Les onze cents coups de schlague de l'un d'eux. — Fâcheuse compagnie. — Arrivée à Chatham, le 1ᵉʳ mai 1808. — Magnifique journée de printemps. — Le Bahama. — Les dix jours de black-hole.

Le mois de mars 1808 était pourtant venu ; c'est la saison des coups de vent, et c'est ce que j'avais attendu pour un nouveau projet d'évasion que j'avais conçu, et dans lequel je m'étais associé Rousseau et Peltier, autre aspirant qui vivait dans l'entrepont avec des matelots de son pays, mais qui, depuis quelque temps, se rapprochait de nous. C'était un grand jeune homme de vingt-cinq ans, rempli d'ardeur.

Voici mon projet : Pendant les tempêtes, la sentinelle du radeau était obligée de monter à bord à cause des lames qui y déferlaient, et, tous les soirs, sur ce radeau, on hissait une yole qu'on y amarrait pour la nuit. Au lieu donc de percer le ponton à la flottaison, je le perçai à hauteur des sabords dans la direction du radeau, et j'attendis un gros temps, qui arriva comme à souhait.

A deux heures du matin, qui était le moment où les sentinelles étaient le plus fatiguées, je sors du ponton, je me laisse glisser sur le radeau au moyen d'une corde, et je m'accroupis près de la yole, attendant Rousseau qui me suit et Peltier qui suit Rousseau.

Nous coupons les amarres de la yole, nous la poussons à l'eau, nous nous y embarquons, nous nous allongeons dedans, et la laissons dériver. J'avais compté que la yole serait aperçue par quelque sentinelle ; mais je pensais qu'on la supposerait enlevée par un coup de mer, et que, si on faisait courir après, ce serait sans précipitation ; d'ailleurs, le soir, toutes les autres embarcations étaient hissées à bord et le temps de réveiller l'équipage, de mettre un canot à l'eau, était plus que suffisant pour nous donner l'avance nécessaire. Voilà, selon moi, ce qui était probable ; mais nous fûmes encore plus favorisés, car nous passâmes sous les pieds de deux sentinelles des galeries, contre lesquelles une seule vague un peu malencontreuse aurait pu nous briser, et nous ne fûmes même pas découverts! tant les sentinelles s'étaient enveloppées de leurs manteaux, et s'occupaient à se préserver du froid ou du vent.

Chacun de nous avait, autour du corps, une laize de calicot qu'il déploya avec ses bras en guise de voile, quand nous nous trouvâmes à une centaine de toises du *Bahama*; chacun de nous avait aussi une petite planche serrée contre la poitrine. Ces planches, percées d'un trou pour y passer les doigts et servir de poignée, nous tinrent lieu d'avirons ou de gouvernail. En un mot tout réussit parfaitement; nous dirigeâmes la yole vers le rivage nord de la rade; nous prîmes terre, grimpâmes la côte, trouvâmes un chemin, courûmes longtemps pour nous éloigner; et, au point du jour, nous nous cachâmes dans un champ de genêts, où nous passâmes la journée, mangeant les provisions que nous avions emportées du *Bahama*, et remerciant la Providence d'avoir récompensé notre audace. Un sentiment profond de reconnaissance ne me permet pas d'oublier qu'à l'instant où, le corps hors du ponton, j'allais en sortir ma tête avec laquelle je faisais un signe d'adieu, je vis venir à moi Dubreuil qui me dit, en ouvrant ma chemise et y glissant un papier : « C'est une lettre que tu feras parvenir à ma mère. » Généreux jeune homme! J'avais senti, à ce papier, un certain poids qui me décéla une ruse touchante; il contenait réellement cinq guinées en or qui nous furent de la plus grande utilité, car nous étions loin d'être bien en fonds.

Il avait plu une partie de la journée, aussi nous tardait-il de pouvoir marcher. A la nuit, nous prîmes notre point de départ, en nous dirigeant d'après le crépuscule. Une route se présenta à nous, nous y pénétrâmes. Arrivant à un détour, un jeune campagnard se trouva face à face de nous ; il s'arrêta interdit; je lui demandai le chemin de Chatham : « N'y allez pas, répondit-il en tremblant, car le pont est gardé et vous seriez arrêtés. » Peltier, en ce moment, avait la tête un peu égarée; d'ailleurs, il comprenait peu l'anglais, de sorte qu'à ce mot « arrêtés », qui acheva de le bouleverser, il tira de son pantalon le morceau de fleuret en forme de poignard dont chacun de nous était armé, et il s'avança disant qu'il voulait tuer cet homme. Rousseau se jeta sur Peltier, moi je couvris l'Anglais de mon corps, et nous déclarâmes résolument à M. Peltier que nous désirions ardemment notre liberté, que nous nous défendrions bravement à l'occasion ; que nous attaquerions même des hommes armés ; mais que, s'il voulait procéder par l'assassinat, il n'avait qu'à se séparer de nous. Ces paroles le ramenèrent à la raison. L'Anglais comprit, cependant, la portée du péril qu'il avait couru, et, par remerciment, il nous dirigea vers un chemin de traverse qui devait nous conduire jusqu'à une espèce de village, où nous pourrions traverser la Medway[1] sans être inquiétés.

Nous suivîmes longtemps cette direction sans trouver le Medway. Il était très tard et nous étions très fatigués, lorsque, voyant une petite maison d'où sortaient quelques rayons de lumière, nous nous décidâmes à frapper à la porte, qui, sans aucune méfiance, fut ouverte par un paysan d'une quarantaine d'années, et ayant au moins six pieds. Je lui demandai l'hospitalité, lui disant franchement qui nous étions, ajoutant, pour la forme, que nous étions bien armés et que sa vie nous appartenait. Particulièrement dans les campagnes, l'Angleterre abonde en âmes généreuses pour lesquelles la charité est un devoir. « Je me nomme Cole », nous dit l'homme à qui nous nous adressions, « je sers Dieu ; j'aime mon prochain ; je puis vous être utile, comptez sur moi ! » Il appela sa femme, sa fille, qui se levèrent (elles étaient dans la chambre au-dessus de celle où se passait la conversation), firent bon feu, préparèrent quelques mets, descendirent un matelas, et là deux de nous se reposèrent pendant que l'autre veillait, et alternativement. Cole souriait en voyant cette précaution prise contre lui ; il aurait voulu que tous les trois satisfissent en même temps leur besoin de sommeil ; mais il comprenait pourtant le motif qui nous

---

[1] La Medway débouche dans l'estuaire de la Tamise.

dirigeait. Une heure avant le jour, il prit un grand bâton, marcha en avant de nous, nous fit traverser la rivière dans un bateau et nous mit dans un chemin qui allait couper la grande route de Chatham à Douvres; nous le quittâmes, pénétrés de gratitude, mais ayant beaucoup de peine à lui faire accepter une guinée pour prix du feu, des vivres, du logement, du temps, qu'il nous avait si complaisamment donnés.

Nous continuâmes notre route de manière à n'entrer à Canterbury qu'à la brune. Cette ville était à peu près à moitié du chemin que nous avions à faire pour arriver à Douvres, et nous devions y prendre beaucoup de provisions. J'étais le moins jeune des trois, celui qui s'exprimait le mieux en anglais, qui avait les habits le plus à la mode du pays; c'était moi qui étais chargé des achats. Rousseau me rasait, me brossait, me grimait au besoin, blanchissait mes cols de chemise avec de la craie et disait mille bouffonneries; nous nous donnions, par précaution, plusieurs rendez-vous consécutifs, et puis j'allais à mes emplettes. Je fis plusieurs courses à Canterbury, qui est assez grand pour qu'un étranger excite peu de curiosité; et nous en partîmes bien pourvus, chacun avait sa bouteille, son rhum, ses vivres particuliers, car il fallait prévoir les séparations.

Avant de nous remettre en route, nous fîmes un bon repas derrière une haie. Vers minuit, nous trouvâmes de la paille près d'une grange; nous nous y enfouîmes pour dormir sans être exposés au froid, et nous nous y trouvâmes si bien que, sans nous en apercevoir, le crépuscule paraissait lorsque nous en sortîmes. Nous marchâmes cependant jusqu'assez avant dans le jour; toutefois Peltier était si mal habillé, plusieurs voyageurs nous regardèrent avec tant d'affectation, le voisinage toujours croissant de la côte nous parut si dangereux à affronter ainsi que, profitant de la première occasion de nous cacher dans les champs, nous nous dérobâmes à tous les regards pendant le reste du jour, mais après avoir renouvelé nos provisions dans un village que nous eûmes l'occasion de traverser.

Le soir, nous reprîmes notre voyage, marchâmes toute la nuit, entrâmes, au lever du soleil, dans un bois et, bientôt après, nous eûmes devant nous le plus ravissant tableau qui pût charmer nos cœurs : la mer, à quelques milles, et, dans le lointain, la terre de France qui bornait l'horizon ! Notre journée se passa à faire des plans, des projets, des châteaux en Espagne, et à nous délecter de l'enivrante perspective qui absorbait nos regards.

Tout allait bien : le soir, nous entrâmes dans Douvres; nous nous assurâmes des endroits où nous pourrions trouver des embarcations, mais quand il fallut s'en emparer, nous rencontrions des gens qui se promenaient, qui passaient ou qui veillaient. Il fallut retourner dans notre bois; mais il pleuvait; les provisions diminuaient, et nous avions sommeil. Nous nous abritâmes du mieux que nous pûmes pour nous reposer. Enfin le soir vint; mais nous ne pouvions nous embarquer sans quelques vivres, et nous ne voulions pas nous risquer à en acheter à Douvres. Nous retournâmes donc jusqu'à un village où, le lendemain, nous en prîmes abondamment. Le soir, nous revînmes vers Douvres, que nous contournâmes, afin d'en visiter les anses avoisinantes. Là nous découvrîmes des embarcations, il est vrai; mais il paraît que, depuis le départ de nos trois Boulonnais, les ordres les plus stricts avaient été donnés pour qu'aucun bateau ne demeurât sur le rivage sans être enchaîné, cadenassé à terre et dégarni de ses mâts ou avirons. Ce fut pour nous le supplice de Tantale, car nous étions environnés de toutes les richesses que nos cœurs convoitaient, et elles se soustrayaient impitoyablement à notre usage.

Voyageant avec les mêmes précautions, soumis à des privations de toute espèce, le courage nous donnait des

.. forces, nous faisait braver la faim, la soif, les veilles, les marches, les inquiétudes, les dangers, les fatigues ; et nous allâmes ainsi de Douvres à Deal[1], de Deal à Douvres, de Douvres à Folkestone ; mais nous trouvâmes, partout, les mêmes obstacles. Enfin, en explorant ce dernier petit port, nous fûmes reconnus et poursuivis ! « A Canterbury ! » dis-je tout bas à ces messieurs. Aussitôt nous prîmes la fuite, chacun dans une direction différente, et nous la prîmes si bien que nous nous sauvâmes tous. Le lendemain soir, nous nous revîmes au rendez-vous ; je retournai aux provisions qui furent copieuses ; et, tout en nous restaurant, nous décidâmes qu'il fallait aller à Odiham ; que nous nous y reposerions chez des Français ; que nous y emprunterions de l'argent, car nous n'en avions presque plus ; que nous y achèterions de bons vêtements, que nous reviendrions sur la côte quand nous présumerions que l'alarme actuelle serait calmée ; que nous apporterions avec nous des limes pour couper les chaînes des embarcations, des scies ou autres outils pour abattre de petits arbres dont nous ferions des mâts, du calicot pour faire une voile, et qu'alors nous verrions bien si l'on pourrait encore nous empêcher de rendre nôtre un de ces bateaux, qui paraissaient si fort à notre convenance.

Que nous avions souffert dans nos expéditions ! Un jour, nous restâmes les vingt-quatre heures entières sans rien prendre. Jamais un toit ne nous voyait sous son abri. Il fallait dormir pendant le jour, dans les fossés, les bois où les haies ; et, la nuit, il fallait veiller, chercher, marcher, nous exposer. Une fois, nous n'eûmes, pour apaiser une soif excessive que l'eau bourbeuse des ornières d'un chemin, ou celle renfermée dans les trous formés par les pieds des chevaux. Nous étions enfin, dans la saison

---

[1] Deal, ville maritime dans le comté de Kent, sur le Pas-de-Calais.

du vent, des grains, de la pluie, des brouillards, et encore du froid.

Quel est donc cet âge, où l'on possède assez de forces physiques pour ne s'apercevoir qu'à peine de tant de rigueurs? Quelle est donc l'énergie de ce sentiment de la liberté, qui doue l'âme de tant de mépris pour ces rigueurs? Quel est, enfin, le bonheur de l'organisation de la jeunesse, pour trouver encore des paroles aimables dans ces cruelles positions, et pour oublier l'amertume de ces positions à la suite d'une lueur d'espérance, ou d'un instant d'adoucissement qui semble dissiper tant de soucis?

Une fois, nous étions dans un taillis : « Faites-moi un boudoir », dis-je à Rousseau. Avec ses matériaux ordinaires, branches, feuilles sèches, mousse, pierres, joncs, genêts, morceaux d'écorce, tourbe, gazon, il construisit fort lestement une cabane vraiment charmante, où je m'étalai de mon long et dormis deux bonnes heures.

Rousseau était allé à la découverte, et, depuis mon réveil, je l'attendais sans impatience, car il ne rapportait jamais ni proie, ni butin, ni nouvelles. J'avais attrapé une de ces petites bêtes qu'on appelle du Bon Dieu, et j'exerçais sa persévérance en la faisant monter, à l'infini, d'un doigt sur l'autre. — « Vous avez l'air bien heureux », me dit Rousseau, quand il revint. — « Il est vrai que, depuis longtemps, je ne m'étais autant amusé. » — « C'est bien de s'amuser; mais il faudrait que ce ne fût pas aux dépens de la liberté de cet animal; car, comme dit Sterne, le monde est assez grand pour vous deux. — « Vous avez raison, même sans le secours de Sterne, et je vais le laisser s'envoler; mais je détournais ainsi l'idée de la soif qui me dévore. » Rousseau me dit alors qu'il avait trouvé des sources magnifiques. Je me levai subitement, pris sa main et le suivis : il avait l'air d'un illuminé! Tout à coup il s'arrêta, et me montra un nombre infini de cataractes dont pas une, pourtant, ne frappait mes yeux. Je le croyais atteint de vertiges, et je m'en retournais, quand il m'expliqua que j'étais entouré de jeunes bouleaux dont il avait entaillé l'écorce, et qu'à chacune des centaines d'incisions qu'il avait faites, je trouverais constamment deux ou trois gouttes d'eau potable. C'était vrai, je me désaltérai, et lui, nouveau Moïse, posant en inspiré, il donna l'essor à sa verve enthousiaste dont les élans étaient toujours fort divertissants.

Quant à Peltier, en longeant le taillis, il avait vu un fossé bordant un champ où paissaient des moutons gardés par des bergers. Avec de la mousse, avec des cravates noires, Rousseau s'était imaginé l'avoir métamorphosé en loup, et Peltier attendait dans le fossé un instant favorable pour s'emparer d'un des membres du troupeau, dont il voulait d'abord boire le sang tout chaud, et ensuite nous préparer la chair, car nous avions tout ce qu'il fallait pour faire du feu; mais nous ne l'osions presque jamais, à cause de la fumée qui pouvait nous faire découvrir. Toutefois les bergers ne se séparèrent pas; leur troupeau se tint rallié; et notre loup en fut pour sa transformation. Je préférais les bouleaux de Rousseau et sa riante imagination.

Nous traversâmes Canterbury; nous prîmes la route de Londres dont, le soir, nous aperçûmes les édifices, à deux lieues de distance. Depuis l'hospitalité reçue chez Cole, nous n'avions franchi le seuil d'aucune maison pour nous y arrêter. Voyant, alors, une taverne sur la gauche de la route, où était pour enseigne le portrait de l'amiral Bathurst, il nous prit fantaisie d'y entrer, d'autant que, paraissant très fréquentée, nous pensions qu'on ne s'y occuperait que de nous servir. Nous cédâmes à ce désir qui nous valut un repas que l'abri seul dont nous jouissions aurait suffi pour rendre excellent. Cette halte nous soutint jusque de l'autre côté de Londres, que nous franchîmes sans nous arrêter, au grand regret de mes compagnons; mais nous pensions que nous y reviendrions, la bourse bien garnie. Bientôt nous aperçûmes Honslow-Heath; c'est la petite ville, près de laquelle Richardson prétend que sir Charles Grandisson croisa et arrêta la voiture où se trouvait Henriette Byron, traîtreusement enlevée par sir Hargrave Follexfren. Enfin, notre voyage continuant à être aussi heureux, nous atteignîmes Odiham, un soir, à la nuit close. Nous y fûmes accueillis chez un Français, nommé R..., qui occupait seul une de ces petites maisons situées à l'extrémité de la ville, bâties pour être louées aux Français ; et nous prîmes celle-ci de préférence, parce qu'il aurait fallu traverser Odiham pour parvenir à celle où je m'étais réfugié lorsque je m'étais échappé des mains de mon garde quelque temps auparavant.

Huit jours suffirent à peine pour remettre nos corps des fatigues que nous avions essuyées, pour guérir nos pieds qui étaient dans un état déplorable. Céré et Le Forsoncy, seuls entre tous les Français, furent informés de notre présence ; ils nous pourvurent de tout ce que nous désirions, et nous allions recommencer nos expéditions, lorsque nous fûmes arrêtés dans la maison de M. R..., qui avait été investie par la force armée. On nous enferma dans la prison de la ville. Le guichet était ouvert de midi à deux heures ; les Français, les Anglais, venaient, à flots, nous visiter.

Dans ce nombre, puis-je oublier la jeune Sarah qui, me tendant sa jolie main, laissa dans la mienne un billet où elle m'annonçait qu'elle savait que nous devions nous évader pendant la nuit, qu'elle se tiendrait à portée, et que, cette fois, elle ne me quitterait que lorsqu'elle m'aurait conduit en France !

En effet nous avions des outils sur nous quand on nous arrêta, et nous ne fûmes pas fouillés ; nous avions percé les murs de la prison ; nous pouvions donc en gagner la cour pendant l'obscurité, et nos amis devaient, à minuit, nous jeter, par dessus le mur de clôture, une bonne échelle de corde. Tout cela fut exécuté ; mais, à l'instant de mettre le pied à l'échelle, comme les courses nocturnes des Français avaient excité l'attention de la police, des coups de fusil partirent, les portes s'ouvrirent, nous fûmes saisis, mis aux fers comme des forçats, et jetés dans un cachot d'où l'on ne nous laissait sortir que de midi à une heure pour prendre l'air dans une cour. Rousseau se promenait à grands pas dans cette cour, marchant comme s'il ne s'apercevait pas qu'il avait une grande chaîne qui suivait ses pieds avec un grand fracas; ses bras étaient croisés, ses yeux levés au ciel; il avait l'air de chercher des idées pour quelque grande composition poétique. Peltier, comme s'il avait été toute sa vie un habitant des bagnes, avait relevé sa chaîne, l'avait attachée à sa ceinture, et semblait ne pas même se douter qu'il fût aux fers. Pour moi, je restais assis sur la paille de ma prison, me cachant à moi-même, autant que je le pouvais, ces horribles chaînes, et cherchant, en lisant ou écrivant, à m'étourdir sur cette affreuse position dont, par anticipation, j'ai dit deux mots précédemment.

Dans le nombre des prisonniers du cautionnement qui nous avaient fait leur visite, se trouvait un capitaine polonais, nommé Poplewski; ce bel et brave homme, avec son excellente figure, était venu me prier d'accepter une fort belle montre que je refusai, en lui montrant ce que je devais à l'obligeante amitié de Céré et Le Forsoney. Il en parut très mortifié, et il lui échappa de dire que si nous nous étions réfugiés chez lui, nous n'aurions pas été saisis. Le propos fut entendu et commenté; enfin, Poplewski, qui n'avait hésité à parler que parce qu'il n'avait que des doutes, fut amené à dire qu'étant allé chercher quelque argent chez l'agent, peu d'heures avant notre arrestation, il y avait rencontré M. R... qui, à sa vue inopinée, avait cherché à se cacher. Il n'en fallut pas davantage pour notre jeunesse, dont l'exaspération fut au comble. En bouillant créole, en ami irrité, Céré fut le premier à aller chercher M. R..., l'apostrophant si vivement qu'un duel en fut la suite immédiate. M. R... fut grièvement blessé; mais, dès les premiers symptômes du mieux, l'agent le fit monter secrètement en voiture, et, sous un nom différent, l'envoya, dit-on, dans un cautionnement en Ecosse. Depuis lors aucun de nous n'a pu retrouver sa trace ; et, à tort ou à raison, il resta entaché dans le cautionnement, d'avoir, par intérêt ou par crainte d'être personnellement compromis, livré nos personnes à l'agent.

Nous restâmes trois longs jours aux fers; des ordres de nous faire reconduire à Chatham arrivèrent alors, et, la nuit, six soldats et un sergent vinrent nous emmener sans que nous pussions prendre congé de nos amis. Hélas! j'en ai bien peu revu; je n'ai même jamais eu la douceur de me retrouver ni avec Céré ni avec Le Forsoney. Celui-ci fut licencié du service à sa rentrée en France, lorsque la paix fit opérer tant de réformes dans le personnel de la marine. Céré, par le crédit de sa famille, fut échangé, peu de temps après notre départ; il se rendit en France, fut nommé sous-lieutenant, alla se battre à côté de nos illustres guerriers, ne tarda pas à devenir lieutenant, se battit encore et fut blessé. « — Guérissez-vous, lui dit l'empereur, soyez capitaine, continuez, et vous irez loin! « — Sire, lui avait répondu le noble jeune homme, je ne m'arrêterai qu'aux marches du trône. » Mais sa blessure était plus dangereuse qu'il ne le pensait, et elle l'enleva à sa famille, à ses amis, à sa patrie, qu'il aurait sans doute illustrée.

Au départ de Céré, Le Forsoney lui avait remboursé ce qu'il m'avait prêté ; bientôt, à mon tour, je pus en envoyer le montant à ce digne ami.

Enfin Sarah se maria, par la suite, à l'un de nos prisonniers ; elle a montré sa ravissante figure à Paris, en 1814; elle s'informa de moi; elle m'écrivit à Rochefort; mais j'étais à la mer; et quand, au retour de ma campagne, sa lettre me fut remise, elle était repartie pour l'Angleterre!

Excellents amis, fille dévouée, que votre attachement nous avait fait de bien ! Comme il nous dédommagea de nos malheurs !

Notre escorte prit un excellent moyen pour déjouer les ressources de notre esprit entreprenant. Nous marchions toujours au milieu d'eux. Leurs armes étaient chargées. Dans les auberges, ils ne nous quittaient pas. Un soldat couchait à la porte de notre chambre, un autre, près de la croisée. Le sergent se faisait remettre, tous les soirs, nos vêtements, nos chapeaux, nos souliers, qu'il enfermait sous clef. Lorsque l'un de nous allait aux lieux d'aisance, deux d'entre eux l'y accompagnaient ; une fois, pourtant, un seul m'y conduisit, et simplement armé de sa baïonnette ; aussitôt après, j'achetai une tabatière que je fis remplir de tabac, dans le dessein de lui jeter cette poudre aux yeux, s'il s'avisait, une autre fois, de me conduire sans son camarade, et je me serais alors facilement sauvé, car ces cabinets se trouvaient presque toujours dans le voisinage de quelque jardin ; mais, comme l'a dit Paterculus, l'occasion, voilée de la tête aux pieds, marche à reculons, elle n'a de cheveux qu'une mèche qui s'échappe de son front à travers le voile : elle est donc difficile à reconnaître, difficile à saisir, et il ne faut pas la laisser s'échapper. Or elle ne repassa plus pour moi.

Nous revînmes de nouveau à Londres, où nous changeâmes d'escorte ; mais, avant d'y entrer, une garde brillante qui nous atteignit au galop annonça le passage de Georges III qui revenait de Windsor. L'idée nous vint de nous précipiter devant sa voiture, agitant un papier, comme pour demander grâce ! Rousseau goûta beaucoup ce projet ; mais je lui fis observer qu'on ne pouvait implorer Sa Majesté qu'à genoux, et cette démarche, qui paraissait assurer notre liberté et qui avait été saisie avec enthousiasme, fut fièrement repoussée avec indignation.

Le désir que nous avions précédemment formé d'un petit séjour à Londres, lors de notre retour, se trouva réalisé, car on nous y laissa quatre jours, mais détenus, et dans la prison dite de Savoie où l'on renfermait les déserteurs de l'armée anglaise, et qui, lorsque Charles-Quint visita Londres, lui avait servi de palais. Des Français au milieu de déserteurs anglais ; quelle fête pour ceux-ci ! La réception fut cordiale ; ils nous prodiguèrent soins, sympathie ; ils burent à notre santé, beaucoup plus, même, que nous le voulions. Ils se promettaient de déserter de nouveau, se proposaient de nous revoir en France, et en juraient par les cicatrices de coups de schlague, ou de fouet, dont leurs corps étaient sillonnés pour délit de désertion ! Un d'entre eux en avait déjà reçus onze cents, et il en attendait trois cents autres, le jour de notre départ. Malgré tant de marques d'affection, nous nous trouvions là en très mauvaise compagnie ; aussi les quittâmes-nous avec plus de plaisir que nous ne leur en témoignions.

Rien de particulier jusqu'à Chatham où nous arrivâmes, le 1ᵉʳ mai 1808, par un soleil magnifique levé, comme tout exprès, pour nous faire envisager notre prison avec plus de douleur ! C'était le seul jour vraiment beau que l'on eût eu de l'année en ce pays ; nous remarquâmes, toutefois, que, quoique assez au sud de l'Angleterre, les buissons d'aubépine avaient à peine de bourgeons. C'était néanmoins bien séduisant pour nous, qui pensions au black-hole qui nous attendait, et où, effectivement, nous fûmes ensevelis pendant dix jours, mais sans outils pour faire des excursions dans la cale, car on nous les avait retirés avant de nous mettre aux fers, à Odiham.

CHAPITRE V

Sommaire. — Exaspération des prisonniers du *Bahama*. — Réduits à la demi-ration après notre évasion. — Projet de révolte. — Disputes et querelles. — Luttes de Rousseau contre un gigantesque Flamand. — Les prisonniers ne reçoivent que du biscuit, à cause du mauvais temps. — Ils réclament ce qui leur est dû, et déclarent qu'ils ne descendront pas du parc avant de l'avoir reçu. — Milne appelle du renfort. — Il ordonne de faire feu; mais le jeune officier des troupes de Marine, qui commande le détachement, empêche ses soldats de tirer. — Je monte sur le pont en parlementaire. — Je n'obtiens rien. — Stratagème dont je m'avise. — A partir de ce jour, les esprits commencent à se calmer. — Nouvelles tentatives d'évasion. — Milne emploie des moyens usités dans les bagnes. — Ses espions. — Nouvelle agitation à bord. — Audacieuse évasion de Rousseau. — Il se jette à l'eau en plein jour en se couvrant la tête d'une manne. — Il est ramené sur *le Bahama*. — Tout espoir de nous échapper se dissipe. — La population du ponton. — Sa division en classes : les Raffalés, les Messieurs ou Bourgeois, les Officiers. — Subdivision des Raffalés, les Manteaux impériaux. — Le jeu. — Rations perdues six mois d'avance. — Extrême rigueur des créanciers. — Révoltes périodiques des débiteurs. — Abolition des dettes par le peuple souverain. — Nos distractions. — Ouvrages en paille et en menuiserie. — Le bois de cèdre du *Bahama*. — Ma boîte à rasoirs. — Je me remets à l'étude de la flûte. — Les projets de Rousseau. — La civilisation des Iroquois. — Charmante causerie de Rousseau, les bras appuyés sur le bord de mon hamac. — Je lui propose de commencer par civiliser le ponton. — Nous donnons des leçons de français, de dessin, de mathématiques et d'anglais. — J'étudie à fond la grammaire anglaise. — *Le Bahama* change de physionomie. — Conversions miraculeuses; le goût de l'étude se propage. — Le bon sauvage Dubreuil. — Sa passion pour le tabac. — La fumée par les yeux. — En juin 1808, après vingt mois de séjour au ponton, je reçois une lettre de M. de Bonnefoux par les soins de l'ambassadeur des États-Unis. — Cet ambassadeur, qui avait été reçu à Boulogne par M. de Bonnefoux, obtient du Gouvernement anglais ma mise au cautionnement. — Je quitte le ponton et me sépare, non sans regrets, de Rousseau, de Dubreuil et de mes autres compagnons d'infortune.

Nous trouvâmes le ponton dans un grand état d'exaspération. Notre évasion avait excité l'irascibilité du commandant Milne, qui ne traitait plus les prisonniers qu'avec une sauvage dureté. D'abord il entreprit de trouver leurs outils ; mais ses recherches ne l'ayant pas conduit à leur découverte, il réduisit à moitié leur ration, déjà si exiguë et il finit par obtenir la restitution de ces instruments de désertion en plaçant nos camarades dans la cruelle alternative, ou de les rendre ou de souffrir éternellement de la faim. Les autres ordres que ce monstre à face humaine avait donnés sur la police intérieure étaient empreints du même cachet. Aussi n'y avait-il qu'un cri dans le ponton, celui de révolte ; qu'une pensée, celle de massacrer les Anglais qui nous gardaient !... et puis, sauve qui peut !

Nous nous associâmes, Rousseau et moi, avec ardeur, à ces plans de vengeance. Le complot fut promptement organisé, et le succès en semblait assuré ; mais, quand nous approchâmes du moment de l'exécution, nous ne comptâmes plus, excepté dans les audacieux Corsairiens, que de tièdes coopérateurs ; et, en effet, enlever le ponton ou s'en rendre maîtres : facile ! Exterminer la garnison : facile ! Mais sauve qui peut !... restreint à un fort petit nombre d'entre nous, car, quelle que fût l'heure de l'entreprise, les autres pontons devaient en avoir connaissance et envoyer du secours ! Admettons même qu'il n'en fût rien, qui gagnait la terre après ce coup de main ? Deux cents prisonniers tout au plus que pouvaient contenir les canots du *Bahama!* et qui aurait ramené ces embarcations, pour venir chercher les six cents restants, dans trois autres voyages consécutifs ? Quels eussent été les deux cents premiers ? Sur ce chiffre, combien n'y en aurait-il pas eu sans argent, sans vêtements convenables, sans connaissance de la langue anglaise ? Enfin pouvait-on se faire illusion sur l'activité des recherches, la rigueur des lois du pays, la probabilité des représailles, et, au bout de tout cela, on était bien forcé de voir l'échafaud, l'échafaud menaçant et ignominieux qui nous attendait. Ces considérations finirent par prévaloir ; on abandonna ce projet de colère ; mais les cœurs restèrent ulcérés, et Milne, qui en eut quelque connaissance, redoubla d'implacabilité.

L'aigreur qui avait gagné nos caractères se manifestait à tout moment. L'on ne voyait à bord que disputes, menaces, querelles, duels ou combats : dans un de ceux-ci, Rousseau se mesurant contre un colossal Flamand qui l'avait défié à la lutte, s'élança sur ce géant, et faisant l'effet d'une formidable catapulte, le frappa de la tête contre le creux de l'estomac, le renversa dans le sang qu'il lui fit vomir, appuya sur lui son genou victorieux, le tint d'une main par les cheveux, et l'autre levée, prête à l'assommer s'il avait fait signe de résistance, il représentait le bel Hercule de Bosio que je n'ai jamais pu voir, aux Tuileries, sans me rappeler la pose sublime de mon robuste ami.

Mais une scène plus terrible éclata à cette époque : un très mauvais temps avait empêché de porter les vivres qui, journellement, nous venaient de terre. Il n'y avait que du biscuit à bord : on nous en donna. Les prisonniers réclamèrent ce qui leur était dû, et déclarèrent qu'à la nuit ils ne descendraient pas du parc, s'ils ne l'avaient pas reçu. Milne appela main-forte des autres pontons, les soldats se rangèrent en armes sur le pont, et autour du parc qu'ils dominaient. L'heure de descendre sonna, Milne nous fit sommer d'évacuer le parc: personne n'obéit. « Feu! » cria-t-il. Mais un jeune officier d'infanterie de marine, qui était le chef direct de la troupe, ne répéta pas cet ordre que Milne répéta avec rage, et qui pourtant ne fût pas donné par l'officier. Honneur à tant d'humanité ! cet admirable jeune homme, recommandant bien à ses soldats de ne pas tirer sans son commandement exprès, se pencha alors vers nous et il prononça quelques paroles dont on pouvait deviner la bienveillance par ses gestes, mais elles furent couvertes par les cris : « Égorgez-nous ! » M'apercevant cependant, que la noble conduite de l'officier avait produit quelque impression, trouvant d'ailleurs moins d'énergie dans les derniers cris des prisonniers, je montai sur un banc. Agitant alors la main comme pour réclamer le silence, je parvins à l'obtenir et, prétextant qu'il pouvait y avoir quelque malentendu, je demandai l'assentiment pour aller m'en expliquer avec Milne, ce que Français et Anglais acceptèrent.

Je montai, alors, sur le pont; toutefois je ne pus rien gagner en demandant de la modération, et je m'acheminai vers le parc pour rejoindre mes compagnons d'infortune. Le jeune officier, à la figure douce et blonde, voulut me retenir en alléguant le carnage qui allait avoir lieu. « Et mon honneur ? » lui dis-je, en me dégageant de sa main pour continuer ma route; mais, à peine atteignais-je la porte de l'échelle, qu'une lueur nouvelle frappa mon esprit, et je revins sur mes pas.

Dans les grandes crises, s'il est, parfois, un moment unique où la voix de la conciliation peut se faire entendre, et si j'avais été assez heureux pour pouvoir me faire écouter dans le parc, au milieu de l'agitation générale, il en est un, aussi, où, souvent, on réussit en frappant plus fort. Ce moyen opposé, je résolus de le tenter sur les Anglais, et je revins vers Milne dont la figure était vraiment, alors, celle d'un tigre : il en avait la gueule écumante, les yeux enflammés, la voix rugissante, la démarche tortueuse : « Eh bien », lui dis-je, « faites feu, puisque vous le voulez, mais c'est votre arrêt de mort! vous ne connaissez pas les Français, je le vois bien! Sachez donc que ces huit cents hommes qui sont sous vos yeux et dont la moitié ressemble à des squelettes, vont s'animer à l'odeur de la poudre; vous allez en faire des lions que rien n'arrêtera; ils monteront sur les cadavres, le parc sera franchi, le pont sera envahi; les soldats seront massacrés : il en arrivera ce qui pourra, mais vous, oui, vous, ils vous chercheront à plaisir et vous déchireront en pièces. » Milne fut terrifié; il me demanda ce qu'il fallait qu'il fît. « Rien », lui répondis-je, « gardez vos soldats, fiez-vous-en à leur chef et contentez-vous de nous surveiller. Deux heures ne seront pas écoulées, croyez-moi, que le malaise, la fraîcheur de la nuit, la fatigue, le sommeil, l'ennui s'empareront des prisonniers. D'eux-mêmes, alors, ils se décideront à descendre, pourvu qu'ils ne croient pas y être forcés : ils s'en vanteront, peut-être; vous ferez semblant de ne pas entendre ; vous éviterez ainsi l'effusion du sang par un petit sacrifice d'amour-propre; et, demain, il n'y paraîtra plus! » L'officier fut de mon avis, Milne résista quelque temps ; enfin il céda à la raison, et peut-être à la crainte. Je redescendis, alors; je dis aux prisonniers qu'on reconnaissait que nous étions dans notre droit, qu'on nous laissait la faculté de rester dans le parc; et je n'avais pas fini de parler que cinq ou six quolibets furent lancés contre les Anglais; mais la moitié d'entre nous étaient déjà en train de descendre, et la seconde ne tarda pas à suivre la première. Ainsi finit ce terrible complot, cet épisode orageux ; mais si jamais j'ai cru au dernier de mes jours, ce fut, certes, celui dont je viens d'esquisser les événements.

Par une conséquence ordinaire, à partir de ce moment, où nous sortions d'un état violent poussé jusqu'à ses dernières limites, les esprits se calmèrent visiblement et, bientôt, nous nous remîmes à soudoyer nos gardes, à nous procurer de nouveaux outils, et à faire encore des trous à ce malheureux ponton.

Le premier ne fut pas heureux; les Anglais le découvrirent lorsqu'il était seulement à moitié fait. Celui-ci avait été percé dans le bois; le second fut pratiqué dans les grilles qui barraient les sabords, et dont nous entreprîmes de scier une partie suffisante pour passer le corps, mais il fut encore découvert. Ces deux trous appartenaient à Rousseau et à moi. Deux autres dans les flancs du navire et pour d'autres prisonniers eurent le même sort; mais nos geôliers y mirent si peu de cérémonie, ils allèrent si droit au but, que nous ne pûmes plus douter que Milne n'avait pas rougi d'employer un moyen qui n'est usité que dans les bagnes, et qu'il payait un espion parmi nous. Ainsi, nous étions odieusement trahis! Il éclata un nouveau cri de vengeance à bord ; les têtes se montèrent de nouveau, les soupçons, les menaces les plus foudroyantes se portèrent tantôt sur l'un, tantôt sur l'autre, mais, comme il devait y avoir beaucoup d'injustice dans ces soupçons, il fallut s'attacher à calmer ces premiers mouvements, il fallut surtout ne plus faire de trous puisqu'ils étaient inutiles et que c'eût été renouveler la fermentation générale. On vit, alors, Milne sourire, parfois, avec une joie cruelle en nous regardant dans le parc, et disant qu'il était certain que plus un prisonnier ne sortirait du *Bahama*, et qu'il voulait être damné s'il était trompé.

Toutefois, sa joie fut courte : je me promenais, un jour, avec Rousseau sur le gaillard d'avant ; nous regardions du côté de la poulaine où il vit une espèce de corbeille de bord appelée manne ; tout à coup, il me dit qu'il allait en bas pour chercher un bout de corde, et un bilboquet, ce qu'il fit en effet. Il me pria alors d'occuper, en jouant au bilboquet, l'attention de la sentinelle qui, dans sa guérite, s'était mise à l'abri d'une petite pluie. J'y réussis ; lui, pendant ce temps s'était coiffé de la manne jusqu'aux épaules, l'avait bien attachée, après y avoir, en outre, logé ses vêtements dont il s'était dépouillé ; il s'était ensuite laissé glisser dans l'eau, et, en plein jour, nageant debout, passant même sous la galerie de Milne, il s'était confié au courant qui l'entraîna assez rapidement vers la Tamise : je le perdis de vue après une heure d'intervalle, et je le crus sauvé. Mais, ô malheur ! Un canot qui revenait de Londres à Sheerness passa si près de lui au moment où il allait prendre terre, que les avirons heurtèrent la manne, la couchèrent, et alors parut à leurs yeux l'infortuné fugitif qui fut ramené à bord, et que l'affreux Milne, rugissant comme il n'avait jamais rugi, fit renfermer dans le black-hole sans lui donner le temps ni de se reposer, ni de se sécher. Je demandai à partager son cachot, alléguant que j'avais coopéré à l'évasion et que, s'il y avait eu deux mannes j'aurais été de la partie avec Rousseau; mais Milne ne comprenait pas ce langage; il crut, en refusant ma demande, punir avec aggravation celui que chacun ne regardait plus qu'avec un sentiment de chaleureuse admiration, et sa réponse fut encore un long rugissement.

Après la fatale reprise de Rousseau, nous fûmes tellement resserrés, tellement espionnés que tout espoir de nous échapper se dissipa, et que nous pûmes voir à nu l'horreur d'une position, adoucie jusque-là, par quelques chances de liberté. Jusqu'à présent, je n'ai parlé du ponton qu'en homme qui n'en ressentait pas l'odieux malaise, tant nos idées se concentraient sur notre évasion! Mais le désenchantement était venu et force fut bien de voir où nous étions.

Les pontons, ce séjour d'étroite détention, était aussi celui d'une liberté illimitée, ou plutôt d'une licence sans frein, car il n'existait ni crainte, ni retenue, ni amour-propre dans la classe qui n'avait pas été dotée des bienfaits de quelque éducation. On y voyait donc régner insolemment l'immoralité la plus perverse, les outrages les plus honteux à la pudeur, les actes les plus dégoûtants, le cynisme le plus effronté, et dans ce lieu de misère générale, une misère plus grande encore que tout ce qu'on peut imaginer.

La population s'y divisait en trois classes : Les Raffalés, les Messieurs ou Bourgeois, les Officiers. Les Raffalés qu'on appelait aussi le Peuple souverain était une formidable agrégation des plus mauvais sujets; leur rendez-vous habituel était l'entrepont. Les marins ou soldats qui avaient conservé quelque chose de la dignité humaine, composaient les Bourgeois qui, avec les Officiers des corsaires ou des navires marchands, logeaient dans la première batterie.

Parmi les Raffalés, se trouvait une subdivision plus abrutie encore ou plus malheureuse, à laquelle on donnait le nom de Manteaux Impériaux. Ceux-ci étaient réduits à ne plus posséder au monde que leur couverture qu'ils appelaient Manteau, et comme elle était couverte de milliers de poux, on avait irrespectueusement imaginé que c'était la représentation des abeilles du manteau de cérémonie de l'Empereur, et de là le nom de Manteau Impérial. Ces infortunés ne mangeaient rien, tant que la clarté du jour durait ; seulement, le soir, ils se répandaient de tous côtés sous les hamacs, marchant à quatre pattes, et cherchant, pour les dévorer, des pelures de pomme de terre, des croûtes de pain, des os ou autres débris qu'ils pouvaient trouver dans les coins ou au milieu des tas d'ordures de la batterie. Leur coucher n'était pas plus somptueux ; ils s'étendaient sur le dos et sur le plancher du pont, côte à côte, avec leur fidèle et unique couverture. Quand minuit sonnait, l'un d'eux commandait : « Par le flanc droit ! » ils se mettaient alors sur le côté droit, en emboîtant leurs genoux dans le dessous des jarrets de leurs voisins ; et à trois heures du matin, au commandement de « Pare à virer ! » ils changeaient de côté et se plaçaient sur le flanc gauche.

Ils avaient, cependant, leur ration, leur hamac, leurs vêtements, tout comme les autres ; mais le jeu les réduisait à s'en déposséder aussitôt qu'ils les avaient reçus ; et quel jeu ! Au plus fort numéro avec deux ou plusieurs dés ! Ainsi, d'abord, ils perdaient tout ce qu'ils avaient en propre ; ensuite leurs habits et leurs vivres, pour un, deux, huit jours et jusqu'à six mois en avance. Les gagnants se faisaient impitoyablement payer dès la réception, et s'ils ne se servaient pas, pour eux-mêmes, soit de la ration, soit des vêtements, ils vendaient pour deux sous, à d'autres prisonniers, ce qui réellement en valait vingt.

Les vaincus commençaient par se soumettre, mais lorsque au bout de quelques mois ils se trouvaient en majorité, ils s'insurgeaient, se choisissaient un chef qu'ils décoraient de deux fauberts ou balais de petits cordages, en guise d'épaulettes; nommaient un tambour auquel ils donnaient un accoutrement fantastique, une gamelle en bois pour caisse, et ils parcouraient le ponton, proclamant avec une joie infernale que le Peuple Souverain reprenait ses droits, qu'il décrétait l'abolition des dettes, que l'égalité était sa devise et que... malheur à qui appellerait de cette décision! Il fallait alors se mettre en garde contre cette brutale boutade, mais dès le lendemain, les dés reprenaient leurs droits; il se formait un nouveau noyau de Manteaux Impériaux composé des moins heureux ou des plus maladroits, et, tout au plus, il n'y avait qu'un déplacement de personnes, car le fonds des choses restait le même; et, après une nouvelle révolution de temps, arrivait une autre explosion de démonstrations soi-disant républicaines! Qui reconnaîtrait dans ces tableaux, cette orgueilleuse espèce humaine dont on a dit :

..... Cœlumque tueri
Jussit et erectos ad sidera tollere vultus.

Malgré le juste effroi que nous causaient, de temps à autre, les Manteaux Impériaux, les Raffalés et le Peuple Souverain, nous savions, cependant, qu'ils craignaient la police anglaise en cas de tentative de meurtre ou de meurtre même, et ce que nous redoutions d'eux, réellement, à part leur ignoble aspect, était la quantité de poux de corps qu'ils mettaient en circulation parmi nous, et dont nul n'était exempt. Au bout de huit jours un pantalon en avait des nichées indestructibles; ils pleuvaient en quelque sorte sur nous. En adoptant des caleçons que je faisais laver à l'eau bouillante, j'étais parvenu à en avoir moins qu'auparavant, mais il était à peine suffisant d'en changer deux fois par semaine.

Voilà pourtant à quoi nous étions réduits, et nos seules

distractions étaient, dans notre coin particulier, une partie de reversis, le soir ; puis force pipes de tabac qui achevaient de désorganiser nos poitrines, et certains travaux comme ouvrages en paille ou en menuiserie. *Le Bahama* était un vaisseau construit en bois de cèdre et pris sur les Espagnols : le bois sorti de nos trous servait à divers de ces ouvrages ; et tout l'intérieur du nécessaire de toilette que j'avais dès ce temps-là, et que j'ai encore, fut alors mis à neuf avec le bois du trou par lequel Rousseau, Peltier et moi, nous nous étions évadés. Tous les jours, je me sers de mes rasoirs, et, en ouvrant la boîte où ils sont renfermés, je frisonne involontairement quelquefois, en me reportant à ces temps d'un détestable souvenir ! Je tiens à ce meuble cependant, parce que, lorsqu'il m'arrive quelque événement fâcheux, il me dit, aussi, que j'ai vu des jours plus malheureux encore, et c'est une sorte de consolation.

Je cherchai à me remettre à ma flûte, mais les sons ne sortaient pas ; les doigts se refusaient à l'exécution. J'y mis pourtant de l'insistance ; peu à peu, j'en fis mon occupation chérie, et l'étude revint ensuite qui, seule, pouvait efficacement soutenir mon moral.

Rousseau eut beaucoup plus de peine à prendre son parti. D'abord, ne pas agir pour sa liberté, pour lui ce n'était pas vivre, mais comme il avait une excessive exaltation, il finit par trouver une idée à laquelle il s'attacha exclusivement, et, s'adonnant à ses nouveaux projets avec sa chaleur accoutumée, il parut soulagé. Il songeait à la civilisation des Iroquois, chez lesquels un jour, il projetait d'aller s'établir, et il s'en occupait avec tant de bonne foi qu'il acheva tout son plan, et qu'il nous débitait à cet égard mille folies fort divertissantes, mêlées de beaucoup d'esprit et, parfois d'un grand sens.

Un jour qu'il s'était levé de très bonne heure, il vint me présenter quelques difficultés d'exécution qui avaient troublé son sommeil. Ses deux bras étaient appuyés sur le bord de mon hamac, et là, avec une amabilité charmante, il m'entretenait de ses rêves. Il était surtout fort embarrassé de la place qu'il me donnerait dans ses États. Nous devisions sur ce sujet, car je caressais sa chimère puisque cela lui faisait du bien, lorsque je vins à lui demander si, pour s'exercer à la science de la civilisation, il ne pourrait pas commencer par s'essayer à civiliser le ponton. A ces mots, il me regarda comme s'il eût été pétrifié, il me serra dans ses bras, m'engageant à m'associer à cette œuvre, ce à quoi je consentis volontiers, et, dès lors, tournant toutes les facultés de son esprit vers ce nouveau but, il me proposa de procéder par l'instruction élémentaire, et de chercher, sans relâche, à la répandre dans les masses. Cette entreprise eut pour nous un avantage bien grand auquel nous n'avions pas pensé, car ayant ainsi l'occasion de donner des leçons de français, de dessin, de mathématiques et d'anglais, à quelques prisonniers assez bien en fonds pour en obtenir une rétribution, nous eûmes un peu de bière et de fromage à ajouter à notre simple ration, quand l'envoi des sommes que nous avions à recevoir de France tardait un peu; et lorsqu'elles nous parvenaient, nous faisions tourner ces rétributions au bien-être des plus malheureux du ponton. C'est encore à cette circonstance que je dois d'avoir pénétré aussi avant que je le fis, dans les difficultés de la langue du pays et d'avoir composé la *Grammaire anglaise* qui, ensuite, a été imprimée.

Depuis ce moment, *le Bahama* changea visiblement de physionomie; nous fîmes des conversions miraculeuses; là, comme il était arrivé à bord de *la Belle-Poule* on vit le goût de l'étude se propager, se populariser, s'enraciner, changer les caractères, épurer les esprits, et procurer une sorte de bonheur.

Dubreuil même, le bon et sauvage Dubreuil, qui ne connaissait que sa pipe, fût aussi de nos disciples : avec ses mœurs flibustières, ce corsairien était un homme qui avait quelquefois des saillies étonnantes. Je lui disais même, une fois, à ce sujet, qu'il ne lui manquait qu'un peu de politesse pour être partout d'un commerce fort agréable; il me demanda alors ce que c'était que la politesse. Voulant un peu l'embarrasser, je lui répondis par ces vers de Voltaire :

> La politesse est à l'esprit,
> Ce que la grâce est au visage ;
> De la bonté du cœur elle est la douce image.
> — Et c'est la bonté qu'on chérit.

Dubreuil me répondit : « Va-t-en dire à celui qui parle ainsi qu'il est un sot : Sa grâce du visage, ce sont des grimaces ; d'ailleurs, moi, je veux qu'on m'aime pour ma bonté et non pas pour la *douce image* de ma bonté ! » puis il répéta plus de vingt fois : la *douce image* et toujours, par la suite, quand quelque chose lui paraissait peu sincère, il disait : c'est de la *douce image*.

Ce pauvre Dubreuil, il avait eu un bien grand chagrin, celui d'arriver à ne pas posséder un seul sou, et de ne plus avoir rien à vendre pour acheter du tabac. Nous n'étions pas plus en fonds que lui pour le moment, car nous n'en étions pas encore à nos leçons et nous ne pouvions, Rousseau ni moi, lui procurer les moyens d'en avoir. Je crus qu'il en deviendrait fou; il essayait quelquefois de se casser la tête contre la muraille du vaisseau; il en fut enfin si malheureux, tant il est funeste d'avoir des habitudes aussi enracinées qu'une sombre mélancolie s'empara de lui et menaça sa vie. Enfin, je trouvai quelque argent à emprunter, nous lui fîmes, à grand peine, accepter sa provision quotidienne et il reprit sa bonne humeur accoutumée.

La manière dont il me remercia mérite d'être citée : Il voulait, dit-il, m'enseigner, en fumant, à faire sortir la fumée par les yeux. Peu m'importait assurément, mais je crus devoir me prêter à cette marque singulière de gratitude. Il me pria alors, de bien observer les grimaces qu'il serait obligé de faire en activant sa pipe; et quand il frapperait du pied de lui presser la poitrine avec le plat de la main pour donner plus de force à ses poumons. Je suivis ponctuellement ses instructions; lorsque ma main fut à l'endroit indiqué, il baissa sur mes doigts sa pipe qui était brûlante et me fit jeter un cri. En relevant le bras, je cassai sa maudite pipe entre ses dents, puis des deux mains je le pris par le cou, mais il riait si fort, il avait une si bonne figure que je le laissai aller. « Vois, me dit-il, comme tu es ingrat; tu devrais me payer pour l'avoir appris un si joli tour de société; eh bien, c'est moi qui veux payer, et au premier argent que je recevrai, c'est moi qui me charge du règlement. » Il tint, ma foi, bien parole quelque temps après.

Nous arrivâmes ainsi au mois de juin 1809, et il y avait vingt mois que j'étais au ponton lorsque je reçus une lettre de M. de Bonnefoux qui me parvint par les soins d'un ambassadeur des Etats-Unis, accueilli par lui à Boulogne, accomplissant une mission d'abord à Paris, ensuite à Londres. En reconnaissance des politesses ou des bons offices de M. de Bonnefoux, il lui avait promis de me faire remettre au cautionnement, et effectivement, le lendemain, les portes du ponton me furent ouvertes! Trop de larmes de joie, trop de délire, trop de regrets, en même temps vinrent se mêler à cette inespérée nouvelle pour que j'essaie de les décrire! Craignant, toutefois, que je ne me chargeasse de lettres de la part de prisonniers on ne me donna que cinq minutes pour faire mes apprêts, et, je puis le dire avec sincérité, mon cœur saigna de douleur, mes larmes coulèrent avec abondance en me séparant de Rousseau, de Dubreuil, de mes compagnons d'infortune, de mes élèves, et en m'arrachant à leurs embrassements, à leurs pleurs, à leurs manifestations d'amitié.

CHAPITRE VI

Sommaire : Le cautionnement de Lichfield. — La patrie de Samuel Johnson. — Agréable séjour. — Tentatives infructueuses que je fais pour procurer à Rousseau les avantages du cautionnement. — Je réussis pour Dubreuil. — Histoire du colonel Campbell et de sa femme. — Le lieutenant général Pigot. — Arrivée de Dubreuil à Lichfield. — Un déjeuner qui dure trois jours. — Notre existence à Lichfield. — Les diverses classes de la société anglaise. — La classe des artisans. — L'agent des prisonniers. — Sa bienveillance à notre égard. — Visite au cautionnement d'Ashby-de-la-Zouch. — Courses de chevaux. — Visite à Birmingham, en compagnie de mon hôte le menuisier Aldritt et de sa famille. — J'entends avec ravissement la célèbre cantatrice Mme Catalani. — Les Français de Lichfield. — L'aspirant de marine Collos. — Mes pressentiments. — Le cimetière de Thames. — Les vingt-huit mois de séjour à Lichfield. — Le contrebandier Robinson. — Il m'apprend, au nom de M. de Bonnefoux, que j'ai été échangé contre un officier anglais et que je devrais être en liberté. — Il vient me chercher pour me ramener en France. — Il m'apprend qu'un de ses camarades, Stevenson, fait la même démarche auprès de mon frère, qui, lui aussi, a été échangé. — Mes hésitations; je me décide à partir. — J'écris au bureau des prisonniers. J'expose la situation et je m'engage à n'accepter aucun service actif. — Robinson consent à se charger de Collos, moyennant 50 guinées en plus des 100 guinées déjà promises. — La chaise de poste. — Arrivée au petit port de pêche de Rye. — Cachés dans la maison de Robinson. — Le capitaine de vaisseau Henri du vaisseau *le Diomède* sur lequel Collos avait été pris. — Il se joint à nous. — Cinquante nouvelles guinées promises à Robinson. — Au moment de quitter la maison de Robinson à onze heures du soir, M. Henri donne des signes d'aliénation mentale, et ne veut plus se mettre en route. Je lui parle avec une fermeté qui finit par faire impression sur lui. — Nous nous embarquons et nous passons la nuit couchés au fond de la barque de Robinson. — Ce dernier met à la voile le lendemain matin et passe la journée à mi-Manche en ralliant la côte d'Angleterre quand des navires douaniers ou garde-côtes sont en vue. — Coucher du soleil. — Hourrah! demain nous serons à Boulogne ou noyés. — La chanson mi-partie bretonne, mi-partie française du commandant Henri. — Terrible bourrasque pendant toute la nuit. — Le feu de Boulogne. La jetée. — La barque vient en travers de la lame. — Grave péril. — Nous entrons dans le port de Boulogne le 28 novembre 1811. — La police impériale. — A la Préfecture maritime. — Brusque changement de situation — M. de Bonnefoux m'annonce que je viens d'être nommé lieutenant de vaisseau. — Robinson avant de quitter Boulogne apprend, par un contrebandier de ses amis, le malheur arrivé à mon frère et à Stévenson. — Ils avaient été arrêtés au moment où ils s'embarquaient à Deal. — Le ponton *le Sandwich* voisin du *Bahama* en rade de Chatham. — Départ de M. Henri pour Lorient, de Collos pour Fécamp. — Je séjourne dix-neuf jours chez mon cousin et je quitte Boulogne avec un congé de six mois pour aller à Béziers.

Retourner au cautionnement produisit en moi une telle illusion de liberté, que je crus jouir de la réalité même. Cette illusion fut bientôt augmentée quand j'arrivai à Lichfield, nouveau séjour qui m'était destiné, ville charmante, située au cœur de l'Angleterre, la seconde du Staffordshire, où les Français jouissaient d'autant de considération que ses affables habitants eux-mêmes, et où l'on semblait s'être évertué à former une réunion de nos compatriotes les plus distingués.

Lichfield est la patrie du célèbre Samuel Johnson[1]. Cependant, Rousseau et Dubreuil ne sortaient pas de ma pensée. Je voulais absolument leur donner, au moins, la vie du cautionnement ; mais les diverses tentatives que je fis pour Rousseau échouèrent complètement. Quant à Dubreuil, il m'avait souvent raconté que dans un des cent abordages où il s'était couvert de sang et de la gloire des combats, il avait pris, jadis, un colonel Campbell, dont la femme, passagère avec lui, allait essuyer les derniers outrages de la part des marins de Dubreuil, lorsque celui-ci, touché de la douleur de Campbell, s'était avancé, était parvenu, avec des menaces de mort, à faire respecter la malheureuse victime, et la lui avait rendue en leur donnant la liberté à tous les deux.

Après bien des pas perdus, je finis par faire connaître ce trait au lieutenant général Pigot, qui passait une partie de l'année à Lichfield. Il avait heureusement connu le colonel Campbell, et, après s'être assuré de la vérité du fait, il obtint pour Dubreuil la résidence de Lichfield. J'avais tenu mes démarches secrètes, car je ne voulais

---

[1] Samuel Johnson, célèbre écrivain anglais, né à Lichfield le 18 septembre 1709, mort à Londres le 13 décembre 1784.

pas le bercer de frivoles espérances; il n'en fut donc instruit que comme moi, c'est-à-dire cinq minutes avant l'instant où on lui signifia qu'il pouvait quitter *le Bahama*.

Il arriva boitant, fumant, jurant et me cherchant. Puis il m'invita à déjeuner au meilleur hôtel, et il s'y trouva si bien qu'il fit durer ce premier repas pendant trois jours entiers. Chacun allait le voir par curiosité : il fumait, mangeait, parlait, riait, buvait, chantait, et il tutoyait tout le monde. Il y composa même, tout en vidant son verre, tout en rechargeant sa pipe, une chanson fort comique, où il n'oublia pas de parler de la grâce du visage, ainsi que de la douce image qu'il prétendait bien n'être pas mon fait, et il finissait chaque couplet par ce refrain en mon honneur :

> De Bonnefoux nous sommes enchantés,
> Nous allons boire à sa santé !

Il buvait effectivement à ma santé, trinquant avec tous, chantant avec tous ; et ce qu'il y eut de plus heureux, sans nuire à la sienne, du moins en apparence, car lorsqu'il eut achevé cet incommensurable déjeuner, il était aussi frais qu'auparavant.

Notre existence à Lichfield était charmante. Vivant on ne peut mieux avec les Anglais, admis chez eux, trouvant parmi nous mille agréments, telles que personnes instruites, salon littéraire, tavernes ou cafés, réunions pour jeux de société, musiciens, billards, promenades pittoresques, nous avions tout ce qu'on peut souhaiter quand on est éloigné de son pays par une cause impérieuse, qu'on n'a pas la douceur de voir ses parents, et qu'on perd, tous les jours davantage, la perspective de réussir dans un état commencé.

Quelques-uns d'entre nous voyaient la haute société, d'autres la moyenne, d'autres, enfin, celle des artisans;

c'est dans celle-ci que les circonstances m'avaient placé ; mais, en Angleterre, cette classe est si belle, l'instruction, celle des femmes principalement, y est si avancée, on y possède si bien l'esprit desconvenances que presque tout ce qui était jeune, parmi nous, avait choisi de ce côté.

La classe moyenne a plus de préjugés de nation ou de position ; la plus élevée a trop de luxe et d'orgueil et les raffinements de ce luxe, qui lui est si cher, lui sont ordinairement funestes, puisque de là provient une délicatesse qui attaque bientôt la santé. La classe des artisans, au contraire, a ce qu'il faut de bien-être pour donner un nouvel éclat à la beauté naturelle du sang britannique, et il est difficile de voir rien de plus agréable à l'œil que les réunions des jeunes gens des deux sexes, lors des foires et des marchés.

L'agent des prisonniers, de son côté, était le plus brave homme des Trois-Royaumes. Je voulus aller voir un officier français de mes amis au cautionnement d'Ashby-de-la-Zouch[1], ville du Derbyshire, comté voisin, et il me le permit ; une vaste mine à charbon sur ma route, une machine à vapeur pour en épuiser les eaux, un chemin de fer pour en porter les produits à un canal, étaient, alors pour moi, des merveilles qui attirèrent toute mon attention. Les Français désiraient assister aux courses de chevaux qui avaient lieu tous les ans, près de Lichfield, mais hors des limites des prisonniers ; ces courses sont, en Angleterre, d'un intérêt très vif ; il y règne une profusion éblouissante de voitures, de chevaux, d'hommes en tenue, de femmes parées, de campagnards au beau sang, à la mise soignée, et l'agent nous en facilitait les moyens. Mon hôte, le menuisier Aldritt et sa famille, lui demandèrent de m'emmener avec eux à Birmingham, ville de fabriques, d'usines, où deux cent mille habitants vivent,

---

[1] A vingt-sept kilomètres nord-ouest de Leicester.

là, où il y a cent ans, on ne voyait guère qu'un bourg, et il les y autorisa. La célèbre cantatrice de l'époque, Mme Catalini, qui réunissait les moyens de Mme Casimir au goût exquis de Mme Damoreau, était alors dans cette ville, et nous allâmes l'entendre. Pour la première fois, mon âme fut enthousiasmée par l'impression profonde que produit souvent le chant italien ; et jusqu'à présent, ce plaisir éprouvé en entendant les magnifiques voix de ce pays de l'harmonie musicale, n'a fait que s'accroître en moi. Mary Aldritt, fille aînée de mon hôte, et la belle Nancy Fairbrother, son amie, partagèrent mon extase, et furent enchantées de l'admirable perfection de Mme Catalini.

En fait de Français, je fis à Lichfield la connaissance intime d'un aspirant de marine, nommé Collos, jeune homme de manières élégantes, musicien, ayant de la gaieté, de la raison cependant, du commerce le plus sûr, du dévouement le plus absolu. Nous ne nous quittions presque jamais, logeant, mangeant ensemble et faisant à tour de rôle notre petit ménage et notre cuisine particulière. Il était fort divertissant quand, en costume d'intérieur, il cirait ses bottes ; il prétendait alors qu'il jouait de la basse ; la brosse était son archet, la cire, sa colophane, et c'était l'accompagnement de quelque chant joyeux qu'il entonnait en ce moment. Jamais accord entre camarades ne fut plus justifié par une intimité plus parfaite, par une sympathie qui ne s'est jamais démentie. En lui, je ne trouvais ni la bouillante amitié de l'infortuné Céré, ni les hauts mouvements de l'aimable Rousseau, ni la noble dignité de Delaporte ; mais il y avait quelque chose de solide sur quoi l'on aimait à se reposer, et s'il me rappelait une liaison passée et bien chère, c'était celle du sage Augier, moins, toutefois, le haut degré de son instruction, mais plus, beaucoup de grâce et d'enjouement. Collos est aujourd'hui à Brest, où il vit paisiblement, après avoir pris sa retraite comme lieutenant de vaisseau ; il s'y est marié depuis longtemps, et l'aîné de ses fils est un des élèves les plus jeunes et les plus avancés de l'Ecole navale. C'est un bonheur peu commun que d'être le chef des enfants d'amis aussi sincères.

Je n'ai jamais attaché de l'importance aux pressentiments, ni à l'influence des nombres. Une fois cependant, entrant à Thames, dans un de ces cimetières si bien soignés qu'on trouve au milieu des villes de l'Angleterre, j'avais été frappé de l'idée que l'âge du trépassé dont je rencontrerais, le premier, l'inscription sur sa pierre, serait l'annonce de celui auquel j'étais destiné à parvenir, et j'avais trouvé vingt-six ans. Jusqu'à ce que j'eusse passé cet âge, cette idée m'était revenue, il est vrai, plusieurs fois, mais d'une manière assez vague. Depuis lors, j'avais remarqué que j'avais séjourné quatre mois à Thames; huit mois de plus, c'est-à-dire douze mois à Odiham; huit mois de plus, c'est-à-dire vingt mois au ponton; et il y avait huit mois de plus, c'est-à-dire vingt-huit mois que je menais à Lichfield une vie bien douce sous beaucoup de rapports, lorsque je parlai à Collos de cette circonstance, en lui disant que la période des huit mois aurait certainement tort comme le cimetière de Thames, et que les cinq ans et demi de prison que j'avais alors, y compris le temps passé à bord du *Courageux*, s'accroîtraient probablement de beaucoup encore. Toutefois, le soir même, en rentrant chez moi, je fus accosté par un Anglais qui m'attendait près de ma demeure, il s'assura bien que j'étais Bonnefoux, et il me dit ensuite une particularité qui m'avait été écrite par mon parent de Boulogne; à savoir que, par les soins du capitaine (aujourd'hui amiral) Duperré, dévoué à ce parent, j'avais été échangé à la mer; et que, comme le Gouvernement anglais, toujours prêt à contredire ou anéantir ce qui se faisait au nom de l'Empereur, ne m'avait pas rendu à la liberté, quoique la personne libérée pour moi fût arrivée en Angleterre, il venait de la part du préfet de Boulogne, avec des preuves dont je ne pouvais douter, me chercher pour me ramener en France. En un mot, cet homme, nommé Robinson, était un contrebandier qui fréquentait beaucoup les ports français de la Manche, et qui était réellement envoyé pour me ramener. Il m'apprit, en même temps, qu'un de ses camarades, nommé Stevenson, s'était rendu à Thames pour délivrer mon frère, également échangé à la mer, et par conséquent, n'étant pas plus tenu que moi au contrat que nous avions souscrit, en arrivant au cautionnement où nous nous étions engagés à résider jusqu'à ce que nous fussions échangés.

Que cette offre était tentante! mais il y avait deux obstacles : la crainte du ponton, si j'étais repris, et la question de ma parole; car, il faut bien l'avouer, l'échange quoique réel, n'était pas dans les formes régulières; et, en fait de parole, il ne doit pas y avoir d'équivoque. Je fis entrer Robinson chez moi pour y attendre Collos, qui ne tarda pas à venir, et pour le consulter. La chance était si belle, qu'elle l'emporta sur la sombre perspective du ponton; restait l'autre obstacle, sur lequel Collos ne voulait pas s'expliquer. Il fallait, cependant, prendre un parti, car Robinson ne pouvait pas prolonger son séjour.

Après bien des irrésolutions, je vins à penser que celui qui m'envoyait chercher, était l'honneur même et qu'il me servait de père; j'étais, d'ailleurs, si exténué par mes campagnes, mon ponton, mes désertions, ma vie de prisonnier, que mon tempérament s'affaiblissait tous les jours, et que, parfois, je crachais du sang; enfin, l'idée m'étant venue d'écrire au bureau des prisonniers, d'expliquer mes raisons, de déclarer positivement qu'une fois en France, je continuerais à m'y considérer comme lié par ma parole et n'y accepterais aucun service actif, cette idée acheva de dissiper mes scrupules et je me décidai. J'écrivis, je portai la lettre à la poste et je partis, non pas seul, toutefois, mais avec Collos qui, au moment même, et d'une santé aussi altérée que la mienne, se résolut à partager ma fortune et qui écrivit dans les mêmes termes, à peu près, que moi. Nous marchâmes à pied, en avant de Robinson. Celui-ci prit une voiture de poste à Lichfield, nous joignit sur la route ; et, en peu de temps, nous conduisit à Rye[1], petit port de pêche, à quelques milles de Folkestone, et en face de Boulogne. Robinson faisait tous les frais ; il devait recevoir 100 guinées de moi ou de M. de Bonnefoux, et il s'était chargé de Collos pour 50 guinées de plus, dont je m'établis caution.

Tout allait bien, jusque-là ! Cachés dans la maison de Robinson, nous attendions la nuit pour nous embarquer, quand je vis passer, sous nos croisées, une personne en qui je crus reconnaître le capitaine Henri, du vaisseau *le Diomède*, sur lequel Collos avait été pris : j'envoyai Robinson s'en assurer adroitement. C'était effectivement lui, il devint quasi fou, en voyant des Français de connaissance qui lui garantissaient presque son salut. Désertant, lui-même, avec un guide, il avait été trompé, volé, maltraité, abandonné, et, sans un sou, ne sachant pas un mot d'anglais, il errait à l'aventure, s'attendant à tout instant, à être reconnu, croyant, même, que Robinson l'avait arrêté pour le conduire au ponton ! Les embarras augmentèrent, il est vrai, pour Robinson, mais 50 autres guinées promises, et tout s'arrangea. Quelle journée pour un contrebandier !

Nous devions sortir de Rye le lendemain, dans la barque de Robinson, comme si elle était destinée à pêcher sur la côte ; mais il fallait nous y rendre avant minuit, à cause de la lune qui devait se lever à cette heure.

Robinson vint nous chercher à onze heures dans notre chambre : tout était prêt ; la route était sans obstacles et nous n'avions qu'à le suivre, un à un, c'est-à-dire dans

---

[1] Ville du comté de Sussex, à 13 kilomètres nord-est de Hastings.

trois voyages successifs, afin de moins éveiller de soupçons, en cas de rondes ou de rencontres. Qui partirait le premier? Je proposai de le tirer au sort. Ce fut M. Henri, puis moi, ensuite Collos. M. Henri, nous l'avions remarqué, avait déjà donné quelques signes d'aliénation ; sa raison continua de s'égarer en ce moment et il dit qu'il ne partirait pas, qu'il ne pouvait, qu'il ne devait point partir, qu'il n'en dirait pas les motifs.

A ses expressions, à son langage, à sa physionomie, il était facile de voir que la tête n'y était plus ; mais que faire de ce brave homme, comment se décider à le laisser, comment l'entraîner avec sa résistance et ses cris? Je priai, je pérorai, je suppliai : rien! Collos, plein du respect qu'il portait à l'ancien commandant, qui avait si vaillamment défendu son *Diomède*, n'osait articuler une parole. Je n'avais pas de tels motifs pour m'abstenir de dire ma façon de penser ; j'étais un peu plus âgé que Collos ; j'avais été au ponton où je ne me souciais pas de retourner; aussi, je ne ménageai rien, et, tâchant d'agir par un mouvement impressif sur ce cerveau malade, je lui tins un langage, comme indubitablement, jamais capitaine de vaisseau n'en entendit d'un inférieur, et tel, que Collos dit encore, qu'il n'en est pas bien revenu. M. Henri se décida alors à parler ; il prétendit qu'il était déshonoré par les coups qu'il avait reçus de son guide, qu'il ne pouvait songer à retourner en France sans en avoir tiré vengeance ; qu'il fallait donc qu'il se mît en route pour chercher cet homme et pour le provoquer en duel.

Je cherchai à démontrer la frivolité de ce prétexte, mais impossible! Cependant, le temps pressait, je pris alors ma montre, je la mis sur la table d'un air solennel, et je dis impérativement à M. Henri : « Dans deux minutes à bord ou vous êtes abandonné et enfermé dans cette chambre jusqu'au surlendemain!» A ces mots, il fut pris d'un long rire insensé, dans les saccades duquel on entendit ces paroles : « Très bien! puisque en Angleterre, les enseignes deviennent les capitaines, il faut bien que les capitaines deviennent les enseignes; allons, vous l'ordonnez, je n'ai plus qu'à obéir! » Bonne volonté, dont nous profitâmes sans délai!

L'embarquement se passa bien; nous nous couchâmes dans le fond de la barque. M. Henri, dont je redoutais quelque retour, se tut, cependant, mais non sans avoir dit encore qu'il fallait bien que je le lui eusse ordonné. Le lendemain matin, Robinson sortit de Rye, passa la journée à mi-Manche, en ralliant la côte d'Angleterre, quand il voyait les navires douaniers ou garde-côtes du pays, et en nous recommandant de rester toujours couchés au fond du bateau. Enfin, au coucher du soleil, il s'élança au milieu de nous, nous aida, de son bras vigoureux, à nous lever, et poussant un grand hourrah! « La nuit sera cruelle, dit-il, voici un coup de vent furieux; mais la mer est libre de croiseurs, et demain, nous serons à Boulogne... ou noyés! » — « Noyés, dit le capitaine Henri, à qui le calme revenait un peu, et à qui nous interprétâmes ce discours, il ne sait ce qu'il dit! » et il se mit à chanter une chanson moitié française, moitié bas-bretonne, où il défiait les vents, la tempête et les flots!

Cette frêle barque, au milieu d'une mer déchaînée; la lumière blafarde de la lune que d'horribles nuages noirs, rapides comme la flèche, obscurcissaient incessamment; le vent, dans toute son impétuosité; la pluie, qui, par intervalles, nous inondait; le contrebandier qui, ferme comme un roc, ne faisait qu'un avec son gouvernail; l'affreux mugissement des vagues dont les éclats nous couvraient fréquemment Collos et moi qui étions aux écoutes des voiles; M. Henri qui, assis sur l'avant, avec l'innocente sérénité d'un enfant sur la figure, ne cessait de chanter tranquillement sa chanson... Ce sont de ces scènes uniques qu'il faut avoir vues pour en bien comprendre l'incomparable sublimité!

La bourrasque ne mollit point de toute la nuit, elle augmenta même; tel fut le contrebandier qui ne mollit pas non plus, et qui, aussi, redoubla de fermeté. Cependant, de son œil perçant et exercé, il avait vu, reconnu le feu de Boulogne; au point du jour, il était à l'entrée du port où il s'engagea avec les lames qui nous poussaient et qui étaient comme des montagnes. Mais, voilà qu'en contournant la terre, le vent, interrompu par la hauteur de la jetée, nous manqua, et la barque, venant en travers, menaça d'être engloutie. Robinson pâlit; je sentis comme mon cœur se déchirer en pensant que nous allions faire naufrage au port. Il me resta pourtant la présence d'esprit de dire à Collos : « Habit bas, pour nous sauver à la nage, si c'est possible, et armons un aviron sur l'avant ! » Dans un clin d'œil nous fûmes en corps de chemise, l'aviron fut armé, il fut mis en mouvement, la barque évita, nous fîmes un peu de chemin, la brise nous revint et le contrebandier, toujours à son gouvernail, nous jeta un coup d'œil approbateur. Quant à M. Henri, toujours imperturbable, toujours chantant, il avait dédaigneusement jeté un coup d'œil à droite, un coup d'œil à gauche, et d'un air impassible il avait levé les épaules à la mer en furie, et il avait tranquillement souri aux vents en courroux. Enfin, nous atteignîmes les eaux calmes du port; là, hors de tout danger, je pus contempler, à mon aise, les villages chéris, le sol si désiré de la France; où, après tant d'efforts et de périls, j'allais retrouver patrie, famille, amis, bonheur et liberté.

Ce fut, cependant, le géant aux cent bras de la police impériale qui nous reçut; car, en France, il était partout, il dominait tout, particulièrement dans les ports de la Manche, où le voisinage de l'Angleterre inspirait à Napoléon des craintes perpétuelles. Les prisonniers de guerre évadés, subissaient, eux-mêmes, en arrivant, de longues détentions, et ils étaient soumis à de minutieuses enquêtes; heureusement pour nous que M. de Bonnefoux était préfet maritime à Boulogne, et qu'il ne fallut que me nommer pour être réclamé, garanti par lui, et pour que nous fussions libérés. Quel jour dans la vie d'un homme! Quel changement de situation! D'où venais-je en effet? Où avais-je été pendant près neuf ans? Quelle nuit ne venais-je pas de passer? Et tout à coup, le 28 novembre 1811, jour d'ineffable mémoire, je me trouvais chez un second père, dans un palais, entouré de soins, d'attentions, et ne pouvant former un désir qui ne fût à l'instant satisfait.

Pour comble de bonheur, je venais d'être nommé lieutenant de vaisseau! M. Bruillac m'avait tenu parole; il avait tant et tant demandé ce grade pour moi, qu'à la fin il était arrivé, quoique, le jour de ma nomination, je ne fusse pas encore en France, et que l'empereur se fût prononcé contre toute promotion de prisonniers, auxquels il faisait un tort irrémissible de leur captivité. Je ne connais, avec moi, qu'un autre exemple d'avancement en Angleterre; et j'ai lieu de croire que, malgré notre longue campagne, notre beau combat contre l'amiral Warren sur lequel on s'appuyait pour le demander, on ne put réussir à le faire signer par Napoléon, qu'à la faveur d'une longue promotion où nos noms se trouvaient en quelque sorte perdus.

Mon pauvre frère fut bien loin d'être aussi favorisé que moi. Lui et Stevenson, qui était son contrebandier, furent arrêtés comme ils s'embarquaient à Deal. Stevenson fut condamné à 500 guinées d'amende et à être déporté à Botany-bay; mon frère fut confiné à bord du *Sandwich* dans cette même rade de Chatham, près de ce même *Bahama* où j'avais vu passer vingt mois de misères et de douleurs! Nous en apprîmes la nouvelle par Robinson qui la tenait d'un autre contrebandier, leur ami commun, et qui arriva à Boulogne pendant que Robinson y était encore.

Robinson ne séjourna que cinq jours à Boulogne où il se chargea de marchandises françaises, prohibées en Angleterre pour les 200 guinées que M. de Bonnefoux me remit pour lui compter et dont chacun de nous lui rendit ensuite exactement sa part. Collos partit pour Fécamp, son pays natal; M. Henri, envers qui je me morfondis en respect pour lui prouver mon désir d'effacer les impressions de Rye, se remit assez bien pour pouvoir quitter Boulogne ; mais il eut le malheur de se casser une jambe en se rendant à Lorient où sa famille résidait ; et moi, après dix-neuf jours d'un repos où j'oubliai, sans retour, mes mauvaises habitudes de bord, de ponton ou de cautionnement, même celle de fumer qui était pourtant bien invétérée, je quittai Boulogne, avec un congé de six mois pour aller à Béziers, près de ma tante d'Héméric et de ma sœur, chercher à réparer une santé qui ne tenait plus que par un fil. Ma route était par Paris et Marmande, ce qui s'arrangeait merveilleusement avec mon désir de voir la capitale et de passer quelques jours avec mon père.

LIVRE IV

APRÈS MA RENTRÉE EN FRANCE. MA CARRIÈRE MARITIME
DE 1811 A 1824

CHAPITRE PREMIER

SOMMAIRE : Séjour à Paris; mes camarades de *l'Atalante*, de *la Sémillante*, du *Berceau*, du *Bélier*. — Visite au ministère. — Le roi de Rome. — J'assiste à une revue de 4.000 hommes passée par l'Empereur dans la cour du Carrousel. — Les théâtres de Paris en 1811. — Arrivée à Marmande. — Joie de mon père. — Son chagrin de la catastrophe de mon frère — Lettre écrite par lui au ministère de la Marine. — Mon père constate le triste état de ma santé. — Il presse lui-même mon départ pour Béziers. — Ma tante d'Iléméric et ma sœur sont épouvantées à mon aspect. — On me croit poitrinaire. — Traitement de notre cousin le Dr Bernard. — Pendant un mois on interdit toute visite auprès de moi et on me défend de parler. — Affectueux dévoûment de ma sœur. — Au bout de trois mois j'avais définitivement repris le dessus. — Excellents conseils que me donne le Dr Bernard pour l'avenir. — Ordre de me rendre à Anvers pour y être embarqué sur le vaisseau *le Superbe*. — Lettre que j'écris au ministère. — Tous les Bourbons sont-ils morts? — Récit que j'ai l'occasion de faire à ce sujet. — Avertissement qui m'est donné par le sous-préfet. — A la fin de mon congé, je pars pour Paris, en compagnie de mon ami, M. de Lunaret fils, auditeur à la Cour d'appel de Montpellier. — Nous passons par Nîmes, Beaucaire, Lyon. — Nouveau séjour à Paris. — J'obtiens, non sans peine, d'être débarqué du vaisseau *le Superbe*. — Décision ministérielle en vertu de laquelle les officiers de Marine revenus spontanément des cautionnements seront employés au service intérieur des ports. — M. de Bonnefoux passe à la préfecture maritime de Rochefort. — Je suis attaché à son état-major ainsi que Collos, nommé enseigne de vaisseau. — Visite que je fais à Angerville à la mère de Rousseau. — Etat des esprits en 1812. — Mécontentement général. — Société charmante que je trouve à Rochefort. — Excellentes années que j'y passe jusqu'à la Restauration en 1814. — Missions diverses que me donne M. de Bonnefoux. — Au retour d'une de mes dernières missions, je trouve une lettre de mon ami Dubreuil. Il avait été envoyé en France comme incurable et se trouvait à l'hôpital de Brest inconnu et sans argent. — J'écris à un de mes camarades de

Brest, nommé Duclos-Guyot. — Je lui envoie une traite de 300 francs et je le prie d'aller voir Dubreuil. — Nouvelle lettre de Dubreuil pleine d'affectueux reproches. — J'en suis désespéré. — J'écris aussitôt à Duclos-Guyot et je reçois presque aussitôt une réponse de ce dernier à ma première lettre. — Il était absent et, à son retour à Brest, Dubreuil était mort. — Cette mort m'affecte profondément. — Séjour d'un mois à Marmande auprès de mon père. — Voyage aux Pyrénées-Orientales pour affaires de service. — Je m'arrête de nouveau à Marmande à l'aller et au retour, et j'assiste à Béziers au mariage de ma sœur.

La saison était trop peu favorable pour que je pusse satisfaire, à Paris, toute ma curiosité, je me promis donc de m'en dédommager une autre fois, je visitai seulement les points principaux ; mais je ne voulus pas en partir sans avoir vu plusieurs de mes camarades de *l'Atalante*, de *la Sémillante*, du *Berceau*, du *Bélier*, alors présents à Paris qui n'avaient pas été faits prisonniers, et qui, au moment où je devais me féliciter d'avoir été nommé lieutenant de vaisseau, étaient déjà capitaines de vaisseau, pour la plupart, ou au moins de frégate. Je me présentai aussi au ministère où je reçus très bon accueil, et où je donnai connaissance de ma lettre de départ au Transport-Office. Je me procurai les moyens de voir le roi de Rome, fils de l'empereur ayant alors neuf mois seulement; enfant que l'on croyait attendu par les plus brillantes destinées, et mort à la fleur de l'âge avec un nom et sous un uniforme autrichiens! Enfin, un jour de revue, pour lequel je prolongeai mon séjour à Paris, je me rendis au Carrousel où l'empereur fit défiler quatre mille hommes qui partaient pour la Grande-armée, et où, pour la première fois, je vis le grand guerrier des temps modernes, l'homme prodigieux, à qui, jusque-là, tout avait souri dans les combats, mais qui allait se rendre en Russie, où les glaces d'un hiver qu'il aurait dû prévoir, flétrirent, pour la première fois, les palmes innombrables que la main de la victoire avait entassées sur son front. Napoléon était à pied, mais un cheval isabelle était tout prêt, derrière lui, avec de magnifiques harnais. A quelque distance, à sa droite, on

voyait huit ou dix pages de service, et à sa gauche,
quelques généraux qui commandaient le défilé. L'empereur
me parut très soucieux : il remarqua un gros major
(actuellement lieutenant-colonel) qu'il crut en faute; il le
fit appeler par le comte (aujourd'hui maréchal) Lobau, à
la voix retentissante, et il lui parla avec une sévérité qui,
certainement, était empreinte de ce ton d'emportement
auquel on disait que l'empereur était fort sujet. Les
troupes montrèrent de l'enthousiasme en défilant, et moi
qui me trouvais à moins de dix pas de l'empereur, et qui
ne perdis pas un de ses mouvements, je trouvai, dans le
moment, tout cela fort beau; mais j'y ai souvent pensé
depuis, et à tort ou à raison, je n'ai pas tardé à trouver
que ce n'était pas ainsi que j'entendais la véritable
grandeur.

Je visitai aussi la plupart des théâtres et j'eus le ravissement d'y voir de vrais modèles dans les personnes de
Talma, Elleviou, Martin et de Mesdemoiselles Mars,
Georges et Duchesnois.

Mon père m'attendait avec bien de l'impatience ; il
avait soixante-dix-sept ans, et quoique sa santé fût bonne,
il sentait que c'était un âge où l'on supporte mal les
délais; en vain lui disait-on que tout lui promettait encore
d'assez longs jours, que la mort n'épargnait pas plus
l'enfance que la vieillesse, il répondait avec beaucoup
de sens qu'il savait bien que les jeunes gens pouvaient
mourir, mais qu'il était évident que les vieillards ne pouvaient pas vivre longtemps. Avec quel plaisir nous nous
revîmes; mais avec quel chagrin il me parla de la catastrophe de mon frère! Dans son désespoir, il avait écrit au
ministère de la Marine pour exprimer son étonnement
qu'un échange contracté au nom de l'empereur, comme
l'était celui de son fils, ne fût pas exécuté ; il avait ajouté
qu'il ne comprenait pas que Napoléon se laissât insulter,
et autres expressions qu'on aurait dû mettre sur le
compte de sa douleur, mais auxquelles on répondit un peu

sèchement. Heureusement qu'alors je me trouvai là, car il voulait absolument aller à Paris provoquer le chef du bureau d'où partait la réponse; et j'eus mille peines à le retenir.

Quand il se fut bien délecté de la douce satisfaction de me revoir, de me conduire chez ses amis, il ne put ne pas s'apercevoir du triste état où ma santé se trouvait réduite; alors, il pressa lui-même mon départ pour Béziers où je devais suivre un traitement complet. Je l'embrassai avec attendrissement, ainsi que tous nos parents de Marmande qui avaient montré la plus grande joie de mon retour, et je partis.

Ma sœur, près de qui je me trouvai en peu de jours, fut comme par le passé, la plus tendre des sœurs. Ma tante d'Héméric, en me voyant si maigre, si défait, ne put s'empêcher de me comparer à ma mère avant la dernière période de sa maladie, disant que je la lui rappelais en tout, particulièrement par mon regard affaibli, que, cependant, elle ne pouvait se lasser de contempler, tant elle y retrouvait la mémoire de sa sœur.

Il ne pouvait pas être question d'autre chose que de ma santé, et il n'était pas possible de mieux rencontrer, car, outre les soins de ces dames, nous avions dans la famille un cousin, autrefois médecin accrédité, mais n'exerçant plus par suite d'un mariage fort riche qu'il avait dû aux qualités les plus aimables, aux sentiments les plus distingués. Il s'appelait Bernard, il ne donnait plus que des conseils désintéressés, ou ne faisait des visites qu'à des amis ou des parents : à ce titre il se chargea de moi, me traita avec une affection sincère, et, disant qu'il espérait beaucoup en mon âge, en la force précédente de ma constitution, il dicta un régime bien entendu, et qui fut rigoureusement observé. La base de ce régime fut du lait d'ânesse tous les matins dans mon lit, un bouillon de veau entre mon déjeuner et mon dîner, et une soupe légère avant de me coucher ; ensuite, des repas substantiels, peu copieux et régulièrement pris ; des promenades modérées, aucun exercice fatigant, enfin un coucher et un lever aussi exactement réglés que mes repas.

A force d'entendre parler de ma santé, j'avais fini par y regarder, par sentir que de vives douleurs de poitrine, sur lesquelles je m'étais étourdi, existaient réellement, et qu'elles se manifestaient avec des symptômes effrayants, car plus d'une fois j'avais craché et je crachais encore du sang. Ma sœur fut glacée d'effroi lorsqu'elle en eut acquis la conviction, un rapprochement naturel se fit dans son esprit, ainsi que dans celui de ma tante, entre mon état et la maladie mortelle de ma mère, et le premier mois fut bien triste. On alla jusqu'à interdire toute visite auprès de moi, jusqu'à me défendre de parler ; et, pour chasser l'ennui, ma sœur passait les journées auprès de moi, lisant tout haut, babillant avec ma tante comme si rien de sérieux ne la préoccupait ; chantant, jouant du piano comme si la joie était dans son cœur. Cependant le cousin Bernard revenait toujours avec sa franche sérénité, assurant que le danger n'était pas imminent, que le mieux se manifesterait bientôt, et il eut raison. Tant de soins, tant de judicieuses ordonnances, tant d'amitié, tant de vœux ne tardèrent pas à faire sentir leur bienfaisante influence : au bout de trois mois, j'avais décidément repris le dessus ; à l'expiration de mon congé, j'étais aussi bien qu'on pouvait raisonnablement l'espérer.

Le D' Bernard ne se contenta pas de m'avoir guéri, il voulut encore s'efforcer de prévenir en moi, pour longtemps, toute maladie future, et, comme il avait étudié mon organisation avec un intérêt attentif, il me donna d'excellents conseils pour l'avenir. Selon lui, tout homme sensé doit s'attacher à se connaître ; et, parvenu à trente ans, peut être son propre médecin. Il prétendait qu'il ne faut ni s'énerver par trop de précautions, ni s'user par trop de confiance en ses forces ; il m'exposa tout ce qu'il pensait de ma constitution, m'indiqua jusqu'où je pouvais aller en tout, me fit connaître comment je pourrais réparer les échecs que je subirais par mes imprudences, si j'en commettais ; mais il me défendit expressément tout régime curatif hors de propos ou au-delà du terme nécessaire pour ma guérison. Tout cela était si raisonnable, si affectueux; tout cela était dit avec tant de charme, de conviction, de bonté, que mon esprit en a été éternellement frappé. Je les ai suivis ces admirables préceptes, et je leur dois une santé qui fut bientôt affermie, un corps devenu, en dix ans, remarquablement robuste, un embonpoint modéré, une jeunesse qui s'est longtemps prolongée, une disposition à la gaieté qui n'a pas été affaiblie, comme il est d'ordinaire, quand on est en butte aux souffrances physiques, une existence, enfin, exempte jusqu'ici, de maladies sérieuses et de toute espèce d'infirmités : quel bonheur pour moi d'avoir rencontré un tel homme, et, en même temps, deux femmes qui mettaient leur bonheur à seconder le pouvoir de son expérience et les inspirations de ses talents !

Il est fort doux d'être mené quand on l'est aussi bien, quand on voit un corps ruiné se remettre, quand on est entouré de tant d'affection ! Aussi les regrets furent bien aigus lorsqu'il fallut songer au départ; et il fallut bien y songer, car, vers la fin de mon congé, un ordre m'était venu de me rendre à Anvers, pour y être embarqué sur le vaisseau *le Superbe*, faisant partie de l'armée navale entretenue par l'empereur sur l'Escaut.

Je savais que l'empereur ne se faisait pas scrupule d'employer activement les officiers évadés, car les hommes ne lui suffisaient nulle part, mais je croyais qu'on aurait fait exception pour moi, en raison de la connaissance que j'avais donnée à Paris de ma lettre au Transport-Office. Je répondis donc que, comme ma route pour Anvers était par Paris, j'y donnerais, en passant, des explications sur cette destination qui, je l'espérais, la feraient changer. Je parlai aussi d'un fait qui venait d'avoir lieu : celui d'un général espagnol, appelé Miranda, qui, prisonnier sur parole en France et évadé, avait été repris, les armes à la main, par nos troupes, mis en jugement par ordre de l'empereur, condamné à mort, mais gràcié par Napoléon, toutefois avec l'avertissement, publié dans les journaux, que ce premier exemple de clémence qu'il donnait pour ce délit serait le dernier, s'il se renouvelait. Il était par trop étrange, en effet, d'agir avec une telle sévérité, et d'exiger que nous fussions exposés à d'aussi cruelles représailles, mais comme je ne pouvais m'appesantir, par écrit, sur des faits qui pouvaient être considérés comme des reproches graves contre un gouvernement d'ailleurs fort ombrageux, j'avais préféré me tenir sur la réserve à cet égard.

Pendant mon séjour à Béziers, je venais, effectivement, d'avoir une preuve de la facilité qu'avait la police impériale à s'alarmer. On y disait, un jour, devant moi, que les Bourbons étaient probablement tous morts, puisque rien ne transpirait sur leur compte. A ce sujet, je me rappelai avoir vu passer, assez récemment, par Lichfield le comte de Lille (nom que portait Louis XVIII avant la Restauration) son frère (depuis Charles X) et un des fils de ce dernier qui se rendaient en visite chez l'opulente et belle marquise de Stafford, et je racontai ce fait qui ne fut suivi d'aucun commentaire inconvenant. Eh bien! moins de quinze jours après, par ordre de Paris, le sous-préfet vint me voir, me recommanda, à cet égard, le silence le plus absolu, et me dit que j'aurais été mis en surveillance, sans mon caractère d'officier, si mon nom n'était pas connu comme offrant toute garantie, et si l'on n'avait pensé qu'il suffirait de me faire connaître les intentions de l'empereur à cet égard. Entendre un pareil langage, de semblables recommandations, quand on venait de l'Angleterre où la liberté de penser, celle de parler étaient, même pour les prisonniers, poussées à leurs dernières limites, c'était, en vérité, plus qu'il n'en fallait pour exciter une surprise de la plus triste espèce !

Il fallut pourtant m'arracher de ce Béziers où j'avais passé des jours si paisibles, où j'avais revu la plus tendre des familles, où j'avais rencontré le plus sage des médecins, et où j'avais embrassé, avec reconnaissance, l'ancien ami de la maison, celui qui m'avait admis chez lui comme un second fils, M. de Lunaret, dont l'attachement ne s'est jamais démenti. Son fils était alors auditeur à la Cour d'appel de Montpellier ; le brevet de conseiller à cette même Cour lui était annoncé de Paris où il était sur le point de se rendre, et, sachant que je devais également aller dans la capitale, il régla son départ sur le mien, m'attendit à Montpellier où je le joignis, et, nous effectuâmes notre voyage en passant par Nîmes, Beaucaire, Lyon, et en nous arrêtant partout où il y avait quelque chose d'intéressant à voir ou à observer.

Lunaret et moi, nous fûmes ravis de notre séjour à Paris où nous satisfîmes amplement notre curiosité, et où nous nous procurâmes tous les agréments qui flattaient nos goûts. L'affaire de mon débarquement du *Superbe* ne marcha pas d'abord aussi bien au gré de mes désirs, et sans le jugement du général Miranda que je m'appliquai à faire valoir, je ne sais ce qui en serait advenu, tant le gouvernement impérial tenait à rassembler des hommes autour de lui. Mais cette circonstance domina la position. On fut alors forcé de la considérer sous un point de vue général, et l'on finit par décider que les officiers de marine revenus spontanément des cautionnements anglais en France, seraient débarqués s'ils étaient sur des vaisseaux, et que tous seraient employés au service intérieur des ports. Je trouvai cette solution fort convenable, car j'étais décidé à donner ma démission, en cas de contrainte d'embarquement, et comme M. de Bonnefoux venait de passer à la préfecture de Rochefort, ce fut le port pour lequel je demandai et obtins une destination.

Collos venait d'être nommé enseigne de vaisseau ; je priai M. de Bonnefoux de le réclamer ; il s'y prêta de bonne grâce ; le ministre y consentit, et nous fûmes, lui et moi, attachés à l'état-major du préfet maritime. En me rendant auprès de lui, je passai par Angerville, pays de Rousseau : l'amitié me faisait un devoir de m'y arrêter, son excellente mère me reçut comme si j'avais été son fils, et je demeurai trois jours auprès d'elle.

Je venais de me trouver, en peu de temps, placé au centre et aux points de la France les plus éloignés, du nord au sud et de l'est à l'ouest. J'avais facilement remarqué, et je m'y attendais, que sous les rapports industriels et commerciaux, nous étions de vingt ans en arrière de l'Angleterre qui, par ses institutions, sa position géographique et l'empire qu'on lui avait laissé prendre sur les mers, offrait toute sécurité à ses citoyens et à ses vaisseaux marchands. Mais ce qui excita mon étonnement fut le mécontentement absolu des esprits que j'avais cru trouver sous le charme magique des exploits de Napoléon. Je ne tardai pas à être détrompé : partout des impôts écrasants qui se reproduisaient sous mille formes ; un despotisme qui n'avait aucun frein ; des levées d'hommes qui ne laissaient plus dans l'intérieur que des vieillards, des femmes ou des enfants, une police, enfin, qui s'attachait à tout, dénonçait tout, punissait tout. On ne se plaignait pas, car on n'osait pas se plaindre, mais on gémissait comme si l'on eût été étouffé entre deux matelas. On voyait, en effet, des choses navrantes, et qui seraient, à peine, crues aujourd'hui : par exemple, des jeunes gens qui avaient payé deux remplaçants, morts successivement, être forcés de partir pour l'armée, et d'aller, eux-mêmes, remplacer leurs remplaçants ! Des jeunes filles riches être notées par la police, et désignées par l'empereur pour n'être mariées qu'à quelque officier en faveur, ou même mutilé à la guerre, pour qui elles étaient réservées comme une pension !

Toutefois, Rochefort était un port militaire et une

place forte; l'argent du Trésor public y abondait pour les besoins du service; dans les divers grades de l'armée de terre ou de mer, on y voyait plusieurs jeunes gens, et je trouvai dans cette ville, ce que j'avais, en vain, cherché dans l'intérieur, c'est-à-dire de l'aisance, du contentement, de la gaieté, des relations agréables à former : la société y était charmante, les réunions nombreuses; ma position auprès du préfet maritime, ma liaison avec Collos que tout le monde recherchait, me mirent à même de jouir de tant d'avantages avec plus de plaisir que qui que ce soit, et j'en jouis dans toute leur plénitude jusques à la première Restauration qui date de 1814. C'était pour moi bien du bon temps, après tant d'années de travaux, de fatigues et de malheurs [1].

Comme à Lichfield cependant et les divers endroits où j'avais fait quelque séjour, je réservais scrupuleusement de bons moments pour l'étude, et j'y trouvais toujours mon compte, car jamais, je n'ai mieux goûté le charme des distractions, qu'après avoir tenu, pendant quelques heures, mon esprit sérieusement occupé. D'ailleurs, le préfet ne voulait pas que nos fonctions auprès de sa personne fussent un service inutile ou de salon : nous étions, par ses ordres, souvent dans le port, les chantiers, les usines, les directions, les ateliers; nous avions des rapports journaliers à lui adresser, et il nous envoyait même hors de Rochefort pour des missions particulières. Ainsi, je fus chargé, à deux reprises, de faire l'inspection et le plan de tous les forts de l'arrondissement; je m'assurai de l'état de plusieurs carcasses de bâtiments coulés dans

---

[1] Ce fut pendant cette période, au commencement de 1814, que M. de Bonnefoux épousa une belle et charmante jeune fille qu'il adorait, Mlle Pauline Lormanne, fille du colonel Lormanne, directeur d'artillerie à Rochefort. Un fils leur naquit bientôt, mais mourut à l'âge de six mois. Ils en eurent un second en 1816, celui auquel s'adresse l'auteur de ces *Mémoires*. Enfin, l'année suivante, M. de Bonnefoux eut la douleur de perdre sa femme.

la Gironde, qu'il fallut relever pour faciliter la navigation et de l'établissement de corps morts, dans ce fleuve, pour le mouillage des navires. Je parcourus les départements avoisinants pour l'approvisionnement de l'escadre et du port de Rochefort; je procédai deux fois à la levée de marins appelés au service, soit sur le littoral, soit dans les îles de Ré ou d'Oléron; je levai le plan du port et de la rade des Sables d'Olonne; je dirigeai comme major du recrutement, une conscription maritime dans le département des Pyrénées-Orientales; je fus envoyé à Nantes pour y procéder à l'armement de la frégate *l'Etoile*, jusques à l'arrivée de l'officier nommé pour la commander, et qui, pour des raisons de service, ne pouvait s'y rendre aussitôt...

Ainsi, M. de Bonnefoux nous initiait aux difficultés de son administration militaire, il nous mettait en mesure d'acquérir des connaissances diverses; il utilisait nos services et il nous dédommageait, autant que possible, de l'impossibilité où nous étions d'être embarqués sur les vaisseaux.

Au retour d'une de mes dernières missions, je trouvai à Rochefort une lettre de Brest qui m'y attendait depuis quelques jours. Je reconnus l'écriture de mon ami, le corsairien Dubreuil, et j'appris que sa santé ayant décliné rapidement, depuis mon départ, par l'usage perpétuel qu'il avait fait du tabac et des liqueurs fortes, auxquels il avouait avoir renoncé beaucoup trop tard, son état était devenu désespéré, et qu'il avait été renvoyé en France comme incurable. Il était à l'hôpital, inconnu, sans argent, et il me demandait cinquante écus. Je lui répondis aussitôt en lui faisant passer une traite de 300 francs, et j'envoyai la lettre et la traite à Brest, à un de mes camarades, nommé Duclos-Guyot, à qui j'écrivais en même temps d'aller voir Dubreuil immédiatement et de lui compter ses 300 francs sans attendre l'échéance de la traite. Duclos-Guyot était absent en ce moment; il s'écoula quelques jours avant son retour, et Dubreuil qui ne voyait rien venir, et qui ne pouvait s'expliquer ces retards, m'écrivit une seconde fois, mais quelle lettre! il me reprochait mon ingratitude en amitié, et me disait qu'il n'avait plus que quelques jours à vivre, mais qu'il me pardonnait avant de mourir! A cette nouvelle je fus désespéré, je m'accusai de mille torts qui n'étaient que trop fondés, j'écrivis encore à Duclos-Guyot; en même temps, j'écrivis, comme j'aurais dû le faire tout d'abord, à Dubreuil directement ainsi qu'à trois autres personnes que je chargeai d'aller voir Dubreuil sur-le-champ et de lui compter tout ce qu'il demanderait; mais, à peine ce courrier était-il parti, que je reçus une réponse de Duclos-Guyot à ma première lettre, et j'appris son absence, son empressement à se rendre, dès son retour, auprès de Dubreuil; mais le malade avait succombé, et avec la douleur d'une amitié déçue! Il est difficile d'être plus péniblement affecté, de recevoir une leçon plus incisive sur le peu de prévoyance qu'on apporte souvent à ce qui touche l'amitié, et ce n'est jamais sans un grand serrement de cœur que mes souvenirs se reportent sur cette malheureuse catastrophe.

Pendant mon séjour à Rochefort, j'avais eu un congé pour aller à Marmande voir mon père avec qui je passai un mois. Lors de ma mission aux Pyrénées-Orientales, j'y étais retourné, je l'avais revu en allant et en venant et je m'étais aussi rendu à Béziers où j'eus par un charmant hasard le bonheur de me trouver lors du mariage de ma sœur, mariage dont j'ai parlé plus haut.

CHAPITRE II

Sommaire : 1814. — Prise de Toulouse et de Bordeaux. — Rochefort menacé. — Avènement de Louis XVIII. — M. de Bonnefoux m'envoie à Bordeaux comme membre d'une députation chargée d'y saluer le duc d'Angoulême et de traiter d'un armistice avec l'amiral anglais Penrose. — Une lettre m'apprend à Bordeaux que mon père est atteint d'une fluxion de poitrine. — Je cours à Marmande et je trouve mon père très malade et désespéré à la pensée qu'il ne reverra pas mon frère, que la paix allait lui rendre. — Il meurt en me serrant la main le 27 avril 1814. Il avait soixante-dix-neuf ans. — Je suis nommé au commandement de la corvette à batterie couverte *le Département des Landes* chargée d'aller à Anvers prendre des armes et des approvisionnements. — Avant mon départ, le duc d'Angoulême nommé grand amiral arrive à Rochefort au cours d'une tournée d'inspection des ports de l'Océan. — Il y séjourne trois jours. M. de Bonnefoux me nomme commandant en second de la garde d'honneur du Prince. — Je mets à la voile et me rends à Anvers. — Au retour, une tempête me force de reprendre le Pas-de-Calais que j'avais retraversé et de chercher un abri à Deal, à Deal où, naguère, j'étais errant et traqué comme un malfaiteur. — Je pars de Deal avec un temps favorable mais au milieu de la Manche un coup de vent me jette près des bancs de la Somme. — Dangers que court la corvette. Je force de voiles autant que je le puis afin de me relever. — Après ce coup de vent, je me dirige vers Brest. — Un pilote venu d'Ouessant me jette sur les Pierres Noires. — Une toise de plus sur la gauche, et nous coulions. — Je fais mettre le pilote aux fers et je prends la direction du bâtiment qui faisait beaucoup d'eau. — La corvette entre au bassin de radoub. — Le pilote jugé et condamné. — J'apprends à Brest une promotion de capitaines de frégate qui me cause une vive déception. — Ordre inattendu de réarmer la corvette pour la mer. — Je demande mon remplacement. Fausse démarche que je commets là. — Je quitte Brest et *le Département des Landes*. — Arrivée à Rochefort où je trouve mon frère, licencié sans pitié par le Gouvernement de la Restauration. — Il passe son examen de capitaine de la Marine marchande et part pour les Etats-Unis où il réussit à merveille. — Voyage de M. de Bonnefoux à Paris. — Il fait valoir les raisons de santé qui m'ont conduit à demander mon remplacement. — On lui promet de me donner le commandement de *la Lionne* et de me nommer capitaine de frégate avant mon départ. — Le retour de l'Ile d'Elbe empêche de donner suite à ce projet. — Pendant les Cent-Jours, je reste chez moi. — L'empereur, après Waterloo, vient s'embarquer à Rochefort et passe cinq jours chez le préfet maritime. — Disgrâce de M. de Bonnefoux. — Je suis, par contre-coup, mis en réforme. — Je songe à obtenir le commandement d'un navire marchand et à partir pour l'Inde. — On me décide à demander mon rappel dans la marine. — Je l'obtiens et je suis attaché comme lieutenant de vaisseau à la Compagnie des Élèves de la Marine à Rochefort. — Grand malheur qui me frappe au commencement de 1817. Je perds ma femme. — Après un séjour dans les environs de Marmande chez M. de Bonnefoux, je vais à Paris solliciter un commandement. — Situation de la Marine en 1817. — Je suis nommé Chevalier de Saint-Louis. — Retour à Rochefort. — Je me remarie à la fin de 1818. — En revenant de Paris, je retrouve à Angerville, Rousseau, mon camarade du ponton. — Histoire de Rousseau.

Ce fut peu de temps après que l'empereur rentra en France après avoir perdu ses armées en Russie, et il y fut suivi par l'Europe soulevée, qui envahit toutes les frontières. Toulouse, Bordeaux, furent pris; Rochefort fut sur le point d'être attaqué, et Collos et moi, étant considérés comme prisonniers de guerre, nous reçûmes l'ordre de nous retirer dans l'intérieur; mais Paris fut occupé par les ennemis avant notre départ et les Bourbons remontèrent sur le trône.

M. de Bonnefoux m'envoya alors à Bordeaux comme membre d'une députation chargée d'y saluer le duc d'Angoulême, neveu de Louis XVIII qui s'y trouvait, et de raiter d'un armistice avec l'amiral Anglais Penrose. J'allais retourner à Rochefort quand une lettre de Marmande m'annonça que mon père était atteint d'une fluxion de poitrine; je volai auprès de lui... Hélas! il n'était que trop mal, et ce qui empirait son délire, c'est que la paix allait lui rendre son fils Laurent, et qu'il sentait la mort venir avant ce doux moment: il avait vraiment le cœur brisé! Dans sa tendresse, il voulut, cependant, lui donner une marque d'amitié; il avait pensé que ma sœur serait convenablement établie avec la fortune future de ma tante d'Héméric, avec celle qu'avait son mari. Quant à moi, il me voyait en possession d'un état qui avait été considérablement froissé, il est vrai, mais qui me plaçait, toutefois, en position tolérable; pour mon frère, tout disait que cet état était perdu, et mon père avait fait tout préparer pour lui assurer, en sus de sa part, le quart dont la loi lui permettait de disposer sur une dizaine de mille francs qu'il avait économisés depuis qu'on lui payait sa pension. Il ne voulait, cependant, rien faire sans mon consentement que je donnai de grand cœur ; il reprit, alors, un peu de sérénité, et il mourut le 27 avril, en tenant une de mes mains, et en fixant sur mes yeux baignés de larmes un regard de paix et de bonté !

Ce sont de rudes moments, mais il y a certainement du bonheur, pour un bon fils, à être alors au chevet de son père ; et, en y pensant, j'ai bien souvent rendu grâces à l'heureuse étoile qui m'avait fait quitter l'Angleterre et qui m'avait ramené en France. Je conserve précieusement une boîte en écaille et or avec une jolie peinture, et que mon père affectionnait beaucoup. A Rochefort, j'avais appris à tourner, et je consolidai cette boîte en y ajoutant des cercles en ivoire ; ce bijou se retrouve souvent sous mes yeux, car j'y serre mes décorations et leurs rubans... Destination bien naturelle que d'employer à contenir ces symboles de l'honneur, le meuble chéri du brave militaire qui expia dignement les erreurs de sa jeunesse, qui vécut soixante-dix-neuf ans et fut le type achevé de tous les sentiments nobles et élevés.

Lors des premiers armements maritimes auxquels la paix donna lieu à Rochefort, le préfet me fit accorder le commandement d'une corvette à batterie couverte comme l'ont les frégates, et que le département des Landes avait donnée au Gouvernement ; par ce motif, elle était nommée elle-même : *le Département des Landes* ; ma destination était Anvers, d'où la France avait à retirer quelques débris des dépenses incalculables qu'elle y avait faites.

Cependant, le duc d'Angoulême, nommé grand amiral, faisait l'inspection des ports de l'Océan. Il arriva à Rochefort avant mon départ : M. de Bonnefoux me nomma commandant en second de la garde d'honneur du Prince, qui séjourna trois jours parmi nous. Je mis à la voile aussitôt après son départ, et j'eus lieu de me convaincre que huit ans d'interruption ne suffisent pas pour faire oublier notre état, lorsqu'on l'a bien appris précédemment. Collos était embarqué avec moi.

Je me rendis à Anvers sans rien éprouver de remarquable. Au retour, une tempête me força de reprendre le Pas-de-Calais que j'avais retraversé, et de chercher un abri à Deal; Deal, où alors, je me présentais entouré d'honneurs, comblé de politesses, et où, naguère, j'étais traqué et errant comme un malfaiteur! J'en partis avec un temps favorable, mais au milieu de la Manche, un coup de vent me jeta près des bancs si dangereux de la Somme et aux environs de Dieppe. Je forçai de voiles autant que je le pus, afin de me relever; et ma résolution que je vis bien qu'on taxait d'audacieuse imprudence, me réussit! Mais un mât cassé, une voile déchirée, et j'étais irrémissiblement à la côte. Je restai constamment sur le pont; tous les yeux fixés sur moi cherchaient à scruter mes pensées; je faisais bonne contenance, mais je voyais l'étendue entière du péril, et j'arrangeais, dans ma tête, mes dispositions pour le cas où j'aurais continué à être porté sur ces bancs, et pour chercher à sauver mon bâtiment et mon équipage! Les dispositions qui me vinrent à l'esprit dans ce moment critique ont, depuis, été décrites dans mes *Séances nautiques*, et elles ont reçu l'approbation des marins.

Après cette épreuve, je me dirigeai vers Brest, où ma corvette devait désarmer : tout allait bien, lorsqu'un pilote, qui venait d'Ouessant, me jeta sur les rochers appelés Pierres-Noires! La secousse fut violente, mais comme nous n'avions touché le rocher qu'en le rasant avec notre flanc, nous ne coulâmes pas sur place. Une toise de plus sur la gauche, et c'en était fait de nous tous! Je fis mettre le pilote aux fers, et je me chargeai du bâtiment qui faisait beaucoup d'eau, mais que je réussis à faire entrer à Brest. Le pilote fut jugé, cassé, emprisonné; et la corvette entra en radoub.

En arrivant à Brest, j'avais appris que six officiers de mon grade, dont quatre étaient mes cadets, et qui, à Brest et à Lorient, avaient fait le service de gardes d'honneur auprès du grand amiral, s'étaient vu, pendant ma campagne, nommer capitaines de frégate par l'intervention du Prince. Je réclamai, et j'écrivis au contre-amiral qui accompagnait le duc. J'appris, par la réponse, que si M. de Bonnefoux l'avait demandé, à Rochefort, pour moi, on se serait empressé d'accéder à sa proposition; M. de Bonnefoux, à qui je mandai ces détails, me dit, de son côté, qu'il ne lui serait jamais venu dans l'idée qu'on pût accorder un grade pour un service honorifique; mais que, puisque cette faveur avait été accordée à d'autres, il profiterait d'un voyage qu'il ferait bientôt à Paris pour présenter mes droits à être traité comme mes six camarades. Il est certain que si je n'avais pas été à la mer, à cet époque, j'aurais eu connaissance de ces démarches, et qu'agissant au moment utile, j'aurais probablement réussi : je vis, par là, que le hasard sert souvent mieux que le zèle ; mais ce n'est pas une raison pour ne pas sacrifier constamment au devoir.

Je m'occupais de retourner à Rochefort, lorsque l'ordre inattendu de réarmer la corvette pour la mer arriva à Brest. Mais j'avais été si contrarié de n'avoir pas figuré dans la promotion, et je craignis tellement que quelques intérêts ne souffrissent d'une nouvelle absence, que je demandai mon remplacement. C'était assurément une fausse démarche, et elle fut jugée encore plus sévèrement qu'elle ne le méritait, car ma santé avait vraiment beaucoup souffert des fatigues incessantes de mon retour d'Anvers ; et c'était le motif que j'avais allégué. J'eus tort évidemment dans cette circonstance, car j'agis dans des vues étroites et avec un esprit d'amour-propre blessé. Un véritable chagrin que j'eus en quittant Brest et *le Département des Landes* fut de me séparer de Collos dont l'âme franche et loyale mérite certainement qu'on lui applique le mot de Cornelius Nepos, au sujet d'Epaminondas : « Adeo veritatis diligens, ut ne joco quidem mentiretur. »

Mon frère était à Rochefort quand j'arrivai : que de choses nous eûmes à nous dire! Nous allâmes à Marmande pour régler nos affaires; il poussa jusqu'à Béziers, revint me prendre à Rochefort, et comme il avait été, sans pitié, licencié par le gouvernement de la Restauration, il ne se vit d'autre ressource que de passer son examen de capitaine de la Marine marchande; et il se disposa ensuite à aller aux Etats-Unis, où son intelligence, son caractère, sa loyauté, sa connaissance de la langue du pays l'ont conduit à une assez belle fortune.

Le préfet se rendit à Paris; il s'y occupa de moi, mais on y était mécontent de ma demande de remplacement. Il dit de ma santé ce qu'il en savait, ramena les esprits; et, comme on refusait rarement quelque chose à un chef tel que lui, il fit agréer qu'on m'éprouverait par l'offre d'un nouveau commandement, et qu'on me nommerait capitaine de frégate avant de mettre à la voile. C'eût été fort beau, car je n'avais que trente-deux ans, et j'aurais ainsi regagné une partie du temps perdu par ma captivité. Il n'en fut pas ainsi, et il faut avouer que je ne fus pas heureux dans cette affaire dont je vais reprendre la suite.

Le bâtiment qui me fut destiné était *la Lionne*, toutefois, au lieu de s'occuper de m'expédier mes lettres de commandement, auxquelles il ne manquait plus que la signature, le Gouvernement eut à tourner ses pensées vers des objets d'une tout autre importance, qui absorbèrent toutes ses facultés et qui amenèrent sa chute. Ce fut le retour de l'Ile d'Elbe de Napoléon. Ailleurs, je parlerai, plus en détail, de cet événement prodigieux, des difficultés sans nombre qu'il attira à M. de Bonnefoux, et de la manière glorieuse dont il surmonta ces difficultés. Ici, je me contenterai de dire que M. de Bonnefoux reconnut l'empereur; mais qu'il approuva l'opinion où j'étais, que je me trouvais libre, par la nature de cette révolution, de servir ou de ne pas servir ; et qu'il permit que, considérant Napoléon comme l'auteur des maux sans nombre auxquels je prévis que notre patrie allait être en proie, je restasse étranger à son système et à ses opérations. Ainsi donc, au lieu d'un grade que je croyais tenir, qui était sous ma main, je me vis de nouveau voué à l'inactivité, et je restai chez moi, en quelque sorte *incognito*.

L'empereur ne fit que passer ; en tombant, il entraîna ses partisans, M. de Bonnefoux et moi, par contre-coup, qui fus condamné à la réforme. Il fallait vivre, cependant, car tel est le propre des Révolutions en général, qu'elles font des plaies profondes à l'État, et qu'elles brisent bien des existences. J'allai à Bordeaux où mes amis me firent la promesse positive d'un navire marchand à commander pour les mers de l'Inde. C'était un moyen de fortune assurée si la paix durait : mais quelle certitude en avait-on ? Et puis, quitter l'uniforme et la carrière militaire !... Tout cela fut débattu et considéré sous toutes les faces ; enfin, je ne voulus pas résister à de douces instances, et je demandai mon rappel dans la marine, en faisant valoir mon éloignement volontaire, lors du règne de Cent-Jours de l'empereur. Cette démarche fut suivie d'un prompt succès, et l'on me plaça comme lieutenant de vaisseau dans la compagnie des élèves de la Marine à Rochefort. Quant au grade de capitaine de frégate, il n'y avait plus à y penser ; et il fallut abandonner à ceux qui se trouvaient dans la position que j'avais perdue, les chances d'avancement que M. de Bonnefoux ne laissait pas échapper pour moi, quand il y avait jour à les faire valoir.

Nous arrivâmes ainsi, au commencement de 1817. Rochefort fut, alors, témoin d'un de ces événements douloureux qui frappent une population au cœur. Je t'ai raconté, mon fils, les malheurs poignants que subit ma famille pendant mon enfance, ainsi que l'influence qu'ils eurent sur mon éducation. Quelques jours ravissants vinrent ensuite luire pour moi à Marmande et au Chatard. Puis, arrivèrent douze années d'études, de travaux, de fatigues, de combats, de dangers, de prison, de ponton, d'efforts pour ma liberté, et qui se terminèrent par le délabrement de ma santé et par un retard irréparable dans ma carrière; succédèrent alors les moments vraiment enchanteurs de mon séjour à Rochefort entre 1812 et 1814, et ceux de mon mariage; mais à cette époque, une série d'infortunes vint m'assaillir à coups répétés, et cette série ne pouvait se terminer d'une manière plus poignante que par l'événement cruel qui t'enlevait ta mère et qui me plongeait dans un profond désespoir.

Quand ce funeste arrêt de la Providence fut consommé, je te laissai aux bons soins de la grand-mère[1]; je partis de Rochefort et j'allai chercher de la solitude chez M. de Bonnefoux qui s'était retiré à la campagne, près de Marmande. Il y vivait tranquille, isolé; c'était ce qu'il me fallait. De quelles bontés, de quelles consolations, son cœur généreux, son esprit aimable remplirent les trois mois qu'il me fut permis d'y rester! Je l'aurais quitté avec bien du regret, si ce n'avait été pour te revoir. Je retournai donc à Rochefort; j'établis tout, comme je l'entendais; la santé qui était si faible quand tu naquis, se raffermit promptement. Enfin, je mis ordre à mille petits détails, et, d'après le conseil de M. de Bonnefoux, je me rendis à Paris pour y solliciter un commandement, afin de pouvoir réparer, autant que possible, le temps perdu pour mon avancement.

En effet, un commandement de bâtiment était, pour moi, le seul moyen d'aller à la mer au moins de longtemps. La marine se trouvait alors dans la plus grande stagnation; les lieutenants de vaisseau n'embarquaient qu'à leur tour; et, tout bien calculé, ayant été inscrit à la fin de la liste d'embarquement après ma campagne de

---

[1] Mᵐᵉ Lormanne, femme du colonel Lormanne.

l'Escaut, je ne pouvais espérer d'être placé sur un navire, avant la fin de l'année 1820. Au contraire, les commandants de bâtiments étaient tous au choix du roi; et c'avait été pour être proposé à ce choix par le ministre, que j'avais entrepris ce voyage de Paris.

Je n'avais fait aucun apprentissage du rôle de solliciteur, qui était pour moi une chose toute nouvelle, bien inattendue, et n'allant nullement à mon caractère, accoutumé d'ailleurs, que j'étais à voir, auparavant, mes désirs prévenus; et il faut convenir que je fus bien gauche dans les démarches que je crus devoir essayer.

Le ministère m'accueillit parfaitement, mais ne me donna de commandement que l'espérance un peu éloignée; retard, ajouta-t-on, causé par le petit nombre d'armements maritimes auxquels nous astreignait la fâcheuse position des finances de l'Etat. Par compensation, il fut question de me faire accorder la croix de la Légion d'honneur, demandée si souvent pour moi par M. Bruillac, ancien Commandant de *la Belle-Poule*, mais l'empereur, d'abord, Louis XVIII, ensuite, et enfin, encore l'empereur, dans les Cent-Jours, avaient fait un tel abus de ce genre de récompense, que le grand chancelier venait d'obtenir du roi qu'il ne serait plus délivré de décoration de cet ordre, que lorsque ses bureaux auraient pu débrouiller la confusion qui y régnait et présenter un état exact de tous les légionnaires, opération qui, disait-on, devait durer trois ans! Le ministre ne voulut pas, cependant, me laisser partir de Paris sans une marque de satisfaction, il pensa que la croix de Saint-Louis remplacerait, fort bien, celle de la Légion d'honneur qu'on désirait me voir obtenir, et il me présenta à l'approbation du roi, qui signa ma nomination. Que mon père aurait été heureux s'il avait assez vécu pour voir sur ma poitrine cette décoration, qu'il avait été si fier lui-même de porter, et à laquelle il tint au point de sacrifier sa liberté!

Je vis, cependant, bientôt après, que je n'obtiendrais rien de plus ; je revins donc à Rochefort te revoir, et attendre la réalisation des espérances d'un commandement qu'on me réitéra avant mon départ, mais qui, n'étant plus soutenues par l'appui d'un protecteur puissant, promettaient réellement peu de recevoir leur accomplissement.

Je passe rapidement sur plusieurs choses peu importantes, et j'arrive à la fin de 1818, époque où j'attendais toujours, en vain, le commandement promis, redemandé, repromis plusieurs fois. Un bâtiment de la force de ceux qu'on donnait à commander aux officiers de mon grade, allait alors être armé à Rochefort, j'écrivis pour qu'il me fût accordé ; mais d'autres firent également des démarches ; je ne l'obtins pas ; et je me retrouvai plus seul, plus assombri que jamais, car je ne voyais plus, de bien longtemps, un embarquement possible ; et c'était le soulagement le plus direct que je pusse espérer à un chagrin qui me possédait presque exclusivement. Le monde, la société, cette vie qu'on appelle de garçon m'étaient devenus insupportables, comme il arrive à tout homme qui n'est plus jeune et qui a été bien marié, enfin, je traînais péniblement une existence sur laquelle toi seul répandais quelque intérêt, lorsque j'eus à me prononcer sur un sujet qui devait te donner une seconde mère, et te replacer sous le même toit que moi.

J'hésitais longtemps car je ne pouvais me dissimuler les inconvénients d'un second mariage[1]. . . . .

---

[1] Dans les pages suivantes, l'auteur parlait à son fils de son second mariage ; il nous a paru préférable de les supprimer. Ce second mariage qui fit le bonheur de sa vie eut lieu à Paris à la fin de 1818. M. de Bonnefoux épousa Mlle Nelly La Blancherie, fille d'un officier de marine, mort jeune. De ce mariage naquit en 1819 Mlle Nelly de Bonnefoux, qui devint plus tard Mme Paris. Sa mère Mme de Bonnefoux lui survécut neuf ans et mourut seulement au mois de décembre 1879.

Je restais peu de temps à Paris. Nous en partîmes dans une voiture particulière, avec une famille qui en complétait les places. Je me sentis indisposé dès le départ. A une lieue d'Etampes, notre essieu se brisa : il fallut, par un assez mauvais temps, nous rendre à pied jusqu'à cette ville où l'accident fut réparé, mais où mon malaise augmenta. Je crus, pourtant, pouvoir continuer le voyage, mais la fièvre devint si forte que je fus bientôt obligé de m'arrêter. Heureusement que ce fut à Angerville[1] où je fis avertir Rousseau, mon ancien camarade de ponton, qui habitait cette petite ville avec une femme ravissante de beauté qu'il venait d'épouser. Rousseau s'empressa auprès de moi, sa femme auprès de la mienne, et la santé me revint.

Rousseau, toujours préoccupé de grandes idées, et ayant été licencié, comme mon frère, lors de son retour en 1814, montait alors une brasserie de bière sur une vaste échelle. Cette entreprise cessa bientôt de lui plaire, il voulait quelque chose de plus éclatant.

Il avait momentanément ajourné son projet de civilisation des Iroquois, auquel on assure qu'il n'a pas encore bien renoncé[2]; et après bien des réflexions, il s'arrêta au dessein d'assèchement de terrains au moyen d'endiguements sur les bords de la partie de la mer qui avoisine Brest. Il transporta, effectivement, dans le Finistère, toute sa fortune ainsi que celle de sa femme. Là, après beaucoup d'essais malheureux, de travaux gigantesques; soutenu par des capitalistes, à l'aide d'une persévérance inébranlable, il est enfin parvenu à conquérir, à fertiliser des terrains étendus; et c'est là, qu'incessamment, je compte aller le revoir, lui, aussi bon, aussi aimable qu'autrefois, cinq enfants qui lui sont survenus, et sa digne compagne qui, dans ces circonstances difficiles, a montré

---

[1] Angerville-la-Gate, commune du département de Seine-et-Oise, arrondissement d'Etampes, canton de Méréville.
[2] Cette lettre est datée du 15 mai 1836, en rade de Brest.

une force d'âme, un caractère inouïs, et lui a prêté un appui que le pays entier proclame avec enthousiasme[1].

J'achetai à Angerville une petite chaise de poste, et je revins à Rochefort.

---

[1] Louis Rousseau partit pour la Bretagne, dans les premiers jours de 1823, sur les indications d'un de ses anciens amis, M. du Beaudiez. Il acquit des héritiers de M. Soufflés-Desprez, ancien chirurgien de marine, la plaine de Treflez, concédée à ce dernier, en 1789, par le duc de Penthièvre, et formée à peu près en totalité de sables volants qui se déplaçaient à chaque coup de vent. Il acheta aussi l'étang du Louc'h, qu'il réussit à dessécher, et enfin entreprit de conquérir sur la mer des terrains que celle-ci couvrait à chaque marée. La digue de Goulven, destinée à réaliser ce dernier projet, fut commencée au printemps de 1824. L'œuvre ne s'accomplit pas sans difficultés et entraîna de gros sacrifices d'argent. Les travaux de Louis Rousseau ont eu néanmoins pour résultat d'ouvrir des voies de communication entre des régions qui en étaient privées, d'assainir des marais, de livrer à l'agriculture de vastes espaces et de fixer des sables qui dévastaient la contrée. Pendant les vingt dernières années de sa vie, Louis Rousseau rêva de fonder une « tribu chrétienne », sorte de phalanstère chrétien, dont les membres devaient se livrer en commun et à titre d'associés aux travaux agricoles. Il développa ses idées dans un livre intitulé, *la Croisade au* XIX*e siècle*. Louis Rousseau mourut le 21 septembre 1856, moins d'un an après son ami, le commandant de Bonnefoux.

CHAPITRE III

Sommaire. — L'avancement des officiers de marine sous la seconde Restauration. — Conditions mises à cet avancement. — Un an de commandement. — En 1820, je suis désigné par le préfet maritime de Rochefort pour présider à l'armement de la corvette de charge, L'Adour qui venait d'être lancée à Bayonne. — En route pour Rochefort. — Le pilote-major. — A Rochefort. — La corvette est désarmée. Il me manque trois mois de commandement. — La frégate l'Antigone désignée pour un voyage dans les mers du Sud. — Je suis attaché à son Etat-Major. — Je demande un commandement qui me permette de remplir les conditions d'avancement. — Je suis nommé au commandement de la Provençale, et de la station de la Guyane. — Le bâtiment allait être lancé à Bayonne. — Mon brusque départ de Rochefort. — Maladie de ma femme. La fièvre tierce. — Mon arrivée à Bayonne. — Accident qui s'était produit l'année précédente pendant que je commandais l'Adour. — Mes projets en prenant le commandement de la Provençale, mes Séances nautiques ou Traité du vaisseau à la mer. — Le Traité du vaisseau dans le port que je devais plus tard publier pour les élèves du collège de Marine. — La Barre de Bayonne. — Tempête dans le fond du golfe de Gascogne. — Naufrage de quatre navires. Avaries de la Provençale. — Relâche à Ténériffe. — Traversée très belle de Ténériffe à la Guyane en dix-sept jours. — Mes observations astronomiques. — M. de Laussat, gouverneur de la Guyane. — Je lui montre mes instructions. — Mission à la Mana, à la frontière ouest de la côte de la Guyane. — Je rapporte un plan de la rade, de la côte, de la rivière de la Mana. — Conflit avec le gouverneur à propos d'une punition que j'inflige à un homme de mon bord — Lettre que je lui écris. — Invitation à dîner. — Mission aux îles du Salut en vue de surveiller des Négriers. — Sondes et relèvements autour des îles du Salut. — Mission à la Martinique, à la Guadeloupe et à Marie-Galande. — La fièvre jaune. — Retour à la Guyane. — Navigation dangereuse au vent de Sainte-Lucie et de la Dominique. — Les Guyanes anglaise et hollandaise. — Surinam, ancienne possession française, abandonnée par légèreté. — Arrivée à Cayenne. — Le nouveau second de La Provençale, M. Louvrier. — Je le mets aux arrêts. — Mon entrevue avec lui dans ma chambre. — Je m'en fais un ami. — Arrivée à Cayenne. — Mission à Notre-Dame de Belem sur l'Amazone. — Les difficultés de la tâche. — Mes travaux hydrographiques. — Le Guide pour la navigation de la Guyane que fait imprimer M. de Laussat d'après le résultat de mes recherches. — M. Milius, capitaine de vaisseau, remplace M. de Laussat comme gouverneur de la Guyane. — L'ordre de retour en France. — Je fais réparer la Provençale. — Pendant la durée des réparations, je fréquente la société de Cayenne. — La Provençale met à la voile. — La Guerre d'Espagne. — Je crains que nous ne soyons en guerre avec l'Angleterre. — — Précautions prises. — Le phare de l'île d'Oléron. — Le feu de l'île d'Aix. — Le 23 juin 1823, à deux heures du matin, *la Provençale* jette l'ancre à Rochefort. — Mon rapport au ministre. — Travaux hydrographiques que je joins à ce rapport.

Depuis la seconde Restauration des Bourbons, on avait imposé des conditions de commandement à remplir pour pouvoir être avancé; or, plus ces conditions étaient rigoureuses, moins il y avait de chances d'avancement pour les officiers qui n'étaient pas appuyés par des personnages élevés, puisque ces personnages obtenaient, pour leurs protégés, la presque totalité des commandements. Ceux à qui ils étaient donnés étaient donc les seuls en évidence, les seuls en mesure de prouver leur capacité ou d'en acquérir, les seuls qui pussent facilement remplir ces conditions, lesquelles, par exemple, pour donner des droits à être capitaine de frégate, étaient l'exercice d'un commandement de bâtiment pendant au moins un an. Les réductions avaient, d'ailleurs, été si considérables dans nos cadres, les promotions étaient si peu fréquentes, si limitées, que lors même que des officiers qui n'étaient pas recommandés par des hommes influents arrivaient à avoir rempli les conditions, il était, encore, fort rare qu'ils fussent choisis pour l'avancement. Que pouvais-je faire en pareille situation? me résigner; penser qu'ayant été précédemment dans la catégorie des officiers favorisés, il était injuste de me plaindre que d'autres profitassent des avantages dont j'avais joui, dont ma captivité ou des événements extraordinaires m'avaient empêché de retirer le plus grand fruit; et tout en attendant l'heure de ma retraite après laquelle je soupirais ardemment, chercher, dans mon intérieur, un bonheur plus doux, plus sûr que celui qui accompagne ordinairement les fatigues de notre état, ou les luttes de l'ambition.

Mon service à la compagnie des élèves de Rochefort, à laquelle j'étais toujours attaché, exigeait trop peu de temps pour que je ne fusse pas constamment libre de me livrer aux soins de votre éducation ou de ma maison. J'avais appris à tourner, je m'étais fait un charmant atelier; je fréquentais un peu le monde avec ma femme; nous voyions grandir nos enfants avec délices ; notre économie, notre ordre doublaient notre aisance; nous jouissions de la considération publique, enfin, à tous égards, nous étions dans une des meilleures conditions possibles de félicité.

Cependant, le préfet maritime de Rochefort reçut l'ordre, en 1820, d'expédier à Bayonne un état-major pour la corvette de charge, *l'Adour*, qui venait d'y être lancée. Il s'agissait de la charger de bois de mâture des Pyrénées, et de la diriger sur Rochefort où elle devait être désarmée. Je fus désigné par le préfet pour commander ce bâtiment qui était presque aussi grand que *la Belle-Poule*. Dans l'espoir que le préfet me donna de la continuation ultérieure de l'armement de ce navire, par suite de la demande pressante qu'il comptait en faire au ministre, cette mission me faisait le plus grand plaisir.

J'éprouvai, d'abord, beaucoup de peines et de fatigues dans l'armement de *l'Adour*, et ensuite beaucoup de contrariétés au bas de la rivière de Bayonne qui s'appelle aussi *l'Adour*, et qui charrie des sables que la mer refoule immédiatement vers son embouchure; il en résulte un obstacle qu'on appelle barre; or cette barre mobile, variable pour l'étendue, le gisement et la hauteur, est telle qu'avec un bâtiment d'aussi grandes dimensions que le mien, on ne peut la franchir qu'en certains temps et avec certains vents.

Je crus, toutefois, m'apercevoir que le pilote-major qui, lorsque le vent était favorable, allait sonder la profondeur de l'eau sur la barre, ne m'en indiquait pas exactement la mesure par ses signaux. Un jour, à l'improviste, j'envoyai sur les lieux un officier pour surveiller les opérations du pilote-major. Il sonda lui-même, trouva plus de fond que celui-ci ne le disait, et, malgré son opposition, il me signala trois pieds d'eau de plus que l'on ne venait de m'en accuser. J'étais prêt, je levai mon ancre et me couvris de voiles. Le pilote-major stupéfait se rendit à bord; là, craignant beaucoup pour sa responsabilité, soit pour n'avoir pas fait un signal exact, soit pour la difficulté qu'il allait avoir à me tirer de la passe, il voulut faire des représentations, mais ce n'était pas le moment d'en écouter, car nous étions sur la barre où nous éprouvâmes trois rudes lames qui me rappelèrent l'échouage de mon ancienne frégate sur la côte d'Afrique; mais nous doublâmes sans accident, et quittant le pilote-major dont l'esprit était devenu aussi expansif qu'il avait été assombri, je fis route pour Rochefort où j'eus le désagrément de voir désarmer mon bâtiment lorsque je n'avais que neuf mois de commandement y compris celui du *Département des Landes*. C'était trois mois de moins que ce qu'il me fallait strictement pour les conditions d'avancement. Je repris mon service à la compagnie des élèves.

En 1821, la frégate *l'Antigone* fut armée à Rochefort. Ma mission de *l'Adour* qui n'avait été considérée que comme une corvée, n'ayant point donné lieu à changer mon rang sur la liste des tours d'embarquement, je me trouvais alors à la tête de cette liste, et je fus, par conséquent présenté au ministre pour faire partie de l'état-major de cette frégate. Elle devait effectuer un voyage dans la mer du Sud, et elle était commandée par un capitaine de vaisseau de ma connaissance qui se trouvait enseigne de vaisseau dans l'Inde sur *le Berceau* quand je l'étais sur *la Belle-Poule*, mais dont la carrière n'avait pas été paralysée par la captivité.

Un tel embarquement était fort beau, mais il lésait tous mes intérêts puisqu'il ne me servait pas à remplir les conditions pour l'avancement, et qu'après une campagne probable de trois ans, je n'aurais acquis aucun titre de plus. Je commençais à être un des anciens lieutenants de vaisseau, et comme, sans les conditions je n'aurais même pas pu être nommé capitaine de frégate à l'ancienneté, je réclamai auprès du préfet contre cette destination. Il ne pouvait pas la changer, mais il reconnaissait la justice de ma demande; il m'engagea à la formuler par écrit, et il me promit de la faire valoir auprès du ministre. J'exposai donc mes motifs, priai le ministre de m'accorder un commandement afin de ne pas me trouver exclu de tout avancement futur, et ne manquai pas de terminer ma lettre en disant qu'à tout événement j'étais prêt à m'embarquer sur *l'Antigone*. L'affaire fut bien présentée par le préfet et la réponse fut le commandement que le ministre m'accorda de *la Provençale* et de la station de la Guyane. Ce bâtiment allait être lancé à Bayonne d'où je devais partir pour ma station dont la durée était fixée à deux ans au moins, et où je devais trouver deux bâtiments qui se rangeraient sous mes ordres à mon arrivée.

Une aussi longue séparation d'avec ma famille ne pouvant être que fort douloureuse, je jugeai que le meilleur parti à prendre était d'en brusquer le moment. Mes affaires particulières constamment à jour m'en laissèrent la faculté; ainsi, dans les vingt-quatre heures, j'avais dressé la liste des objets à m'envoyer à Bayonne sur un navire qui était à Rochefort en chargement pour ce port, mes adieux étaient faits, et j'étais parti avec une simple malle. Mais les choses n'arrivent que bien rarement selon nos désirs ou même selon les probabilités ; et ma femme, qui n'avait pas besoin de cette nouvelle secousse, en fut vivement affectée.

Rochefort fut, autrefois, une contrée extrêmement malsaine : à force de grands travaux et de plantations, l'air marécageux qui l'environne s'est considérablement purifié, et le sang y est aujourd'hui aussi beau que dans les pays les plus favorisés; néanmoins les jours caniculaires y sont encore funestes à un grand nombre de personnes, surtout à celles qui n'observent pas un régime alimentaire bien entendu, ou qui sont sous l'influence de peines morales. Ma femme fut de ce nombre, la fièvre tierce la prit, et j'en eus la nouvelle à mon arrivée à Bayonne.

Le meilleur remède est, sans contredit, de s'éloigner du foyer du mal. Terrifié comme je l'étais de l'état où se trouvait ma femme lorsque je m'étais éloigné d'elle, état qui était aggravé par la fièvre, ainsi que par le long isolement où elle allait vivre, je fus si sensiblement touché, que si j'avais pu, honorablement, me désister de mon commandement, je l'aurais fait, et je vous aurais tous arrachés à une ville qui devenait pour moi un objet de mortelle inquiétude. Ne pouvant m'arrêter à ce projet, j'en formai soudainement un autre. J'écrivis à ma femme de prendre immédiatement sa place pour Paris, de partir, sans hésiter, avec ses deux enfants pour aller rejoindre M*me* La Blancherie.

Il n'y avait guère qu'un an que j'avais quitté Bayonne sur *l'Adour*, lorsque j'y revins pour *la Provençale*; or, cette circonstance me rappelle un accident fatal arrivé sous mes yeux pendant la première de ces époques, et qui vaut peut-être la peine d'être relaté.

Un jour de fête publique, *l'Adour*, mouillée près des allées marines[1], avait une salve à faire. Je posai des sentinelles à terre pour empêcher les curieux de se mettre sous la volée de mes pièces qui, cependant, n'étaient pas chargées à boulet. La salve était en train, quand un ancien militaire franchit les sentinelles, qui, ne le suivant pas au milieu de la fumée, lui crient de revenir, et auxquelles, caché derrière un arbre, il répond qu'il veut, selon ses anciennes habitudes, voir le feu de plus près. Dans ce but, il démasqua sa tête en dehors de

---

[1] Belle promenade de Bayonne.

l'arbre, pour mieux apercevoir le bâtiment ; au moment même, le valet ou pelote de cordage, qui servait à bourrer une des pièces, l'atteint ; et ce malheureux que les batailles et le feu de l'ennemi avaient longtemps respecté tombe, atteint d'un coup mortel! C'est ainsi que les réjouissances de la paix accomplissent, quelquefois, ce que n'ont pu faire les périls des combats.

Ce qui me souriait le plus dans mon embarquement de *la Provençale* était moins encore l'espoir d'être avancé au retour de ma campagne, que la faculté que j'allais avoir de relire sur mer mes *Séances Nautiques ou Traité du Vaisseau à la mer*, ouvrage que j'avais ébauché pour les élèves de la compagnie de Rochefort, que je considérais comme le résumé de ma carrière maritime ou de mes services, et auquel je mis, en effet, la dernière main pendant cet embarquement, soit en expérimentant, avec plus de soins que jamais, plusieurs manœuvres sur mon bâtiment soit en éclaircissant des questions contestées ou des points encore douteux.

Afin de sauver, s'il était possible, l'aridité d'un sujet si spécial, je crus devoir y citer plusieurs exemples intéressants ou divers faits concluants, et j'en éloignai, le plus que je le pus, les détails scientifiques. C'est ce livre que je publiai en 1824, qui ensuite a été réimprimé, qui le sera encore (chose rare en marine), si j'en crois les offres récentes d'un libraire de Toulon, et que le public naviguant paraît avoir adopté. Depuis les temps florissants de la puissante marine de Louis XVI, où brillaient Borda, Fleurieu, Verdun de la Crène, de Buor, du Pavillon, Bourdé, Romme, tous auteurs du premier mérite, aucun officier, en France, n'avait pris la plume pour marquer les progrès survenus, avec la succession des temps, dans la science nautique. Ce fut donc moi qui rouvris la lice, et j'y ai été suivi par de redoutables rivaux. C'est peut-être, ici, le cas d'anticiper sur les dates afin de tout épuiser sur ce sujet, et de dire que plus tard, à Angoulème, et pour les élèves du Collège de Marine, j'ajoutai, à mes *Séances Nautiques,* un nouveau volume ayant pour second titre: *ou Traité du vaisseau dans le port.* Mais revenons!

La barre de Bayonne me fut encore fâcheuse par une longue obstination de vents contraires : une trentaine de bâtiments de commerce étaient retenus avec moi. Une petite brise favorable enfin se manifesta. Fatigué que l'on était d'attendre, on crut, comme il est d'ordinaire, que c'était le commencement d'un beau vent frais ; mais ainsi qu'on l'a judicieusement dit et remarqué : « Rien n'est fin, rien n'est trompeur, comme le temps! »

Effectivement, à peine étions-nous dehors, que vint une tempête qui fit naufrager quatre des navires sortis en même temps que moi. Le fond du golfe de Gascogne, où nous étions tous, sans ports de facile accès, est on ne peut plus dangereux lorsqu'on y est surpris par de forts vents du large.

Il n'y eut donc que ceux d'entre nos bâtiments qui se trouvaient bien pourvus, bien installés, ou de bonne construction, qui purent supporter le mauvais temps; et encore, non sans d'assez fortes avaries. Je réparai, immédiatement, les miennes, du mieux que je le pus, mais je ne pouvais penser à traverser ainsi l'Atlantique, et je songeai à relâcher à la Corogne d'abord, puis à Lisbonne, et enfin à Ténériffe, car le vent me contraria dans mes deux premiers projets. C'est la plus importante des îles Canaries, et je m'y remis parfaitement en état.

Ma traversée de Ténériffe à la Guyane fut très belle; elle ne dura que dix-sept jours, pendant lesquels un temps magnifique me permit de me familiariser à nouveau avec les observations astronomiques que j'avais tant pratiquées, et que je repris pendant toute ma campagne. En cette circonstance, elles me firent connaître que les positions géographiques de Lancerotte[1] et Fortaventure[2], deux des Canaries, étaient inexactement déterminées sur mes plans, et plus tard, j'adressai au ministère le résultat de mon travail à cet égard. Elles m'avertirent encore, vers la fin de mon voyage, que j'étais quatre-vingt-cinq lieues plus près du continent d'Amérique que les calculs ordinaires ou de l'estime ne l'établissaient ; or, cette différence, due aux courants des parages que j'avais parcourus, se trouva vérifiée quand j'eus pris connaissance de la terre.

M. de Laussat était alors gouverneur de la Guyane[3] ; il résidait à Cayenne, capitale des possessions françaises dans cette colonie, et située à l'embouchure de la rivière du même nom : je lui remis, outre ses dépêches offi-

[1] Lancerotte (Lanzarotte) une des îles Canaries.
[2] Fortaventure (Fuerteventura) une des îles Canaries.
[3] (Note de l'auteur empruntée à son *Précis historique sur la Guyane française* inséré dans les *Nouvelles Annales de la Marine et des Colonies*, t. IX, 1852, p. 47 et suiv., p. 184 et suiv.) Quoique la Guyane nous eût été rendue par les traités de 1814 et de 1815, cependant ce ne fût qu'en 1817 que la France se décida à en envoyer reprendre possession. Je n'ai jamais pu connaître le véritable motif d'un délai aussi prolongé, seulement j'ai entendu dire que cela avait tenu à des difficultés diplomatiques. Peut-être était-ce à cause des délimitations ? Quoiqu'il en soit, les rapports officiels qui furent envoyés en France à cette époque, ne faisaient monter la population de la colonie qu'à sept cents blancs, huit cents affranchis, et quinze mille esclaves, ce qui formait seulement un total de seize mille cinq cents âmes.
Ce fut le général Carra Saint-Cyr qui fut chargé de la reprise de possession et du gouvernement de la Guyane : ses actes les plus remarquables y furent la destruction d'une bande de nègres marrons qui, sous les ordres d'un chef nommé Cupidon, désolaient le pays, et l'introduction de vingt-sept chinois qu'à grands frais on alla chercher à Manille, dans l'espérance de naturaliser à Cayenne la culture du thé. Il paraît que cette tentative fut fort mal dirigée : ces hommes d'abord, trop peu surveillés, au lieu de se livrer à un travail sérieux, vécurent entre eux de la manière la plus honteuse, et presque tous périrent au bout de quelque temps : nous en avons vu, un peu plus tard, cinq ou six, triste débris de cette expédition, employés comme ouvriers ordinaires aux travaux de la direction d'artillerie.
A tort ou à raison, les colons se plaignirent bientôt des exigences des employés de l'administration, et ces plaintes parvinrent à Paris ; le général Carra Saint-Cyr fut rappelé, et M. le baron de Laussat fut nommé pour le remplacer.

cielles, des lettres et paquets de ses charmantes et très aimables filles, qui s'étaient rendues de Pau qu'elles habitaient, à Bayonne, pour être vues, avant mon départ, par quelqu'un qui allait, bientôt, être près de leur père. Cette visite avait donné lieu à plusieurs fort jolies parties que nous fîmes sur l'Adour, et dans les agréables sites qui se trouvent sur ses bords.

Je fus parfaitement accueilli par M. de Laussat. C'était un homme intègre, capable, mais d'une activité, ou peut-être, d'une tracasserie qui lui aliénait l'affection des colons, et qui éloignait de lui quelques fonctionnaires, ainsi que la plupart des officiers de la marine. Averti, sur ce point, par le capitaine que je relevais, je résolus de me tenir sur mes gardes. Dans ce dessein, je montrai mes instructions à M. le gouverneur : celles-ci me laissaient la haute main pour la police des bâtiments de la station, et m'astreignaient seulement à remplir les missions que M. de Laussat pourrait me donner. Ainsi, et presque à mon arrivée, j'allai à la Mana, point qu'on voulait coloniser à la frontière ouest de la côte de la Guyane, mais où les moyens d'exécution vinrent bientôt alors à manquer. Il me semble qu'il valait mieux procéder de Cayenne, point central, vers la circonférence, que d'éparpiller ses ressources ou ses moyens aux deux extrémités du rayon. Je revins avec un plan (qui n'existait pas) de la rade, de la côte, de la rivière de la Mana ; M. le gouverneur me combla de politesses, et il envoya copie de ce plan au dépôt des cartes à Paris.

Cependant, peu de jours après, j'avais eu l'occasion de hisser le pavillon rouge, de tirer un coup de canon, de punir publiquement un homme de mon bord coupable d'un grave délit, et j'avais préalablement fait avertir le capitaine du port qu'il allait être fait justice sur la *Provençale*. Malgré cette précaution, toute de politesse, il m'arriva presque aussitôt un aide-de-camp de M. de Laussat, porteur d'une lettre très sèche, et qui me demandait un compte immédiat de ma conduite, en cette occasion. Ma première idée fut de renvoyer, en réponse, une copie de mes instructions; mais je vis bientôt qu'il n'était pas convenable de répondre à une exigence déplacée par une impolitesse, et je pris la plume. Je répondis donc en racontant tout simplement ce qui s'était passé : ensuite, je ne manquai pas, sous des expressions de forme très respectueuse, de faire observer que ces explications, je je ne les devais pas; que je ne les donnais que par une sorte de complaisance ou de déférence pour l'âge du gouverneur; et que j'honorais tellement son caractère qu'il me trouverait toujours disposé à lui être agréable, lors même qu'il y aurait dans ses demandes quelques paroles que, d'une autre personne, je n'aimerais pas à supporter. Cette lettre fit merveilles. En homme d'esprit, M. de Laussat m'envoya pour le lendemain une invitation à dîner : là, il me dit les choses les plus aimables, et cette considération dont il me favorisa depuis, il me la conserva toujours, même en France, où il se rendit par la suite; car il fut remplacé en 1822 par M. le capitaine de vaisseau Milius[1]. Il ne cessa, en effet, de demander mon avancement au ministère, et il alla, plusieurs fois, voir ma femme pour lui faire part d'espérances qui, en définitive, ne se réalisèrent pas. M. de Laussat est mort, il y a trois ans, dans un âge très avancé.

Ma mission suivante fut aux îles du Salut où je me tins en observation, appareillant tous les jours pour me diriger vers Sinnamari, Iracoubo et Organabo, points que M. le gouverneur supposait fréquentés par des Négriers

[1] Le baron Pierre-Bernard Milius, maître des requêtes au Conseil d'État, était capitaine de vaisseau depuis le 1er juillet 1814. Il était né à Bordeaux en 1773. Il avait montré beaucoup de bravoure pendant les guerres maritimes de la Révolution. Ce fut lui qui ramena en France après la mort de son chef, le capitaine Nicolas Baudin, l'expédition du *Géographe* qui avait exploré les côtes sud de la Nouvelle-Hollande. Il devait plus tard se distinguer à Navarin et y gagner les épaulettes de contre-amiral. Le baron Milius mourut en 1829 à Bourbonne-les-Bains.

à l'effet d'y opérer leurs débarquements illicites. Aucun bâtiment de cette nature ne s'y étant présenté pendant cette sorte de croisière, je n'eus pas de résultats à constater à cet égard. Toutefois, il y avait désaccord entre les marins ou pilotes de la Guyane sur l'existence de roches sous l'eau aux environs des îles du Salut ; je m'occupai de cet objet, sans nuire en rien à l'objet de ma mission, et je ne revins qu'après avoir bien éclairci ce doute par des sondes et des relèvements qui satisfirent tous les esprits.

A peine de retour à Cayenne, je fus expédié pour la Guadeloupe, la Martinique et Marie-Galande, remarquable par le nom qu'elle a conservé du bâtiment que commandait l'illustre Christophe Colomb, lors de son second voyage en Amérique. J'avais quelques troupes, des passagers, des dépêches qui y furent déposés, et j'en rapportai des graines, des plantes en caisse dont la Guyane avait le louable désir de propager la culture qui a parfaitement réussi. La fièvre jaune venait d'exercer, et exerçait encore des ravages affreux dans ces îles ; mais mon bâtiment en fut heureusement préservé. En revanche, il eut, au retour, des temps très rigoureux à supporter, notamment près du « Diamant », que je ne parvins à doubler qu'à l'aide d'une manœuvre hardie que j'ai décrite dans mes *Séances Nautiques*. Les débouquements, ma navigation au vent de Sainte-Lucie et de la Dominique furent également semés de dangers ; une fois, entre autres, plusieurs personnes désespérèrent de notre salut !

Nous parvînmes, enfin, à reconnaître la terre continentale. Ce fut aux lieux mêmes où Colomb en avait fait la découverte, c'est-à-dire au sud de la Trinité. C'est aussi dans ces parages que Daniel Foë place l'île de son ingénieux et patient Robinson.

Il y avait beaucoup à faire pour remonter de là à Cayenne, car nous avions vents et courants contre nous. Nous y réussîmes, non sans peine, en traversant les eaux de l'Orénoque, et en passant devant plusieurs villes ou rivières de la Guyane anglaise ou hollandaise, telles que Esséquèbe, Démérari, Berbice, et Surinam ; Surinam que la France a possédée ; que, par légèreté, elle abandonna pour aller s'établir sur les côteaux de Cayenne et que ses possesseurs actuels plus laborieux, plus persévérants que nous, plus entendus dans l'art de coloniser, élevèrent bientôt à un point de prospérité dont n'a pas encore approché Cayenne, quoique très favorisée par la nature, et où, ni la fièvre jaune, ni les ouragans n'ont jamais encore fait leur redoutable invasion. Surinam, ou plutôt la ville de Paramaribo (car Surinam, est le nom de la rivière, et on le donne souvent à la ville) Surinam dis-je, a un beau port et Cayenne ne peut recevoir que des bâtiments de douze à quatorze pieds de tirant-d'eau. On ne comprend vraiment pas que, bénévolement, nous ayons renoncé à cet avantage. Après Surinam, nous cherchâmes l'entrée du Maroni, fleuve considérable qui sépare la Guyanne française de la hollandaise, et nous poursuivîmes ensuite notre route vers Cayenne.

J'ai, maintenant, à te raconter un fait de peu d'importance, peut-être ; mais il s'agit d'une lutte d'hommes ou plutôt de caractères ; et je ne néglige pas ces occasions, dans l'espoir qu'il en résultera quelque fruit pour toi. Mon second, malade à la Martinique, y avait été remplacé par M. Louvrier, officier de beaucoup de moyens, d'une grande énergie, mais d'une indiscipline qui n'était égalée que par son audace à la soutenir ; du moins, c'est ainsi qu'il me fut dépeint, mais trop tard, car je ne l'aurais pas accepté à bord. Les premiers jours furent charmants ; pourtant, j'apercevais la tendance qu'on m'avait signalée.

Ces symptômes, toutefois, n'étant pas assez caractérisés pour cadrer avec mes projets, à cet égard, je fermai les yeux pour laisser augmenter le mal, ce qui ne tarda pas à arriver. Un jour que mon homme était sur le pont et bien dans son tort, je lui adressai la parole avec un air grave que ses manières bruyantes ne purent ébranler, et je l'envoyai dans sa chambre, aux arrêts. Lorsque ces arrêts furent levés, il vint, d'une voix étouffée, me demander à débarquer dès notre arrivée à Cayenne. Je m'y attendais et mon thème était prêt. Je l'engageai à s'asseoir, à m'écouter froidement, et lui dis, qu'ayant reconnu en lui mille qualités, j'aimais trop mon bâtiment pour le priver de ses excellents services; que c'était un point arrêté et qu'ainsi ce qu'il y avait de mieux à faire était de nous habituer réciproquement à nos défauts, et de chercher à nous supporter. Je soutins fermement ce rôle, qu'il chercha à renverser, et l'affaire fut si bien conduite, qu'au lieu d'un ennemi mortel que j'aurais eu, si j'avais consenti à sa proposition, il finit par me demander la permission de m'embrasser, par avouer sa faute, et par m'assurer que je n'aurais jamais d'ami plus dévoué. Le reste de la campagne répondit à ces protestations. Il n'y a guère que deux ans que je l'ai revu à Toulon, et toujours dans les mêmes sentiments. Il y exerçait alors, dans le grade de capitaine de corvette, le commandement supérieur de tous les bateaux à vapeur dans la Méditerranée, où sa prodigieuse activité, qui m'avait été si utile, rendait à l'État des services éminents. Une fièvre cérébrale l'emporta vers cette époque; ce fut une grande perte pour le Corps de la Marine, car il s'était dépouillé de cette grande fougue de la jeunesse qui lui était si préjudiciable, et il ne restait plus que ses rares qualités.

Un consul, sa femme et sa fille, destinés pour Notre-Dame de Belem, ville de la province du Brésil, nommée Para, et située à vingt lieues en remontant le fleuve des Amazones, étaient arrivés quelques jours avant mon retour des Antilles, et M. le gouverneur comptait sur mon bâtiment pour les faire parvenir à leur destination. Je fis mes préparatifs, et je partis.

L'entrée du fleuve est semée d'écueils redoutables, et M. de Laussat n'avait pu mettre à ma disposition ni cartes de ce pays, ni instructions nautiques, ni pilotes ou pratiques. C'est dans cet état qu'un bâtiment expédié quelque temps auparavant, pour cette même ville, en était revenu, sans avoir accompli sa mission, après avoir touché sur un banc où il avait été à deux doigts d'une destruction complète. Ces circonstances ne servirent qu'à enflammer mon courage; mais il fallait aussi de la prudence, et, repassant dans mon esprit ce que je savais qu'avaient accompli de glorieux les navigateurs qui s'étaient voués aux découvertes, je m'efforçai de marcher sur leurs traces et j'eus le bonheur d'y réussir. Je triomphai même des entraves honteuses qu'apportent les Portugais à la publication de leurs cartes, et à la levée de leurs côtes par des étrangers; je rapportai un plan, que je dressai pendant mon voyage, pour la navigation depuis Cayenne jusqu'à Notre-Dame de Belem. M. de Laussat fit annoncer, dans le journal de la colonie, qu'il tiendrait ce plan à la disposition des capitaines qui auraient à fréquenter ces parages; il en envoya une copie au ministre à qui il recommanda mon travail, comme *très utile, très rare, très précieux;* et, dans ma carrière d'officier, mes souvenirs se reportent toujours avec plaisir sur l'accomplissement de cette difficile mission.

Pendant mes divers voyages de la station, j'avais remarqué plusieurs erreurs géographiques sur les côtes de la Guyane, que je demandai à rectifier. M. le gouverneur y consentant, je fis une campagne de près de deux mois pour y parvenir. Je revins avec des cartes, des sondes, des relèvements, des vues, enfin avec tous les éléments d'un ouvrage que, sous le titre de *Guide pour la navigation de la Guyane,* M. de Laussat fit imprimer, après qu'à mon retour, j'eus coordonné ces divers éléments. Il m'écrivit, en même temps, qu'il me ferait valoir auprès du ministre, comme je le méritais.

Les missions que j'eus ensuite furent : 1° aux îles de

Rémire, pour la translation à l'une des îles du Salut d'une léproserie qui y était établie ; 2° sur la côte de l'Est pour la police de la navigation ; 3° au devant de la frégate *la Jeanne d'Arc*, qui, trop grande pour entrer à Cayenne, me remit un chargement de machines à vapeur, de caisses et de plantes françaises pour la colonie ; 4° enfin, à la rencontre de la corvette *la Sapho* qui apportait le gouverneur, M. Milius[1], destiné à remplacer M. de Laussat.

L'ordre de mon retour en France étant arrivé, en même temps, je m'occupai de faire convenablement réparer *La Provençale*. Comme cette opération devait durer deux mois, je pus fréquenter plus souvent et achever quelques connaissances[2] que je n'avais fait qu'ébaucher

---

[1] Note de l'auteur empruntée à son *Précis historique sur la Guyane française*. Ce fut au commencement de 1823 que le bâtiment qui le portait fut signalé sur la côte ; j'appareillai aussitôt pour aller à sa rencontre et je rentrai avec lui ; il était accompagné de Mme Milius qu'il venait d'épouser, et qui était aussi remarquable par sa jeunesse que par son amabilité. La cérémonie de la réception du nouveau gouverneur par M. de Laussat, fut noble et de bon goût, et les paroles qu'il prononça sur l'état présent de la colonie firent une vive impression. Je n'oublierai jamais, car j'en fus profondément touché, que quand il passsa devant moi, il eut la bonté de me présenter une main affectueuse, et qu'à portée de voix de M. Milius, il me dit, lui qui était sobre de compliments : « Je vous remercie du concours actif et éclairé que vous m'avez prêté, et je vous ferai valoir au ministre comme vous le méritez ! » Le ton de cette phrase était un peu bien administratif ; mais, de la part de M. de Laussat, elle avait beaucoup de prix.

[2] Note de l'auteur empruntée au même article que la précédente. — Quelque temps auparavant, un fonctionnaire que je respectais et que j'estimais infiniment, avait laissé un grand vide, tant sa maison, dont sa femme et lui faisaient les honneurs, avec une grâce parfaite, était recherchée par tout le monde. C'était M. Boisson, commissaire de marine, qui était chargé des détails administratifs, et qui avait été nommé contrôleur à la Martinique. MM. Mézès, trésorier de la Colonie, fut encore de ma part, l'objet de bien des regrets, il était chéri de tous ; c'était un ancien ami de MM. de Martignac et de Peyronnet, deux des ministres les plus éloquents ou les plus marquants de la Restauration, et il aimait beaucoup à recevoir ; il avait une fille qui était appelée la « Rose de la Guyane » et lui, je l'en avais surnommé le Lucullus. Que de belles parties de bouillotte ou de whist, que de beaux et agréables dîners ou soupers on faisait chez lui ! Il avait l'heureux don des vers ; les siens respiraient une légèreté, une finesse charmantes ; c'était du Boufflers et du Parny tout purs ; en un mot, il était homme de bien, de cœur et d'esprit. Il succomba plus tard sur

dans nos courtes relâches, et qui m'ont laissé de profonds souvenirs par la grâce de leur accueil[1].

M. Milius me chargea de dépêches à laisser, en passant, à la Martinique, ainsi qu'à la Guadeloupe, où je ne m'arrêtai que le temps de prendre des vivres frais.

Continuant ma route pour la France, je fus assez longtemps contrarié par des vents qui me portèrent jusqu'auprès du banc de Terre-Neuve. J'atteignis ensuite assez facilement le voisinage des Açores. Cependant, je conjecturais que la France devait avoir envoyé une armée en Espagne. Les Anglais pouvaient en avoir saisi un prétexte de guerre, et je résolus de naviguer avec beaucoup de circonspection. Plusieurs bâtiments se présentèrent sur mon passage; je les jugeai de force supérieure à la mienne, et je les évitai, sans, cependant, qu'il y eût apparence de timidité. Toutefois il en vint un que, par son aspect et sa marche inférieure, je ne pus supposer qu'un petit bâtiment de commerce anglais, je m'en approchai, j'appris que je ne m'étais pas trompé, et, comme il venait de Londres, je fus informé, par ses journaux, que la Grande-Bretagne se contentait du rôle de spectatrice, dans la lutte qui s'était engagée. J'eus alors un plaisir pur en pensant au peu d'obstacles qui me restaient à franchir pour vous revoir, et je dirigeai ma route sur Rochefort.

Le jour de l'atterrage, je ne pus pas découvrir la terre le soir, mais le temps était si beau, le succès de mon voyage au Para si encourageant, mes observations astronomiques ainsi que mes sondes si concluantes, mon impatience de vous donner de mes nouvelles si grande, que je conservai toute ma voilure, après le coucher du soleil, dans l'espoir de découvrir le phare de l'île d'Oléron. Un saisissement de cœur me prit quand ce phare se fut montré

---

cette terre et je n'ai pas eu la douceur de le revoir en France comme nous nous l'étions si bien promis.

[1] Voyez la note précédente et à la fin du volume l'*Appendice* sur Victor Hugues.

dans sa radieuse clarté, et je continuai ma route, en me guidant sur sa position, pour prendre connaissance du feu de l'île d'Aix située dans la rade de Rochefort. Tout réussit à souhait, et, le 23 juin, à deux heures du matin, je jetai l'ancre en dedans du bâtiment stationnaire dont je passai à demi-portée de voix, et avec tant d'ordre et de silence qu'il ne m'entendit ni ne me vit prendre mon mouillage.

Soumis à une quarantaine d'observation de cinq jours, j'en profitai, pour achever le rapport au ministre auquel les capitaines sont tenus à leur retour, et je lui expédiai, en même temps, un ouvrage complet sur la navigation de la Guyane anglaise, hollandaise, française, portugaise, ainsi que sur celle de Cayenne aux Antilles, au Para, et retour. Ce travail, remis plus tard par le ministre à un officier expressément chargé de la géographie de ces parages, a été fondu dans son livre, et il en est résulté un volume officiel où je suis souvent cité, et où, dans un cas douteux que j'avais éclairci, il est dit que mes observations méritent toute confiance.

CHAPITRE IV

Sommaire. — Je suis remplacé dans le commandement *la Provençale*, et je demande un congé pour Paris. — Promotion prochaine. — Visite au ministre de la Marine, M. de Clermont-Tonnerre. — Entrevue avec le directeur du personnel. — Nouvelle et profonde déception. — Je suis nommé Chevalier de la Légion d'honneur, mais je ne suis pas compris dans la promotion. — Invitation à dîner chez M. de Clermont-Tonnerre. — Après le dîner, la promotion est divulguée. — Tous les regards fixés sur moi. — Au moment où je me retire, le ministre vient me féliciter de ma décoration. Je saisis l'occasion de me plaindre de n'avoir pas été nommé capitaine de frégate. — Le ministre élève la voix. Paroles que je lui adresse au milieu de l'attention générale. — Le lendemain le directeur du personnel me fait appeler. — Reproches peu sérieux qu'il m'adresse. Il m'offre, de la part du ministre, le choix entre le commandement de *l'Abeille*, celui du *Rusé*, et le poste de commandant en second de la compagnie des élèves, de Rochefort. J'accepte ces dernières fonctions. — Arrivée à Rochefort. — Séjour à Rochefort pendant la fin de l'année 1823 et les sept premiers mois de 1824. — Voyage à Paris pour l'impression de mes *Séances nautiques*. — Le jour même de mon arrivée à Paris, le 4 août 1824, je suis nommé, à l'ancienneté, capitaine de frégate. — Mes anciens camarades Hugon et Fleuriau. — Fleuriau, capitaine de vaisseau, aide-de-camp de M. de Chabrol, ministre de la Marine. — Il m'annonce que le capitaine de frégate, sous-gouverneur du collège de Marine à Angoulême, demande à aller à la mer. — Il m'offre de me proposer au ministre pour ce poste. — J'accepte. — Entrevue le lendemain avec M. de Chabrol. — Gracieux accueil du ministre. — Je suis nommé. — Nouvelle entrevue avec le ministre. — Il m'explique que je serai presque sans interruption gouverneur par intérim. M. de Gallard gouverneur de l'école de Marine.

Après avoir obtenu la libre pratique avec Rochefort, je demandai un congé pour Paris ; et quand la formalité de la remise des comptes de mon bâtiment à l'administration, ou au successeur que le ministre me désigna, furent remplies, je partis bien joyeux pour rejoindre les miens.

Une promotion allait avoir lieu. Fier de ma campagne, la mémoire pleine de mes anciens services, presque à la tête de la liste des lieutenants de vaisseau, ayant rempli au triple les conditions pour l'avancement, je me présentai comme un homme sûr de son fait au directeur du personnel[1] qui était un ancien ami de M. de Bonnefoux. J'avais vu, auparavant, comme je le devais, le ministre, M. de Clermont-Tonnerre[2], qui m'avait dit, en style officiel, il est vrai, de ces choses agréables, mais vagues, qui n'engagent à rien celui de qui elles émanent.

Je comptais être beaucoup plus à mon aise et recevoir des assurances beaucoup plus positives et satisfaisantes en m'adressant au directeur du personnel. Quel fut mon étonnement quand cet officier général me dit qu'il avait tout tenté pour moi, qui méritais tant le grade de capitaine de frégate, mais que l'intrigue et la faveur l'emportaient et que le ministre assiégé par de hautes recommandations, ne m'avait pas classé parmi les favorisés ! Toutefois, il avait obtenu la croix de la Légion d'honneur pour moi, et je la reçus effectivement le lendemain (jour où devait paraître la promotion) ainsi qu'une invitation à dîner pour le même jour, chez notre ministre, que je plaignais sincèrement de se laisser ainsi circonvenir et lier les mains dans l'exercice de sa prérogative la plus belle.

Je me rendis à cette invitation, le cœur bien gros de mon désappointement, et non sans avoir été tenté de refuser et de prendre ma retraite, car j'en avais acquis le temps à Cayenne et l'occasion était bonne ; mais tel est le cours des choses humaines que des considérations

---

[1] Le directeur du personnel était alors le comte d'Augier, contre-amiral, conseiller d'Etat. François, Henri, Eugène d'Augier avait été préfet maritime en même temps que M. de Bonnefoux et il lui avait succédé à Rochefort en 1815.
[2] Aimé-Marie-Gaspard, marquis puis duc de Clermont-Tonnerre, pair de France, lieutenant général, né à Paris, le 27 novembre 1779 était un ancien élève de l'Ecole Polytechnique. Après avoir quitté le ministère de la Marine pour celui de la Guerre, il tomba du pouvoir en décembre 1827 avec le cabinet Villèle. Après la Révolution de 1830, M. de Clermont-Tonnerre donna sa démission de pair de France et rentra dans la vie privée. Il mourut le 8 janvier 1865.

imprévues vous retiennent dans l'exécution de plans qui semblaient bien arrêtés, de projets auxquels on avait complaisamment souri ; or rien ne me souriait plus, après avoir payé ma dette à mon pays, que de me dégager de tous les liens de service, et de jouir en repos de l'existence modique, mais suffisante selon nos goûts, où la fortune nous avait placés. La considération qui me retint fut qu'au plus tard, je passerais capitaine de frégate à l'ancienneté, en 1824, car j'allais être le sixième sur la liste après la promotion, et qu'alors, deux ans de service au port me suffiraient pour me donner droit à la pension de retraite de ce grade qui était beaucoup plus avantageuse que celle de lieutenant de vaisseau.

On verra que des circonstances analogues m'ont, ensuite, et souvent, retenu au service, et que moi, qui, de tous les hommes peut-être, aime le moins à commander ou à obéir, je me trouve, douze ans encore après, incertain du jour où je serai rendu à moi-même et à ma liberté !

Après le dîner chez M. de Clermont-Tonnerre, un des invités divulgua le nom des promus, dont l'avancement, signé dans l'après-midi par le roi, devait paraître, le lendemain, dans les colonnes du *Moniteur*. Ce fut un coup de poignard pour moi qui regardai comme une humiliation manifeste de voir tous les yeux fixés sur ma personne, et d'entendre éclater des félicitations pour la plupart de ceux qui m'environnaient. Vraiment, j'avais l'air d'avoir démérité, l'on eut même pu penser qu'il existait comme une préméditation de me mystifier, et je me disais, en moi-même, que si j'avais pu prévoir entendre proclamer la promotion après le dîner, je n'aurais pas balancé à refuser ce dîner et à m'arrêter au parti de demander à être admis à la retraite.

La position n'était pas tenable, je crus que m'en aller était ce qu'il y avait de plus convenable, et j'allai sortir, lorsque le ministre vint, avec un sourire gracieux, m'adresser des paroles flatteuses sur ma nouvelle décoration. En ce moment, je sentis qu'il se présentait une occasion de m'exprimer avec une franche noblesse sur l'indigne procédé dont j'étais victime. Mon cœur se dégonfla, mon visage reprit sa sérénité, et j'attendis, avec sang-froid, les derniers mots du compliment de M. de Clermont-Tonnerre. Je lui dis, alors, que j'étais excessivement honoré d'avoir le droit de porter une aussi belle décoration, mais que je ne pouvais taire que mon ancienneté, mes services, ma dernière campagne avaient semblé à bien des personnes, notamment à M. le gouverneur de la Guyane, mériter une récompense plus complète, celle de mon avancement. Le ministre se retrancha sur son droit et sur celui du choix du roi. Je convins qu'en fait, l'un et l'autre étaient incontestables, mais je fis observer que l'émulation, dans le corps, dépendait, principalement, d'une sage exécution dans l'exercice de ces droits. Le ministre se sentit blessé ; il voulut m'écraser ; il éleva la voix avec sévérité, et il me dit : « Monsieur, votre insistance m'étonne ; eh bien ! sachez que lors d'une promotion, services, ancienneté, mérite, tout est pesé ; je me suis d'ailleurs aidé des lumières de M. le directeur du personnel et si vous n'avez pas été avancé, c'est que vous ne deviez pas l'être ! » A ces paroles, l'attention de quarante personnes, devenues immobiles, se concentra sur nous. Il faut le dire, je fus sur le point de perdre toute présence d'esprit, mais je fis un appel soudain au calme de mon caractère, et d'une voix froide, assurée, mais d'un degré moins élevée que celle du ministre, je répondis : « Rien ne m'est plus agréable que d'entendre citer M. le directeur du personnel qui est là, qui nous entend, car il m'a dit lui-même, vous avoir proposé mon nom comme celui d'un officier rempli de talent, de zèle, d'expérience, ce sont ses expressions ; or ce n'est pas un officier rempli d'expérience, de zèle, de talent, qui peut voir, sans amertume, treize de ses cadets lui passer sur

le corps; il est clair, d'après cela, que mes services vous fatiguent, et il vaut mieux vous en débarrasser. »
— « Monsieur, finissons cette conversation », répliqua le ministre qui pirouetta sur ses talons et s'éloigna. J'en fis autant, et je sortis, bien soulagé, bien content, quelques conséquences qui en dussent arriver.

Le lendemain, le directeur du personnel me fit demander. Dans la pièce qui précédait son cabinet, une dizaine d'officiers attendaient audience, qui, dès qu'ils m'aperçurent, vinrent au-devant de moi, me louant beaucoup de la manière dont, la veille, j'avais soutenu si bien ma dignité, les intérêts du corps, et m'excitant adroitement à me tenir dans cette ligne. Je ne sache rien de plus dangereux pour un homme que ces éloges publics et ces encouragements à se déclarer le champion des autres; il faut être très sobre de ces mouvements et ne s'y porter que lorsque cela devient indispensable. En cette circonstance, par exemple, qui m'exaltait, qui me poussait? Des hommes mécontents ! Or ces mêmes hommes, s'ils avaient été favorisés ou compris dans la promotion, ils se seraient trouvés la veille chez le ministre où, tant que l'œil du maître plana sur l'assemblée, nul n'eut plus l'air de me reconnaître après notre altercation, et où, devinant l'embarras de mes camarades et y compatissant, j'évitai d'en accoster aucun et de lui adresser la parole. Ce sont des pièges où l'on prend les maladroits, qu'on enferre ainsi, que l'on perd, et qui sont abandonnés quand ils ont servi les projets de ceux, dont sans s'en douter ils ont favorisé les vues. Un homme qui a de l'expérience se met en avant pour lui quand il est dans son droit; avec les autres quand il y a accord, justice ou bonne foi; mais jamais pour les désappointés ni pour les intrigants.

Quant au directeur du personnel, qui avait donné l'ordre de m'introduire immédiatement, il débuta par quelques reproches, mais fort peu sérieux, et il en était de même, sans doute, du prétendu mécontentement du ministre, dont il me dit quelques mots, puisqu'il m'offrit, de sa part, le choix entre le commandement de *l'Abeille*, celui du *Rusé*, et le poste de commandant en second de la compagnie des élèves à Rochefort, toujours occupé, jusque-là, par un capitaine de frégate. J'acceptai ces dernières fonctions, et après avoir vu finir le congé de trois mois que j'avais obtenu en arrivant de la mer, et qui s'acheva en parties de plaisir en famille, je quittai Paris, avec vous tous, pour aller prendre possession de mon poste qui, à la vérité, ne formait pas de moi un capitaine de frégate, mais qui m'en faisait remplir le service, et m'en donnait la considération. Ainsi se termina cette scène, d'où je retirai une fois de plus la preuve qu'il est toujours utile de faire respecter sa dignité, et qu'on le peut sans sortir de la voie des convenances et sans employer des moyens violents.

Nous prîmes, à Rochefort, un fort joli logement, l'été suivant (1824) j'arrêtai un appartement de saison à la campagne afin de vous sauver des risques de la fièvre caniculaire du pays. Mon service était fort doux, nos relations de société ne laissaient rien à désirer, mon ménage prospérait au sein de l'ordre, de la bonne humeur des soins de votre éducation ; et je comptais bien résolument attendre ainsi mon brevet de capitaine de frégate, pour prendre ma retraite dans ce grade, lorsque certaines difficultés d'exécution pour l'impression de mes *Séances nautiques* m'appelèrent à Paris.

Le jour même de mon arrivée, une promotion paraissait, et j'eus enfin, par droit d'ancienneté, ce que je n'avais pas été assez favorisé pour obtenir par mes services, par mon zèle et mes efforts. En revanche, je ne devais rien à personne, et j'en étais fort à mon aise, toujours dans la pensée qu'après deux ans de possession de mon nouveau grade, rien ne s'opposerait à mon désir de quitter le service.

Des jeunes amis de mes longues campagnes, il ne restait guère que Hugon et Fleuriau, et comme Paris est le lieu où il est le plus fréquent de retrouver ses connaissances, ce fut principalement eux que je cherchai. Depuis l'Inde, je n'avais revu le premier des deux que quelques jours, en 1818, lors de mon mariage. Il avait appris que je me trouvais à Paris et m'avait cherché jusqu'à ce qu'il m'eût rencontré. Digne et modeste ami, qui, mêlant ses larmes à ses embrassements, disait ne pouvoir comprendre qu'il fût devenu mon ancien! Il devait être mon garçon d'honneur, mais un ordre pressé d'embarquement lui fit quitter la capitale huit jours avant la cérémonie. Il n'était pas revenu à Paris depuis cette époque, mais Fleuriau s'y trouvait; il était alors capitaine de vaisseau et aide de camp de M. de Chabrol[1], successeur de M. de Clermont-Tonnerre.

« Je pensais à vous », me dit Fleuriau après les premières paroles de reconnaissance, « et j'en parlais tout à l'heure au ministre qui cherche un capitaine de frégate pour remplacer celui qui est sous-gouverneur du Collège de Marine à Angoulême et qui demande à aller à la mer. Je me félicite que vous soyez ici, car vous n'avez qu'un mot à dire, et cette affaire sera, je crois, bientôt arrangée. » — « Oui » dis-je, sans hésiter. « Eh bien! demain, venez me voir à midi; j'aurai pris les ordres du ministre, et si, depuis que je l'ai quitté, il n'a pas fait de choix, il sera enchanté, j'en suis sûr, quand il vous aura vu, de celui que je lui aurai proposé! » Le lendemain, je fus présenté à M. de Chabrol.

« M. de Bonnefoux, » me dit M. de Chabrol à la fin de mon audience, « je vais faire dresser l'ordonnance qui

---

[1] André-Jean-Christophe, comte de Chabrol de Crousol, né à Riom le 16 novembre 1771 était le frère du préfet de la Seine de Napoléon et avait été lui-même préfet sous l'Empire. Sous-secrétaire d'État au ministère de l'Intérieur en 1817, élu député en 1821, il devint pair de France en 1823 et ministre de la Marine le 4 août 1824.

vous nomme sous-gouverneur; aussitôt après, je monte en voiture pour aller prier Sa Majesté de vouloir bien la signer; veuillez revenir demain, vous pourrez entrer en vous nommant, car je vais donner des ordres pour que les portes de mon cabinet vous soient toujours ouvertes, et j'espère avoir le plaisir de vous remettre, personnellement, alors, cette ordonnance qui témoignera de mon estime particulière pour vous, et de la bienveillance du roi. »

Que ces messieurs les grands du jour sont aimables quand ils le veulent; il y a vraiment lieu de se demander comment ils ne le veulent pas plus souvent! Aux douces paroles du ministre, dont l'austère figure respirait, d'ailleurs, la probité, la bonté la plus parfaite, je sentis remuer, en mon cœur, quelque chose des bouffées d'ambition de ma jeunesse; mon goût de retraite s'affaiblissait, et je crois même que je cessais d'en vouloir à M. de Clermont-Tonnerre du retard qu'il avait apporté à mon avancement. J'étais, en effet, pleinement justifié; mon amour-propre était complètement vengé; car j'étais sciemment choisi pour un poste aussi difficile qu'important, moi, le même officier qu'à la suite d'un passe-droit manifeste, on avait cherché à humilier devant un cercle entier d'auditeurs. Ce n'était pas le tout encore que ma nomination, car une circonstance particulière en rehaussait considérablement le prix. En effet, M. de Gallard[1], gouverneur du Collège de Marine, qui était alors l'école spéciale pour notre arme, était député; ainsi, durant le temps des sessions qui duraient au moins six mois, durant celui d'un congé de deux mois qu'il prenait ensuite, pour aller visiter une terre en Gascogne, j'allais me trouver presque sans interruption, gouverneur par intérim, et c'est ce qui avait rendu M. de Chabrol si cir-

---

[1] Louis-Victor-Antoine-Marie, vicomte de Gallard de Terraube, capitaine de vaisseau honoraire, ancien émigré.

conspect dans le choix qu'il voulait faire. Il fut, le lendemain, plus aimable encore que la veille en me donnant ces détails, et je pris congé de lui après avoir pris ses instructions particulières, plus touché, s'il est possible, de son inépuisable affabilité, que flatté du poste que je devais à sa volonté, ainsi qu'à l'amicale intervention de Fleuriau. L'impression de mes *Séances nautiques* était alors en assez bon train pour que je pusse bientôt quitter Paris. Ma femme qui était ravie de ces bonnes nouvelles dont je l'avais instruite par écrit, se fit une fête d'aller habiter Angoulême; je préparai tout pour son départ de Rochefort d'où je m'en allai, seul, car la rentrée des classes me pressait; mais vous ne tardâtes pas à venir me joindre et nous nous installâmes parfaitement.

Tu avais huit ans à cette époque, et ta mémoire doit facilement te rappeler soit sur cet événement de famille, soit la plupart de ceux qui l'ont suivi; j'aurai donc, par la suite, moins de détails à te donner. Il ne me restera plus guère à te parler que de M. de Bonnefoux, mais je m'y suis préparé : ce qui le concerne est pour ainsi dire achevé, et ce ne sera ni sans plaisir pour moi, ni sans utilité pour toi, ni sans juste orgueil de parenté pour nous deux que je te communiquerai les pages où sont consignées la vie et les actions d'un des plus beaux modèles d'hommes qui aient jamais existé.

LIVRE V

MA CARRIÈRE A PARTIR DE MA NOMINATION AU COLLÈGE DE MARINE

CHAPITRE PREMIER

Sommaire. — Plan de conduite que je me trace. — La ville d'Angoulême. — Une Ecole de Marine dans l'intérieur des terres. — Plaisanteries faciles. — Services considérables rendus par l'Ecole d'Angoulême. — S'il fallait dire toute ma pensée, je donnerais la préférence au système d'une école à terre. — En 1827, M. de Clermont-Tonnerre, alors ministre de la Guerre, au cours d'une inspection générale des places fortes, visite le Collège de Marine. — En l'absence de M. de Gallard, je suis gouverneur par intérim et je le reçois. — Le prince de Clermont-Tonnerre, père du ministre, qui voyage avec lui, me dit que son premier colonel a été un Bonnefoux. — Il fait, à son retour à Paris, obtenir à mon fils une demi-bourse au Prytanée de la Flèche. — En 1827 je demande un congé pour Paris. — Promesses que m'avait faites M. de Chabrol en 1824; sa fidélité à ses engagements. — Bienveillance qu'il me montre. — Ne trouvant personne pour me remplacer il fait assimiler au service de mer mon service au Collège de Marine. — Je retourne à Angoulême. — Le ministère dont faisait partie M. de Chabrol est renversé. — Le nouveau ministère décide la création d'une Ecole navale en rade de Brest. — Il supprime le Collège de Marine d'Angoulême, et laisse seulement s'achever l'année scolaire 1828-1829. — Je reçois un ordre de commandement pour l'Echo. — Au moment où je franchissais les portes du collège pour me rendre à Toulon un ordre ministériel me prescrit de rester. — Projet d'Ecole préparatoire pour la Marine, analogue au Collège de la Flèche. On m'en destine le commandement. M. de Gallard intervient et se le fait attribuer. — Ordre de me rendre à Paris. — Offre du poste de gouverneur du Sénégal, que je refuse. — Le commandant de l'Ecole navale de Brest. — Promesse de me nommer dans un an capitaine de vaisseau — Le directeur du personnel me presse de servir en attendant comme commandant en second de l'Ecole navale. — Je ne puis accepter cette position secondaire après avoir été de fait, pendant cinq ans, chef du Collège de Marine.

Je ne pouvais penser à arriver à Angoulême sans avoir

réfléchi sur mes nouvelles fonctions, sans m'être fait un plan de conduite. J'avais cru reconnaître qu'il devait exister deux hommes en moi : le délégué du Gouvernement et le représentant des familles. Ainsi, dans le premier cas, et lorsque je paraissais sous un jour officiel, ce devait être le règlement à la main; partout ailleurs, il me semblait convenable que ce ne fut qu'avec des paroles d'encouragement et de bonté. Je reconnaissais, surtout, qu'il me faudrait un calme à toute épreuve, une patience imperturbable, une persévérance que rien ne pourrait lasser; de la sévérité, parfois, mais beaucoup de formes et d'équité; jamais une parole irritante; le plus tôt possible, une connaissance approfondie de tous les noms, de toutes les familles, de la capacité, du caractère de chacun, et, surtout, point de système particulier; car si le proverbe marin « selon le vent, la voile » est vrai, c'est spécialement avec la jeunesse qui est si mobile et si impressionnable.

Je me proposai d'avoir, de temps en temps, de l'indulgence, mais comme moyen de ramener au bien, ou seulement dans les occasions où elle ne pourrait pas être taxée de faiblesse; ainsi quand j'avais à punir, c'était avec impassibilité, et parce que mon devoir m'y obligeait; et quand j'avais à récompenser, c'était le plaisir dans toute ma contenance, et parce que mon cœur m'y portait. Peu de propos m'ont plus flatté que ces mots adressés par le maître d'équipage, Bartucci, à quelques élèves qui lui avaient fait une espièglerie : « Laissez faire, mes amis, le commandant vous attrapera sans courir. »

Je tenais beaucoup à ce qu'ils me vissent chez moi, quand ils avaient à se présenter dans mon cabinet, toujours laborieux ou utilement occupé, car il est bon de prêcher d'exemple et l'on peut bien certainement dire de l'esprit de l'homme : *sequitur facilius quam ducitur.* Enfin, je pensais qu'il fallait m'appliquer à résumer en moi les qualités souvent opposées, et qui sont si nettement exprimées par ce vers de Voltaire, empreint du caractère d'une impérissable vérité :

> Qui n'est que juste est dur ; qui n'est que sage est triste.

Tel est le fond du plan que je me fis, que j'ai suivi sans déviation et à l'aide duquel, à une époque où il y avait, dit-on, tant de turbulence parmi les jeunes gens, en général, je n'ai remarqué parmi ceux qui se sont trouvés sous ma direction, qu'application et docilité.

Te dirai-je, à ce sujet, ce qui vient d'avoir lieu ici, à l'époque de l'arrivée de ta mère et de ta sœur à Brest. Le commandant en second était malade à terre ; pendant trois jours, je fus obligé de laisser la direction du service, pour aller installer ces dames, au plus ancien lieutenant-de vaisseau. Le commandant en second s'en trouvait fort préoccupé, les élèves le surent ; ils lui écrivirent aussitôt, ainsi qu'à moi, qu'il suffisait qu'ils connussent notre position pour nous assurer que jamais la règle ne serait mieux observée ; et qui proposa cette lettre ? de grands et robustes jeunes gens que les notes écrites, qui m'avaient été laissées, qualifiaient d'ingouvernables, de très dangereux, et qui sont, actuellement, sur le point de sortir de l'École d'une manière fort distinguée. Je sais pourtant que, en ceci, les succès passés ne garantissent pas la réussite à venir ; toutefois, il ne dépendra pas de moi que, jusqu'au bout, je ne remplisse ma tâche avec honneur.

Ce fut un temps bien doux que celui que nous passâmes à Angoulême, ville d'urbanité, de bienveillance, où nous fûmes adoptés comme si nous avions été élevés dans son sein, et dans laquelle je n'étais pas tellement captivé par mon service que, pendant les quatre mois que le gouverneur résidait à l'école, je ne pusse tous les ans, jouir d'un congé de deux à trois mois. C'est pendant ces congés que, successivement, nous visitâmes Bordeaux, Marmande, Béziers et Rochefort.

Comme établissement utile, beaucoup de choses ont été dites sur la situation d'une Ecole de Marine dans l'intérieur des terres ; mais ses détracteurs, tout en convenant qu'on y enseignait bien la théorie du métier, taisaient, avec soin, que les élèves, avant de jouir de l'exercice de leur grade, avaient, en sortant d'Angoulême, un an de pratique à acquérir, en mer, sur une corvette d'instruction. Me trouvant, aujourd'hui, à la tête de l'Ecole, qui a été substituée au Collège de Marine, et dans laquelle l'enseignement théorique marche de front avec la pratique, sur rade, je dois être compétent dans la question. Je pense donc, la main sur la conscience, que les deux régimes me semblent avoir une somme à peu près égale d'avantages ainsi que d'inconvénients. L'expérience, au surplus, est là pour démontrer que la plupart des élèves provenant d'Angoulême sont devenus des officiers qui peuvent rivaliser de talents avec tous ceux à qui on voudra les comparer ; aussi, s'il fallait dire le fond de ma pensée, je donnerais la préférence au système d'une Ecole à terre qui, d'ailleurs, est beaucoup plus économique pour l'Etat.

En quittant le ministère de la Marine, M. de Clermont-Tonnerre avait reçu le portefeuille de la Guerre. En 1827, il jugea convenable de faire l'inspection générale des places fortes de nos frontières ; son retour s'effectua par Angoulême, où il s'arrêta pour visiter une poudrerie qu'on venait d'y établir sur de nouveaux procédés, ainsi que la fonderie de canons de Ruelle, très voisine d'Angoulême, et le Collège de Marine où je lui rendis les honneurs de son rang. Il savait, sans doute, que M. de Gallard était absent, et que j'étais alors gouverneur par intérim ; sans doute aussi, il se souvenait de l'épisode à la suite du dîner où il m'avait invité, en 1824 ; car sans me le rappeler précisément, et ni lui, ni moi, ne le devions, il me combla de paroles gracieuses et me donna les marques du plus affectueux intérêt. Il voyageait avec le prince de

Clermont-Tonnerre, son père, qui, m'entendant nommer, me dit que son premier colonel avait été un Bonnefoux, et qui, le voyant, désira que tu entrasses à la Flèche avec une demi-bourse qu'il te fit accorder, lors de son retour à Paris, en se fondant sur les services de ma famille et sur le manque de fortune, privée de ta mère et de moi. Tu vois que cette visite dut être bien satisfaisante pour moi, qui éprouvai, il faut le dire, plus que de la joie à montrer au ministre, un aussi bel établissement, prospérant par le concours des soins de l'officier que lui-même avait auparavant exclu d'une promotion où tout semblait l'appeler.

M. de Chabrol, lorsqu'il m'avait annoncé la signature de l'ordonnance qui me nommait sous-gouverneur, avait eu la bonté de me dire plusieurs choses extrêmement obligeantes, dont pas une ne devait sortir de ma mémoire. Je dois mettre en première ligne l'espoir que je tenais de lui de mon avancement, qu'il voulait rendre aussi prompt que possible pour me dédommager des lenteurs, dont il savait, par Fleuriau, que ma carrière avait été entravée. « Revenez me voir dans trois ans », m'avait-il dit, « je vous mettrai en évidence sur un beau bâtiment, et dès que vous aurez rempli les conditions qui sont imposées par l'ordonnance, vous n'attendrez pas longtemps le grade de capitaine de vaisseau. »

Au bout de trois ans (en 1827), je me présentai ponctuellement à lui. J'avais su par le directeur du personnel, chez qui j'étais allé avant de songer à paraître devant M. de Chabrol, que lorsque j'avais fait la demande d'un congé pour Paris, l'exact et scrupuleux ministre lui avait ordonné de me réserver *la Bayadère* qui était destinée à naviguer sur la mer Méditerranée pour y servir de corvette d'instruction aux élèves, dont la sortie d'Angoulême allait voir lieu; mais que quand il avait été question d'effectuer mon remplacement, les officiers sur lesquels le choix aurait pu tomber étaient absents, et que

M. de Chabrol avait été forcé de changer d'avis. Il me fit, en effet, prier, lorsqu'il me sut arrivé, de passer dans son cabinet, et après m'avoir dit, lui-même, que je ne commanderais pas *la Bayadère* et qu'il allait m'ordonner de continuer mes fonctions de sous-gouverneur, il s'exprima ainsi : « Je suis trop juste, cependant, pour vous imposer une obligation qui vous serait préjudiciable ; il existe une ordonnance par laquelle le service des gouverneurs des Colonies est assimilé au service de mer; le vôtre, et pour vous seul, au Collège de Marine, vient d'être rangé dans la même catégorie, ainsi votre avancement n'en souffrira pas; soyez-en bien persuadé. »

Ma position nouvelle fut notifiée dans les bureaux et à Angoulême, où je retournai le cœur pénétré d'un nouveau respect pour le ministre qui savait si bien allier la justice, la probité aux exigences du service, et qui, plus tard, comme homme d'État, dans une circonstance des plus imposantes dont j'aurai l'occasion de parler, prouva qu'en politique comme partout, la fidélité aux engagements pris constitue le plus utile aussi bien que le plus nobles des conseillers.

Lorsque, en 1806, je revenais de l'Inde, avec les espérances les plus fondées d'être nommé lieutenant de vaisseau pendant cette même année, la méprise ainsi que les irrésolutions de l'amiral Linois causèrent une captivité qui retarda cet avancement de cinq ans. Lorsque, ensuite, le voyage du duc d'Angoulême dans les ports de l'Océan eut amené une circonstance qui devait me faire nommer capitaine de frégate en 1815, l'arrivée de l'Empereur et les suites qui en découlèrent retardèrent cet autre avancement de neuf nouvelles années. En 1828, enfin, tout me disait que j'aurais dû être capitaine de vaisseau, mais d'autres événements supérieurs entravèrent cette nomination qui n'a eu lieu que sept ans après. De compte fait, voilà donc vingt et un ans bien réels, perdus, en quelque sorte, dans ma carrière, et dont quelques-uns de mes camarades plus favorisés ont eu l'heureuse chance de pouvoir tirer parti dans la leur.

Mais pourquoi se comparer aux plus favorisés? pourquoi ne pas jeter les yeux du côté opposé, pourquoi, par exemple, ne pas penser aux centaines d'amis ou d'officiers, victimes des réactions ou des révolutions politiques? pourquoi, surtout, ne pas me féliciter de n'avoir pas partagé la triste destinée des Augier, des Verbois, des Delaporte, des Céré, et autres si cruellement moissonnés à la fleur de leur âge; et, en somme, n'est-ce pas, après tout, un bonheur assez grand que d'être arrivé au point où je suis, avec l'estime générale, sans exciter l'envie, à l'abri des reproches, exempt d'infirmités, et n'ayant éprouvé aucun de ces revers ou de ces malheurs qui empoisonnent toute une existence : *Segnius homines bona, quam mala sentire.*

Au moment où les bienveillantes intentions que M. de Chabrol avait bien voulu me manifester allaient se réaliser, un revirement de politique vint renverser le cabinet dont ce ministre faisait partie : alors, non seulement, il ne fut plus question de donner des marques de satisfaction aux chefs ou employés du Collège de Marine; mais la suppression de cet établissement fut méditée, la création de l'Ecole Navale en rade de Brest fut effectuée, et l'on ne voulut accorder que le temps nécessaire pour laisser achever, aux élèves du Collège, les études commencées pendant l'année, et pour nous donner des destinations ou des retraites.

En ce qui me concernait, je reçus un ordre de commandement pour *l'Echo* qui venait de forcer très glorieusement le golfe de Lépante, et dont le capitaine, promu au grade de capitaine de vaisseau après ce beau fait d'armes, devait, à son retour en France, quitter son bâtiment pour obtenir une position correspondant à son nouveau grade.

Toutefois, mes paquets étaient faits, et j'étais prêt à

partir à la première annonce de l'arrivée de *l'Echo* à Toulon ; mais, ce n'était pas sans me trouver froissé de n'être pas avancé d'un pas de plus que lorsque, deux ans auparavant, j'avais été désigné pour commander *la Bayadère*. Enfin, le jour de quitter Angoulême parut, et je franchissais les portes du Collège, quand une dépêche ministérielle vint me prescrire de rester.

Le lendemain, une lettre officieuse d'un ami, que j'avais dans les bureaux, m'apprit qu'il était décidé que l'établissement d'Angoulême serait érigé en École préparatoire, comme La Flèche l'est pour Saint-Cyr ; et que le ministre, ayant l'intention de m'en donner le commandement, m'avait, pour cet objet, dépossédé de *l'Echo* ; l'Ordonnance était, disait-on, à la signature du roi.

Il n'en fut, cependant, pas ainsi, car le gouverneur qui se trouvait à Paris, apprit aussi cette nouvelle, réclama ce commandement qu'on n'avait nullement cru pouvoir lui convenir, tant il le faisait descendre en rang aussi bien qu'en émoluments, et il l'obtint.

J'avoue que j'étais fort peu satisfait, et que mes idées de retraite, revinrent, dans mon esprit, dominantes et fondées ; mais, d'un côté, j'avais près de six ans de grade de capitaine de frégate, et, à cette époque, après dix ans, l'on avait droit à la pension de retraite et au rang honorifique du grade supérieur : de l'autre, le ministre m'appelait en termes très obligeants pour me proposer un poste de confiance. Je résolus donc de suspendre mes projets de retraite jusqu'à ce que j'eusse connu quelles étaient les vues que l'on avait sur moi, quitte à mettre ces projets à exécution, si l'on m'imposait des obligations qui ne pussent pas cadrer avec le dessein bien arrêté de n'achever mes dix ans que tout à fait selon ma convenance.

Avant de quitter Angoulême, j'avais été informé que si je voulais demander le gouvernement du Sénégal, je l'obtiendrais facilement. Je n'aurais jamais voulu ni conduire ma famille dans cette sorte d'exil, ni m'en séparer pour le laps de temps que cette mission exigeait, et j'avais répondu que ce serait me désobliger infiniment que de donner une suite sérieuse à cette communication ; il n'en fut plus question, et il restait à savoir quelles étaient les vues du ministre. Je les appris bientôt par le nouveau directeur du personnel, qui m'annonça que le ministre avait le désir de me nommer commandant de l'Ecole navale dans un an, époque où le commandant actuel avait exprimé son intention formelle d'être remplacé ; qu'alors je serais nommé capitaine de vaisseau ; mais, qu'en attendant, il fallait que je servisse dans cette Ecole en qualité de commandant en second. Je commençai par m'étonner que les ministres ne se regardassent pas comme solidaires des promesses de leurs prédécesseurs, et qu'on ajournât à un an ce qui avait été une condition de la prolongation forcée de mon séjour à Angoulême ; je fis ensuite remarquer que j'avais été de fait, pendant cinq ans, chef du Collège de Marine, et que me voir ensuite, en sous ordre, semblerait prouver à tous, que je convenais avoir démérité ; enfin que, quant à mon avancement, je préférais gagner mes épaulettes de capitaine de vaisseau, à la mer, où j'étais prêt à aller dès que le ministre l'ordonnerait.

CHAPITRE II

Sommaire : Le commencement de l'année 1830. — Situation fâcheuse. — Je suis chargé des tournées d'examen des capitaines de la Marine marchande dans les ports du Midi. — Expédition d'Alger. — Je demande en vain à en faire partie. — La Révolution de 1830. — M. de Gallard. — Je refuse de le remplacer si on le destitue. — Il donne sa démission. — Démarche spontanée des cinq députés de la Charente en ma faveur. — Au ministère on leur apprend que je suis nommé au commandement de l'École préparatoire. — J'arrive à Angoulême avec le dessein de m'y établir d'une façon définitive. — Nouvelle ordonnance sur l'avancement. — Le vice-amiral de Rigny. — Ordonnance qui supprime brutalement l'École préparatoire. — On ne permet même pas aux élèves de finir leur année scolaire. — Offres qui me sont faites à Angoulême. — Je les refuse et je pars pour Paris. — La fièvre législative en 1831. — La loi sur les pensions de retraite de l'armée de terre. — Projet tendant à l'appliquer à l'armée de mer. — Atteinte portée aux intérêts des officiers de marine. — Le Conseil d'Amirauté. — Requête que je lui adresse. — Je fais une démarche auprès de M. de Rigny. — Réponse du ministre. — La fièvre législative me gagne. — Après avoir entendu lire le projet de loi à la Chambre des députés, je me rends chez M. de Chabrol. — Retour sur la vie politique de M. de Chabrol. — M. de Chabrol dans le cabinet Polignac. — Sa destitution. — Les votes de M. de Chabrol comme pair de France après la Révolution de 1830. — Accueil bienveillant que je trouve auprès de lui. — Profond mécontentement de M. de Chabrol en apprenant que, d'après le projet ministériel, le service des officiers qui avaient rempli à terre des fonctions assimilées à l'embarquement ne leur était pas compté. — Copie de la lettre que M. de Chabrol m'écrit séance tenante et de celle qu'il adresse au ministre. — Nouvelle pétition à M. de Rigny. — Entrevue de M. de Chabrol et M. de Rigny à la Chambre des pairs. — Déclaration faite par M. de Chabrol. — Il est alors convenu qu'un des députés, auxquels j'en avais déjà parlé, déposerait un amendement et que M. de Rigny ne le combattrait pas. — L'amendement est adopté. — Mes droits sont reconnus et je suis placé sur la liste des officiers ayant rempli les conditions voulues pour changer de grade. — Le nombre des capitaines de vaisseau est réduit de 110 à 70, celui des capitaines de frégate de 130 à ce même nombre de 70; appréciation de la mesure. — Je suis de nouveau chargé des examens pour les capitaines de la Marine marchande, d'abord dans les ports du Nord, ensuite dans ceux du Midi. — Comment je comprends mes fonctions. — Je compose un *Dictionnaire de marine abrégé*. — Quelques-uns de mes compatriotes de l'Hérault me proposent une candidature à la Chambre des députés. — Revers financiers. — En 1835, je sollicite le commandement de l'École navale pour le cas où il deviendrait vacant.

— Des capitalistes m'offrent la direction d'une entreprise industrielle. — Le ministère refuse de m'accorder jusqu'en 1836 un congé avec demi-solde ou même sans solde, pour me permettre d'achever ma période de douze années de grade. — Je reviens alors à mes demandes d'embarquement, mais le commandant de l'Ecole navale insistant pour être remplacé, je suis nommé capitaine de vaisseau le 7 novembre 1835 et appelé au commandement du vaisseau-école *l'Orion*. — Paroles aimables que m'adresse à ce propos l'amiral Duperré, ministre de la Marine. — Lettre que j'écris à M. de Chabrol. — Une année de commandement de l'Ecole navale.

Ma position était loin d'être belle, lorsque l'année 1830 s'ouvrit. Mon refus de m'embarquer en second sur le vaisseau *l'Orion*, où l'Ecole navale était établie, me laissait fort peu d'espoir qu'on me donnât un commandement à la mer, et il faut le dire, je m'en souciais peu, par la crainte de voir se renouveler l'abandon où l'on m'avait laissé après mes campagnes de *la Provençale*; je pensais donc à retourner à Rochefort, qui est mon département, comme officier de marine, lorsque j'appris que le capitaine de frégate qui faisait habituellement les tournées d'examen des capitaines de la Marine du commerce dans les ports du Midi, venait d'obtenir un bâtiment; je me présentai pour le remplacer, et je fus nommé. Je crus avoir eu une chance fort heureuse; mais faible portée des conceptions humaines! C'était encore la perte de mon avancement. En effet, un mois après, l'expédition contre Alger fut résolue; tous mes camarades sans emploi y eurent des commandements, et à moi, qui demandai que ma mission me fut retirée, pour faire partie de l'escadre, on répondit, ainsi que d'ailleurs je m'y attendais, qu'il était impossible que l'on mit à ma place un officier qui, dans ce moment, ne pourrait voir cette mesure que comme une marque signalée de mécontentement. Le succès le plus complet, le plus glorieux couronna les armes de la France; il y eut, par suite, dans tous les grades de la marine, des promotions nombreuses autant que méritées, mais pour mon compte, je vis que si j'avais eu le plaisir d'embrasser, pendant ma tournée, nos parents de

Béziers, de Marmande, de Rochefort, d'un autre côté, il était certain que la fortune ne paraissait pas disposée à me traiter plus favorablement que par le passé.

Toutefois, j'avais acquis une position très agréable : quatre mois d'examens, par an, dans des contrées ravissantes et amies, et huit mois, à Paris, d'un travail très doux dans les commissions du ministère. C'était, à défaut d'avancement, ce que je pouvais espérer de mieux pour arriver à mes dix ans de grade, afin d'avoir droit à la retraite et au grade honorifique de capitaine de vaisseau. Mais il était dit que cette position ne devait pas durer, quoiqu'elle parût de nature à ne pouvoir être changée que par un miracle; or, ce miracle arriva, et ce fut la Révolution de 1830 qui le fit.

Je ne parlerai pas ici des commotions qu'elle occasionna. Il me suffit, en effet, de le dire qu'elle atteignit M. de Gallard, ancien émigré, et de la connaissance particulière de Charles X. Dès les premiers jours de tranquillité, je fus appelé au ministère, où l'on m'informa que j'allais être nommé commandant de l'École préparatoire d'Angoulême, et qu'il était décidé qu'on n'y laisserait pas M. de Gallard. Une destitution de ce chef avec qui j'avais été en rivalité, pour le commandement de l'établissement quand il était devenu école préparatoire, et qu'on aurait pu m'attribuer pour m'approprier son héritage, éveilla ma délicatesse, et elle me sembla une trop mauvaise porte d'entrée pour que je ne déclarasse pas aussitôt qu'à ce prix on ne devait pas compter sur moi. Je demandai qu'on laissât faire au temps, mes raisons furent goûtées; et, comme M. de Gallard ne tarda pas à donner lui-même sa démission, rien ne s'opposa plus à ma nomination, et je partis.

Les cinq députés de la Charente étaient dans les rangs libéraux ou plutôt constitutionnels; ils avaient su que, pendant mon séjour à Angoulême, l'esprit fanatique de la Restauration avait introduit, dans le Collège, des exigences ultra-religieuses dont j'avais toujours repoussé, pour moi, mais avec décence, dans des formes polies, sans troubler l'harmonie de l'établissement, tout ce qui blessait mon for intérieur ou attaquait ma conscience. Dans d'autres circonstances, ces Messieurs avaient connu mon opinion sur plusieurs questions vitales, qu'un gouvernement, qui ne voyait pas que l'opposition constitutionnelle est un instrument de consolidation aussi bien que de perfectionnement, ne pouvait pas comprendre : aussi, ces cinq députés se transportèrent-ils, spontanément, au ministère de la Marine pour demander que je fusse nommé chef de l'Ecole où ils m'avaient connu; leur satisfaction fut grande, quand ils apprirent que c'était à moi qu'on avait pensé. La ville d'Angoulême honora ma nomination d'une semblable approbation; et la musique de la garde nationale voulut bien s'établir, en quelque sorte, l'interprète de la satisfaction publique, en venant le jour même de mon arrivée, fêter mon installation.

Je m'établis à Angoulême, et je pensai même à m'y établir pour toujours, car une ordonnance sur l'avancement parut bientôt qui révoqua toutes les précédentes, et qui, au mépris des droits acquis, des services rendus, des promesses faites, ne permit plus de compter, pour arriver d'un grade à un autre, que le temps rigoureusement passé à la mer. Ce fut M. le vice-amiral de Rigny qui provoqua cette ordonnance; et, sans vouloir affaiblir ici les services qu'il a rendus comme militaire, il doit être permis de dire que son trop long passage au ministère de la Marine n'y fut guère marqué que par des actes désavantageux à l'organisation et au personnel du corps, à la tête duquel il se trouvait placé. Il fallait donc renoncer à me trouver dans aucune promotion, et me contenter de ma position qui, sous beaucoup d'autres rapports, il est vrai, était très satisfaisante.

Angoulême est un très beau pays où nous étions parfaitement bien. Je conçus donc le dessein, non seulement d'y rester tant qu'on y serait content de mes services comme chef de l'Ecole, mais encore d'y passer mes vieux jours. Dans ce but, je résolus de faire l'acquisition d'une jolie maison de campagne entourée de quelques champs, qui se trouvait en vente, et de placer ainsi les capitaux de ma femme, dont une grande partie, plus tard, hélas !... J'entrai en marché pour cette terre ; je vis même une jolie voiture que je voulais acheter en même temps. Vains projets, démarches inutiles ! Une ordonnance aussi bizarre, aussi brutale qu'imprévue vint supprimer l'Ecole que je commandais, sans même donner aux élèves, dont quelques-uns venaient, tout récemment, d'être admis parmi nous, le temps de finir leurs classes ou leurs cours de l'année. Je reçus l'ordre de rendre l'établissement à un commissaire de la Marine qui fut si émerveillé de la beauté, de la tenue de l'édifice que je lui remettais, qu'il prétendit qu'il avait plutôt l'apparence d'être disposé pour recevoir des élèves, que pour les voir partir. Enfin, je quittai Angoulême pour toujours, et je me rendis à Paris en congé.

J'avais, cependant, été vivement sollicité de rester ; plusieurs personnes notables de la ville, sentant la perte et le vide que la suppression d'un aussi bel établissement allait occasionner chez eux, conçurent le projet de l'utiliser en y organisant une grande école, dans le même genre, mais plus belle encore, que celles de Vendôme, de Sorèze ou de Pont-le-Voy ; la commune aurait donné à ces mêmes personnes, comme elle l'avait fait au département de la Marine, la jouissance du local ; et de leur côté, elles auraient fait tous les frais d'installation ; mais ces Messieurs voulaient, avant tout, que je consentisse à rester à la tête de la maison. C'était extrêmement flatteur, cependant il aurait fallu prendre ma retraite, avant d'avoir mes dix ans de grade, il aurait fallu me mettre, en quelque sorte, en tutelle, sous la surveillance, sous l'autorité même de conseils ou d'inspecteurs délégués par la ville ; et comme c'est chose souverainement déplaisante à qui, pendant toute sa vie, a porté l'habit militaire et n'a obéi qu'à des injonctions militaires, je me confondis en remerciements, et je refusai.

Lorsque j'arrivai à Paris, en 1831, une fièvre législative s'était emparée de tous les esprits ; on voulait tout refaire, tout régler, tout remettre en question, et la Marine ne restait pas en arrière. Une des lois qui parurent alors améliorait les pensions de retraite de l'armée de terre. On nous l'appliqua ; mais elle fut fâcheuse pour nous, car nous y perdîmes le grade honorifique supérieur et la pension de ce grade, après dix ans d'exercice ; et, au lieu de ces dix ans, on en exigea douze pour atteindre le nouveau maximum qui, pour nous, est sensiblement inférieur à l'ancien. Cette loi fut un bienfait pour l'Infanterie ; mais elle lésa considérablement les corps spéciaux, dits royaux.

Quant à moi, je me vis, en outre, forcé d'ajourner au 4 août 1836 les projets de retraite que je méditais pour le 4 août 1831. L'avancement fut également soumis à la sanction des trois Pouvoirs. L'occasion me parut favorable pour faire valoir mes droits méconnus dans l'ordonnance précédente. Comme les projets de loi sur la Marine sont ordinairement discutés en Conseil d'Amirauté avant de passer à celui des ministres, je fis parvenir une requête au premier de ces Conseils pour demander que les anciens titres fussent réservés, et pour que le service des officiers qui avaient rempli, à terre, des fonctions assimilées à l'embarquement leur fût compté, quant au temps passé, suivant la teneur des ordonnances sous l'empire desquelles ces officiers avaient exercé ces fonctions.

L'Amirauté me répondit qu'elle venait de se dessaisir du projet de loi, qu'elle l'avait approuvé sans modifications importantes, et que le ministre ou le Conseil des

Ministres, seuls, pouvaient en ce moment faire droit à ma réclamation.

Je m'adressai aussitôt à M. de Rigny, qui me répondit à son tour, que le Conseil des Ministres avait reconnu le projet bon, qu'on ne pouvait pas revenir sur une semblable décision, et que, très probablement, la loi serait portée à la Chambre des députés, telle qu'elle avait été approuvée par le Conseil d'Amirauté.

Ces réponses défavorables, qui consacraient une injustice manifeste, me blessèrent au dernier point. La fièvre législative me gagna à mon tour, et je résolus d'intervenir, non pas directement, puisque je n'avais pas accès à la tribune, mais par les journaux dans lesquels je fis insérer plusieurs articles préparatoires, et par l'influence de plusieurs députés que je vis, et qui eurent bientôt, à cet égard, la même manière de voir que moi.

Je devins ensuite l'habitué fidèle des séances de la Chambre, afin d'y voir paraître la loi dès qu'elle y serait présentée, car j'en voulais promptement bien connaître les détails pour agir sans retard, avec pleine connaissance de cause. Je n'eus pas longtemps à attendre. J'en entendis lire tous les articles et, quand je fus bien assuré que la disposition à laquelle je tenais n'y était pas renfermée, je quittai la salle des séances, et je me rendis chez M. de Chabrol pour lui raconter mes doléances.

Ce digne homme venait de voir passer des jours bien pénibles pour lui. Il avait fait partie du dernier cabinet de Charles X, en qualité de ministre des Finances. Le roi lui-même l'avait amicalement pressé d'approuver les fameuses ordonnances qui amenèrent la révolution de 1830. M. de Chabrol, qui en avait compris la portée, s'y était noblement refusé; il offrit même sa démission, mais le monarque qui tenait à voir ces ordonnances contresignées par un homme aussi honorable, n'avait pas accepté cette démission, et il avait chargé M. de Polignac, président du Conseil, de tâcher d'ébranler la résolution de M. de Chabrol.

Toutefois le sage ministre des Finances persista dans ses refus. Des instances nouvelles furent faites ; ce fut alors que le ferme opposant prononça ces paroles qui peignent la plus belle âme, alliée à la plus profonde connaissance des affaires de l'époque. « Jusqu'ici j'avais offert ma démission comme moyen de conciliation ; mais, puisque je découvre, plus que jamais, dans quelle voie fâcheuse on veut entrer, je reprends l'offre, qui n'a pas été acceptée. Il faudra donc me destituer ; mais, pour en venir à une pareille extrémité, on y regardera peut-être à deux fois. Puissent des réflexions salutaires arrêter, alors, ceux qui s'attachent à la perte de leur souverain ! Je n'ai plus que ce moyen de leur ouvrir les yeux, et je désire du fond du cœur qu'ils voient l'abîme qu'ils creusent sous leurs pas. » Rien ne fut écouté. M. de Chabrol fut destitué, et la Révolution eut lieu !

Ce n'était pas tout, car une de ces crises qu'engendrent toujours les révolutions, même les plus pures, venait en outre de se passer sous les yeux mêmes de M. de Chabrol qui, par sa position précédente de ministre, devait en être péniblement affecté. L'exaltation des esprits demandait les têtes de quatre de ses anciens collègues, ex-ministres de Charles X, qui n'avaient pas eu le bonheur de réussir à quitter la France ; et la Chambre des Pairs, dont M. de Chabrol faisait partie, était appelée à les juger. Casimir Périer, illustre Président du Conseil d'alors, et les Pairs, montrèrent en cette cruelle circonstance le caractère le plus ferme. La justice ne se laissa pas intimider, et prononça le seul arrêt que l'humanité pût avouer, au mépris des plus sanglantes émeutes et des plus menaçantes vociférations.

Enfin la loi sur l'hérédité de la Pairie, qu'on voulait abolir, quoique, seule, elle puisse donner une indépendance complète à cette branche du pouvoir, et la dégager de la sphère d'action de l'influence ministérielle, avait ensuite été mise en discussion. M. de Chabrol avait des vues trop saines, trop élevées, pour ne pas tenir à l'hérédité; mais il est des moments où des résistances mal calculées excitent des passions déjà exaltées, et n'amènent que de fâcheuses complications. L'adversaire énergique des ordonnances était devenu le votant réfléchi de la perte d'un privilège aussi brillant que fécond en beaux résultats, et ainsi il se trouvait, toujours, par la passion de ses devoirs et du bien public, tantôt l'homme de la résistance vis-à-vis du Souverain qu'il aimait personnellement, lorsque ce Souverain se trompait, tantôt le pair impassible, qui, à l'occasion, savait laisser passer les flots populaires et leur dangereux torrent.

Je savais tout cela; c'en était plus qu'il n'en fallait pour me faire craindre d'être au moins indiscret, en abordant un homme aussi préoccupé, et que j'allais entretenir d'affaires bien puériles auprès des grandes émotions qui devaient agiter son esprit. Mais il existe quelque chose de si rassurant dans le caractère d'un homme au cœur juste que mes doutes s'effaçaient à mesure que je m'approchais de son hôtel; mes inquiétudes cessèrent quand son concierge m'eût dit qu'il était chez lui toujours disposé à recevoir ceux qui le demandaient, et mes craintes, enfin, s'évanouirent lorsque j'eus revu cet homme si simple et si élevé, et que sa bouche bienveillante eût, sans hésitation, prononcé mon nom; il était absolument surprenant qu'il ne l'eût pas oublié. Tel est le type parfait de l'homme de bien, qu'il sera toujours reconnu, parce qu'il sera toujours le même; toujours accessible, toujours maître de lui et toujours supérieur :

« ... servetur ad imum
« Qualis ab incœpto, et sibi constet! »

A mesure que j'expliquais le motif de ma visite, la physionomie de M. de Chabrol passait de la surprise au mécontentement, et, enfin, à une sorte d'indignation. « Ça ne saurait être ainsi, me dit-il dès que j'eus fini ; on ne peut se jouer de la sorte ni de moi, ni surtout de vous. Ce qui me reste d'influence va y être employé, et tout de suite. Mais il faut donner à tout ceci une tournure officielle ; ainsi approchez-vous de cette table et, sur-le-champ, écrivez-moi le résumé de ce que vous venez de me dire ! »

Je me mis à l'œuvre, et ce brave homme, qui s'animait de plus en plus par la haine de l'injustice, s'était également assis près de la même table, et comme il savait d'avance quel allait être le contenu de ma lettre, il s'était mis à tracer les deux suivantes, dignes d'être conservées comme monuments de bienveillance et d'équité. La première était à mon adresse, l'autre à celle de M. de Rigny ; mais il me fut permis d'en prendre copie avant qu'elle fût cachetée.

« J'ai reçu, Monsieur, la lettre que vous m'avez fait l'honneur de m'écrire, et je m'empresse d'y répondre.

C'est avec plaisir que je déclare que lorsque vous me demandâtes à quitter les fonctions de sous-gouverneur du Collège d'Angoulême pour prendre du service à la mer, je n'eus, en vous ordonnant de continuer vos fonctions, d'autre but que de faire tourner au profit de l'établissement des services que je considérais comme fort distingués et fort importants. Ce fut, même, pour vous dédommager d'un commandement à la mer, que je trouvai juste de faire assimiler vos services du Collège Royal de Marine à ceux de la mer.

Au surplus, ceci est une affaire de bonne foi qui ne peut être interprétée contre un officier qui, en obéissant, doit trouver toute garantie dans les ordres qu'il reçoit et dans les dépêches qui émanent du Ministère ; et si le portefeuille de la Marine était resté, quelque temps encore, entre mes mains, j'aurais prié le roi de vous récompenser par le grade de capitaine de vaisseau, du sacrifice que j'exigeais de vous. Agréez, etc. »

« Monsieur le Ministre, j'ai reçu, aujourd'hui, une réclamation de M. de Bonnefoux relative à ses services à Angoulême. Il est certain qu'en imposant à cet officier, qui demandait à aller à la mer, l'obligation de continuer ses fonctions au Collège de la Marine, j'entendis, en le plaçant dans le régime de l'ordonnance du 4 août 1824, que ses services seraient assimilés à ceux de la mer pour son avancement, et les ordres qu'il reçut n'avaient que ce juste but. Je recommande donc ce capitaine de frégate à votre justice, et je lui réponds dans le sens de la présente lettre. J'ai l'honneur, etc. »

J'adressai une nouvelle pétition à M. de Rigny, et je ne manquai pas d'y insérer une copie de la première de ces deux lettres, la seconde lui fut envoyée par M. de Chabrol. Il se passa quelques jours sans que j'entendisse parler de la suite de cette affaire; un billet, cependant, de M. de Chabrol m'arriva; sur son invitation, je me rendis chez lui et j'appris que M. de Rigny ne lui avait pas répondu par écrit, mais qu'ayant été rencontré par lui à la Chambre des Pairs et interrogé à cet égard, il lui avait répondu qu'il trouvait plus convenable d'en causer avec lui, à la première occasion, que d'en faire l'objet d'une correspondance; mais qu'au résumé, les choses étaient trop avancées pour qu'il crût qu'il existât un remède possible. M. de Chabrol qui pensait qu'il n'était jamais trop tard pour réparer une injustice, lui dit qu'il ne pouvait être de cet avis, et qu'il croyait devoir l'avertir que si la loi ne consacrait pas mes services et ceux des officiers qui étaient dans des positions analogues à la mienne, il y proposerait un amendement quand elle serait discutée à la Chambre des Pairs; qu'il avait tout lieu d'espérer que cet amendement serait adopté, qu'alors la loi reviendrait à la Chambre des députés, et qu'il était bien préférable d'introduire aussitôt cet amendement.

Après avoir discuté le fait assez longuement, mon protecteur ne changea pas d'avis, et cet avis prévalut. Il fut donc convenu qu'un des députés, à qui j'avais déjà parlé, présenterait l'amendement lors de la discussion de la loi, et que M. de Rigny ne le combattrait pas. Ce fut effectivement la tournure que cette affaire prit. La disposition convenue et rédigée par moi fut proposée aux votes de la Chambre, adoptée par elle, insérée dans la loi comme un de ses articles ; mes droits furent reconnus, garantis ; je fus placé sur la liste des officiers qui avaient rempli les conditions voulues pour changer de grade ; et j'eus la satisfaction, non seulement de rentrer dans ces droits, mais encore d'y rentrer par l'appui persévérant de l'honnête homme qui épousa ma cause, comme si elle lui eût été personnelle, et dont je ne pus trop admirer la droiture et l'équité.

Il ne fallait pourtant rien moins que le succès pour compenser toutes les démarches, courses, lettres, visites, explications, écrits que cette affaire nécessita ; enfin, je réussis et je me consolai de tout ; mais il est réellement difficile d'être plus tiraillé, ballotté, contrarié que je ne l'avais été pendant cette affaire et, en général, depuis deux ans.

Il ne suffisait pas, cependant, que mes droits fussent reconnus et que je fusse placé sur la liste des officiers qui avaient rempli les conditions ; car, pour profiter de cet avantage, il fallait de la place, ou des vacances dans le cadre des capitaines de vaisseau ; et comme, en outre, toutes les nominations à ce grade sont au choix du roi et aucune à l'ancienneté, et que je n'étais pas du nombre des favorisés, il y avait tout lieu de penser, que je n'avais, au moins pour bien longtemps, obtenu qu'un avantage chimérique.

Le ministre de la Marine avait, en effet, cédé aux Chambres sur tous les points ; et, sous prétexte qu'il y avait plus d'officiers en activité qu'il n'était rigoureusement nécessaire pour le service de paix, les capitaines de vaisseau avaient été réduits de 110 à 70, et les capitaines de frégate de 130 à ce même nombre de 70. Rien n'est funeste comme ces mesures violentes qui font placer à la retraite, avant le temps, des officiers pleins de zèle et d'ardeur qui ont bien servi ; rien n'est mal calculé comme de limiter les cadres aux besoins stricts du service, tandis qu'il est si évident qu'il faut laisser de l'espérance à ceux qui peuvent se distinguer, et que l'émulation ne s'entretient qu'autant qu'elle a le véhicule de la récompense et de l'avancement.

Aucun ministre, jusque-là, n'avait autant transigé avec les Chambres ; tous avaient, à la tribune, soutenu les intérêts du corps ; aussi, la marine entière s'étonna-t-elle de voir celui d'entre eux qui, jusque-là, avait eu, depuis la chute de l'empire, le plus de relations avec les officiers de l'arme, prouver, par une série de mesures fatales, que le ministère n'était pour lui qu'une affaire de calcul et d'ambition. Plus tard, effectivement, il passa au ministère des Affaires étrangères, celui de tous dont le rôle est le plus difficile à soutenir devant les Chambres, et où il se montra peu à la hauteur d'un poste si brillant.

Mais pour en revenir à ce qui me concernait, j'avais réussi ; et il me restait à ne pas désespérer que quelque circonstance avantageuse se présentât dans la suite des temps.

Après l'issue des négociations que le consciencieux appui de M. de Chabrol rendit si heureuses, j'appris que l'officier qui était chargé des examens pour les capitaines de la Marine marchande dans la tournée du Nord venait, comme tant d'autres, de subir une retraite prématurée. Je fus invité à demander à le remplacer, je fus nommé et je fis cette tournée ; mais, à mon retour, voyant dans les journaux que celui qui examinait dans le Midi avait, après sa tournée, obtenu le commandement d'un bâtiment destiné à prendre la mer, je fis connaître mon désir d'être rétabli dans cette tournée qui était celle que j'avais faite en 1830, et ayant été agréé, je me retrouvai en possession de ces charmants voyages que j'ai, périodiquement, continués tous les ans, aux mêmes époques, aux mêmes lieux, jusque et y compris 1835.

J'étais vraiment heureux et de mes séjours à Paris et de mes travaux aux commissions du ministère, et de mes fonctions elles-mêmes, qui me faisaient si bien accueillir dans les beaux ports que je visitais toujours avec un plaisir nouveau. Là, je m'efforçais de concilier mes devoirs avec la bienveillance, d'obtenir, par la douceur ou par des questions convenablement posées, la conviction du savoir de mes candidats; de les interroger comme un marin qui en veut mettre d'autres à même de prouver qu'ils connaissent le métier, de forcer ceux mêmes que j'étais obligé de refuser à convenir qu'à eux seuls en était la faute; enfin, de donner à mes examens une tournure propre à éclairer la partie capable de l'auditoire sur la force des examinés, ainsi qu'à propager, chez l'autre partie, la connaissance des bonnes doctrines, des solutions satisfaisantes, et à déraciner les routines, les préjugés qui entravent les progrès de l'art naval.

Je sentis, en outre, la nécessité de ramener tous les idiomes maritimes de nos ports divers à un même étendard grammatical, d'adopter des définitions précises, de signaler les locutions vicieuses; et c'est dans ces mêmes tournées que j'exécutai le projet de composer un *Dictionnaire de marine abrégé*[1], que, cependant, j'enrichis d'une grande quantité de mots nouveaux ou bien oubliés jusqu'alors; et qui, à cet avantage, joignit celui de ne toucher qu'aux définitions; de faire connaître, entre plusieurs mots de signification pareille, celui qui était le plus accrédité, le plus correct; d'élaguer, enfin, tout ce qui tient aux traités, ou qui est trop variable de sa nature;

---

[1] Ce *Dictionnaire abrégé de Marine* parut en 1831. C'est un volume in-8° de 338 pages.

pour figurer dans un livre aussi positif qu'un dictionnaire. Les noms des machines à vapeur furent aussi introduits dans mon livre[1], ainsi qu'une traduction en anglais et en espagnol, des termes principaux qui se rattachent à la Marine.

Ces tournées me valurent, enfin, une marque souverainement flatteuse d'estime de quelques-uns de mes compatriotes de l'Hérault.

Peu après les dernières élections pour la Chambre des députés, je me trouvais dans ce département, où, pour s'opposer à un candidat que la majorité ne voulait pas porter, on en nomma un qui accepta seulement par déférence pour l'opinion publique. On en parlait devant moi, lorsqu'un des assistants s'étonna que l'idée ne fût venue à personne de faire choix de moi; d'autres répondirent qu'on y avait pensé, mais que la date du jour des élections était alors trop rapprochée pour qu'on eût le temps de m'écrire à Paris, afin de savoir si je payais le cens. On m'engagea à m'expliquer sur ce point et le premier des assistants, qui avait le plus contribué à faire nommer le député actuel, annonça son dessein, auquel les autres assistants promirent de s'associer, de m'honorer de son suffrage ainsi que de ceux dont il pourrait disposer. Les élections reviendront dans deux ou trois ans; mais mon zélé partisan est mort depuis cette époque, mais l'interruption de mes tournées doit refroidir les esprits; mais enfin, je ne suis plus en règle pour le cens, car ma belle-mère et moi, nous payons, en moins, une assez bonne somme d'impôts, depuis que nous avons quitté nos appartements de Paris, elle pour se retirer à Orly, et moi pour habiter Brest. Une perspective si honorable est donc probablement perdue; mais il m'en restera un excellent souvenir.

---

[1] Les pages 329 à 337 sont consacrées à ce sujet. Le *Dictionnaire abrégé de Marine* repose donc déjà sur l'idée qui devait plus tard donner naissance au *Dictionnaire de la Marine à voiles et de la Marine à vapeur*.

De bien gaies, de bien douces, de bien belles années se passèrent ainsi ; toutefois, la fin en fut attristée par une banqueroute qui, en nous faisant perdre moitié sur une somme assez considérable, nous enleva cette portion de nos rentes d'où nous tenions le superflu qui rendait notre existence si agréable à Paris.

Depuis assez longtemps, les bureaux m'avaient assuré que le commandant de l'École navale ne désirant pas y prolonger son séjour au-delà de l'année 1835, ils s'étaient promis de me proposer au ministre pour lui succéder ; je m'occupais peu de ce projet, parce que je pensais que la détermination de quitter un si beau poste ne s'effectuerait pas avant 1836, et qu'à cette époque j'aurais les douze ans de grade requis pour mon maximum de retraite, mais les choses étaient changées, et je résolus de me mettre sérieusement en avant pour ce commandement s'il venait à vaquer, ou pour tout autre qui pourrait se présenter.

Avant d'aller plus loin, je dois déclarer que, s'il est une chose au monde que je déteste cordialement comme antipathique à mon caractère, c'est le rôle, ou seulement l'apparence du rôle de solliciteur ; ainsi, j'avais bien voulu habiter Paris, mais j'aurais été désolé que l'on pût croire que c'était pour demander, intriguer ou me pousser. J'avais donc pris la résolution de me tenir à l'écart ou hors du contact privé de toute autorité ; et, tout en paraissant dans les bureaux ou dans le cabinet du ministre, quand mon devoir m'en imposait la nécessité comme examinateur ou comme membre rapporteur ou président de quelque commission, je m'abstins, pendant ma longue résidence à Paris, de me montrer une seule fois dans les salons, soit du ministre, soit des officiers généraux qui avaient l'habitude de recevoir. Je ne changeai pas de manière d'agir en présentant mes demandes, je les formulai avec insistance, mais avec dignité ; je les appuyai de ma personne ainsi que du suffrage de quelques dignes amis; mais je ne pénétrai ni dans les maisons, ni dans les rendez-vous de l'intrigue, et je m'en rapportai tout à fait à la bonté de ma cause et à l'équité.

Ce fut alors que, connu de quelques capitalistes intéressés dans une entreprise industrielle, je reçus la proposition d'accepter la direction de la compagnie, avec avantages satisfaisants ; on voulait même me nommer sur-le-champ : c'était une fausse démarche, car je dépendais du ministère qui pouvait ne pas y consentir. Espérant, toutefois, qu'il ne s'y opposerait pas, je priai ces Messieurs de m'écrire pour me faire une offre officielle, et je leur dis que cette lettre me suffirait pour agir auprès du ministre. Cet avis étant adopté, une lettre signée par l'unanimité des intéressés me fut adressée ; j'allai prier le ministre de me permettre d'accepter ; et, comme nous étions en 1835, et que mes douze ans de grade n'expiraient qu'en 1836, de m'accorder, pendant cet intervalle, un congé avec demi-solde ou même sans solde. L'affaire traîna quelques jours pendant lesquels on me donnait des espérances ; mais des informations étant venues du ministère de la Guerre, où l'on en avait pris pour savoir s'il existait des cas analogues, ces informations détruisirent ces espérances, et ma demande fut rejetée. J'en fus contrarié, car cette occupation me plaisait : c'était, pour mes vieux jours, une position douce, de l'activité sans fatigue, une installation fixe, et je restais à Paris.

Je revins alors à mes demandes d'embarquement ; mais le commandant de l'École navale faisant, réellement, connaître qu'il désirait être remplacé, je fus nommé à ce commandement, et l'amiral Duperré, qui était ministre, eut la bonté de me dire que j'aurais pu me dispenser d'en faire la demande, car ni lui ni personne dans les bureaux ne pensait à un autre choix. Le grade de capitaine de vaisseau vint en même temps, et naturellement, je pensai à M. de Chabrol de qui je le tenais en quelque sorte ; aussi, lui écrivis-je pour lui faire connaître ma nomination et pour lui renouveler tous mes sentiments de reconnaissance. Lors de la publication de mon dictionnaire, j'avais également saisi cette occasion de lui adresser une lettre qui accompagnait un exemplaire de cet ouvrage dont je le priais de vouloir bien accepter l'hommage. En cette circonstance, je lui parlai, non seulement de mon dévouement à sa personne, mais encore de mon respect pour son administration comme ministre de la Marine, pendant laquelle les intérêts de l'arme avaient été soutenus avec chaleur, la justice universellement observée, et plusieurs mesures très utiles introduites. C'était l'expression de la vérité, et le cri de la gratitude.

Une année presque entière s'est écoulée depuis que j'ai été nommé au commandement que j'occupe, et j'ai eu bien des embarras de service, de voyage, d'emménagement, d'affaires, de déplacements.

Mais tout est fini, l'École va bien, nous sommes bien casés ; il n'y a donc plus rien à désirer, si ce n'est que cet état de choses continue ; et, surtout, que les inquiétudes que je ne puis m'empêcher d'avoir sur ton admission[1], soient entièrement dissipées. Ceci s'éclaircira bientôt, et j'attends, je t'assure, cette solution avec bien de l'impatience.

Ma tâche, alors, serait finie, mon cher fils, car tu seras bientôt majeur, et tu connais toute ma vie. Puissent mes récits contribuer à te donner quelque expérience, et à graver dans ton âme l'amour du bien, le dévouement à tes devoirs ainsi qu'à ton pays que tu es destiné à servir de ton épée, l'attachement à la famille, et le besoin de te distinguer !

C'est par là que tu marcheras ferme dans le sentier de l'honneur, et que tu parviendras à la fin de la carrière avec l'estime de toi-même et celle des honnêtes gens.

[1] L'admission de Léon de Bonnefoux aux examens de sortie de l'Ecole de Saint-Cyr.

VIE
DE MON COUSIN C. DE BONNEFOUX
ANCIEN PRÉFET MARITIME [1]

CHAPITRE PREMIER

CARRIÈRE DU BARON DE BONNEFOUX JUSQU'EN 1803

Sommaire : Origine du baron Casimir de Bonnefoux. — Son éducation, sa personne. — Entrée dans la marine. — La guerre de l'Indépendance d'Amérique. — La frégate *la Fée*. — Campagnes postérieures. — La Révolution. — Émigration des frères de M. de Bonnefoux. — Son incarcération à Brest. — Il est promu capitaine de vaisseau, puis chef de division — L'amiral Morard de Galle. — Le vaisseau *le Terrible*. — Séjour de plusieurs années à Marmande. — Voyage à Paris en vue de faire rayer un ami de la liste des émigrés. — L'amiral Bruix, ministre de la Marine. — M. de Bonnefoux est nommé adjudant général du port de Brest. — Son œuvre. — Armement de l'escadre de l'amiral Bruix. — Histoire du vaisseau *la Convention*, armé en soixante-douze heures. — Le Consulat. — L'organisation des préfectures maritimes. — M. de Caffarelli. — Démarches faites par M. de Bonnefoux pour quitter la marine. — Refus de sa démission par le Premier Consul. — Paroles qu'il prononce à cette occasion. — M. de Bonnefoux est nommé au commandement du vaisseau *le Batave*. — Offres obligeantes du préfet de Caffarelli. — L'inspection générale des côtes de la Méditerranée donnée à M. de Bonnefoux.

M. le baron Casimir de Bonnefoux [2] fit ses études au Collège de Louis-le-Grand ; il en sortit pour embrasser

---

[1] Je me borne à rappeler ici que cette *Notice*, écrite en 1836, du vivant de l'ancien préfet maritime, et qui n'a jamais été publiée, forme le complément naturel des *Mémoires*. Voyez la *Préface*.
[2] Baptiste-François-Casimir de Bonnefoux.

la profession de marin, où l'on franchissait alors les premiers grades avec assez de rapidité. Il était né en 1761[1], d'une famille de l'Agenais, toute adonnée aux armes depuis le xive siècle, et dont l'illustration militaire remonte jusqu'au règne du roi Jean. A partir de cette époque, et sans exception, les Bonnefoux ont constamment servi de leur épée, et depuis l'institution de l'Ordre de Saint-Louis, tous en avaient reçu la décoration, destinée, comme celle de la Légion d'honneur, à servir de véhicule aux grandes actions, mais plus spécialement à récompenser les services guerriers.

Ce jeune officier apporta dans le monde une figure où la santé, la fraîcheur, la finesse et la gaieté s'étaient réunies avec un charme inexprimable. Des contrastes rares s'y faisaient remarquer : ainsi, l'on y voyait une extrême vivacité, et des traits qui eussent fort bien caractérisé la physionomie la moins mobile. La bonté, le désir de plaire, le besoin même d'obliger en étaient l'expression dominante, et nul, cependant, n'eut, à l'occasion, plus de sévérité dans le regard, plus de fermeté dans la manifestation du commandement, plus de force dans cette parole, tout à l'heure si douce et si aimable. Il a conservé des dehors aussi remarquables jusqu'à l'âge le plus avancé. La beauté, selon Platon, est un des plus grands avantages que la nature puisse nous accorder; il en est peu, cependant, dont on doive moins se glorifier. Cet avantage, que M. de Bonnefoux semblait ignorer, contribua sans doute

---

[1] D'après son acte de baptême, que nous avons eu entre les mains, Casimir de Bonnefoux naquit le 4 mars 1761 à Marmande, de messire Léon de Bonnefoux, écuyer et de dame Catherine de Faget. Il eut pour parrain l'abbé Faget de Cazaux. Son père qui, comme on l'a vu dans les *Mémoires*, était un officier retiré du service avec la croix de Saint-Louis fut, l'année même de sa naissance, nommé par l'intendant de Bordeaux adjoint à M. Faget de Cazaux subdélégué de Marmande. M. Philippe Tamizey de Larroque relève le fait dans sa *Notice sur la ville de Marmande*, p. 115. Sous l'ancien régime, le subdélégué était le mandataire de l'intendant, qui le choisissait et le révoquait. Il différait, à cet égard, du sous-préfet actuel.

à prévenir bien des personnes en sa faveur, mais s'il gagna toujours le cœur de ses camarades, de ses chefs, ou de ses subordonnés, ce fut aussi par ses qualités morales.

Ses débuts dans la marine[1] eurent lieu à l'époque où Louis XVI avait donné à nos flottes une attitude redoutable, qu'il eût été dans l'intérêt de la France de maintenir dans une jalouse intégrité. Il se trouva lié, dès sa jeunesse, avec les Bruix, les de Crès[2], et autres esprits vigoureux qui semblaient prévoir leur future élévation et qui s'y préparaient par tous les moyens que leur offraient l'étude, la pratique et le travail. Il fit la guerre de l'Indépendance des Etats-Unis sur la frégate *la Fée*[3], renommée par les beaux combats qu'elle livra sous le commandement du capitaine Boubée, dont la valeur tenait du prodige, et dont la modestie égalait la valeur.

La paix vint ensuite rendre le calme au monde; mais M. de Bonnefoux continua à s'exercer aux difficultés de son état dans les Antilles, où il commanda un brig de guerre[4]; et il y avait sept ans qu'il n'avait interrompu ses voyages, lorsque, rentrant en France, il trouva la monarchie renversée et les esprits en délire. Il apprit, en même temps, que ses trois frères, ainsi que plusieurs autres officiers d'infanterie du même nom, avaient tous émigré, et qu'un de ses frères avait péri pendant l'émigration; ces faits étaient plus que suffisants pour éveiller la farouche susceptibilité du gouvernement de la Terreur qui préva-

---

[1] Aspirant-garde de la marine à Rochefort le 1ᵉʳ avril 1779, garde de la marine le 1ᵉʳ juillet 1780, sa nomination d'enseigne de vaisseau date du 14 septembre 1782.

[2] Voyez dans les *Mémoires* les notices consacrées à Bruix et à de Crès.

[3] Casimir de Bonnefoux navigua d'abord comme garde de marine, puis comme enseigne de vaisseau sur la frégate *la Fée*, du 11 avril 1782 au 26 décembre 1783. Ce fut à la suite d'un combat dans lequel il s'était distingué que le roi le nomma enseigne de vaisseau le 14 septembre 1782.

[4] En qualité d'enseigne il servit sur le vaisseau *le Réfléchi* et sur la frégate *la Danaë*. Promu lieutenant de vaisseau le 1ᵉʳ mai 1786, il commanda en 1791 l'aviso *le Sans-Soucy*.

lait alors. Il fut incarcéré à Brest; son procès fut commencé par les tribunaux révolutionnaires, et, sans la chute de Robespierre, il aurait probablement porté sa tête sur l'échafaud.

Cependant, l'horreur de cette captivité, la tristesse de ces sombres lieux avaient été adoucies par le tour ingénieux de ses saillies, ainsi que par l'enjouement invincible de son humeur.

Ces malheureux prisonniers parvinrent ainsi à braver leurs tyrans; ils leur montrèrent la plus imposante fermeté, et s'ils attendirent leur sort avec la résignation la plus gaie, ce fut certainement à l'impulsion que donna leur nouveau compagnon d'infortune, et à l'ascendant que parvinrent à acquérir et sa jeune philosophie et son esprit entraînant.

Peu après sa mise en liberté, il fut successivement nommé capitaine de vaisseau, chef de division [1], et il eut plusieurs commandements, notamment celui du vaisseau à trois ponts *le Terrible*[2] qui prit la mer portant le pavillon du vice-amiral Morard de Galle[3]. L'esprit d'in-

---

[1] D'après les *Etats de service* de M. de Bonnefoux il fut nommé capitaine de vaisseau le 1er janvier 1793, et chef de division le 20 mars 1796. Son incarcération au château de Brest date de la fin de 1793 ou des premiers jours de 1794. Sa destitution comme noble eut sans doute lieu en même temps que celle de son chef Morard de Galle, c'est-à-dire le 30 novembre 1793 et il fut réintégré dans le corps un peu après lui.

[2] M. de Bonnefoux commanda le vaisseau *le Terrible* du 25 mai 1793 au 26 octobre de la même année. En qualité de lieutenant de vaisseau il avait exercé une première fois les fonctions de chef du pavillon du contre-amiral Morard de Galle sur le vaisseau *le Républicain*, du 6 juillet 1792 au 3 décembre de la même année. Le 10 novembre 1792 (an 1er de la République française), Monge, ministre de la Marine, écrivait la lettre suivante au citoyen Morard de Galle, contre-amiral commandant l'escadre de Brest : « Les bons témoignages que vous me rendez de la conduite et du patriotisme du citoyen Bonnefoux ne peuvent que me donner une bonne opinion de cet officier et me porter à lui procurer une marque de confiance. J'en saisirai l'occasion avec plaisir et je vous prie d'être persuadé que je n'oublierai point tout le bien que vous m'avez dit de lui, je vous invite même à l'assurer de mes dispositions à son égard. » Nous avons eu entre les mains l'original autographe de cette lettre.

[3] Justin Bonaventure Morard de Galle de la Bayette, né le 30 mars 1741

subordination, excité par de folles idées d'égalité absolue, agitait alors toutes les têtes; et les casernes, les vaisseaux présentaient souvent le spectacle de la révolte. Le vice-amiral Thévenard[1] qui commandait à Brest, ne se crut jamais aussi certain de réprimer les émeutes, que lorsque M. de Bonnefoux était présent, et, à la mer, rien de sérieux n'éclata jamais à bord du *Terrible*, grâce à un regard d'autorité qu'on n'osait méconnaître, et qui était soutenu par une fermeté, par un ton de supériorité d'éducation qui seront toujours l'arme la plus sûre d'un officier contre la désobéissance.

Cependant les temps s'adoucirent, M. de Bonnefoux obtint de pouvoir se rendre dans sa famille, et, pensant aux circonstances désastreuses qui avaient porté ses frères et ses parents dans les rangs étrangers, il voulut renoncer au service, il espéra qu'on l'oublierait chez lui, et il y goûta, pendant quelques années, les douceurs d'un vrai repos.

Mais une occasion imprévue l'appela à Paris; il s'agissait de faire rayer de la liste des émigrés un de ses amis d'enfance, qui avait tout bravé pour venir incognito dans sa famille.

à Goncelin (Dauphiné) servit successivement sous l'ancien régime dans l'armée de terre et dans l'armée de mer. Il avait pris part d'une façon distinguée à la guerre de l'Indépendance d'Amérique, pendant laquelle il fut blessé deux fois. La Révolution le trouva capitaine de vaisseau et le nomma contre-amiral le 1er janvier 1792, vice-amiral le 1er janvier 1793. Destitué comme noble par mesure de sûreté générale le 30 novembre 1793, réintégré dans la marine le 3 mars 1795, il devint commandant des armes à Brest (chef militaire du port) le 3 avril 1796. Devenu membre du Sénat après le 18 brumaire, le vice-amiral Morard de Galle mourut en 1809. Il avait assisté à quinze combats.

[1] Antoine-Jean-Marie Thévenard, né à Saint-Malo le 7 décembre 1733, entra en 1749 au service de la Compagnie des Indes et s'éleva successivement de grade en grade jusqu'à celui de capitaine de vaisseau. Entré dans la marine royale en 1770 comme capitaine du port de Lorient il devint capitaine de vaisseau en 1773, chef d'escadre en 1784. La Révolution le nomma ministre de la Marine et des Colonies le 16 mai 1791, puis vice-amiral en 1793. Le vice-amiral Thévenard, après avoir commandé la marine à Brest et à Toulon, devint préfet maritime à Lorient et membre du Sénat. Retraité en 1810, il mourut le 9 février 1815.

Les démarches de l'amitié, l'activité du solliciteur, ses manières séduisantes furent suivies du succès; cependant, il avait trouvé au ministère de la Marine, M. de Bruix qui, sentant tout ce que son administration pouvait espérer du concours de son ancien camarade, usa de toute son influence pour le rattacher au service. Toutefois, ayant à combattre ses scrupules, relatifs à l'émigration de ses frères, le ministre ne put le décider à accepter ses offres, qu'en lui promettant de ne l'employer que dans les arsenaux, et il le nomma adjudant général du même vice-amiral Morard de Galle dont il avait été capitaine de pavillon[1], et qui, courbé sous le poids d'un grand âge, avait besoin d'un bras énergique pour faire respecter son autorité dans le port de Brest, qu'il commandait.

Presque tous les officiers de l'ancienne marine si formidable de Louis XVI avaient émigré; ils avaient été remplacés, d'une manière improvisée, par des hommes, qu'à de très honorables exceptions près, tout excluait de si brillantes destinées, et qui n'avaient rien de ces liens de corps, de ces sentiments élevés, de cette instruction solide, sans lesquels on prétendrait en vain l'emporter sur les marins anglais. Ces causes avaient principalement occasionné les revers de notre marine pendant la guerre de notre révolution. M. de Bonnefoux le savait; aussi, tous ses soins se portèrent à établir à Brest un véritable aspect militaire, un ordre réparateur, et principalement à encourager les jeunes gens qui s'y précipitaient alors pour se rendre dignes de remplacer les anciens officiers, et qui, depuis, ont paru avec tant de distinction sur tous les points du globe où se montre notre pavillon.

Tous se souviennent encore, avec attendrissement, des bontés de l'adjudant général du port de Brest, de ces jours

---

[1] M. de Bonnefoux fut adjudant général au port de Brest du 5 août 1798, au 17 septembre 1800.

éloignés et des marques d'intérêt qu'alors ou plus tard, il sut trouver les moyens de leur témoigner [1].

Ce fut en 1799 que le ministre Bruix, destiné à commander une armée navale de vingt-cinq vaisseaux de ligne et nombre de frégates ou corvettes, arriva à Brest avec de pleins pouvoirs. Il avait compté sur le zèle de son ami ; sa confiance ne fut pas trompée, car les vaisseaux étaient prêts et bien approvisionnés. Il allait parcourir la Méditerranée, porter des secours à Moreau près de Savone ; ramener l'armée navale espagnole de Cadix à Brest, et l'on sait avec quels talents militaires et diplomatiques il accomplit cette haute mission, qui assura à la France l'alliance du roi d'Espagne [2].

Il fallait à l'amiral Bruix un chef d'état-major habile ; il s'en ouvrit à M. de Bonnefoux, et il lui offrit le grade de contre-amiral ; mais il ne put surmonter ses mêmes scrupules, « et, d'ailleurs, lui répondit celui-ci, la mer est un théâtre qu'on ne doit jamais quitter sous peine de se trouver bientôt au-dessous de soi-même ; et depuis trop longtemps j'ai cru devoir y renoncer ».

Le ministre amiral fut plus heureux pour l'armement du vaisseau *la Convention* : il le vit à peine radoubé dans un des bassins du port, et il regretta de ne l'avoir pas désigné pour être adjoint à son armée. « Pourquoi des regrets, lui dit M. de Bonnefoux, si tu le veux, tu l'auras ». « Mais je dois partir sous trois jours. » « Tu l'auras, te dis-je, commande et il sera prêt. » L'amiral donna l'ordre avec l'air du doute, et cet ordre fut exécuté : avant soixante-douze heures, le vaisseau était en pleine mer ! De nos jours, dans un état prospère, cette opération tiendrait du prodige ; qu'était-elle donc dans

---

[1] Une note du dossier de M. Casimir de Bonnefoux, contemporaine, semble-t-il, de l'époque où il était adjudant général, au port de Brest résume ainsi l'opinion de ses chefs sur son compte : « De l'honneur, du courage et des moyens. »

[2] Sur la campagne de l'amiral Bruix, voyez les *Mémoires*, liv. II, ch. II.

ces temps de dénuement presque absolu de munitions, de matelots, d'argent et d'officiers; et, pour que tout fût vraiment extraordinaire dans cet armement précipité, ce vaisseau étonna tous les autres par la supériorité de sa marche.

Mais nous arrivions à ces jours où le deuil profond de la France commençait à se dissiper. Le premier consul encourageait, accueillait tous les projets d'amélioration publique; il lui en fut présenté un bien remarquable pour le département de la marine : celui de l'organisation des préfectures maritimes. M. de Caffarelli[1], lieutenant de vaisseau de l'ancienne marine royale, frère de l'intrépide général de ce nom, qui avait succombé si glorieusement sur les bords du Nil, et devenu conseiller d'État, fut l'heureux auteur de ce plan d'ordre, de force et d'économie. Il en fut noblement récompensé; en effet, on présuma que celui qui avait si bien conçu le système l'exécuterait le mieux; et il fut nommé préfet maritime de l'arrondissement qui renfermait le port de Brest dans ses limites étendues.

Cette création admettait, en second, des chefs militaires ou d'état-major et l'on conjectura dans les ports que le Gouvernement penserait à M. de Bonnefoux, mais sa famille, son père, très âgé, l'appelaient auprès d'eux, il se prononça donc clairement sur les bruits qui coururent de sa nomination, il autorisa un de ses amis à se mettre en ligne sans craindre de traverser ses vues; et, quand ce service fut mis en vigueur, il cessa ses fonctions d'adjudant général, et il fit des démarches pour quitter la marine.

Bonaparte ne voulut pas statuer légèrement à son égard, il demanda un rapport sur son compte, et lorsqu'il eut parcouru ce rapport, il répondit qu'il ne voulait pas entendre parler de cette démission : « Donnez à cet officier, dit-il, le commandement du vaisseau *le Batave*

---

[1] Sur Caffarelli, voyez ces *Mémoires*, p. 87, note 1.

où sera placé le dépôt des élèves de la Marine, qu'il veille sur cette précieuse pépinière, et bientôt nous verrons ! »

Le préfet Caffarelli lui annonça cette décision invariable et lui dit obligeamment que son vaisseau ne pourrait l'occuper tout entier, qu'il avait besoin de ses conseils, que pour en profiter plus souvent, il lui faisait préparer un appartement dans son hôtel, et qu'il serait très contrarié s'il était refusé. Le nouveau préfet apporta dans ses fonctions difficiles sa profondeur de vues accoutumée; le port de Brest gagna considérablement par son crédit ou par les soins qu'il lui donna, et s'il arriva que, dans le début, quelques derniers efforts de troubles furent encore tentés par les fauteurs de l'anarchie, la répression fut si absolue et si dédaigneuse qu'on ne les vit plus se renouveler.

Le premier consul n'oublia pas sa promesse : l'inspection générale des côtes de la Méditerranée fut donnée à M. de Bonnefoux[1], qui entra dans les détails les plus minutieux. Le compte écrit qu'il rendit de sa longue mission jeta une grande lumière sur des faits importants, ainsi que beaucoup d'éclat sur la capacité de celui qui l'avait rédigé.

[1] Son titre officiel fut inspecteur des classes dans le VIe arrondissement maritime.

CHAPITRE II

M. DE BONNEFOUX, PRÉFET MARITIME DE BOULOGNE

Sommaire. — La paix d'Amiens. — Reprise des hostilités. — L'empire. — le chef-lieu du premier arrondissement maritime transporté de Dunkerque à Boulogne. — M. de Bonnefoux préfet maritime du premier arrondissement. — Projets de débarquement en Angleterre. — La flottille. — Activité de M. de Bonnefoux. — Son aide de camp, le lieutenant de vaisseau Duperré. — Anecdote relative à l'amiral Bruix. — Gouvion-Saint-Cyr. — M. de Bonnefoux nommé d'abord officier de la Légion d'honneur est plus tard créé baron. — Les Anglais tentent d'incendier la flottille. — Leur échec. — Le préfet maritime favorise l'armement de corsaires. — Insinuations du ministre de Crès. — Napoléon et la Marine. — Abandon progressif de la flottille de Boulogne. — M. de Bonnefoux passe du Ier au Ve arrondissement maritime. — Regrets qu'il laisse à Boulogne. — Vote unanime du Conseil municipal de cette ville.

La guerre maritime avait cessé, l'Europe avait profité des courts moments de paix qui s'ensuivirent pour observer le premier consul, et Pitt s'était retiré ; mais ce devait être pour reparaître bientôt à la tête des affaires, où il se maintint jusqu'à sa mort, en faisant à son ennemi une guerre d'extermination dont il légua la continuation au cabinet qui lui succéda, et qui suivit les mêmes errements.

Je ne contesterai ni les talents, ni la persévérance de l'illustre fils du célèbre Lord Chatham et je ne scruterai pas si les subsides dont, pendant plus de vingt ans, sa politique greva son pays, si l'accroissement monstrueux de la dette publique en Angleterre, furent en accord avec les avantages que cet empire retira de cette lutte opiniâtre. Quelle qu'ait été toutefois la hauteur des conceptions du ministre britannique, on ne contestera pas, non plus, que le refus de la reddition de Malte, au mépris de la lettre des traités, et que les préliminaires de la guerre de 1803, n'aient été des actes portant le cachet de la jalousie, de la haine et de cette mauvaise foi alors si familière au gouvernement des Trois-Royaumes. Bonaparte était trop habile pour ne pas présenter ces faits avec tout l'avantage qui convenait à sa position; aussi, selon le système qu'il a toujours suivi, de parler plus à l'imagination qu'au cœur des Français, il conçut l'idée d'un projet de descente en Angleterre, et il le fit goûter par la nation. Il ne conduisit pas, il est vrai, ce projet jusqu'à sa dernière période, mais dans les préparatifs formidables qu'il dut faire, il trouva tout formés, des éléments de batailles qu'il ne tarda pas à employer pour seconder l'essor de son génie ambitieux. Bientôt il se crut indispensable à la sécurité, à la gloire de la patrie; il osa tout, et il se fit proclamer empereur.

Le point central choisi pour l'armement, fut Boulogne qui devint, au lieu de Dunkerque, le chef-lieu du premier arrondissement maritime, et, cette préfecture venant à être sans chef, l'empereur n'hésita pas à y nommer M. de Bonnefoux [1]. C'est alors qu'on vit celui-ci, animé d'une activité prodigieuse, consacrer tous ses moments à la construction, à l'armement, à l'approvisionnement des milliers de petits bâtiments de cette flottille. On sait qu'une médaille fut frappée en 1804 à l'occasion de cette construction [2]. Dans cette mutiplicité infinie de travaux, les ressources de son esprit ne l'abandonnèrent jamais : il étonnait par sa facilité à aplanir les difficultés; il méditait comme un administrateur consommé; il exécutait, comme un vrai

---

[1] Nommé préfet maritime du 1er arrondissement le 20 septembre 1803, M. de Bonnefoux conserva ce titre jusqu'au 15 avril 1812. Par décision du 24 janvier 1804 il reçut en outre celui d'amiral de la flottille, avec ordre d'exercer les fonctions attribuées à l'amiral Bruix.
[2] La *colonne Napoléone* fut en outre inaugurée le 15 août 1811. Sur la construction de la flottille de Boulogne on peut consulter P. J.-B. Bertrand, *Précis de l'histoire physique, civile et politique de la ville de Boulogne-sur-Mer et de ses environs depuis les Morins jusqu'en 1814*. Boulogne-sur-Mer 1828, 1829, 2 volumes in-8°.

militaire, adoré de ses subordonnés; il surveillait comme un inspecteur intéressé, et, s'il sortait de son hôtel ou de ses bureaux, c'était sans faire acception de jour, de nuit, de beau ou de mauvais temps, et pour paraître à l'improviste au milieu des travaux, ou sur divers points de son commandement. Chacun s'observait; nul ne respirait que son zèle et son esprit; ses aides de camp étaient des sentinelles vigilantes[1]; mais sa présence loin d'être redoutée, était partout regardée comme un bienfait et comme une récompense. Il revit à Boulogne son ami Bruix qui devait commander la flottille pendant la descente, et qui pouvait compter sur le dévouement de tout le personnel de la marine, rassemblé, pour ainsi dire, dans cet arrondissement. Il y vit son ancien camarade de collège, le maréchal Gouvion-Saint-Cyr, ainsi que ses vaillants collègues Soult, Ney, et la plupart des officiers généraux les plus distingués des armées de terre et de mer; il captiva leurs suffrages, il obtint leur estime et leur amitié[2].

---

[1] Au nombre des officiers attachés à la personne de M. de Bonnefoux à Boulogne, fut le lieutenant de vaisseau Duperré dont il ne tarda pas à reconnaitre le mérite, et dont il voulut se séparer pour le mettre sur la route qui devait le conduire à ses belles actions de l'Ile de France et de Santi-Petri! Après ce dernier fait d'armes, M. Duperré fut élevé à la dignité de vice-amiral, et ensuite nommé préfet maritime. On connait la glorieuse part qu'en 1830, il a prise à la conquête d'Alger, et qui lui a valu la pairie et le bâton de maréchal de France. Il fut ensuite nommé ministre de la Marine en 1834. A son retour d'Alger, M. l'amiral Duperré avait pensé à son ami, et il retarda son retour à Paris et auprès de sa famille, pour aller passer quelques jours à la campagne chez M. de Bonnefoux. (*Note de l'auteur.*)

[2] Les fatigues du commandement de la flottille achevèrent d'altérer la santé déjà affaiblie de l'amiral Bruix, qui, un jour, exprima à Napoléon la crainte de ne pouvoir longtemps lui rendre des services. « Mais, lui répondit l'empereur, vous vivrez bien encore six mois ; alors la descente sera faite et nous n'aurons plus besoin de vous. » L'Amiral Bruix avait contribué au renversement du Directoire, et ses talents mêmes ou son amabilité parfaite à part, il devait être cher à Napoléon ; ainsi, tout dit que ces paroles n'eurent d'autre tort que d'être irréfléchies ; mais qu'un souverain doit être circonspect! et l'on en peut juger par le chagrin profond qu'en conçut l'amiral qui succomba peu de temps après. (*Note de l'auteur.*)

L'empereur Napoléon qui vint aussi à Boulogne, ratifia tant de louanges, par des éloges qu'il n'accordait qu'au vrai mérite. Il avait nommé le préfet maritime, officier de la Légion d'honneur[1], il le créa baron[2], et ainsi M. de Bonnefoux obtint, par lui-même, ce titre que, plus tard et dans un temps plus paisible, la naissance devait lui donner après la mort de son frère aîné.

Vers cette époque, Boulogne et la flottille furent attaquées par les Anglais armés de fusées et de machines flottantes incendiaires ; mais l'on était sur ses gardes, et cette entreprise audacieuse fut repoussée avec sang-froid et tourna à la confusion complète de l'ennemi. Ces fusées, ces machines qui sont si peu dans les mœurs guerrières du temps, et que les Anglais semblent beaucoup affectionner, coûtèrent des sommes considérables à leur gouvernement ; et si elles pénétrèrent à Boulogne, ce ne fut pas comme l'avait entendu le ministère britannique ; mais seulement pour faire le sujet de tableaux destinés à servir d'ornement et de trophée aux galeries de la Préfecture.

Le préfet maritime adopta, contre cette agression, des représailles plus nobles et plus efficaces, car il avait compris, avec tous les bons esprits, que l'expédition de corsaires contre la marine marchande des Anglais leur serait très funeste, et il donna à ces armements l'appui le plus prononcé[3]. On ne connaissait pas alors ce que,

---

[1] Légionnaire du 6 février 1804, M. de Bonnefoux fut créé officier de la Légion le 15 juin de la même année.

[2] Le 15 décembre 1809.

[3] Le ministre de la Marine demanda familièrement un jour à M. de Bonnefoux ce qui lui était revenu des intérêts qu'il avait pu prendre dans ces opérations ; il eut même l'imprudence d'ajouter que l'Empereur serait bien aise de le savoir. M. de Bonnefoux lui répondit aussitôt. « Dites à l'Empereur qu'il ne sait pas plus gouverner que vous ne savez administrer, en laissant en place un homme à qui vous supposez une telle conduite. » Le ministre ne voulant pas se charger de la commission, M. de Bonnefoux ajouta : « Eh bien, voici ma démission, et je vais le lui dire moi-même. » — Il fallut que le ministre prétextât avoir tout pris sur lui dans cette question, pour empêcher la démission et la démarche qui en aurait été la suite. (*Note de l'auteur.*)

sans doute, nous verrons en France à l'avenir : d'inexpugnables garde-côtes à vapeur; invention de première importance, puisqu'elle peut devenir le boulevard assuré du faible, en rendant impossibles les orgueilleux blocus si fréquents pendant la dernière guerre, et en garantissant la rentrée des croiseurs, dans les ports désormais protégés par ces batteries flottantes. Le crédit du préfet maritime ou ses encouragements, donnèrent à ces équipements une grande étendue et des succès multipliés les accompagnèrent presque toujours.

Ce système, s'il eût été suivi en France sur la plus grande échelle, y aurait sans doute produit d'incalculables résultats. Un corsaire pris était remplacé par dix corsaires que la témérité française précipitait hors de nos ports de la Manche.

Des actions glorieuses, des prises opulentes se succédaient et se renouvelaient sans cesse ; et cette activité, ces combats, ces richesses, ces fêtes splendides où les familles notables de la ville étaient toujours appelées, tout fixait les regards sur M. de Bonnefoux, tout était rapporté à ce chef, en qui se concentraient les plus chères affections des Boulonnais.

Personnellement, d'ailleurs, il vivait avec une frugalité qui ne s'est jamais démentie. « Il faut du luxe dans ma maison, disait-il souvent, parce que mon rang le prescrit, mais je n'en veux ni pour moi, ni sur moi, ni dans mon appartement particulier. » Il maintenait donc la plus rigoureuse économie dans ses dépenses privées ou dans celles des personnes qui lui appartenaient; et il prétendait que les vastes bâtiments, les meubles somptueux n'étaient point pour l'usage et le maître, mais pour la montre et le spectateur. Aussi, il pouvait, à l'occasion, faire face à des dépenses extraordinaires, et, devancer souvent ou satisfaire, par sa générosité, les plaintes discrètes de l'infortuné.

L'histoire nous apprend que l'Angleterre a été conquise toutes les fois que ses ennemis ont pu se développer sur son propre sol. Jules César et plusieurs de ses successeurs, les Saxons et les Danois, Guillaume le Conquérant et Guillaume III, tous ont réussi dans leurs projets d'invasion. Napoléon aurait sans doute rencontré des obstacles plus grands que ceux des guerriers qui avaient exécuté cette hardie entreprise; mais les faits passés donnaient une présomption de succès; et, certainement, la difficulté, en 1804, résidait moins dans la résistance à vaincre sur terre que dans le départ, la traversée, l'atterrage, ou dans la descente elle-même. Pour cette descente, il fallait une forte escadre de protection dans la Manche; les vents, la mer devaient se trouver comme à souhait. et la durée de deux marées, au moins, était nécessaire, car Boulogne et les ports voisins assèchent à moitié marée, ce qui ne laissait pas assez de temps pour la sortie de la première division de la flottille, en une fois.

Aussi, est-ce un problème que j'ai entendu discuter, savoir : si, avec des chances partagées, Napoléon jugeait cette descente possible, et s'il voulait réellement la tenter; ou si, par un appareil formidable, et qui pouvait couvrir d'autres desseins, il entendait seulement porter l'épouvante chez les Anglais, et les amener à la paix par la crainte de ses armes. Il faut le dire, si cette dernière hypothèse était le but de l'empereur, il connaissait peu le caractère personnel de Pitt et des Anglais, et moins encore le génie des institutions de leur pays. Un ministre constitutionnel peut voir le triomphe d'armées ennemies; mais il ne peut être accessible à de telles frayeurs; et tout succombe avant qu'il ait pu faire exécuter une mesure pusillanime. L'opposition, sinon lui, veille attentivement sur ses actes, et elle saurait le redresser ou le supplanter, au premier mouvement de faiblesse qu'il dénoterait.

Il est moins douteux que Napoléon n'a pas cru à l'utilité d'avoir une bonne marine; qu'il a trop dédaigné ce département, et qu'il avait peu de foi en des triomphes où, de sa personne, il ne pouvait prétendre aucune part. Malheur, j'ose le dire, à tout homme d'Etat, en France qui, pendant la guerre, néglige, suivant les temps, les usages et les progrès des arts, de combattre à outrance les Anglais dans leur marine ou leur commerce, et qui, pendant la paix, ne s'y prépare pas ! Napoléon, s'il avait su se contenter des grandes limites que sa puissance avait déjà données à son empire, pouvait, tout en s'y faisant respecter, destiner le superflu de ses ressources à remplir les arsenaux de munitions et de bâtiments ; les plus forts auraient été gardés dans les ports pour forcer les Anglais à se tenir, à grands frais, en haleine devant nos rades ; et les frégates, les corvettes, les corsaires auraient pris la mer, avec ordre de s'attaquer spécialement à la marine marchande ennemie.

S'il eût donc apprécié l'utilité des forces navales, s'il n'eût, surtout, découragé Fulton, qui vint en France s'offrir à lui, Napoléon, aidé du génie créateur de cet admirable mécanicien, aurait pu opérer, de son temps, le changement, désormais inévitable, de l'état de la guerre maritime, réduire à la nullité, peut-être, les flottes de l'Angleterre, et effectuer, pour ainsi dire à coup sûr, avec des bâtiments à vapeur, cette descente qui était presque chimérique avec des bateaux plats. Alors, il est permis d'ajouter qu'en dictant à Londres même les conditions de la paix, il aurait rétabli, dans le partage des colonies, l'équilibre que nos anciens droits, l'intérêt de notre commerce, l'accroissement de notre population, ne peuvent toujours laisser subsister avec l'inégalité choquante où il se trouve ; enfin, mieux que personne, il pouvait venger l'Europe en faisant restituer à leurs légitimes possesseurs, les boulevards tels que Malte, ou Gibraltar, que les Anglais, à la honte des nations, ont usurpés sur toutes les mers, qu'ils ne doivent pas toujours conserver et qui ne peuvent être reconquis que dans le cœur même de leur patrie. Ces succès étaient plus utiles, plus glorieux, plus certains que ceux que Napoléon a recherchés, par lesquels il s'est élevé, il est vrai, au premier rang parmi les guerriers, mais dont les suites lui ont été si fatales, et ont amené la double invasion de l'Europe sur le territoire français.

Cette gloire n'était pas réservée à Napoléon, ni celle plus grande encore, d'établir, au dedans, des institutions que les esprits éclairés préféreront toujours à des conquêtes au dehors. Or, ces institutions, bien mieux que des victoires, auraient servi ses projets de souveraineté, qu'elles seules, si la chose était possible, pouvaient consolider. Ses destinées s'accomplirent donc, cette belle occasion d'affranchir le continent fut perdue; et ces vérités sur la force navale, il fut conduit à les reconnaître plus tard, lorsque dans les jours de son agonie politique à Rochefort, et quelques moments avant de monter sur les vaisseaux anglais qui allaient l'éloigner de la France à jamais, il s'écria avec amertume : « Je n'ai point assez fait pour la marine ! » Ce regret, dans un instant si solennel, démontre, sans réplique, l'évidence de ces mêmes vérités.

A la série, sans exemple, de guerres continentales que l'or, la politique et les ruses des Anglais nous suscitèrent, d'abord pour faire diversion à la descente, et ensuite pour effectuer la ruine de leur ennemi, Napoléon répondit par un système inouï d'envahissement qui fit briller nos armes de l'éclat le plus vif, mais qui troubla le monde entier pendant dix ans. Tout à ses projets nouveaux, il abandonna peu à peu la flottille de Boulogne, et elle se trouvait n'être plus qu'un simulacre, quand M. le baron de Bonnefoux, dont les talents demandaient un théâtre plus élevé, fut déplacé et nommé préfet maritime du Ve arrondissement, qui s'étend de l'embouchure de la Loire à celle de l'Adour, et dont le chef-lieu est Rochefort, l'un des grands ports militaires de la France.

Le jour de son départ fut un jour de deuil, ce qui fut prouvé par une déclaration libre, spontanée, unanime et publique du Conseil municipal de la ville de Boulogne ; les termes honorables en furent imprimés, répandus à un grand nombre d'exemplaires, et reproduits sur papier, sur soie, et sur le parchemin de féodale mémoire qui redevint, à cette occasion, un titre de noblesse bien flatteur.

CHAPITRE III

LA PRÉFECTURE MARITIME DE ROCHEFORT

Sommaire. — Difficultés que rencontre M. de Bonnefoux pour approvisionner l'escadre de la rade de l'île d'Aix pendant une année de disette. — Le pain de fèves, de pois et de blé d'Espagne. — Réformes apportées dans la mouture du blé et la confection du biscuit de mer. — Mise en état des forts et batteries de l'arrondissement. — Ingénieuse façon d'armer un vaisseau d'une façon très prompte. — M. Hubert, ingénieur des constructions navales. — Projet du fort Boyard. — Le port des Sables d'Olonne. — Le naturaliste Lesson. — Travaux d'assainissement et d'embellissement de Rochefort. — Anecdote sur l'hôtel de la préfecture maritime de Rochefort et M. le comte de Vaudreuil, commandant de la marine sous Louis XVI. — M. de Bonnefoux accomplit un tour de force en faisant prendre la passe de Monmusson au vaisseau de 74 *le Regulus*, destiné à protéger le commerce de Bordeaux en prenant position dans la Gironde. — Invasion du Midi de la France par le duc de Wellington. — Siège de Bayonne. — Bataille de Toulouse. — Occupation de Bordeaux au nom de Louis XVIII. — Résistance du fort de Blaye. — Le fort du Verdon et le vaisseau *le Regulus* se font sauter. — Reconnaissances poussées par les troupes ennemies jusques à Etioliers sur la route de Bordeaux à Rochefort. — État d'esprit des populations du Midi. — Le duc d'Angoulême à Bordeaux. — Mise en état de défense de Rochefort. — Le Comité de défense décide la démolition de l'hôpital maritime. — — M. de Bonnefoux se refuse à exécuter cette décision et prend tout sur lui. — Propos d'un officier général de l'armée de terre. — Attitude du préfet. — Abdication de l'empereur. — La Restauration. — Députation envoyée au duc d'Angoulême à Bordeaux et à l'amiral anglais Penrose. — L'amiral Neale lève le blocus de Rochefort. — M. de Bonnefoux le reçoit. — Anecdote sur deux alévrammes de vin de Constance. — Visite à Rochefort du duc d'Angoulême, grand amiral de France. — Réception qui lui est faite. — Le duc d'Angoulême reçoit le préfet maritime chevalier de Saint-Louis. — Opinion du duc d'Angoulême sur M. de Bonnefoux. — Son désir de le voir appelé au ministère de la Marine.

M. de Bonnefoux se rendit à Rochefort. Il fut là comme partout, dévoué à ses devoirs, affectueux avec les habitants, accessible à ses subordonnés, obligeant pour tous, grand dans ses manières, toujours la providence des malheureux ; et il y acquit, encore, cette sorte de popularité qu'il est difficile de perdre, parce qu'elle est fondée sur l'obligeance, la justice et la fermeté.

Il avait à approvisionner une escadre mouillée à l'embouchure de la Charente, dans les eaux de la rade de l'île d'Aix, et il vainquit bien des difficultés pour y parvenir, pendant une année de disette, où la France, étroitement bloquée par mer, éprouvait le fléau de la famine.

Dans cette crise redoutable, il mangeait, lui-même, pour l'exemple, un pain noir de fèves, de pois et de blé d'Espagne dont le pauvre était obligé de se sustenter : Or, chacun savait qu'il s'imposait sévèrement cette nourriture, et qu'il veillait avec attention à ce que le pain blanc ou mêlé de farine de blé fût banni de sa maison, comme devant être réservé pour les malades, les hôpitaux, les vieillards, les femmes et les enfants.

Les exploits retentissants de nos soldats dans les divers États du continent plongèrent nos côtes des deux mers dans un calme profond ; mais, attentif à chercher toutes les occasions du bien, M. le baron de Bonnefoux sut, pourtant, en découvrir quelques-unes, et il s'en empara avec bonheur : il ne prévoyait pas, alors, les difficultés qu'il devait rencontrer, par la suite, dans sa nouvelle préfecture, et à quelles anxiétés il y serait livré : ce fut, cependant, l'épreuve où il puisa ses plus beaux titres de renommée, car, sans ces événements, sans l'intérêt magique qui s'attache au nom de Napoléon éternellement lié à ces mêmes événements, la carrière de M. de Bonnefoux ne serait pas embellie de l'héroïsme qu'il eut à déployer dans une situation sans pareille, et dont il traversa les écueils en n'y sacrifiant que sa seule personne. Mais, n'anticipons pas sur l'avenir, et montrons comment le préfet maritime de Rochefort y employa ses premiers moments.

Frappé des abus que présentait le système de mouture des blés et de confection du biscuit de mer, il surveilla ce service et le fit surveiller par un sous-inspecteur de la marine, très intelligent, avec cette minutieuse attention, avec cet esprit de recherche qui manquent rarement le but, et il présenta bientôt un travail très curieux, d'un résultat fort économique sur cet objet.

Il fit une revue exacte des forts et batteries des côtes et fleuves de l'arrondissement, il vérifia ce qui leur manquait pour être en bon état, et tout ce que le préfet maritime put leur accorder, il le fournit des approvisionnements du port; quant à ce qui était au-dessus de ses ressources, il en donna connaissance au Gouvernement.

Un vaisseau de l'escadre de l'île d'Aix devait être désarmé et remplacé, mais on voulait éviter des lenteurs; c'était là que se surpassait M. de Bonnefoux : le vaisseau à ce destiné se présenta à l'embouchure de la Charente, celui qu'on voulait réparer vint se placer le long de son bord et par un simple transbordement, le même capitaine, le même état-major et le même équipage retournèrent presque aussitôt prendre leur poste en rade, avec ce nouveau vaisseau parfaitement en état : comme les savants mécaniciens, c'était écarter habilement les obstacles qui sont les frottements des machines administratives, et qui, souvent, les empêchent d'agir.

Les finances ne prenaient leur cours vers la marine qu'avec une extrême parcimonie, et un jeune ingénieur des ports, très habile, M. Hubert[1], signalait ses débuts par un esprit d'invention qui diminuait considérablement les dépenses sur divers chapitres. M. de Bonnefoux tenait toujours son esprit en haleine, et par des distinctions, des problèmes à résoudre ou des encouragements, il cherchait constamment à rendre ses conceptions encore plus fécondes.

Il fit relever les carcasses des bâtiments échoués ou

---

[1] Jean-Baptiste Hubert, né le 1ᵉʳ mai 1781 à Chauny (Aisne), devenu directeur des constructions navales à Rochefort.

perdus qui obstruaient l'embouchure ou les mouillages de la Gironde, de la Charente, de l'île d'Aix ou des Sables d'Olonne ; ces opérations se firent avec économie, promptitude, et elles présentaient, pourtant, beaucoup de difficultés. Des corps-morts, pour assurer la bonne tenue des bâtiments au mouillage, furent établis en plusieurs points. Le plan de tous les forts, de toutes les batteries fut levé par ses ordres. Le projet du fort Boyard qui devait croiser ses feux avec celui de l'île d'Aix fut achevé, et une carte fort désirée de la rade et du port des Sables d'Olonne. fut également dressée : il attachait beaucoup d'importance à ce petit port, qui a son ouverture au sud ; qui est fort difficile à bloquer; dont on peut sortir à la voile avec des vents d'ouest, et qui, par cet avantage unique parmi nos ports sur l'Océan, donne aux corsaires de grandes chances de succès.

Portant partout son esprit d'ordre, de vigilance, d'amélioration, il rendit le service facile ; il le débarrassa d'entraves inutiles ; il adoucit la police et le régime des bagnes ; il créa, dans l'arsenal, des établissements dès longtemps désirés ; il y déblaya, desséca, nettoya ce qui, dans le ressort de son autorité, pouvait nuire à l'assainissement tant recherché de la contrée ; il fit des plantations pour y contribuer, et toujours en employant les économies que lui fournissait sa manière d'administrer, et, sans être à charge au Trésor, il enrichit l'Enclos Botanique, où il remarqua souvent et stimula le jeune Lesson[1] dont le savoir est aujourd'hui connu dans toutes les parties du monde ; il fit cultiver le terrain qui avoisine cet enclos, et il ajouta de nouveaux embellissements au jardin de la Préfecture qu'il laissa, le premier, ouvert au public, dans l'été, jusqu'à dix ou onze heures du soir, afin d'y attirer l'élite de la société. Ce jardin renferme un parterre, situé

---

[1] Lesson-René-Primevère, voyageur et naturaliste français, né à Rochefort le 20 mars 1794, mort en 1849.

sous la façade nord de l'hôtel de la Préfecture dont il est séparé par une belle et large terrasse; sur d'assez grandes dimensions, il est bordé d'allées, de massifs qui rappellent les royales Tuileries : il est, en un mot, ravissant de fraîcheur, et, s'il y manquait alors quelque chose, c'était seulement un jet d'eau[1] : encore le bassin avait-il été creusé, garni provisoirement de gazon; et tout avait été préparé pour lui donner cet ornement quand les tristes scènes que j'aurai à rapporter vinrent détruire ce riant projet[2].

Ce fut encore pendant le commandement de M. de Bonnefoux à Rochefort, que le commerce maritime de Bordeaux étant fréquemment inquiété, le ministre désira faire mouiller un vaisseau de soixante-quatorze canons au milieu de l'embouchure de la Gironde, afin d'en interdire l'accès aux croiseurs ennemis. Mais d'où faire sortir ce vaisseau, et comment traverser le blocus? Le préfet maritime s'en chargea; il exécuta ce qui ne s'était jamais fait, ce qu'on n'espérait pas, ce qu'on ne tentera plus désormais; il fit armer *le Regulus*, et il le fit filer, entre la côte d'Arvert et l'île d'Oléron, par la passe de Monmusson qui est l'effroi des marins. *Le Regulus* arriva sain et sauf, Bor-

---

[1] Ce jet d'eau existe actuellement. (*Note de l'auteur.*)

[2] M. de Bonnefoux qui, dès sa première jeunesse, avait été attaché comme garde de marine au port de Rochefort, racontait agréablement une petite aventure qui y était arrivée à quelques-uns de ses camarades et à lui. L'entrée du jardin était permise, pendant le jour, sous la surveillance d'un Suisse qui avait un baragouinage fort divertissant, surtout pour des jeunes gens; nos étourdis voulurent s'en procurer la récréation; mais pour ne pas effaroucher le Suisse, le gros de la troupe, se mettant à l'écart, expédia le jeune Bonnefoux qui passait pour le plus espiègle d'entre eux : l'apprenti préfet s'en donnait à cœur joie et le dialogue amusait beaucoup ses camarades, lorsque M. le comte de Vaudreuil, commandant de la Marine, et qui à travers ses jalousies entendait tout de son cabinet, ouvre la porte, traverse la terrasse, cueille une rose, et lui dit très poliment : « Monsieur, vous demandez une rose et je suis heureux de pouvoir vous l'offrir; mais souvenez-vous, si jamais vous occupez cet hôtel, que le roi n'y paie pas un Suisse pour qu'on se moque de lui. » (*Note de l'auteur.*)

deaux le salua de ses acclamations, et les Anglais en furent comme stupéfaits.

Tout à sa famille, comme à ses devoirs, il apprit, à peu près vers cette époque, que son frère aîné, ruiné par l'émigration, avait un besoin pressant d'une assez forte somme d'argent comptant. Cet infortuné n'avait plus pour propriété qu'une modeste habitation sauvée du naufrage par M. de Cazenove[1], son neveu, aimable et bon jeune homme, lié par le talent avec un de nos premiers poètes[2] et qui lui avait restitué ce mince débris. Il pensait peut-être à se défaire de ce reste d'héritage cher à son cœur ; mais son frère, le préfet, est instruit de sa position, soudain, il rassemble quelques économies, il vend une magnifique calèche, des chevaux, une partie de son argenterie : et il envoie à son frère le bonheur et le repos ! C'est ainsi que chez lui, le bien faire et la bienfaisance n'étaient jamais séparés.

Cependant, l'horizon politique s'était rembruni ; une ambition exagérée avait irrité peuples et souverains ; nos ennemis étaient, non plus la simple coalition de gouvernements, irrésolus, mais l'union terrible de nations exaspérées : le despotisme le plus complet pesait sur la France ; les glaces de la Russie et l'imprudence d'un homme avaient détruit notre plus belle armée ; la fortune et la victoire ne nous souriaient plus, ne se montraient plus à nous qu'à de rares intervalles, et l'Espagne avait porté sur le sol de la France, le duc de Wellington qui, il est juste de le remarquer, y fit preuve, comme partout, d'une rare circonspection et de beaucoup d'humanité. Le duc voulut attaquer Bayonne, qui dépendait de l'arrondissement maritime de Rochefort. La ville, loyalement défen-

---

[1] M. de Cazenove de Pradines. Voyez p. 2.
[2] M. Ancelot, alors employé à Rochefort dans les bureaux du préfet maritime. (*Note de l'auteur.*) François Ancelot, l'un des derniers classiques, l'auteur de *Louis* IX et de *Fiesque*, naquit au Hâvre en 1794 et mourut en 1854.

duc par une vaillante garnison, lui fit bientôt changer de projet. Il se dirigea alors vers Toulouse, où il rencontra l'énergie militaire du maréchal Soult, et il envoya jusqu'à Bordeaux, un détachement de troupes anglaises qui devaient y être reçues et qui en prirent possession! Il est vrai qu'ostensiblement, ce fut au nom de Louis XVIII, prétendant, comme l'aîné des Bourbons, au trône français, et à qui la patrie allait enfin devoir la paix et l'aurore du régime constitutionnel.

Le fort de Blaye n'imita pas cet exemple, et n'ouvrit pas ses portes; celui du Verdon situé sur la rive gauche, vers l'embouchure de la Gironde, craignant d'être pris par le revers, se fit sauter et il en fut de même du vaisseau *le Regulus:* ainsi, les Anglais furent, à peu près, les maîtres de la navigation du fleuve, et ils poussèrent même, avec facilité, leurs reconnaissances jusqu'à Etioliers, petite ville placée sur la route de Bordeaux à Rochefort.

On voyait, en général, dans le Midi, les populations, fatiguées de guerres interminables dont elles ne comprenaient pas le but, aller, pour ainsi dire, au-devant de la conquête, tandis que les troupes, les garnisons et les généraux, animés de cette soumission militaire qui est le cachet de leur honneur, opposaient partout la résistance la plus opiniâtre; mais leurs efforts devaient être infructueux.

Nous vîmes encore, alors, de combien d'appuis manque un gouvernement, même fondé par la victoire, lorsqu'il ne possède pas ou qu'il n'a pas conservé la sanction de l'opinion. Le duc d'Angoulême, neveu de Louis XVIII et de Louis XVI, avait paru en France avec Wellington, et il avait fait son entrée à Bordeaux. Son nom, sa personne, étaient oubliés ou même inconnus en France; cependant la correspondance de la préfecture dénota, à cet égard, les alarmes les plus vives de la part du ministère; des ordres y étaient donnés pour éviter que la nouvelle de l'arrivée d'un Bourbon ne se propageât, l'on désirait même qu'elle fût ridiculisée ou contredite; mais

M. de Bonnefoux savait trop bien qu'une dénégation, qu'une controverse ne pouvait que donner plus d'importance à un tel fait ; et, comme on s'en rapportait à son jugement pour ce dernier objet, il ne voulut rien hasarder sur ce point, et il se contenta de faire parvenir à Paris, sous trois enveloppes, suivant ses instructions, les gazettes, les écrits, les brochures, les proclamations, les pamphlets, les lettres dont les Anglais inondaient le pays ; il cherchait, de tout son pouvoir, à les dérober à la connaissance publique, et il se les faisait traduire, dans le silence le plus profond de la nuit, avant de les expédier. Cependant il se prépara à une vigoureuse résistance.

L'occupation de Bordeaux, la destruction du fort du Verdon, les croisières anglaises augmentées, les nouvelles d'Etioliers, l'équipage du *Regulus* qui se replia sur Rochefort, tout annonçait une crise peu commune : malheureusement, nos ports sont, en général, peu défendus du côté de la terre, et Rochefort n'est enveloppé que d'une faible chemise, mais tout prit, en peu de temps, un aspect militaire. Administrateurs, élèves en médecine, commis, ouvriers, tout fut fait soldat et exercé ; les remparts furent hérissés de canons, sur affûts marins, des fossés, des canaux, des ouvrages avancés furent creusés ou établis ; des batteries nouvelles couronnèrent toutes les hauteurs et Rochefort pouvait défier un corps d'armée assez considérable, lorsque les nouvelles annoncèrent que ce port allait être attaqué[1].

Il fut, alors, prétendu dans le comité de défense, que l'hôpital de la Marine, situé hors des remparts, et qui domine la place au nord-ouest, pourrait, en cas de siège, servir aux ennemis pour incommoder considérablement la ville ; la chose étant discutée, une forte majorité se porta pour l'affirmative, et elle conclut à la démolition

---

[1] Voyez la description des préparatifs de défense de la place de Rochefort en 1814 dans J.-E. Viaud et E.-J. Fleury, *Histoire de la ville et du port de Rochefort*. Rochefort, 1845, t. II, p. 502.

immédiate de cet édifice qui a coûté des millions et vingt ans de travaux[1]. M. de Bonnefoux ne put entendre sans frémir un pareil projet de destruction ; il se rendit au comité, il allégua que ce n'était un parti que de dernière extrémité, et, parlant avec cette forte éloquence de conviction qui enchaîne la réplique, il se chargea de faire évacuer sur-le-champ, malgré mille difficultés qu'il leva toutes, le mobilier, le personnel, les malades et les sœurs, et de faire entourer l'édifice de redoutes, afin d'être en mesure de le pulvériser au besoin. Il fit plus encore, car il en prit toute la responsabilité, et son avis fut adopté[2].

Honneur au préfet maritime de Rochefort, pour avoir mis sa gloire à préserver ce superbe établissement, gloire solide, gloire flatteuse, et qui subsistera autant que le monument lui-même, ou que la mémoire des citoyens et la tradition des événements! Ce fut dans ces temps fâcheux qu'on put clairement s'assurer, par l'exemple, que nous allons citer, combien l'homme, dont nous retraçons ici les actions, s'oubliait personnellement, et combien ses vues étaient toujours fixées sur le bien public. Un officier général de l'armée de terre, en service à Rochefort pour son département, et dont l'opinion était contraire aux mesures adoptées, parut goûter quelque plaisir à s'en dédommager en se permettant, sous la réserve d'un double sens, un propos piquant pour le corps de la Marine, en général ; le préfet maritime, qui avait pourtant la répartie vive, se contenta de lui répondre avec sagesse en interprétant le propos du bon côté ; nous pensâmes que sa préoccupation l'avait empêché de saisir la maligne amphibologie de la phrase ; mais il ne manqua pas de dire assez publiquement ensuite : « On me connaît mal, si l'on

---

[1] L'hôpital maritime de Rochefort passe pour un des plus beaux de l'Europe.
[2] On laissa dans l'hôpital seulement quelques malades dont le transport était impossible, en les confiant aux soins de l'officier de santé Fleury, l'un des auteurs de l'histoire de Rochefort citée plus haut.

croit que je vais, en ce moment, faire assaut de pointes et de bons mots ; qu'on me laisse sauver l'hôpital, qu'on me laisse assurer la défense de la ville, et ensuite si l'on me cherche, on me trouvera ! » Nous crûmes entendre quelques-unes de ces paroles pleines de patriotisme des modèles de l'antiquité.

Mais la puissance de l'empereur touchait à sa phase suprême, et l'opinion, dont il s'était tant servi pour renverser le Directoire, l'avait lui-même abandonné. Napoléon ne pouvait plus résister aux forces de l'Europe conjurée, ni à la disposition intérieure de ses États qui s'indignaient des maux ainsi que des remèdes ; et tandis qu'il pouvait encore périr les armes à la main, comme il l'avait annoncé, comme il le répéta publiquement par la suite, il se résigna ; il consentit, à la surprise générale, à abdiquer la couronne, à s'exiler à l'île d'Elbe avec un vain titre d'empereur, et, comme une conséquence, à se voir séparé pour toujours de sa femme et de son fils !

Les deux frères de Louis XVI arrivèrent à Paris avec des paroles de paix, d'espérance et de bonté ; et Louis XVIII, à la voix duquel tombèrent, comme par l'effet d'un pouvoir surhumain, les armes des souverains coalisés, et s'anéantirent leurs folles prétentions, proclama qu'il prenait pour règle de conduite particulière le Testament de son malheureux frère, et pour règle de gouvernement la charte-constitutionnelle, qu'après tous nos désastres, il présentait comme un port assuré de bonheur et de liberté.

L'honneur de la France était intact, chacun pouvait, avec un sentiment de dignité, se soumettre au nouvel ordre de choses ; M. de Bonnefoux s'en félicita sincèrement dans l'intérêt public. Il releva chacun des obligations que le siège présumé de Rochefort avait imposées ; il dépêcha, par mer, un courrier parlementaire à Bayonne où, aussitôt, s'arbora le pavillon blanc ; enfin une députation fut envoyée à Bordeaux, d'abord pour présenter l'hommage respectueux du préfet et celui de la Marine au duc d'Angoulême, et, en second lieu, pour traiter avec l'amiral Penrose de quelques arrangements relatifs à la navigation de la Gironde pendant l'occupation britannique, dont bientôt la France allait enfin être délivrée. Le duc chargea la députation de ses remerciements pour le préfet maritime; et c'est un devoir d'ajouter que l'amiral anglais se montra très conciliant.

Sur ces entrefaites, un autre officier général anglais, l'amiral Neale écrivit au préfet maritime qu'il allait lever le blocus de Rochefort, mais qu'il ne voulait pas partir sans lui envoyer [1] un message d'estime; et, par ce départ, Rochefort passa à une situation complète de paix. On ne respirait encore que l'ivresse et le plaisir d'un état si nouveau, si inespéré, lorsque le duc d'Angoulême, nommé grand-amiral de France, voulut visiter les ports de l'Océan et se rendit à Rochefort.

M. de Bonnefoux, jaloux de l'honneur d'accueillir avec

[1] Je me rappelle à ce sujet que M. de Bonnefoux, me demanda si je me souvenais de lui avoir expédié du cap de Bonne-Espérance, deux alevrammes de vin de Constance, et il ajouta que le bâtiment qui les portait ayant été pris, le capitaine anglais capteur avait trouvé de bon goût de lui écrire que, comme son adresse était inscrite sur les barils, le vin avait été bu à sa santé : « Je veux, dit-il alors, me venger de cette fanfaronnade », et il s'en vengea en effet, mais avec noblesse, en donnant une très belle fête à l'amiral Neale, à ses capitaines et aux officiers qu'ils jugèrent convenable de s'adjoindre. L'anecdote du vin de Constance fut rapportée au dessert, mais avec beaucoup de finesse, et nul n'eut le droit de s'en fâcher. L'amiral Neale eut le chagrin, en s'entretenant avec moi, d'apprendre que j'avais été sur une frégate dont un boulet avait tué, à bord d'un vaisseau qu'il commandait, un de ses neveux qui lui tenait lieu de fils : ce souvenir inattendu lui fut très pénible, mais il n'en partit pas moins pénétré de sentiments affectueux pour son hôte, dont il dit qu'il suffisait de l'avoir vu une fois pour ne jamais l'oublier. Telle avait été l'opinion qu'en avaient déjà conçue d'illustres étrangers, entr'autres : un ambassadeur des Etats-Unis d'Amérique qui fut reçu par lui à Boulogne, et qui depuis a été élevé aux premières dignités de l'Etat, le savant amiral Massaredo qui commanda l'armée navale espagnole à Brest, et surtout son vice-amiral Gravina, chambellan du roi, qu'on vit toujours si doux, si conciliant, si sage et cependant si terrible au combat de Trafalgar, où il périt avec tant de courage et de dévouement, en donnant des ordres pour le salut de son escadre. (*Note de l'auteur.*)

distinction l'un des héritiers présomptifs de la Couronne [1], ne voulut rien demander au ministère pour le défrayer de ses dépenses de réception, et il n'oublia aucune chose dans l'arsenal ni chez lui, pour que le duc et sa suite fussent accueillis militairement et avec splendeur. Il avait voulu que j'eusse ma part de l'honneur de cette visite, il m'avait précédemment nommé de la députation de Bordeaux, et il me fit alors descendre de rade, où je commandais une corvette, pour commander en second la garde d'honneur destinée au prince; il conduisit cette garde au-devant de lui jusqu'au moulin de la belle Judith, où il avait fait dresser un arc de triomphe et une tente élégante; il l'y attendit avec un brillant état-major entouré de la masse de la population, et, pendant trois jours, nous accompagnâmes le prince dans ses inspections, et nous cherchâmes à lui prouver, par nos respects et nos efforts, que nous nous ralliions franchement au nouvel ordre de choses qui paraissait devoir s'établir.

Il fut aisé de voir que le duc d'Angoulême, s'il ne possédait pas ces dehors brillants qui séduisent si vivement la multitude, était, au moins, d'un affabilité extrême et montrait la plus grande bonne foi dans ses promesses de bonheur et de liberté; or, après tant de despotisme, c'en était assez pour satisfaire tous les cœurs.

Il récompensa M. de Bonnefoux comme il aimait à l'être, c'est-à-dire d'une manière toute particulière, et par des marques d'estime et de bonté. Ainsi, non seulement, il le nomma chevalier de Saint-Louis, mais encore il voulut le recevoir lui-même. Ce fut la première croix de cet ordre, et la seule qui fût alors donnée à Rochefort. Plein des souvenirs de sa famille, et d'un oncle, père de l'auteur de cet écrit, qui, pendant la Terreur, avait pré-

---

[1] Le duc d'Angoulême arriva à Rochefort le 1ᵉʳ juillet 1814. (Viaud et Fleury, *Histoire de Rochefort*, t. II, p. 505.)

féré la prison à l'abandon de sa croix, M. de Bonnefoux ne put retenir son émotion dans cette mémorable cérémonie. Nous vîmes des larmes d'attendrissement sillonner son noble visage; et l'honneur d'embrasser celui qu'on voyait sur la ligne de la succession à la couronne de France, était une distinction, un bonheur que rien, à ses yeux, ne pouvait égaler [1].

Avant de quitter Rochefort, le duc eut l'attention de demander à M. de Bonnefoux si son crédit à Paris pourrait lui être utile. Le préfet maritime aimait trop à rendre service à ses subordonnés et à réparer les oublis ou les injustices du pouvoir, pour ne pas saisir cette excellente occasion, il pensa à tous ceux qui avaient des droits à être récompensés, et il laissa respectueusement entre les mains du prince un état de grâces qui furent ensuite accordées. Pour lui-même, accoutumé à juger sainement les choses, M. de Bonnefoux considérait une grande fortune comme une grande servitude, il redoutait le poids des dignités plus que d'autres n'en chérissent l'éclat, et quant à ceux qui lui appartenaient par les liens du sang, il était tout disposé à leur fournir les moyens de se distinguer, mais il faisait peu de demandes en leur faveur « car c'était, disait-il, à leurs actions à parler pour eux ».

Le duc d'Angoulême fut étonné qu'il s'oubliât entièrement en cette circonstance; M. de Bonnefoux répondit « que ses désirs étaient plus que satisfaits d'avoir reçu Son Altesse Royale, et d'avoir obtenu de sa main une honorable décoration ».

Toutefois, il paraît que le prince ne borna pas là le cours de ses bonnes intentions. Après sa tournée, il était revenu à Paris; c'était l'époque où M. Malouet, ami de M. de Bonnefoux, et ministre secrétaire d'État de la Marine, venait de mourir. On écrivit alors au préfet

---

[1] Le brevet du baron de Bonnefoux est daté du 5 juillet 1814.

maritime de Rochefort que le duc d'Angoulême avait parlé de lui au roi comme étant, de toutes les personnes du département de la Marine qu'il eût vues, celle qui lui paraissait la plus digne de recevoir l'héritage du portefeuille. Il fut pareillement écrit à divers officiers de Rochefort qu'il en était fortement question, et venant à m'entretenir de ces bruits avec M. de Bonnefoux et à lui demander s'il ne jugerait pas convenable, en cette circonstance, de faire le voyage de Paris, il fit un mouvement de désapprobation, qu'il accompagna de quelques paroles tendant à prouver qu'il se croirait trop accablé de ces importantes fonctions pour paraître les rechercher; qu'il avait été question, aussi, de lui donner, auparavant, le gouvernement de la Guadeloupe, et que, s'il avait, alors, osé dire que sa préfecture était au-dessus de ses forces, il l'aurait certainement dit. Il ne fut pas nommé, car il est rare que l'homme modeste le soit; la présentation de sa personne lui parut plus précieuse que le ministère lui-même, quoiqu'il fût le marchepied de la pairie, et la crise fatale, impérieuse approchait où il eût sans doute préféré n'avoir pas cette même préfecture, dont sa prévoyance, peut-être, lui avait fait, naguère, redouter le fardeau.

CHAPITRE IV

LES CENT JOURS

Sommaire : Les émigrés. — Retour de l'île d'Elbe. — Indifférence des populations du sud-est. — Arrivée à Rochefort d'un officier, se disant en congé. — Conseils donnés par le préfet maritime au général Thouvenot. — Départ du roi de Paris et arrivée de Napoléon. — M. de Bonnefoux se prépare à quitter Rochefort. — M. Baudry d'Asson, colonel des troupes de la marine. — Son entrevue avec le préfet maritime. — M. Millet, commissaire en chef du bagne. — Motifs pour lesquels M. de Bonnefoux se décide à conserver son poste. — L'Empire reconnu militairement. — Défilé des troupes dans le jardin de la Préfecture. — Waterloo. — Seconde abdication de Napoléon. — Mission donnée au général Beker par le gouvernement provisoire. — Arrivée de Napoléon à Rochefort.

La Restauration avait vu surgir et pulluler une foule d'hommes qui, n'ayant rien du siècle, calomniaient la génération actuelle, le courage, les services rendus, les intentions, les sentiments les plus généreux, et qui prétendaient imposer à la France leurs personnes et leurs travers.

Les militaires de l'Empire avaient franchement posé les armes, les hommes raisonnables avaient salué l'aurore de paix et de bonheur qui semblait luire au retour d'un roi sage, éclairé, trop valétudinaire, cependant, pour voir par lui-même; mais tout fut mis en usage pour altérer ces sentiments de concorde et de modération, pour changer le cœur de Louis XVIII et pour en bannir l'œuvre qui devait lui être la plus chère, la pratique de sa charte, et l'accomplissement de ses désirs d'harmonie et de fusion.

Nous connaissons pourtant des émigrés mêmes, vivement blessés par la Révolution dans leurs idées, leur fortune, leur état, leurs plus tendres affections et qui, comprenant les maux et les besoins de la patrie, avaient sacrifié à son autel et déposé avec sincérité leurs griefs et leurs ressentiments. Tout était possible si cet exemple eût été général; les Français n'eussent été que des frères, et le roi, fermement assis sur un trône de force et de liberté, n'aurait pas éprouvé de nouveaux malheurs : il n'en fut pas ainsi.

M. de Bonnefoux gémissait souvent, en secret, de la folie et des exigences de ces prétendus amis du roi, qu'il appelait plus et, bien différemment, royalistes que le roi lui-même; et il redoutait quelques déchirements intérieurs, lorsque Napoléon, trop bien instruit de l'état de la France, n'hésita pas à quitter l'île d'Elbe et à reparaître sur nos rivages avec six cents soldats qui l'avaient suivi dans son exil. Paris l'apprit par le télégraphe, et le préfet maritime de Rochefort, par un courrier extraordinaire que lui expédia le ministre de la Marine.

D'après les ordres qu'il reçut, il renferma ce secret dans son cœur; mais bientôt les journaux et les lettres les plus authentiques en divulguèrent la redoutable nouvelle. Les populations attendirent l'issue des événements, sinon avec espoir, du moins avec indifférence, et elles ne se serrèrent pas autour du trône, comme elles l'auraient fait sans doute si le trône avait pu être considéré par elles comme le palladium de nos libertés, et si la tendance du Gouvernement avait été de plus en plus favorable au développement de nos institutions. Celui qui émet ces réflexions n'est animé que par l'amour de la vérité; il est loin d'avoir aucune partialité politique pour les adhérents qu'eut alors Napoléon, puisqu'il refusa de le servir pendant les Cent Jours de son invasion; mais il voudrait, par dessus tout, prouver ici que l'exagération, la méfiance, sont toujours de dangereux, de tristes conseillers, et que la passion, qui ne suit que son premier mouvement d'injustice, est bien au-dessous de la raison qui n'agit qu'avec sagesse et qui aime mieux excuser que blâmer.

Les esprits, en général, à Rochefort, étaient encore sans idée bien arrêtée sur les opérations de Napoléon, lorsqu'un officier venant des départements du Sud-Est s'y présenta; il avait obtenu un congé, il allait en jouir dans sa famille, en Bretagne; comme il s'était trouvé sur le passage de Napoléon, celui-ci lui avait dit : « Vous allez en congé, jeune homme, je ne prétends pas vous priver de ce bonheur; gardez votre cocarde, allez et dites partout que vous m'avez vu, car je ne suis venu que pour le bonheur de la France. »

Cet officier devait rester deux jours à Rochefort, sous prétexte de repos, il racontait d'un ton simple, et comme Sinon à Troie, l'enthousiasme des villes au passage de Napoléon, les promesses fastueuses qu'il prodiguait, la défection des troupes royales; et il ne manquait pas d'insinuer, avec adresse, ses prétendues craintes sur la difficulté d'empêcher cet audacieux ennemi de s'emparer, à Paris, du souverain pouvoir. Le général Thouvenot se trouvait en service à Rochefort; il vint aussitôt conférer, sur cette étrange circonstance, avec le préfet maritime qui pressentit d'où venait réellement cet officier, et qui, en engageant le général à ne pas le laisser passer, convint néanmoins, qu'il serait injuste ou impolitique de le faire arrêter. « Un moyen, cependant, nous est offert, ajouta-t-il; prenez sur vous de lui donner un ordre de service, attachez-le à votre personne comme aide de camp; alors vous l'occuperez et le dirigerez de manière à trancher tous ces discours. » Cet avis lumineux fut adopté.

Mais les événements se précipitaient, et rien ne pouvait empêcher le trône d'être conquis par Napoléon; ni les villes qu'il devait traverser, ni les garnisons qu'il avait rencontrées, ni les troupes échelonnées, ni le maréchal Ney, grande victime d'un fatal entraînement, et qui brillerait peut-être encore parmi nous, s'il avait été défendu dans le même esprit que Ligarius le fut par Cicéron; ni, enfin, la présence du frère du roi, qui, roi plus tard, perdit son trône pour n'avoir pas assez médité sur ces hautes leçons! La France devait encore porter la peine de ses haines intestines, la guerre déployer de nouveau ses étendards, Napoléon reparaître, en souverain, à la tête d'une puissante armée. Il devait être battu dans une grande bataille décisive et Paris revoir ces farouches hordes étrangères, qui cette fois, exigèrent des sommes inouïes, pour avoir assuré, chez nous, le maintien de leurs princes et le repos de leur pays.

Les Bourbons ne voulurent pas essayer de résister, en France, à Napoléon; ils pensaient, quoique ce fût un très mauvais calcul, que l'Europe était trop intéressée dans cet événement, pour ne pas y prendre une part très active; ainsi, s'étant éloignés momentanément de la France, ils avaient recommandé que chacun se soumît au Gouvernement de fait qui allait s'établir. Cette injonction fut suivie presque en tous lieux; mais quelques officiers ou employés ne s'arrêtèrent pas à ce point, et ils firent l'abandon de leurs grades ou emplois. M. de Bonnefoux se crut encore plus lié qu'un autre par les bontés du duc d'Angoulême; il ne voulait pas, d'ailleurs, coopérer aux maux qu'il prévoyait. Il projeta donc de se démettre de sa préfecture et fit ses préparatifs pour quitter Rochefort. Mais, malgré la réserve qu'il observa, ses desseins furent connus, et il ne tarda pas à se trouver dans la position la plus délicate où puisse être placé un homme de bien. Nous l'avons vu, jusqu'à présent, dignement agir ou commander dans mille situations épineuses; mais enfin, son devoir était écrit; et, à la rigueur, il n'avait été louable que de l'avoir bien exécuté. Aujourd'hui et dans tous les jours qui vont suivre, il n'aura de conseil à prendre que de ses propres inspirations; il faudra qu'il foule aux pieds ses penchants, et, quelque parti qu'il prenne, il aura de sévères contradicteurs;

mais qu'on se pénètre bien de ses embarras, qu'on se mette un moment à sa place, qu'on pèse ses motifs, et rien, sans doute, ne manquera à sa justification.

M. Baudry d'Asson, colonel des troupes de la Marine ayant appris la nouvelle de ses apprêts de voyage était venu chez lui pour remonter à la source de ces bruits. La scène fut animée. « Général, on dit que vous partez. » « Baudry, vous êtes un ami de trente-six ans, et je puis vous le confier, c'est vrai. » « Eh bien, général, je pars aussi et la plupart d'entre nous. » Tel fut le début et le sens d'une conversation fort longue où tous les arguments du projet furent produits avec franchise des deux parts, et à la suite de laquelle le colonel resta dans l'inébranlable résolution d'abandonner son poste si le préfet maritime quittait lui-même Rochefort. M. Millet, commissaire en chef du bagne, remplaça M. Baudry; il y eut ici moins d'épanchement mais le même résultat; et M. de Bonnefoux, voyant qu'il ne pouvait rien par la persuasion, promit d'y réfléchir pendant la nuit, et, dans tous les cas, de ne pas partir sans donner avis à son ami Baudry.

La nuit fut réellement employée à ces considérations difficiles. Il s'agissait, d'abord, d'un parti pris dont il fallait se désister; mais, surtout pour un homme qui a fait ses preuves, la vraie fermeté exclut cette fausse honte de n'oser reculer quand une démarche entreprise peut devenir funeste : revenir au bien, c'est montrer de la droiture, et non de l'inconstance et de la faiblesse ; c'est affermir l'autorité et non pas l'ébranler ; les inférieurs n'ignorent pas que les chefs peuvent errer, mais comme ils voient que, rarement, ils savent le reconnaître, ils n'en sont que plus enclins à respecter celui qui, par amour pour le bien public, aura sacrifié ses premiers jugements ou son intérêt personnel. Ce n'est donc pas sous ce point de vue rétréci que le préfet maritime envisagea la question. D'un côté, il voyait dans son départ, non ce qui, pour lui, était sans attraits, c'est-à-dire son avancement futur et une faveur signalée (car il doutait peu du prochain retour de Louis XVIII) mais il pensait à ses engagements et à sa réputation : de l'autre, il considérait Rochefort, privé momentanément de chefs qui maintenaient les esprits, qui rassuraient le port et les habitants, qui contenaient les troupes et les forçats ; Rochefort, dis-je, livré aux troubles, aux dissensions, au désordre ; en butte même aux Anglais qui s'approchaient avec leurs vaisseaux, et qui, habiles à profiter de nos divisions, auraient peut-être saisi cet arsenal, qu'ils n'auraient, probablement, rendu aux Bourbons que par la force, ou dans la ruine et le délabrement. Il jugeait encore qu'après avoir sauvé Rochefort, ses motifs seraient mal appréciés, qu'une disgrâce, en apparence méritée, en serait l'inévitable fruit ; mais réduisant tout à sa juste valeur, s'oubliant entièrement, et ne regardant que ce qu'il croyait être son devoir dans le sens le plus intime, il mit un terme à cet examen laborieux, il me fit appeler, et il me dit ces paroles si désintéressées : « Avant de me devoir à ma personne, je me dois à Rochefort, au dépôt qui m'est confié, et aux braves gens que je commande : je sais que je me perds ; mais il le faut, je cède, et je reste à mon poste. » Bientôt, la nouvelle en fut répandue et l'on vit alors ce qu'est un chef véritablement aimé. A quel point, fallait-il que le dévouement fût porté, puisque les méfiances de l'esprit de parti se turent, et que les amis les plus ardents de Napoléon ayant connu le projet de départ du préfet maritime, se réjouirent pourtant qu'il ne l'eût pas exécuté, ils se félicitèrent qu'il fût resté pour les commander. La suite prouva bientôt, combien il était heureux pour Rochefort, qu'il s'y trouvât un homme tel que celui à qui s'étaient adressées les instances de MM. Millet et Baudry.

Pour moi, quoique je connusse combien M. de Bonnefoux était sincèrement persuadé que l'ordre de choses menacé pouvait seul prolonger la paix en Europe, je m'attendais à cette détermination; mais je ne l'en admirai pas moins.

Le Préfet maritime ne faisait jamais son devoir à moitié; et il n'y dérogea pas en cette circonstance. La reconnaissance de Napoléon se fit donc publiquement, militairement, en présence des troupes, dont plusieurs détachements furent rassemblés, et qui défilèrent, dans le jardin de la Préfecture, au son d'une musique mâle et guerrière[1]; le préfet maritime, avec un nombreux état-major, était placé au centre du bassin de gazon de ce jardin. Il éleva la voix, il parla peu, il fit ressortir les dangers de la guerre civile, du désordre, de l'anarchie et des vues possibles des Anglais sur Rochefort; mais, si l'on voyait sur sa physionomie les traces d'un long combat intérieur, tout disait aussi, dans ses yeux, qu'un sacrifice jugé nécessaire à la patrie ne devait pas être incomplet. Par la suite, il agit donc conformément à ses paroles; quelques officiers, quelques hommes voulurent par exemple, ne prendre aucune part aux affaires, ou furent dénoncés par la police impériale, il usa de son pouvoir, il engagea sa responsabilité pour laisser aux uns la faculté de la retraite ou du repos, pour adoucir ou faire changer, à l'égard des autres, les rigueurs ou les mesures qu'il jugea être mal fondées; mais il fut inébranlable dans un dévouement personnel à ses nouvelles obligations.

Waterloo fut la péripétie sanglante du drame terrible des Cent jours; et Napoléon, abandonnant ses soldats qui se retirèrent dans une noble attitude sur les bords de la Loire revint à Paris, demander aux Chambres législatives des secours en hommes et en argent. La France était envahie sur toutes ses frontières, les esprits étaient très

---

[1] Comparez dans *l'Histoire de Rochefort* de MM. Viaud et Fleury, t. I, p. 509 la description de la cérémonie de l'arrivée des Aigles qui eut lieu, elle aussi, dans le jardin de la préfecture maritime et qui se passa le 26 juin 1815, huit jours après la bataille de Waterloo encore ignorée.

divisés; aussi, ne trouva-t-il que des refus auxquels il aurait dû s'attendre; et, n'ayant tenu aucune des promesses faites lors de son arrivée en France, n'ayant pu obtenir de la cour d'Autriche, ni sa femme, ni son fils dont il avait solennellement annoncé le retour aux Français qu'il avait trompés, il prononça une seconde abdication qui, cette fois, paraissait une formalité tout à fait inutile, et il se livra de lui-même à un gouvernement provisoire qui s'établit jusqu'à la rentrée du roi, et qui le confia à la surveillance du général Beker, délégué par ce gouvernement; ainsi, escorté de quelques cavaliers ou plutôt gardé par eux, il traversa cette même Loire, où son armée n'attendait que lui, et il arriva à Rochefort, où deux frégates armées *La Méduse* et *La Saale*, devaient être mises à sa disposition.

¹ Nicolas Léonard Beker, général de division, comte de l'Empire.

CHAPITRE V

NAPOLÉON A ROCHEFORT

Sommaire. — Réflexions faites par M. de Bonnefoux après avoir reçu la dépêche lui annonçant la prochaine arrivée de Napoléon. — Mesures prises par lui. — Paroles échangées entre Napoléon et M. de Bonnefoux au moment où l'empereur descendait de voiture. — L'appartement de grand apparat à la préfecture maritime. — Les frégates *La Saale* et *La Méduse*. — Le capitaine Philibert commandant de *La Saale*. — Ses fréquentes entrevues avec l'empereur. — Discours invariable qu'il lui tient. — Marques d'impatience de son interlocuteur. — Abattement de Napoléon. — Courrier qu'il expédie au gouvernement provisoire pour obtenir le commandement de l'Armée de la Loire. — Il fait demander le vice-amiral Martin, qui vivait à la campagne auprès de Rochefort. — Carrière de l'amiral Martin. — Sa conversation avec l'empereur. — Reproches obligeants que ce dernier lui adresse sur sa demande prématurée de retraite. — L'amiral répond que bien loin d'aspirer au repos il s'était déjà préparé à aller prendre le commandement de l'armée navale que l'on finit par confier à Villeneuve. — Amères réflexions de Napoléon sur les courtisans. — Ce qu'il dit sur la marine. — Arrivée du roi Joseph. — Son aventure à Saintes. — « Vive le Roi ». — Napoléon sur la galerie de la préfecture maritime. — Excellente attitude de la population. — L'étiquette de la maison impériale. — L'impératrice Marie-Louise. — Arrivée d'une partie des équipages de Napoléon. — Annonce du voyage de l'archiduc Charles à Paris. — Joie qui en résulte. — Déception qui la suit. — Aucune réponse aux courriers expédiés à Paris. — Débat entre Napoléon et Joseph. — Napoléon ne veut pas partir en fugitif, sans autre compagnon que Bertrand. — Joseph tente seul l'aventure et réussit. — Paroles qu'il adresse à M. de Bonnefoux en le quittant. — Cadeau qu'il lui fait. — Les ordonnances de Cambrai. — Violente colère de Napoléon contre la famille royale. — Projet d'évasion du capitaine Baudin, commandant *La Bayadère*. — Projet du lieutenant de vaisseau Besson. — Projet des officiers de Marine Genty et Doret. — Hésitations de l'Empereur. — Tous ces officiers furent rayés des cadres de la Marine sous la Seconde Restauration. — Mme la comtesse Bertrand. — Elle se jette aux pieds de l'empereur pour le supplier de se confier à la générosité du peuple anglais. — Flatteries auxquelles Napoléon n'est pas insensible. — Le général Beker, beau-frère de Desaix. — Son fils, filleul de Napoléon. — Croix de légionnaire remise par le général Bertrand pour ce fils encore enfant. — Singularité de cet acte. — La rade de l'île d'Aix. — Le Vergeroux. — L'empereur offre au préfet maritime ses équipages et ses chevaux qu'il renonce à emmener. — Refus de

M. de Bonnefoux. — Souvenir que Napoléon le prie d'accepter. — Paroles qu'il lui adresse. — Le départ de la préfecture maritime. — Cortège de voitures traversant la ville. — L'empereur prend une autre route et sort par la porte de Saintes. — Inquiétude des spectateurs. — La voiture gagne Le Vergeroux par la traverse. — Napoléon en rade passe en revue les équipages. — La croisière anglaise. — En voyant les bâtiments ennemis, l'empereur se rend mieux compte de sa situation. — Il entame des négociations avec les Anglais. — Aucune promesse ne fut faite par le capitaine Maitland. — Nouvelles hésitations de Napoléon. Lettre du capitaine Philibert au préfet maritime. — Ce dernier le charge de remettre à l'empereur une lettre confidentielle qui décide ce dernier à se rendre à bord du *Bellérophon*. — Conseils donnés à l'empereur par M. de Bonnefoux.

La robuste santé de M. de Bonnefoux avait fléchi sous le poids de ses occupations sans nombre; mais à l'annonce de l'arrivée de Napoléon, il sentit qu'il avait besoin de toute son énergie; le physique se releva par l'influence du moral; et, certes! quel moment que celui de l'arrivée de cet homme extraordinaire dont la destinée était de ne pouvoir plus être vu qu'avec enthousiasme ou déchaînement. Le préfet maritime se prépara aux difficultés qui s'élevaient pour lui par ces mots d'un grand sens, qu'il proféra, en décachetant la dépêche où il apprenait que son hôte futur avait quitté Paris. « Napoléon vient à Rochefort! Je sais ce qui m'attend; mais je l'ai reconnu. Ainsi Rochefort sera tranquille, et je ferai mon devoir jusqu'au bout! » Puis, continuant après une courte réflexion, et comme mû par un pressentiment secret qui n'était, peut-être, que l'effet de la vive pénétration de sa vaste intelligence : « Mais quel choix pour une évasion que ce port de Rochefort qui, situé au fond du golfe de Gascogne, pourrait bien, en ce cas-ci, n'être qu'une souricière! » Après une nouvelle pause, il ajouta enfin, et toujours les yeux fixés sur la fatale dépêche : « Evasion! Napoléon! Souricière! Quels odieux rapprochements et qu'ils étaient inattendus! »

Coupant court, alors, à ces pensées importunes, il se leva, sortit de son cabinet de travail particulier pour s'occuper de ses devoirs, et tout fut bientôt prévu pour le logement, pour le séjour, et pour l'embarquement de l'empereur. Les ressorts de la police, les règlements d'ordre, les rondes, les patrouilles, les consignes, tout fut préparé ou commandé par une tête prévoyante, tout fut maintenu par un bras ferme; et, réellement, pendant les cinq jours que Napoléon passa à l'hôtel de la préfecture, on n'entendit pas dire que, seulement, une rixe eût éclaté dans la ville!

Tout est digne d'étude ou de curiosité dans la vie de Napoléon; cependant le récit de son séjour à Rochefort n'existe nulle part[1], et c'est cette lacune que je vais essayer de remplir. Après les scènes agitées qui vont se présenter, l'esprit se reposera, sans doute, avec quelque charme sur la paisible sérénité de celui qui consacra, alors, tous ses moments, à alléger le poids de grandes infortunes[2].

Napoléon arriva à la préfecture, toujours escorté ou gardé par le général Beker, et suivi du fidèle Bertrand, et de quelques adhérents, parmi lesquels on remarquait les généraux Savary, Montholon, Gourgaud et M. de Las Cases. Son projet était de s'embarquer pour les Etats-Unis; et le général Beker devait rester auprès de lui jusqu'à son départ. M. de Bonnefoux s'avança pour le recevoir : Napoléon le reconnut et lui dit : « Je vous croyais malade, M. de Bonnefoux? » — « Sire, je ne le suis plus, et j'aurais été désolé de ne pas vous accueillir personnellement. » — « Je vous reconnais là, et j'en aurais été fâché aussi. » — A ces mots, il s'arrêta un moment, et, faisant, sans doute, allusion à la visite du duc d'Angoulême à Rochefort, et

---

[1] Au moment ou l'auteur écrit, en 1836.

[2] Napoléon arriva à Rochefort le 3 juillet 1815. Le général Gourgaud s'exprime à cet égard de la façon suivante : « J'arrivai à Rochefort le 3 juillet, à 6 heures du matin; je descendis à l'hôtel du Pacha et me rendis de suite chez le préfet maritime, M. de Bonnefoux, pour lui communiquer mes instructions. L'empereur arriva à huit heures et descendit à la Préfecture où j'étais encore avec le Préfet. » Général baron Gourgaud, *Sainte-Hélène. Journal inédit de 1815 à 1818 avec préface et notes* par MM. le vicomte de Grouchy et Antoine Guillois, Paris 1899, t. I, p. 27.

au projet qu'avait eu M. de Bonnefoux de quiter sa préfecture, il ajouta bientôt : « Je sais ce qui s'est passé, et, en vous conservant à votre poste, j'ai prouvé que je vous connaissais comme un homme d'honneur. — Oui, continua-t-il, j'aime mieux être reçu par vous que par tout autre. »

Involontairement, je m'interromps ici, et, en m'indignant, je me demande pour la millième fois, peut-être (et, sans doute, j'en ai quelque droit, puisque je refusai de servir activement dans les Cent Jours), je me demande, dis-je, comment quelques personnes ont pu blâmer M. de Bonnefoux d'avoir surmonté sa maladie pour recevoir Napoléon, et d'y avoir mis tant de zèle et d'empressement. Il en est même, oui, il s'en est rencontré dont les coupables pensées se sont égarées bien plus loin !... Sans m'étendre sur un si déplorable sujet, je leur répondrai à tous : « Le Préfet Maritime en agit ainsi parce que Napoléon était malheureux ; parce qu'il était un homme d'honneur ; parce qu'enfin le contraire aurait été une insigne lâcheté qui eût sans doute flétri le cœur généreux du Roi lui-même ! » Eh quoi ! Louis XVIII avait désiré, en partant, que chacun reconnût le gouvernement qui prenait place ; Napoléon avait conservé M. de Bonnefoux dans sa préfecture ; il venait à lui, avec confiance ; et cette confiance aurait été trahie ! Non, cette idée est odieuse, elle doit être mise sur le compte de l'esprit de parti, qui seul peut l'expliquer. Quant à M. de Bonnefoux, sa conduite, en ce moment, ne fut pas l'objet d'un doute pour lui ; il crut qu'il n'y avait seulement pas lieu de s'en faire un mérite ; il persévéra dans la ligne la plus respectueuse ; et, pour me servir de ses propres expressions : « Il fit son devoir jusqu'au bout ! »

Napoléon logea dans l'appartement de grand apparat, qui, jadis, avait été embelli pour lui, lorsque, passant à Rochefort, avec l'impératrice Joséphine, il allait s'emparer de Madrid, et c'était aussi celui que le duc d'Angoulème avait récemment occupé. Jeux bizarres de la fortune, et qui donnent lieu à de si graves réflexions!

Napoléon s'informa le plus tôt possible de ses deux frégates; M. de Bonnefoux répondit qu'elles étaient prêtes à le recevoir dignement, qu'il attendait ses ordres pour lui présenter le capitaine Philibert[1], leur commandant; mais qu'il devait ajouter qu'une forte croisière anglaise, absente depuis longtemps, venait de reparaître devant la rade pour la bloquer. Cette nouvelle inattendue fit une vive impression sur l'esprit de l'empereur; il parut alors se plaindre, comme d'un conseil perfide qu'on lui aurait donné, de s'être rendu à Rochefort, et il fit au capitaine Philibert diverses questions sur les Anglais, qu'il renouvela en plusieurs rencontres; mais ce capitaine, homme froid, brave et sincère, et ne s'écartant pas de son rôle d'officier essentiellement soumis à ses instructions, ne sortit jamais de la réponse suivante, ou du sens qu'elle renfermait : « Sire, les deux frégates[2] sont à votre disposition, elles

---

[1] Philibert (Pierre-Henry), né le 26 janvier 1774 à l'île Bourbon était le fils d'un ancien contrôleur et ordonnateur de la Marine. En 1786 il entra dans la Marine royale en qualité de volontaire. La Révolution le nomma enseigne de vaisseau le 16 novembre 1793. Il devint successivement lieutenant de vaisseau en 1803, capitaine de frégate en 1811 et enfin capitaine de vaisseau de seconde classe en 1814. Le capitaine de vaisseau Philibert avait les plus beaux états de services; c'était un des meilleurs officiers de la Marine impériale et il mérite d'être défendu contre d'injustes attaques. Il s'était distingué à la bataille de Trafalgar et avait, après le combat, repris le vaisseau l'Algésiras capturé par les Anglais. Il avait déjà exercé plusieurs commandements importants et en dernier lieu celui d'une division composée des frégates l'Étoile et la Sultane qui se signala, au cours d'une croisière dans l'Océan, par deux combats contre les Anglais. Blessé plusieurs fois, le commandant Philibert était en 1815 chevalier de la Légion d'honneur et chevalier de Saint-Louis. Nommé officier de la Légion d'honneur en 1821, capitaine de vaisseau de première classe en 1822, il mourut en 1824.

[2] La seconde frégate était la Méduse, commandée par le capitaine de frégate Ponée. Ponée (François) né à Granville le 9 décembre 1775, s'engagea comme matelot en 1790. Aspirant de marine en 1793, enseigne en 1794, lieutenant de vaisseau en 1802, il était capitaine de frégate depuis le 3 juillet 1811. François Ponée avait assisté à de nombreux combats, en particulier à celui d'Algésiras. Il était tombé trois fois entre les mains des Anglais. Devenu capitaine de vaisseau en 1820 il prit sa retraite en 1831.

partiront, quand Votre Majesté l'ordonnera ; elles feront tout ce qu'elles pourront pour éluder ou pour forcer la croisière ; et si elles sont attaquées, elles se feront couler, plutôt que de cesser le feu avant que Votre Majesté l'ait elle-même prescrit. » L'uniformité de ce discours donna même quelquefois des mouvements d'impatience à Napoléon, cette impatience était assurément facile à concevoir, par le fait de sa position qui devenait si critique, ou par celui de ce blocus inopportun ; mais tous les hommes n'ont pas le talent d'orner leurs discours, et le langage du capitaine Philibert était, sans contredit, celui d'un militaire franc et loyal [1].

Quelque peiné que parût d'abord Napoléon par cette nouvelle, cependant comme il attendait huit ou dix de ses voitures de choix et une vingtaine de ses plus beaux chevaux destinés à être transportés aux États-Unis, comme il savait que son frère Joseph, l'ex-roi d'Espagne, devait bientôt arriver à Rochefort, et que, par-dessus tout, il espérait quelque changement important dans les affaires, il se familiarisa bientôt avec cette contrariété. Il avait demandé les journaux ; ceux-ci représentaient l'armée de la Loire comme assez considérable ; il pensa donc qu'il pourrait se mettre à la tête de cette armée ; et, au fait,

---

[1] Comme on le voit, le témoignage de notre auteur, témoin absolument désintéressé, justifie de la façon la plus complète le capitaine Philibert. Les éditeurs de *Sainte-Hélène, journal inédit de 1815 à 1818* par le général baron Gourgaud attaquent au contraire cet officier. « Ponée, commandant de *la Méduse*, disent-ils p. 29, note 1, offrit à l'empereur de combattre *le Bellérophon*, pendant que *la Saale* (capitaine Philibert) passerait ; mais Philibert refusa de jouer le rôle glorieux qui lui était réservé ». L'inexactitude de ce récit résulte du silence de Gourgaud lui-même qui note cependant les événements jour par jour et même heure par heure. Ajoutons-le, M. de Bonnefoux, aide de camp et cousin germain du préfet maritime et que ce dernier traitait comme son fils n'eût pas ignoré cet incident, s'il se fût produit. Enfin, il convient de ne pas l'oublier, Philibert était capitaine de vaisseau et commandant de la division composée des deux frégates. On doit considérer comme absolument invraisemblable l'attitude attribuée à son subordonné, le capitaine de frégate Ponée. M. de Bonnefoux ne nomme même pas ce dernier et se borne à signaler les entrevues du chef de la division avec l'empereur.

peu lui importait, alors, que Rochefort fût étroitement bloqué. Le général Beker était fort inquiet de son côté, car il pressentait son projet, et il n'était pas à même d'en empêcher l'exécution.

On ne voyait, généralement aussi, à Rochefort, que ce moyen, pour Napoléon, de succomber s'il le fallait, comme il convenait à un homme tel que lui ; mais celui qui, naguère, était débarqué à Cannes avec six cents hommes pour conquérir la France, celui qui avait étonné le monde de ses faits audacieux, ce véritable *incredibilium cupitor* de Tacite, celui-là même se persuada que son influence sur les soldats de la Loire serait nulle, s'il se présentait de son chef et il persista dans cette dernière idée, qui prouve combien ses malheurs avaient altéré sa résolution et son caractère. Il expédia donc un courrier au gouvernement provisoire, pour obtenir de ce fantôme d'administration le commandement qu'il désirait d'une armée, qui le demandait avec tant d'enthousiasme ! Souvent, à Rochefort, Napoléon donna des marques d'abattement assez fortes ; je sais ce qu'on doit accorder à la rigueur du moment ; mais encore faut-il relater le fait ; il doit même être permis d'ajouter, que c'est dans de semblables occasions que peut le plus éclater la vraie magnanimité et qu'on est le mieux en position de donner ce spectacle tant admiré dans tous les siècles, celui d'un homme luttant, avec dignité, calme, courage, contre les plus rudes coups de l'adversité !

Napoléon, tranquillisé par le départ de son courrier, auquel, dit-on, bientôt après, il en fit succéder deux, attendait une réponse, en s'occupant de projets ou de souvenirs, et, parmi ces derniers, celui de l'amiral Martin [1]

---

[1] Pierre Martin naquit à Louisbourg (Canada), le 29 janvier 1752 d'un père originaire de Provence. Il fut élevé à Rochefort où son père avait obtenu une place de gendarme maritime après la conquête du Canada par les Anglais. Après avoir suivi les cours de l'École d'hydrographie de cette ville, il s'engagea comme mousse en 1764 à bord de la flûte *le Saint-Esprit* commandée par le chevalier de la Croix, lieutenant de vaisseau. Comme second pilote, il servit sous les ordres de M. de Guichen et perdit l'œil

tient une place remarquable. Il avait entendu parler, pendant sa campagne d'Italie, de ce vaillant marin qui se faisait distinguer, par sa bravoure et ses talents, dans la Méditerranée où il commandait alors une escadre. Il était instruit de ses démêlés avec le représentant du peuple Niou, qui entravait ses élans guerriers par ses arrêtés, et qu'il désespérait en l'assurant, avec la colère la plus outrageante et la plus comique, que si les Anglais l'attaquaient en force supérieure, il se ferait couler, et avec lui, Niou, et tous ses arrêtés. Depuis, l'empereur l'avait connu personnellement; il l'avait nommé préfet maritime; et, finalement, il avait fait fixer sa pension de retraite, dont l'amiral jouissait à la campagne, près de Rochefort[1]. Napoléon voulut le revoir, et il le fit demander.

---

gauche dans une de ses campagnes. Il assistait à la bataille d'Ouessant en qualité de premier pilote entretenu. Le comte d'Estaing le nomma lieutenant de frégate, c'est-à-dire officier auxiliaire. La paix conclue, il redevint pilote. On lui donna cependant le commandement d'un petit bâtiment *la Cousine*, en station sur la côte du Sénégal et ce fut là qu'il connut le chevalier de Boufflers. La Révolution nomma Pierre Martin lieutenant de vaisseau en 1791, capitaine de vaisseau le 10 février 1793, contre-amiral le 17 novembre de la même année. Au lendemain du siège de Toulon, il prit le commandement des forces navales de la Méditerranée. Il sut montrer les qualités d'un chef d'escadre et se distingua notamment au combat des îles d'Hyères le 19 prairial an III. Vice-amiral le 1er germinal an IV (2 mars 1796), le Directoire le nomma en 1797 commandant des Armes à Rochefort et après la création des préfectures maritimes il devint préfet du 5e arrondissement. Il exerçait encore ces fonctions en 1809 au moment du désastre de l'escadre de l'amiral Allemand sur la rade de l'île d'Aix. Remplacé par l'amiral Truguet il prit sa retraite et ne rentra dans l'activité que pendant les Cent-Jours. La seconde Restauration le raya des listes de la Marine. Le vice-amiral Martin mourut à Rochefort le 1er novembre 1820. Voyez *Précis historique sur la vie et les campagnes du vice-amiral comte Martin*, par le comte Pouget, capitaine de frégate (petit-fils de l'amiral), Paris, 1853.

Le général de brigade Bonaparte commandant l'artillerie de l'armée des Alpes avait eu des rapports de service avec le contre-amiral Martin, chef de l'escadre de la Méditerranée. Ces deux officiers généraux appartenaient du reste l'un et l'autre au parti républicain. Il ne semble pas que l'empereur s'en soit souvenu avec plaisir. MM. Viaud et Fleury paraissent avoir raison lorsqu'ils disent dans leur *Histoire de Rochefort*, t. 2, p. 412, à propos de l'amiral Martin : « Napoléon n'avait pu lui pardonner ses sentiments démocratiques, sa raideur de caractère. »

[1] Cette propriété s'appelait *le Brûlée*.

L'amiral Martin, pilote avant la révolution[1], avait été choisi pour tenir le journal nautique du duc d'Orléans dans sa campagne avec l'amiral d'Orvilliers ; plus tard, pendant une station au Sénégal, où il commandait un petit bâtiment, il avait, par un grand fond d'esprit naturel, tellement gagné les bonnes grâces du fameux chevalier de Boufflers, gouverneur de cette colonie, que leurs relations n'ont cessé qu'avec la vie.

De très beaux services élevèrent ensuite cet officier au grade de vice-amiral. Sa taille était trapue, sa force, qui lui servit seule, et souvent, à calmer des séditions, était incroyable, son enveloppe était dure, grossière ainsi que sa parole ; mais son intelligence était vive et pénétrante, son caractère noble, son courage bouillant, indomptable[2], et je tiens de son secrétaire intime

---

[1] Dans un compte rendu très étendu et fort remarquable, à notre avis, du livre du comte Pouget cité plus haut (*Nouvelles annales de la Marine et des Colonies*, t. X, 1853 p. 378 et suiv.), M. de Bonnefoux s'exprimait de la façon suivante : « La classe des pilotes, dont il est ici question, n'existe plus en France ; mais il y a encore quelque chose d'analogue dans la marine anglaise. Ces pilotes, que l'on qualifiait de la dénomination d'*hauturiers* et dont les fonctions furent supprimées en 1791 étaient destinés à faire des campagnes de long cours ; ils devaient être très versés dans l'astronomie pratique et dans toutes les sciences mathématiques ayant trait à l'hydrographie ou à la route des navires dont ils étaient spécialement chargés ; il est vrai qu'ils ne commandaient jamais la manœuvre à bord des bâtiments, mais le plus souvent ils devaient indiquer au commandant quelle était celle qu'ils croyaient plus convenable de faire. On voit, par là, de quelle importance un premier pilote était à bord et combien il devait posséder de connaissances, d'expérience et de jugement. »

[2] Dans le compte rendu mentionné plus haut, M. de Bonnefoux rend hommage aux éminentes qualités de l'amiral Martin. « Prisonnier de guerre sur parole à cette époque et ne pouvant, par conséquent, servir activement sur nos bâtiments armés, j'étais un des aides de camp de ce préfet (le baron Casimir de Bonnefoux). Ce fut pour moi une excellente occasion de connaître l'amiral Martin dont j'avais tant entendu parler et de m'approcher de lui. J'en saisissais tous les prétextes avec empressement car tout, en cet homme extraordinaire, m'attirait et me fascinait. Il s'aperçut bien vite du charme et du plaisir que j'éprouvais à le voir et il avait la bonté de me retenir auprès de lui toutes les fois que j'allais lui rendre mes devoirs et que, par discrétion, je voulais abréger mes visites. Je me convainquis alors que tout ce que j'avais ouï dire de son grand cœur, de son esprit pénétrant, de son caractère ferme et décidé, de sa valeur incomparable, était encore au-dessous de la vérité, et jamais je ne quittais sa

que, quoiqu'il eût une capacité distinguée pour les affaires, il aimait pourtant à voir que, généralement, on ne la soupçonnât même pas. Il avait un frère, contre-maître dans le port de Rochefort, qu'il n'avait jamais voulu faire avancer, parce qu'il s'adonnait au vin, mais il avait amélioré son existence, il l'avait souvent à dîner avec lui, et le maréchal Augereau fut, un jour, charmé de la manière franche, sensible et spirituelle avec laquelle il lui avait présenté ce frère, dans sa préfecture, et à l'instant de se mettre à table.

Tous ces traits, que connaissait Napoléon, lui plaisaient extrêmement, aussi éprouva-t-il du plaisir à revoir l'amiral Martin ; mais, bientôt, surpris de le trouver encore si vert, il lui témoigna un mécontentement obligeant d'avoir fait connaître, il y avait quelques années, qu'il désirait obtenir sa retraite. L'amiral avait été fort loin d'y jamais penser ; au contraire, il avait appris, vers cette époque, qu'il avait été désigné par l'empereur pour prendre, à Cadix, le commandement de l'armée navale, qui se mesura si malheureusement ensuite contre Nelson à Trafalgar, et il avait été trop flatté de ce choix (que l'intrigue fit malheureusement changer), pour même hésiter. Il répondit donc en se récriant sur le fait de cette demande de retraite, et il ajouta qu'en attendant l'ordre de commander l'armée, ses apprêts de voyage avaient été faits et qu'il serait parti à la minute. Napoléon l'écouta avec une sombre attention, et après lui avoir encore demandé si, vingt fois, il n'avait pas énoncé le désir de se retirer du service, il s'exprima avec beaucoup de force et d'amertume sur la triste condition des princes de ne pouvoir tout vérifier par eux-mêmes et sur les menées coupables

présence sans être pénétré pour lui d'une admiration toujours plus vive, d'un respect toujours croissant. Jamais aucun autre amiral n'a produit en moi une impression aussi profonde ; de tous ceux que j'ai connus, c'est lui certainement que j'aurais suivi à la mer avec le plus de confiance, de dévouement et d'abandon, s'il avait repris le commandement d'une escadre. »

des ambitieux, à qui tous les moyens sont bons pour éloigner les plus dignes compétiteurs. C'est alors qu'il fit des réflexions bien justes et bien tardives sur la marine, et qu'il assura, en jetant un regard significatif sur l'amiral et sur M. de Bonnefoux, qu'il se reprochait bien de ne pas avoir suivi son inclination, souvent traversée, de récompenser plus qu'il n'avait fait ceux qu'il avait jugé, lui-même, devoir l'être davantage.

Joseph arriva[1]; il logea aussi à la préfecture, où sa présence produisit un moment de diversion. J'ignore si Napoléon sut qu'en passant par Saintes, Joseph avait entendu sous ses fenêtres quelques partisans des Bourbons crier : « Vive le Roi ! » Le drapeau tricolore flottait encore en cette ville, et, croyant que l'ovation s'adressait à lui, comme ancien roi d'Espagne, Joseph avait prié le sous-préfet d'empêcher ces jeunes gens de se compromettre par un hommage aussi bruyant. On rit de cette méprise qui était feinte, peut-être, de la part de Joseph, et qui, d'ailleurs, était assez naturelle ; mais rien de pareil n'eut lieu à Rochefort.

Napoléon, souvent avec son frère, souvent seul, portant un habit bourgeois vert, se promenait fréquemment tête nue, ou avec un chapeau rond, sur une galerie de la Préfecture, alors non vitrée et qui domine le port ainsi que le jardin. Des curieux, et qui ne l'eût pas été ! accouraient des environs, pour arrêter un moment leurs regards sur lui; on causait, on faisait ses réflexions, les uns censuraient, les autres admiraient, mais à voix basse; on comprit ce qu'on devait de respect à l'objet le plus étonnant des vicissitudes de la fortune ; et chacun sentit et remplit si bien des devoirs parfaitement tracés, que jamais un geste déplacé, une conversation élevée ne trahirent ni l'amour ou l'admiration, ni la haine ou l'emportement. Seulement, le soir, quand Napo-

---

[1] Le roi Joseph arriva le 5 juillet à Rochefort.

léon tardait trop à paraître sur la galerie, ou, quand cédant aux désirs qu'on lui faisait connaître, il venait à se montrer, il était appelé ou remercié par des cris de : Vive l'empereur, auxquels, en se retirant, il répondait avec un salut de la main.

Napoléon conservait, à Rochefort, l'étiquette et le décorum de la souveraine puissance, autant au moins que les localités et les circonstances le permettaient. C'est donc en se modelant sur ces formalités que se faisaient les présentations et le service de son appartement. Il mangeait, même, seul, quoique son frère Joseph habitât le même hôtel, et quoique l'amitié parfaite du général Bertrand semblât aussi réclamer une exception : il se privait là d'un grand plaisir ; et l'on a peine à concevoir que ce fût le même homme aux formes républicaines, qui en forçant le Conseil des Cinq Cents à Saint-Cloud, avait prescrit aux grenadiers de tourner leurs baïonnettes sur lui « si jamais, il usait contre la liberté d'un pouvoir qu'il avait fallu conquérir pour en assurer, disait-il, le triomphe ».

On avait fait courir le bruit à Rochefort, que l'impératrice Marie-Louise s'était rendue à l'île d'Elbe pendant que Napoléon y avait séjourné, un frère du préfet maritime qui habitait l'hôtel de la préfecture, en fit, une fois, la question à une personne qui s'était trouvée, elle aussi, à l'île d'Elbe pendant ce même temps. Nous avions entendu un aide de camp nous raconter, comme témoin, la manière romanesque dont l'impératrice avait appris à Blois, où elle s'était réfugiée, la nouvelle de la première abdication de Napoléon : aussi ne fûmes-nous pas surpris d'entendre qu'on ne pensait même pas qu'aucune tentative d'entrevue eût été essayée de sa part.

On a su, depuis, qu'un mariage secret avec le général autrichien Neipperg avait ratifié des relations intimes qui suivirent de près cette abdication, et qui étaient trop évidentes, par leurs suites, pour n'avoir pas nécessité ce mariage. Napoléon eut certainement beaucoup à déplorer son alliance avec la maison d'Autriche, par la confiance qu'elle lui inspira, par le désespoir légitime où elle plongea Joséphine, et par la tournure fâcheuse et précipitée que prirent ses affaires à compter de ce moment. C'est ainsi qu'échoue la prévoyance humaine : l'empereur se crut, alors, en état de tout braver et jamais on n'osa moins impunément.

Cependant, une partie des équipages de Napoléon était arrivée ; Joseph allait s'éloigner pour se rendre aux États-Unis. Les alliés dictaient à Paris leurs inflexibles conditions, Louis XVIII avait reparu sur la frontière et Napoléon persistait à ne pas vouloir se joindre à l'armée de la la Loire. Il ne recevait pas de réponse de ses courriers, et la tristesse était empreinte sur les figures, lorsque les journaux annoncèrent que l'archiduc Charles arrivait à Paris pour un objet important à discuter avec le Gouvernement provisoire ; l'espoir reprit promptement le dessus ; mais ce fut un vide encore plus profond quand on vit que ça n'avait été qu'une fausse lueur, et que la nouvelle ne se confirmait point.

Quelle destinée pour celui qui avait été le dominateur des événements que d'en être devenu le jouet ! Il semble que, puisque Napoléon ne voulait plus tenter les hasards des combats, il était plus naturel qu'il allât se jeter dans les bras de l'empereur d'Autriche, son beau-père, que de se rendre à Rochefort avec la presque certitude d'y être bloqué par des bâtiments ennemis.

On revint alors à s'occuper des frégates, de la croisière anglaise, du départ de Joseph, et enfin de projets d'évasion. L'impassible Philibert était toujours dévoué et prêt à tout ; mais la croisière s'accroissait et elle redoublait de vigilance. Joseph voulait, d'ailleurs, que son frère partît seul avec lui, ou sans autre suite que le brave et fidèle Bertrand ; mais Napoléon ne voulait point s'échapper tout à fait en fugitif ; il voulait ses courageux adhérents, ses chevaux et son train impérial de maison. Joseph insistait en disant qu'avec de l'or, des billets de banque, des diamants, il suffisait de gagner les Etats-Unis et qu'ensuite on obtiendrait l'arrivée très précieuse d'amis aussi sincères ; mais Napoléon montrait toujours de la répugnance, alléguant qu'il ne pouvait agir comme Joseph, souverain secondaire, disait-il, ou comme l'aurait pu faire, en semblable circonstance, un monarque successeur d'une longue suite de rois.

Joseph, dans ces scènes critiques, fit preuve de beaucoup de sang-froid, d'unité de dessein et de liberté d'esprit ; il prit donc son parti et fit une heureuse traversée [1] que, par la suite, Napoléon, dans ses intérêts personnels, dut bien regretter de n'avoir pas tenté de partager[2].

Joseph eut, avant son départ, une entrevue avec M. de Bonnefoux ; il lui parla avec reconnaisance, avec effusion, il le pria d'accepter une tabatière d'or embellie de son chiffre en brillants et il lui dit affectueusement : « Ceci n'est qu'un souvenir d'amitié, mais, si vous êtes persécuté pour vos soins nobles et délicats, venez me trouver, et tant que mon cœur battra, ce sera pour désirer de partager avec vous ce que la fortune m'aura laissé ! »

[1] Joseph partit sur un bâtiment américain qui vint le prendre vers l'embouchure de la Gironde. Chateaubriand, comme on le verra ci-après, dit que ce bâtiment était danois ; cette question de nationalité ne présente bien entendu aucune importance.
[2] Rapprochez le passage suivant des *Mémoires d'Outre-tombe* de Chateaubriand, édition Biré, t. IV, p. 67 : « Depuis le 1ᵉʳ juillet, des frégates l'attendaient (Napoléon) dans la rade de Rochefort ; des espérances qui ne meurent jamais, des souvenirs inséparables d'un dernier adieu l'arrêtèrent... Il laissa le temps à la flotte anglaise d'approcher. Il pouvait encore s'embarquer sur deux lougres qui devaient joindre en mer un navire danois (c'est le parti que prit son frère Joseph), mais la résolution lui faillit en regardant le rivage de la France. Il avait aversion d'une république ; l'égalité et la liberté des Etats-Unis lui répugnaient. Il pensait à demander un asile aux Anglais : « Quel inconvénient trouvez-vous à ce parti ? disait-il à ceux qu'il consultait. » « L'inconvénient de vous déshonorer, lui répondit un officier de Marine, vous ne devez pas même tomber mort entre les mains des Anglais. Ils vous feront empailler pour vous montrer à un schelling par tête. »

Louis XVIII était en route pour la capitale, et Napoléon ne recevait pas de nouvelles particulières de Paris. Il eut connaissance de deux ordonnances datées de Cambrai relatives à la poursuite et à la mise en jugement de quelques uns des hauts personnages qui, avant le départ du Roi, avaient reconnu la puissance impériale. Napoléon, qui y vit figurer les hommes qui lui étaient le plus chers, éprouva un vif sentiment de douleur, auquel il faut, sans doute, attribuer des expressions très dures qu'il prononça contre la famille royale.

Ces expressions, cependant, ne peuvent être complètement justifiées, car la position de Napoléon était fâcheuse, il est vrai, mais elle était le résultat de circonstances auxquelles il avait eu la part la plus fatale. De ces sarcasmes, Napoléon revint ensuite à la disette de communications écrites où on le tenait de Paris ; et faisant allusion à cet essaim de flagorneurs et d'intrigants, au cœur rongé par l'envie, qui, le visage riant et toujours tourné vers la fortune, sont la peste des cours et le fléau des princes, il exhala sa bile avec une véhémente richesse d'expressions, en accablant ceux que sa mémoire lui venait offrir, d'épithètes caustiques et peut-être trop méritées.

Les événements se succédaient avec rapidité, et le moment était venu de s'arrêter à un parti : l'armée de la Loire fut remise sur le tapis ; toutefois ce moyen de vaincre ou de mourir militairement les armes à la main, fut écarté de nouveau, par les mêmes raisons qui paraissent si peu motivées ; et ce fut heureusement pour la France, qui aurait eu encore à gémir de plaies civiles, peut-être plus profondes que les précédentes.

Plusieurs projets d'évasion furent alors présentés, principalement par le capitaine Baudin[1] qui commandait *La Baya-*

---

[1] Baudin (Charles), né à Paris, le 21 juillet 1784, était le fils du Conventionnel Baudin (des Ardennes). Il entra dans la Marine comme novice en 1799 et passa ensuite l'examen d'aspirant. Enseigne de vaisseau en 1804,

dère, corvette mouillée dans la Gironde, et qui n'a été rappelé au service qu'en 1830. Celui du lieutenant de vaisseau Besson[1], sur un bâtiment de commerce danois[2], à sa consignation, aurait très probablement réussi : il ne s'agissait que de s'enfermer pendant quelques heures dans une cachette destinée aux marchandises de contrebande et de s'exposer, sous pavillon neutre, à être visité par la croisière anglaise. Celui des officiers de Marine Genty[3] et Doret[4] était

lieutenant de vaisseau en 1809, il était capitaine de frégate depuis le 22 août 1812. Aspirant de Marine sur la corvette *le Géographe*, il prit part à une campagne de découvertes de 1800 à 1804. Enseigne de vaisseau, il perdit le bras droit dans le combat soutenu le 15 mars 1808 par la frégate *la Sémillante*. En 1812, il commandait *la Dryade* au moment de son combat. Mis à la retraite à l'âge de trente-deux ans le 18 avril 1816, Charles Baudin demanda l'autorisation de commander pour le commerce et s'inscrivit au port de Saint-Malo comme capitaine au long cours. Plus tard, il fonda une maison de commerce au Havre. Rappelé à l'activité après la Révolution de 1830 en qualité de capitaine de frégate, il fut promu capitaine de vaisseau le 6 janvier 1831, contre-amiral le 1er mai 1838, vice-amiral le 22 janvier 1839. Il commanda l'escadre du Mexique en 1838 et 1839 et se signala par la prise du Fort de Saint-Jean d'Ulloa. Enfin Napoléon III l'éleva le 27 mai 1854 à la dignité d'amiral. L'amiral Baudin mourut le 7 juin de la même année. Il était sénateur et Grand-Croix de la Légion d'honneur.

[1] Besson Jean, dit Victor, né à Angoulême, le 28 janvier 1781, s'engagea comme mousse et passa plus tard l'examen d'aspirant. Enseigne auxiliaire en 1804, enseigne entretenu en 1811, il était lieutenant de vaisseau depuis le 6 janvier 1815. Le général Rapp l'avait au mois de juin 1813, nommé lieutenant de vaisseau provisoire pour sa belle conduite au siège de Dantzick. Il s'était également distingué lors du combat livré par la frégate *la Minerve*. Rayé des cadres de la Marine en 1816, M. Besson entra plus tard au service du Pacha d'Egypte. Il devint vice-amiral de la Marine égyptienne et mourut à Alexandrie le 12 septembre 1837.

[2] Ce bâtiment de commerce danois était un brick appelé *la Magdeleine*. Il appartenait à F.F. Frühl d'Oppendorff. Le gendre de ce dernier, le jeune lieutenant de vaisseau Besson le mit à la disposition de l'empereur.

[3] Genty (Benoît), né à Bordeaux, le 21 décembre 1771, commença par naviguer au commerce. Il était lieutenant de vaisseau entretenu depuis le 11 juillet 1811. Attaché pendant la campagne de 1814 à l'artillerie du 6e corps d'armée, il servit avec la plus grande distinction.

[4] Doret (Louis-Isaac-Pierre-Hilaire), né le 13 janvier 1789, s'engagea comme mousse en 1801. Aspirant de 1re classe en 1811, enseigne en 1812, le Gouvernement de la seconde Restauration le raya des listes de la Marine le 23 août 1815. C'était également un excellent officier qui avait montré la plus haute intrépidité dans le combat livré en 1813 par *la Dryade*, que commandait Charles Baudin. Après la Révolution de 1830,

plus aventureux, mais, dans le beau temps de l'été, il laissait espérer beaucoup de chances de succès. Il consistait à partir sur une embarcation légère avec un bon nombre de personnes bien armées, à filer sous la terre après le coucher du soleil et à gagner le large ; là, le premier bâtiment rencontré aurait été acheté, ou emporté de force et conduit aux Etats-Unis. Cependant, après avoir d'abord semblé se décider en faveur du projet de M. Besson qui, comme ses camarades, y mit une parfaite abnégation personnelle, Napoléon retomba dans ses incurables idées de prétendue dignité, et, toujours combattu, il parut y renoncer.

Il ne résulta de ces indécisions et des rumeurs qui s'en propagèrent, que la divulgation des efforts généreux de ces hardis marins, et le ministre de la Restauration eut l'illibérale rudesse de les rayer des listes de la Marine et de briser violemment ainsi la carrière d'officiers, dont le crime était d'avoir servi un autre souverain que le roi, qui, en pareille position, aurait été servi avec le même zèle, avait lui-même engagé à reconnaître. Je l'avoue, je n'ai jamais compris ces rigueurs impolitiques ; les Ordonnances de Cambrai avaient parlé, tout devait être dit ! et qu'en est-il résulté ? Le temps, ce grand maître qui rectifie tant de jugements, le temps, même pendant les règnes de Louis XVIII et de Charles X, a amené la grâce de presque tous les prévenus atteints par ces Ordonnances ; mais les officiers rayés des cadres, ainsi que bien d'autres subalternes, quoique rétablis pour la plupart, sur les listes, depuis la Révolution de 1830, n'en ont pas moins perdu, pendant longtemps, leurs grades si légitimement acquis, leurs moyens d'existence

---

il rentra dans le Corps, devint lieutenant de vaisseau en 1831, prit part à l'expédition du Mexique et à la prise de Saint-Jean d'Ulloa en qualité de chef d'état-major de l'ancien commandant de *la Dryade* le contre-amiral Baudin. M. Doret fut promu capitaine de frégate en 1839 et capitaine de vaisseau en 1841.

si chèrement achetés, leurs droits à l'avancement; et les ministres, par ces réactions odieuses dans les emplois inférieurs, ouvrirent la porte à d'infâmes délations qu'on fut fondé à attribuer aux royalistes, dont, par là, les sentiments furent compromis.

Mme la comtesse Bertrand[1] était effrayée de ces tentatives où, naturellement, son cœur redoutait une séparation d'avec son mari, qui, dans ces expéditions, aurait, seul et sans elle, partagé les hasards de Napoléon. Epouse, mère, et ayant avec elle ses deux enfants, ce n'était pas sans une terreur encore plus profonde qu'elle devait penser aux paroles du capitaine Philibert dont elle était probablement instruite, ainsi qu'à ses propositions foudroyantes de se faire couler bas. En proie aux plus affreux combats qui puissent se livrer dans le cœur d'une femme, toute à l'honneur de son mari qui ne se séparait pas d'un dévouement absolu, mais rappelée involontairement à des sentiments d'effroi par le cri de la nature, cette mère malheureuse, digne de l'intérêt et du respect les plus réels, ne voyait, ne pouvait voir d'autre ressource que de s'abandonner à la générosité des Anglais. C'est pénétrée de cette idée que, jusqu'à trois fois, dit-on, pâle, égarée, traversant les appartements avec le désespoir peint sur les traits, elle avait abordé Napoléon, avait embrassé ses genoux ; et là, s'exprimant avec le langage de l'âme, elle lui avait représenté le peuple britannique comme un peuple magnanime, et elle lui avait dépeint un séjour de sa personne en Angleterre, comme devant être charmé, honoré, par le sentiment profond que cette nation devait avoir de sa grandeur et de ses exploits miraculeux.

---

[1] MM. le vicomte de Grouchy et Antoine Guillois dans leurs notes sur les *Mémoires* de Gourgaud, p. 37, note 1 parlent de Mme la comtesse Bertrand dans les termes suivants : « Mme de Montholon, dans ses *Souvenirs*, dit qu'elle était fille de l'Anglais Dillon, nièce de Lord Dillon et qu'elle avait été élevée en Angleterre. Parente par sa mère de Joséphine, ce fut l'empereur qui la maria à Bertrand et la dota. »

Napoléon se sentit touché à ce projet d'une exécution si facile, développé d'un ton de si parfaite conviction et embelli d'un prestige caressant de flatterie, auquel il est vrai que le cœur humain ne sait, peut-être, jamais fermer tout accès. Qui pourrait se vanter d'y être insensible, si Napoléon céda, encore une fois, à son empire, s'il put oublier que tout, en Angleterre, est calculé, et que si le Gouvernement y montre parfois de la philanthropie, c'est que, sans doute, elle s'allie avec ses intérêts matériels? Cependant Napoléon avait trop haï, trop méprisé les Anglais, pour rien promettre encore, et il se contenta d'ordonner, en ce moment, que les apprêts fussent faits pour se rendre en rade, soit à bord de ses frégates, soit à l'île d'Aix qui protège cette rade, et dont les forts étaient servis par les troupes de la Marine.

Le général Beker apprit cette détermination avec beaucoup de plaisir; il était évident qu'il était impossible à ses cavaliers et à lui d'entraver en rien les desseins de Napoléon, et de l'empêcher, s'il l'eût voulu, d'aller se faire saluer de nouveau par l'armée de la Loire, du titre de général et d'empereur. Le général Beker avait été disgracié par Napoléon, et, comme on lui avait supposé des motifs de mécontentement, dont, au surplus, sa conduite à Rochefort prouve qu'il avait glorieusement déposé les souvenirs, le Gouvernement provisoire avait cru pouvoir le charger d'une mission, qui n'était compliquée qu'en raison du personnage. En effet, il ne s'était agi, d'abord, que d'arriver au port et d'y voir l'ex-empereur s'embarquer; mais la présence de la croisière anglaise, la variété des projets qui se traversèrent, surtout les longues irrésolutions qui s'en suivirent, devinrent bientôt de grandes difficultés. Le projet de départ de Rochefort pour la rade répandit donc beaucoup de calme dans les agitations du général Beker, et son esprit fut soulagé d'une pesante responsabilité.

Beau-frère de l'héroïque Desaix[1], à qui, ainsi qu'à Kel-

[1] Le général Beker avait épousé la sœur du général Desaix.

lermann, l'on assure que Napoléon dut le gain de la fameuse bataille de Marengo, d'où se déroulèrent ses destinées, le général était père d'un jeune enfant que Napoléon avait tenu sur les fonts baptismaux. Il voyait avec regrets que Napoléon quittait la France avec l'idée, peut-être, que lui, général Beker, eût sollicité cette mission, ou qu'il avait agi, en la remplissant, avec haine et rancune. Tourmenté de cette pensée qui honore son caractère, il s'en ouvrit au général Bertrand, et il lui dit qu'il serait au comble du bonheur, s'il pouvait apprendre que Napoléon n'entretenait pas de semblables préventions; qu'une manière qui lui paraissait naturelle et sincère de prouver à lui et à tous qu'il n'en était rien, serait de se rappeler que le jeune Beker était son filleul; à ce titre, un témoignage d'intérêt, un léger présent, en forme de souvenir, serait très précieux à son cœur. Le général Bertrand promit d'en parler à Napoléon, qui, après quelques réflexions, et sans charger le général Bertrand d'aucune parole particulière sur son message, lui remit, afin d'être délivré au général Beker, et pour son fils, encore enfant, une simple croix de légionnaire. Le général Bertrand s'acquitta assez publiquement de cette injonction, dont l'intention ne put pas être expliquée; car avec le don de cette décoration, ne pouvait pas exister la faculté de la porter; ainsi, l'on ne put s'accorder à décider si Napoléon avait entendu répondre avec ironie, complaisance ou dédain, à la demande du beau-frère de son ami, et du père de son filleul. Toujours est-il que ce fils de Beker, mort depuis d'une manière funeste, le jour même où il allait contracter un grand mariage, s'est montré, par sa bravoure pendant la guerre d'Espagne, en 1823, aussi digne qu'aucun de ceux qui ont été décorés par les mains de l'empereur, de porter ce signe de l'honneur; et qu'alors, il mérita sur le champ de bataille, et sa croix, et le droit de la placer sur sa poitrine.

La rade de l'île d'Aix est à quatre lieues de Rochefort,

mais pour abréger la route, il est ordinaire de ne prendre un canot qu'au Vergeroux ; c'est un village situé sur les bords de la Charente à trois quarts d'heure de marche de la ville. Quand l'instant du départ fut fixé et arrivé, les voitures entrèrent dans la cour de la Préfecture ; et les embarcations nécessaires pour Napoléon et pour sa suite se rendirent au Vergeroux.

Napoléon ne voulut pas se séparer du préfet maritime sans lui donner quelque témoignage de gratitude. Déjà, comme prélude de marques plus considérables de générosité, il lui avait offert de garder, en propriété, ses équipages et ses chevaux (qui étaient d'une haute valeur) et qu'il renonçait à emmener ; mais le préfet maritime avait pris la liberté de refuser, en lui disant qu'il n'avait été soutenu dans les soins infinis dont voulait bien parler Napoléon, que par le seul désir de remplir convenablement ses devoirs, et que toute preuve de satisfaction autre qu'une simple approbation, lui serait extrêmement pénible. Napoléon n'avait pas insisté, mais à l'instant de partir, il dit à M. de Bonnefoux : « J'ai longtemps cherché comment m'acquitter envers vous, que j'ai trouvé si différent, en général, de ceux à qui, jusqu'à présent, j'ai pu faire quelques offres et qui, cependant, avez bouleversé et épuisé votre maison pour moi et pour les miens. Je conçois parfaitement vos scrupules, mais, quelque purs qu'ils soient, j'espère que vous accepterez cette boîte dont la simplicité ne peut vous effaroucher, et qui n'aura de prix que celui que vous pourrez y attacher et que je voudrais pouvoir lui donner. »

Cette boîte était d'or, le dessus portait un N en diamants, et comme M. de Bonnefoux paraissait chercher un prétexte de refus : « Je le vois, dit Napoléon, vous craignez qu'elle ne contienne quelque chose ; mais, tranquillisez-vous, elle est absolument vide et elle est digne de vous ! » Il accompagna ces mots d'un sourire, et quand on sait que les six ans qui se succédèrent furent de longs jours de captivité, où, sans doute, le malheur ne fut pas assez respecté, quand on pense qu'alors, irrévocablement éloigné de sa femme, de son fils et du théâtre de ses actions prodigieuses, aucun autre sourire ne revint probablement épanouir ses lèvres contractées par l'infortune et le chagrin... on ne peut, en revenant sur ces adieux touchants, concevoir assez combien le cœur de Napoléon devait renfermer d'amers pressentiments et combien il dut prendre sur lui, pour donner à ce présent mémorable, le prix le plus élevé qu'il pût posséder : celui de paraître partir d'une âme reconnaissante et d'un cœur momentanément satisfait.

A l'arrivée des voitures[1], la population de Rochefort inonda les rues et afflua aux fenêtres des maisons situées sur la route présumée de Napoléon, c'est-à-dire depuis l'hôtel de la préfecture jusqu'à la porte de la Rochelle. L'escorte était à son poste; les voitures se remplissent, le signal est donné, le cortège entre en mouvement; et, avec un grand fracas, il précipite sa course, il traverse la ville, et il se dirige vers le rendez-vous de l'embarquement. Les stores de la plupart des voitures étaient baissés, et l'on n'avait pu voir Napoléon lui-même dans aucune d'entre elles; mais il suffit que l'on pensât qu'il en occupait une, pour ne s'écarter nulle part de l'attitude du respect. Bien qu'on sût que le roi touchait aux portes de la capitale, bien que des drapeaux blancs s'arborassent sur divers points, cependant les ordres pour la tranquillité publique furent encore si bien entendus et exécutés, que pas une irrévérence ne vint troubler cette marche et ce départ, remarquables seulement par des saluts de « Vive l'empereur ! »

[1] Voyez le récit de Gourgaud à la date du 8 juillet : « A quatre heures on part. Sa Majesté est dans la voiture du préfet. A 5 h. 10, Napoléon quitte la France au milieu des acclamations et des regrets des habitants accourus sur la rive. La mer est très forte ; nous courons quelques dangers. A sept heures et quelques minutes, Sa Majesté aborde *la Saale*. »

J'avais aussi partagé la curiosité publique, j'étais placé à une croisée d'une maison voisine qui dominait, à la fois, la cour et le jardin de la Préfecture. Je me félicitais d'être assuré que Napoléon, cet élément de guerre, qui pouvait si facilement armer les Français contre les Français, eût enfin pris le parti de quitter la France; mais je ne pouvais maîtriser cet attendrissement secret qui s'attache aux grandes infortunes, et je m'y livrais en silence lorsqu'un nouveau bruit se fit entendre. Une belle voiture sortit de la cour des remises, traversa la porte grillée du jardin et vint s'arrêter au bas de la terrasse, en face de la porte d'entrée des appartements du rez-de-chaussée de l'hôtel; la portière s'ouvrit et la voiture attendit.

Mille idées se croisaient dans mon imagination quand, tout à coup, je vois apparaître Napoléon lui-même, que je croyais parti, et M. de Bonnefoux. Ils sortent, absolument seuls, de la Préfecture, et ils s'avancent: Napoléon a son costume favori, veste et culottes blanches, bottes à l'écuyère, habit vert d'uniforme avec épaulettes de colonel, son épée jadis si terrible, et le petit chapeau tant connu. Quelque chose de sévère est répandu sur ses traits; mais son pas précipité, révèle une vive agitation intérieure. Il traverse la terrasse, il en descend l'escalier, il s'appuie sur le marche-pied de la voiture; il se retourne alors, il s'efface vers M. de Bonnefoux en écartant le bras gauche comme pour découvrir son cœur qui doit renfermer tant d'amertume, tant de combats, tant de déchirement; il prononce un nouvel et éternel adieu à la France et à lui... et il est emporté, avec la promptitude de l'éclair, vers la porte de Saintes qui est située au nord de la ville.

Il est facile de le concevoir, ce départ mystérieux, cette apparition tout à fait inattendue, la rapidité, la variété de la scène, cette dernière pause surtout qui semblait dire : « Vous ne me verrez plus ! », tout aurait sans doute porté ma première émotion à son comble, si les cris redoublés : « Où va Napoléon ? », qui sortirent naturellement de toutes nos bouches ne fussent venus occuper puissamment nos esprits. L'inquiétude était visible, et l'on se perdait en conjectures ; mais nous apprîmes bientôt que la voiture, après être sortie par la porte de Saintes, avait pris sur la gauche pour rejoindre la route du Vergeroux ; et il parait qu'on avait seulement voulu éviter les hommages ou les regards [1].

Napoléon, en rade, passa en revue les équipages et les troupes si dévouées, qui étaient en très bon état ; cet appareil de guerre lui plut, quoiqu'il ne dut lui paraître que comme un atôme de sa puissance première.

Cependant l'aspect de la croisière anglaise le replongeait bientôt dans ses méditations ; la difficulté de sa position semblait alors l'absorber. Voyant les choses par lui-même, il découvrit, en effet, que la tentative serait infructueuse, s'il voulait, avec ses frégates, combattre ou tromper des croiseurs si nombreux, et cela dans le cœur de l'été où, pour ainsi dire, il n'y a ni vent ni nuit [2]. Comme, en ce moment, il ne lui restait aucun autre parti, il se prépara à se livrer aux Anglais, et à faire un appel à leur générosité [3]. Il entama donc quelques négociations, dans lesquelles il manifesta l'espoir d'être libre d'habiter les Etats-Unis ou l'Angleterre.

[1] Le préfet maritime fit l'observation, car tout se remarque, dans l'existence d'hommes comme Napoléon, que deux membres de sa famille avaient vu : l'un le colonel de Campagnol, les débuts militaires du futur empereur dans son régiment d'artillerie, l'autre, lui-même, préfet maritime à Rochefort, le terme de sa carrière politique. Comparez *Mémoires*, p. 19, note 1. (*Note de l'auteur.*)

[2] Si la tentative de Joseph avait réussi, c'est que le lougre sur lequel il s'était embarqué pouvait, en raison de son faible tirant d'eau, longer la côte et se soustraire aux poursuites des navires anglais. Le projet du lieutenant de vaisseau Genty et de l'enseigne de vaisseau Doret reposait sur la même idée. Comp. *Gourgaud* p. 29.

[3] Dans l'entourage de Napoléon les avis étaient partagés. A la date du 12 juillet, Gourgaud déclare qu'il a donné à l'empereur le conseil de se rendre à la nation anglaise. Déjà le 10 juillet Las Cases et Rovigo avaient été envoyés à bord du *Bellérophon*.

On a beaucoup parlé de ces négociations, et quelques personnes ont paru croire que les Anglais avaient comme adhéré aux désirs de Napoléon, et qu'ensuite ils avaient trahi leurs promesses.

Je conviens, qu'en général, la réputation du Gouvernement britannique peut valider un tel soupçon; mais, en cette transaction, j'ai connu les officiers de notre marine qui y ont été employés plus ou moins directement, j'en ai ouï discuter toutes les particularités sur les lieux; et je puis déclarer avoir vu, alors, tout le monde persuadé que le capitaine Maitland reçut Napoléon à son bord, seulement en qualité de prisonnier de guerre se réfugiant sur son vaisseau, pour aller réclamer l'hospitalité du prince Régent, feu Georges IV, à qui Napoléon écrivit que, comme Thémistocle, il demandait à être admis au foyer de son plus généreux et plus puissant ennemi[1].

En y réfléchissant, d'ailleurs, ne voit-on pas que l'Angleterre n'était qu'un fragment de la vaste coalition de l'Europe entière, que le but avoué de cette coalition était de combattre la personne même de Napoléon, qu'enfin il était impossible que le ministère anglais pût prendre sur lui de rien statuer sur son compte, sans le concours des autres puissances? Les Anglais ne pouvaient donc rien stipuler par eux-mêmes, rien garantir, rien promettre; et le capitaine Maitland était moins en position, encore, que qui que ce fût, de se laisser aller à cet oubli de ses devoirs.

Une preuve concluante, c'est que Napoléon attendit jusqu'au dernier moment pour se rendre à bord des vais-

---

[1] La comparaison de Thémistocle n'a pas paru juste à tous les esprits; car Thémistocle n'avait pas été vaincu par les Perses, et il était exilé de sa patrie. Napoléon, au contraire, était fugitif après la bataille de Waterloo; il était bloqué à Rochefort, et il ne se livrait aux Anglais que parce qu'il croyait impossible d'échapper à une croisière à laquelle son frère Joseph sut pourtant se dérober. En position, à peu près semblable, Annibal préféra s'empoisonner. (*Note de l'auteur.*)

sceaux anglais; ses irrésolutions étaient même revenues dans toute leur force[1], quoi qu'elles n'eussent plus alors de but réellement fondé. Le capitaine Philibert en écrivit au préfet maritime; celui-ci s'attendait, à chaque instant, à apprendre officiellement la rentrée du roi à Paris; aussi adressa-t-il, sur-le-champ, une lettre secrète au capitaine Philibert, en lui donnant l'avis particulier de la montrer à Napoléon. Treize drapeaux blancs, arborés par des bourgs et des villages voisins, flottaient dans les airs et frappaient les yeux de Napoléon, lorsque cette lettre, probablement péremptoire et dans laquelle on pressent facilement que la loyauté de M. de Bonnefoux l'informait que, d'après sa correspondance particulière, il savait que l'ordre de s'opposer à tout départ et de l'arrêter, allait être expédié de Paris…, lorsque cette lettre, dis-je, l'arracha à ses incertitudes, et le décida à se faire conduire à bord du vaisseau anglais *le Bellérophon*, commandé par le capitaine Maitland[2]. Là, le nom de général, dont on le salua, fut le premier mot qui retentit à son oreille habituée à un titre plus pompeux; il ne put renfermer la peine qu'il en ressentit. Cette peine dut lui présager tout ce que, par la suite, son amour-propre aurait à souffrir dans sa détention de Sainte-Hélène qui dura six ans, qui amena prématurément le développement mortel de sa maladie, et qui imposée, avec des froissements continuels, à un homme de sa trempe, dut paraître un supplice bien long et bien cruel.

---

[1] D'après MM. Viaud et Fleury, *Histoire de Rochefort*, t. II, p. 513 : « Napoléon fit donner aux deux frégates l'ordre d'appareiller, mais le capitaine Philibert répondit froidement qu'il lui était défendu de tenter le passage si les bâtiments devaient courir le moindre danger. » L'ordre n'a pas été donné. Les *Mémoires* de Gourgaud ne peuvent plus laisser aucun doute à cet égard. Quant aux instructions et aux sentiments du capitaine Philibert, la réponse invariable qu'il fit à Napoléon jette sur eux tant de lumière qu'elle nous dispense d'insister.

[2] La lettre au prince Régent porte la date du 13 juillet. Napoléon s'embarqua le 15 sur le brick, *l'Epervier*, pour se rendre au *Bellérophon*.

L'empereur avait montré trop de considération à M. de Bonnefoux pour n'avoir pas désiré connaître son opinion dans la conjoncture délicate de son départ, et cette opinion avait toujours été ou que l'Empereur, malgré la croisière anglaise qui bloquait Rochefort, partît pour les États-Unis, soit avec Joseph, soit de toute autre manière, ou qu'il allât se mettre à la tête de l'armée de la Loire, mais, surtout, qu'il ne se rendît pas aux Anglais[1]. Quelle horrible captivité de moins, si ce conseil avait été adopté !

Cependant, la vue de tant d'infortunes, le prestige qui s'attache à de si hauts personnages, tout avait fait naître dans le cœur des témoins des derniers jours politiques de l'empereur, un intérêt dont n'avaient pu se défendre ceux-mêmes qui, jouant un rôle passsif, n'avaient pas partagé ses dernières espérances, ni embrassé son parti. Tous, ont pensé que si la vengeance de ses ennemis alla trop loin, la France et les Français sont, heureusement purs de tout reproche à l'égard d'un prince qui, malgré tout ce qui a pu s'ensuivre, les avait cependant délivrés du monstre de l'anarchie, les avait gouvernés pendant quinze ans, et avait répandu, sur leurs armes, un lustre que rien ne peut effacer.

[1] L'opinion de M. de Bonnefoux paraît avoir été celle de tous les officiers de marine. Gourgaud rapporte, p. 38 que le 13 juillet il remit au nom de l'empereur une paire de pistolets, à titre de souvenir, aux capitaines Philibert et Ponée. Il ajoute : « Ils me remercièrent en s'écriant : Ah ! vous ne savez pas où vous allez ! Vous ne connaissez pas les Anglais. Dissuadez l'empereur d'un tel projet. » En 1853, dix-sept ans après avoir écrit la présente *Notice*, M. de Bonnefoux rendant compte dans les *Nouvelles Annales de la Marine* du livre du comte Pouget sur la vie de son grand-père le vice-amiral Martin s'exprimait de la façon suivante : « L'amiral Martin eut connaissance de tous les projets qui furent proposés. Un seul eut l'assentiment du préfet maritime qui fut consulté et le sien : tous les autres furent écartés comme irréalisables ou compromettants: ce projet consistait à décider l'empereur à partir avec son frère, le roi Joseph, qui était également à Rochefort et qui s'était assuré un passage sur un bâtiment qui l'attendait dans un autre port que Rochefort. Le roi Joseph, le préfet maritime, l'amiral Martin s'épuisèrent à cet égard, en instances des plus pressantes; mais ainsi que le dit M. le comte Pouget, « d'autres avis prévalurent et Napoléon courut à sa perte ».

CHAPITRE VI

LA RETRAITE DE M. DE BONNEFOUX

Sommaire. — La nouvelle du départ de Napoléon se répand à Rochefort. — Arrivée du préfet de la Charente-Inférieure, qui vient faire une enquête. — M. de Bonnefoux, son ami de collège, le conduit en rade. — La seconde Restauration — Mission confiée par le ministre de la Marine à M. de Rigny. — Propos que tient ce dernier. — Destitution de M. de Bonnefoux. — Remise immédiate du service au chef militaire (aujourd'hui le Major général). — Situation pécuniaire. — Deux mille francs d'économies après treize ans d'administration. — Le chasse-marée. — Distribution des équipages et de la cave. — Le cheval que montait le général Joubert au moment de sa mort. — La petite propriété de Peyssot auprès de Marmande. — Liquidation de la pension de retraite de M. de Bonnefoux. — Deux ans plus tard, son condisciple le maréchal Gouvion-Saint-Cyr devient ministre de la Marine et le prie de se rendre à Paris. — M. de Bonnefoux s'y refuse. — Après la Révolution de 1830, on lui conseille sans succès de demander la Pairie. — Il consent seulement à se laisser élire membre du conseil général du Lot-et-Garonne. — Belle vieillesse de M. de Bonnefoux.

On apprenait, à peine, à Rochefort, le départ de Napoléon, les craintes des conséquences d'un séjour plus prolongé, en ce moment critique, étaient à peine écartées, que le préfet du département arriva de La Rochelle. C'était un ami de collège de M. de Bonnefoux, et il venait chercher, lui-même, la vérité des faits, pour en entretenir officiellement, de son côté, le ministre de l'Intérieur. M. de Bonnefoux lui proposa de le conduire en rade : cette offre fut acceptée; les deux préfets revinrent dans la nuit et le préfet de la Charente-Inférieure repartit aussitôt; car on venait d'apprendre la nouvelle de la seconde Restauration. En cette circonstance, aucun choc, aucune rumeur ne vinrent, après de si rudes commotions, troubler l'ordre public, à Rochefort. Or, c'est la vraie pierre de touche du mérite des chefs, c'est l'avantage que possèdent ceux qui sont justement chéris, d'obtenir dans tous les temps, non une obéissance factice, mais un dévouement illimité qu'ils imposent sans le commander. On voit souvent, il est vrai, conduire les hommes plus par des défauts qu'ils craignent d'irriter que par des qualités dont ils ne respectent pas assez la noblesse ; ces qualités étaient celles de M. de Bonnefoux, mais son caractère était si évidemment ferme que, pour obtenir la soumission, il lui suffisait habituellement d'employer cette modération qui lui était propre.

Après des crises aussi vives, après tant de fatigues de corps et d'esprit, trop fier pour présenter une justification dont il croyait n'avoir pas besoin, ou qu'il n'aurait pu souffrir de voir qualifier d'adroite combinaison, M. de Bonnefoux ne pensa plus qu'à sa retraite. Elle devint d'autant plus l'objet de ses vœux, que, jugeant sa réputation principalement attaquée, et, en apparence, compromise, par cette multitude d'habitués des ministères et des palais, qui décident de tout sans approfondir les faits, il lui répugnait de leur répondre autrement que par le silence. Il se prépara donc à quitter ses emplois ; mais ce fut en maintenant les esprits dans la concorde, en affaiblissant les exagérations, en sauvant à l'État le plus possible de ces officiers que les hommes du jour accusaient, artificieusement, d'être les ennemis du roi.

Peu après cette seconde Restauration, un officier supérieur de la Marine qui, depuis, a cueilli les lauriers de Navarin, et qui, à son tour, ensuite, est devenu préfet et même ministre de la Marine[1], M. de Rigny fut envoyé, de Paris, en mission à Rochefort. Il était accompagné de M. de Fleuriau[2], alors lieutenant de vaisseau ; ces offi-

---

[1] Il fut nommé ministre le 8 août 1829, mais il refusa de s'adjoindre à l'administration de Polignac : après la Révolution de 1830 il a exercé, pendant plusieurs années, ces hautes fonctions. (*Note de l'auteur.*)
[2] Sur M. de Fleuriau, voyez les *Mémoires*, p. 174, note 1, 190, 321.

ciers dressèrent, sur les lieux, procès-verbal des événements et retournèrent à Paris. M. de Rigny avait dit à cette occasion, qu'il croyait que le ministre connaissait trop la position délicate où s'était trouvé M. de Bonnefoux, et qu'il lui rendait trop justice pour que celui-ci dût s'attendre à une disgrâce. M. de Bonnefoux qui savait que les ministres se laissent trop souvent dominer par l'intrigue ou par l'obsession, et qui, d'ailleurs, ne voyait pas la possibilité, ni ne formait le désir d'être alors conservé à son poste, en jugeait différemment. Bientôt, en effet, il fut destitué[1], reçut l'ordre de se démettre immédiatement de ses fonctions, et son remplaçant fut annoncé.

Le service était constamment à jour; le préfet maritime le remit au chef militaire du port (aujourd'hui le major général) et il eut seulement à faire connaître sa destitution qui, comme à Boulogne, fut une nouvelle de deuil. Ensuite, il prit congé des chefs de service, des chefs de corps et des officiers attachés à sa personne. Libre de soins de ce côté, il régla les comptes de sa maison, il congédia, récompensa tous ses serviteurs, et, au lieu de voir terminer ses emballages dans son hôtel ou d'y attendre son successeur, il loua en ville une simple chambre garnie, et il l'occupait deux heures après avoir lu la dépêche. Ce fut là qu'ayant séparé ce qu'il avait à payer, de ce qui lui restait, il me dit d'un air satisfait : « J'avais bien peur, mon cher ami, d'être obligé de monter à la mansarde; mais il me reste : deux milles francs ! c'est plus qu'il ne m'en faut pour mettre ordre ici à mes affaires, et pour ma route, mais il faudra que je parte par mer et que j'économise beaucoup. » Qu'on pense à ces deux mille francs après avoir été treize ans préfet maritime et l'on dira si son administration aurait pu être plus libérale; quel éloge que ce seul fait!

---

[1] Le baron Casimir de Bonnefoux fut destitué le 26 juillet 1815. Il avait été près de treize ans préfet maritime. Sa mise à la retraite date du 1ᵉʳ janvier 1816.

Cependant les deux mille francs ne m'étonnèrent pas, car je savais que M. de Bonnefoux connaissait le véritable prix de l'argent, celui de faire des largesses à propos, et de s'attacher, à l'occasion, par des bienfaits, les mêmes hommes qu'il charmait par des égards affectueux : mais le voyage par mer que signifiait-il? je le demandai : « C'est, me dit-il, que je veux fréter un chasse-marée pour mes effets et pour moi, et que je veux arriver par eau à Marmande où je meublerai la petite maison de campagne dont vous savez que je viens de devenir propriétaire par nos arrangements de famille : j'aurai, là, plus de soixante louis de rente, et je sais que je puis très bien vivre avec six cents francs; je ne suis donc pas à plaindre, et je me trouverai beaucoup d'argent de reste à la fin de l'année. »

Cette maison de campagne venait de lui tomber effectivement en lot et c'était un fragment de la fortune de son père; elle était affermée 2.500 francs, mais elle devait 1.100 francs de rente viagère à son plus jeune frère, qui avait presque tout perdu par suite de son émigration.. « Quelle gêne, lui dis-je alors, vous allez vous imposer par ce voyage! vous n'allez donc pas à Paris pour faire fixer votre retraite? » « Non, non, dit-il, on penserait que je veux me justifier, on croirait que je veux me plaindre, solliciter, intriguer. Non, je n'irai pas. J'ai servi de mon mieux, ma carrière militaire n'a été que trop longue; mais elle est finie, et je veux dorénavant vivre pour moi : d'ailleurs, voyez comme ces alliés nous traitent, quelles contributions ils exigent! Le trésor est épuisé et il est de la délicatesse d'un bon citoyen de ne rien demander lorsqu'il peut s'en passer; l'Etat a trop de services à reconnaître, il doit commencer par ceux qui ne savent pas se résigner, ou qui ne le peuvent pas, et qui pourraient croire avoir à se plaindre d'être négligés[1]. »

[1] M. de Bonnefoux ne réfléchissait pas, alors, que les pensions de retraite

« Cependant, votre voyage sur ce chasse-marée!... »

« J'ai besoin, dit-il en m'interrompant, j'ai besoin d'être seul, et de respirer à mon aise; je veux aussi me remettre à la peine, car ce métier de préfet a trop de travail de cabinet, il amollit, et j'ai déjà eu plusieurs attaques de goutte!... Quant à vous, mon ami, ajouta-t-il avec émotion et après un moment de réflexion, vous resterez à Rochefort, vous y continuerez votre carrière, en évitant de vous prévaloir auprès de vos chefs ou de vos camarades, de n'avoir pas servi activement pendant la dernière crise; car il ne faut ni se faire meilleur que les autres, ni désirer son avancement pour un acte, très louable, sans doute, et que j'aurais voulu pouvoir imiter, mais dont la récompense est dans la conscience, tandis que les services, seuls, comme officier de Marine, doivent, chez nous, être comptés pour l'avancement. Je ne regrette rien de mes emplois qu'à cause de vous, que j'aurais pu mettre à même de paraître avec distinction. Vous avez été retardé par vos huit ans de prisonnier de guerre; vous le serez par l'obligation à laquelle j'ai dû céder de mettre Rochefort avant moi; vous le serez encore parce que ma disgrâce rejaillira sur vous[1], mais vous avez tous les éléments de la félicité privée; votre femme, vos enfants, votre humeur enjouée vous dédommageront de tout, et, peut-être votre sort sera-t-il envié par ceux-mêmes, que vous deviez devancer, et qui, profitant des circonstances, seront mis à votre place. Telle est la vie, tel est le monde, mais, quoique le hasard y joue un grand rôle, souvenez-vous, en définitive, que, presque toujours, notre bonheur

---

des marins ne coûtent rien à l'État ni aux contribuables, car elles sont soldées par leur caisse des Invalides qui leur appartient en toute propriété. (*Note de l'auteur.*)

[1] Ces paroles se vérifièrent à la lettre, car peu après sa destitution, je fus mis en réforme; je fus rappelé plus tard, il est vrai, au service actif, mais relégué dans les rangs des officiers les moins favorisés; depuis lors, malgré mes efforts et ma bonne volonté, je ne pus acquérir aucun grade, si ce n'est à l'ancienneté. (*Note de l'auteur.*)

individuel est en nous et qu'il dépend de nous. » « Elevé à votre école, lui répondis-je, j'ai de fortes raisons d'espérer que mon bonheur est, en effet, assuré... » et, détournant une conversation affligeante, je voulus revenir sur son projet de départ, mais rien ne put le dissuader; il persista : il partit seul, sans même un valet de chambre; il mit huit jours à son voyage; il sauva par sa présence d'esprit le chasse-marée, qui, sans sa vigilance et son activité, se serait perdu sur les roches, en entrant dans la Gironde; et, inébranlable dans ses projets, il arriva dans son pays natal, et il s'y installa pour toujours[1].

Louis XVIII, dont la bonne foi dans les engagements financiers contribua puissamment à fonder notre crédit public, ne pouvait pas faire une exception contre M. de Bonnefoux : le temps de ses services fut donc compté, et il reçut bientôt l'annonce, que sa pension de retraite était fixée, comme le prescrivaient les règlements, sur le pied de vice-amiral ou de lieutenant général. Il vit cette

[1] En faisant les ventes, cadeaux ou distributions de ses équipages, de ses meubles particuliers et de sa cave, il pensa à son ami Baudry qui avait ses biens aux environs de Rochefort, il lui donna donc un très beau cheval appelé Milord qui avait appartenu au général Joubert. On assure que Sieyès avait fait obtenir à ce général le commandement de l'armée d'Italie, pendant que Bonaparte était occupé de son expédition plus brillante que vraisemblablement fructueuse en Egypte, afin de le mettre à même, à défaut de Bonaparte, de s'emparer du pouvoir en France, après quelques victoires; mais il fut tué sur ce même cheval que M. de Bonnefoux avait fait acheter, et qu'il affectionnait beaucoup. « Il est vieux, dit M. de Bonnefoux au colonel Baudry, mais pour vous dédommager du peu d'usage que vous en ferez, je vous l'enverrai avec sa bride, sa selle et sa chabraque. » On voit que, même en faisant un présent, et c'en était un de quelque importance, à cause des harnais qui étaient fort beaux, il voulait encore paraître recevoir un service, afin, sans doute, de diminuer le poids de la reconnaissance. En pareille position, lorsqu'il quitta Boulogne, il avait voulu faire accepter un envoi de vin précieux, et il avait écrit à celui à qui il le destinait : « Je suis le légataire universel du préfet maritime; vous êtes porté sur son testament pour tels et tels objets: c'est donc un devoir pour moi de vous les adresser, et j'y trouve le plaisir d'y ajouter l'expression de mon amitié. » — Rien, en général, si ce n'est peut-être l'agrément de sa conversation, n'égalait celui de sa correspondance, et le ton cordial qu'il savait y faire régner. (*Note de l'auteur.*)

nouvelle faveur de la fortune comme toutes les autres, car il en conclut, pour lui, l'obligation de faire tourner cet accroissement de bien à la prospérité de l'État ; il se mit donc à répandre de nouveaux secours à l'indigence, à donner plus de travail aux ouvriers, à ouvrir sa maison de campagne[1] à ses amis, à augmenter la valeur des produits de sa petite terre, à aider ceux qui étaient gênés. Il n'y avait que deux ans qu'il jouissait de son indépendance, lorsque le maréchal Gouvion-Saint-Cyr[2], son ancien condisciple, qu'il avait reçu à Boulogne avec un plaisir tout fraternel, obtint le portefeuille du ministère de la Marine, qu'il quitta pour paraître ensuite à la tribune, comme ministre de la Guerre, avec tant de noblesse et d'éclat. A son arrivée au ministère de la Marine, la première question de l'illustre maréchal fut de s'informer, en détail, des causes de la destitution de son ami ; il lui écrivit, aussitôt, qu'il était impossible qu'il n'y eût pas un malentendu, et il le pria chaudement de se rendre à Paris. L'ancien préfet lui répondit avec affection, mais il ne quitta pas ses champs, et il garda sa liberté.

[1] Dans une lettre datée de Bayonne le 3 mai 1834 et adressée à sa fille Nelly, alors âgée de 15 ans, plus tard Mme Paris, M. de Bonnefoux décrit de la façon suivante les propriétés habitées aux environs de Marmande par des membres de sa famille : « Rolde, sur la droite, entre Tonneins et Marmande, est une propriété de ton cousin de Cazenove (V. *Mémoires* p. 2), où il s'est plu à rassembler les constructions, distributions, gentillesses des jardins dits anglais. Le Bédart est plus près de Marmande ; tout y est de rapport ; il appartient à Mme de Réau. En tirant vers l'est, sur la première chaîne des collines, qui, de ce côté, encaissent le riant bassin de la Garonne se trouvent, sur un plateau dominant une superbe plaine, le village et le château de Sainte-Abondance. M. de Cazenove, père, avait acheté celui-ci pendant la Révolution, pour le restituer à l'aîné des émigrés Bonnefoux et cette œuvre généreuse fut noblement exécutée. Le jeune Réau en jouit à présent, c'est un séjour charmant. En continuant vers le Nord, on laisse Navarre propriété perdue pour la famille pendant l'émigration, et l'on arrive sur la seconde chaîne de collines à Peyssot, où demeure ton oncle l'ancien préfet maritime et qui réunit un peu d'agréable à beaucoup d'utile. »

[2] Laurent comte de Gouvion-Saint-Cyr, maréchal de France, fut ministre de la Marine du 23 juin au 12 septembre 1817, entre le vicomte du Bouchage et le comte Molé.

La Révolution de 1830 trouva M. de Bonnefoux en possession de cette même liberté.

Plusieurs articles parurent alors dans les journaux qui rappelèrent ses services et sa retraite prématurée. Il reçut même, de quelques amis très haut placés, l'avis que s'il demandait la pairie, elle lui serait accordée. « Je suis le pair des paysans de mon village; leur répondit-il ; les paysans de mon village sont mes pairs, c'est la plus belle des pairies, et je m'y tiens. »

Les seules instances auxquelles il céda, furent celles de ses compatriotes qui le nommèrent membre du conseil général du département.

Il se rallia donc au nouveau Gouvernement, qu'après la chute de celui de la Restauration, il regardait comme le meilleur possible; mais je lui ai souvent entendu dire, d'abord, qu'il ne comprendrait jamais qu'un souverain se laissât déposséder, sans avoir épuisé tous les moyens de résistance, en second lieu, que, si l'on avait voulu réellement le triomphe de la liberté, il aurait fallu s'arrêter à une régence en faveur du duc de Bordeaux qui, tout en préservant le principe salutaire de l'hérédité, aurait donné tous les moyens d'améliorer, autant qu'il dépend des hommes, les institutions que le pays devait aux inspirations de Louis XVIII.

C'est après une si belle carrière de désintéressement, de faits honorables, de beaux services, et de vertus publiques, privées, civiles et militaires, qu'irrévocablement fixé dans un des plus beaux climats de l'univers, M. le baron de Bonnefoux, entouré d'amour, de louanges et de bénédictions, jouit d'une vieillesse bien digne d'envie, et dont on peut dire :

« C'est le soir d'un beau jour ; rien n'en trouble la fin [1]. »

[1] Le baron Casimir de Bonnefoux, qui ne s'était pas marié, mourut le 15 juin 1838 dans sa propriété de Peyssot, près de Marmande, à l'âge de 77 ans. Son cousin lui avait en 1837 communiqué la présente notice, écrite l'année précédente. Tout en l'engageant par modestie à la détruire, il n'avait pu méconnaître son exactitude.

APPENDICE I

VICTOR HUGUES A LA GUYANE

APPENDICE I

VICTOR HUGUES A LA GUYANE[1]

Après la révolution du 18 brumaire, le premier consul, Bonaparte, par qui le Directoire à son tour avait été chassé chercha un homme à la main de fer pour rétablir l'ordre à la Guyane, et il jeta les yeux sur Victor Hugues[2], ancien révolutionnaire, un des promoteurs les plus violents des lois les plus violentes de l'époque, et un des appuis les plus énergiques ou des plus inexorables exécuteurs de ces mêmes lois. Il avait été envoyé à la Guadeloupe[3] pour y faire respecter l'autorité gouvernementale ; il y avait déployé toute la sévérité qui était dans son caractère, et il avait si bien établi la terreur de son nom que ses moindres

---

[1] Nous reproduisons ici ces quelques pages empruntées au *Précis historique sur la Guyane française*, que publia notre auteur dans les *Nouvelles Annales de la Marine et des Colonies*, t. VIII (1852). Elles complètent en effet d'une façon intéressante la partie des *Mémoires* consacrée à la campagne de M. de Bonnefoux en Guyane, pendant qu'il commandait *la Provençale*.

[2] Victor Hugues, né à Marseille en 1770.

[3] Les deux commissaires de la Convention, Chrétien et Victor Hugues quittèrent Rochefort à la fin de pluviose an II (février 1794) avec une division commandée par le capitaine de vaisseau, plus tard amiral de Leisségues. La division se composait des frégates *la Thétis* et *la Pique*, de la flûte *la Prévoyante* et de cinq navires de transport. En arrivant à la Guadeloupe, la division trouva l'île occupée par les Anglais. Ce fut grâce à l'admirable énergie de Victor Hugues que l'attaque fut décidée. Comme le disent MM. Viaud et Fleury dans leur *Histoire de Rochefort* t. II, p. 425 : « Après six mois et vingt jours de luttes acharnées entre une poignée de Français décimés par les maladies et huit mille Anglais, maîtres de la mer et soutenus par une flotte de trente voiles, les Français reprirent la Guadeloupe et en chassèrent les ennemis. Ils leur enlevèrent six drapeaux, huit caisses pleines de lingots d'argent et leur firent beaucoup de prisonniers. »

volontés y étaient exécutées sans hésitation, et que le travail et la tranquilité avaient reparu dans l'île.

En arrivant à Cayenne, Victor Hugues fit afficher la Constitution de l'an VIII et il joignit une proclamation dans laquelle il se bornait à dire qu'il venait pour activer la culture et pour *faire exécuter les lois;* or, il était trop connu pour la manière terrible dont il avait fait exécuter les lois à la Guadeloupe pour que les noirs et les hommes de couleur songeassent à lui résister; mais sa présence et son aspect contribuèrent plus encore à amener leur soumission que les menaces lointaines de la Convention, que les arrêtés de ses prédécesseurs ou des assemblées coloniales, et même que sa propre proclamation.

Il était, en effet, de taille moyenne, mais fort et trapu; son encolure était énorme; sa tête, large et carrée, était couverte d'une forêt de cheveux; il avait le regard menaçant, le geste impératif, la parole brève et acerbe, la voix grondante comme une sorte de tonnerre, et un accent provençal d'une rudesse extraordinaire; pourtant il n'était que le pâle reflet de ce qu'il avait été précédemment. Une femme avait entrepris de le métamorphoser; elle poursuivit cette œuvre avec autant de fermeté que de douceur et elle finit, plus tard, par la compléter. Cette femme était Mme Victor Hugues, ange de beauté, mais dont la grâce et la bonté surpassaient encore les perfections physiques dont la nature l'avait si libéralement douée.

Mme Hugues était de la Guadeloupe; sa famille était de celles que son mari n'avait jadis qualifiées que de caste aristocratique; et, cependant, lui, l'adversaire fougueux de cette prétendue caste, il avait demandé cette charmante jeune personne en mariage! A cette nouvelle, on dit que, d'abord, elle frissonna, et c'était assez naturel; mais, quoiqu'elle eût été laissée libre de son choix, elle l'accepta, craignant peut-être la proscription ou la mort pour ses parents, mais avec le projet conçu par elle et hautement avoué, d'employer l'ascendant que pourraient lui donner sa vertu, sa jeunesse et son attachement à ses devoirs, à tempérer les excès du caractère violent de son futur époux.

Elle tint parole et elle y réussit peut-être même au-delà de ses espérances ; une fois, cependant encore, à Cayenne, Victor Hugues fit arrêter arbitrairement deux jeunes gens qu'il fit jeter en prison sans jugement, et pour lesquels la colonie craignit le sort fatal que tant d'autres avaient subi à la Guadeloupe. Mᵐᵉ Hugues, qui ne connaissait pas ces jeunes gens et qui en fut informée par la rumeur publique, se hâta d'agir et se présenta devant son mari ; lui parlant de l'incarcération de ces deux jeunes gens, elle lui dit que, puisqu'il ne tenait pas les promesses sacrées qu'il lui avait faites, elle venait de préparer deux ou trois malles et qu'elle demandait à être transportée immédiatement sur un navire américain qui était en rade et prêt à partir pour les Antilles où elle se retirerait au sein de sa famille. Le farouche gouverneur voulut d'abord s'y refuser, puis il allégua la difficulté de rétracter un ordre donné, et enfin, il demanda du temps pour pouvoir arranger convenablement cette affaire ; mais Mᵐᵉ Hugues fut inflexible et il fallut céder. Les deux jeunes gens furent, pendant la nuit même, extraits de leur prison, transportés à bord du navire américain et il leur fut compté 3.000 francs pour pourvoir aux dépenses de leur retour en France. Le bâtiment appareilla le lendemain ; on convint qu'il serait dit que les deux jeunes gens s'étaient évadés en trompant la vigilance des gardes, et ce ne fût qu'à ces conditions que Victor Hugues put rentrer en grâce auprès de son adorable femme et la conserver auprès de lui.

Une loi du 20 mai 1802 rétablit l'esclavage dans les colonies rendues à la France par le traité de paix d'Amiens ; toutefois, comme la Guyane n'avait pas été prise par les ennemis et qu'elle n'avait pas cessé d'être française, le premier consul Bonaparte jugea convenable de me faire procéder, que par degrés, à ce rétablissement de l'esclavage ; ce fut l'objet d'un arrêté du 7 décembre suivant.

Cette nouvelle loi fut exécutée à la Guyane par les soins de Victor Hugues, avec autant de facilité que les précédentes, et le calme, ainsi que le travail, y furent maintenus alors et après, avec la même obéissance que depuis son arrivée ; il institua cependant un tribunal spécial pour *juger militairement* ceux qui essayeraient de résister, mais l'intervention en fut complètement inutile ; la parole du gouverneur et sa fermeté étaient plus puissantes que tous ces morceaux de papier ou que ces messieurs des tribunaux, et la colonie continua à vivre ; mais, abandonnée par le Gouvernement à ses propres forces, rien ne s'améliora d'une manière marquante faute de bras et de capitaux. Les prises qu'y amenèrent quelques corsaires qu'on arma à cette époque, contribuèrent à augmenter cette amélioration pendant quelque temps, mais ces corsaires ne tardèrent pas à être pris eux-mêmes par les Anglais. Toutefois, la colonie se maintint ainsi, en progressant, quoique lentement, jusqu'à l'époque où, après la rupture de la paix d'Amiens, elle fut attaquée par les Portugais et passa sous leur domination, ainsi que nous le ferons bientôt connaître. Qu'il nous soit, en effet, permis auparavant d'esquisser encore quelques traits du gouverneur qui a tant marqué dans l'histoire de ce pays, où il a rendu de si grands services en y rétablissant l'ordre, le travail, la paix qui en avaient été complètement bannis pendant les jours d'anarchie, et que nous y avions retrouvés lorsque nous y commandions la station navale de 1821 à 1823.

M. Hugues, retiré des affaires, habitait alors Cayenne où il avait une belle maison parfaitement tenue, ouverte à tous, et dont ses filles faisaient les honneurs avec une grâce parfaite. Il y aurait peut-être vécu heureux si deux grandes infortunes n'étaient venues attrister ses pensées et assombrir sa vieillesse. D'abord il était veuf, ensuite son regard, naguère si foudroyant, s'était éteint pour jamais, et il avait perdu la vue! Cependant quatre filles charmantes, d'une urbanité, d'une élégance, d'une douceur exquises, lui restaient de son mariage et elles possédaient tout ce qu'il fallait pour alléger de si grands malheurs. L'aînée était mariée en France, deux autres l'étaient à Cayenne à deux officiers de ma connaissance particulière, et la plus jeune, âgée de seize ans, était une ravissante personne, recherchée en mariage par un autre officier qui était de mes amis.

Victor Hugues, cet ancien et ardent partisan de la liberté, de l'égalité républicaines, ne possédait pas moins dans la Guyane une belle habitation mise en valeur par trois cents esclaves qui étaient sa propriété, et il jouissait d'une belle aisance. Mélancolique par l'effet de son infirmité, mais non point triste, sa conversation avait beaucoup d'attraits; il était riche de mémoire, n'avait rien que d'agréable à dire; mais quoi qu'il eût vu la Restauration avec plaisir, il ne parlait jamais politique. Ma liaison avec ses gendres m'avait conduit dans sa maison où il m'accueillait avec une affection toute particulière; il savait, cependant, que mon père et un de mes oncles, emprisonnés en 1793 et 1794, avaient été à la veille de monter les marches fatales de la Terreur; il n'ignorait pas que trois de mes cousins germains et cinq autres parents du même nom que moi avaient pris parti dans l'émigration; mais il n'en semblait que plus disposé à me traiter avec distinction; il paraissait même prendre un certain plaisir à prononcer la particule autrefois si criminelle qui précède mon nom.

APPENDICE II

NOTE SUR L'ÉCOLE NAVALE

APPENDICE II

NOTE SUR L'ÉCOLE NAVALE[1]

L'opportunité du maintien de l'École navale sur le vaisseau *le Borda* qui est amarré sur un corps-mort en rade de Brest a été récemment discutée par la Commission du Budget; et le rapporteur, M. Berryer, a conclu, au nom de cette commission, à la translation de cette école dans un établissement à terre, disposé pour cette destination.

Peu de temps auparavant, une semblable décision avait été prise à une grande majorité par la commission supérieure de perfectionnement de l'Ecole navale, et il faut ajouter que la presse avait précédemment traité ce sujet, et l'avait envisagé sous le même aspect.

L'Assemblée législative adoptera vraisemblablement les conclusions posées par M. Berryer, et il ne restera plus alors qu'au Gouvernement à se prononcer. La question se présente sous deux faces : celle des dépenses et celle de la convenance ou de l'utilité qui, il faut le dire, l'emporte infiniment sur la première. Toutefois, pour le cas dont il s'agit et sous le double rapport des dépenses et de l'utilité, nous pensons que ce changement est avantageux ou désirable, et nous allons déduire les motifs de

---

[1] Cet article de notre auteur parut dans les *Nouvelles Annales de la marine et des Colonies*, t. III, 1850, p. 164 et suiv. Il développe un passage des *Mémoires* et donne des renseignements nouveaux sur le Collège royal de la Marine et l'Ecole préparatoire de la Marine, créés l'un et l'autre à Angoulême. M. de Bonnefoux y fit une partie de sa carrière et y rendit des services signalés. Cet article se rattache donc à ces *Mémoires* de la façon la plus étroite et nous avons cru utile de le reproduire ici.

notre conviction, afin que, ces deux points étant discutés, ce soit en parfaite connaissance de cause que le projet puisse être apprécié à sa juste valeur.

M. Taupinier, lorsqu'il était directeur des ports, après une tournée et une inspection administrative dans nos divers arsenaux, présenta au ministre un rapport sur le matériel naval de la France, qui fut imprimé en 1838, et dans lequel il évaluait alors la dépense annuelle de l'École navale à environ 400.000 francs; cette somme lui paraissait forte, mais si le but était rempli, il déclarait avec raison que, par cela même, la dépense était justifiée et devait avoir lieu.

Pour 1850, cette somme est encore plus élevée; en effet, si l'on se reporte au budget synoptique de M. de Montaignac, qui est inséré dans le numéro du mois de janvier des *Nouvelles annales de la marine*, on trouve qu'outre la pension annuelle de 700 francs payée par chaque élève de l'École navale, le total de la dépense de cette école est pour 1850, de 598.339 francs, répartis ainsi qu'il suit :

Élèves	105.400 fr.
Examinateurs (indemnités) . . . . , ...	14.000
Équipages (solde et habillement)	198.739
Vivres	70.200
Coque et armement du vaisseau (entretien) .	140.000
Boursiers de la marine . . . . '	70.000
TOTAL ÉGAL	598.339

Cette somme excède beaucoup celle de 80.000 francs que coûtait annuellement l'École de marine située à Angoulême; mais quoiqu'il soit facile de présumer que l'école nouvelle, qui serait sans doute dans un port entraînerait à des frais qui surpasseraient 80.000 francs par an, on peut affirmer que ces mêmes frais seraient bien loin d'atteindre ceux de l'École navale en rade de Brest,

Dans les évaluations précédentes, ne sont pas compris 200.000 francs qu'a coûtés l'installation du vaisseau-école *l'Orion*, ni 200.000 francs pour celle du vaisseau-école *le Borda* qui, au bout de quatorze ans, a remplacé *l'Orion* et qu'il faudra remplacer lui-même après un pareil laps de temps. Les dépenses d'une école de marine flottante sont donc exorbitantes puisque, d'après ce que nous venons d'exposer, chaque élève ne coûte pas au Gouvernement moins de 6.000 francs par an, et l'économie qui résulterait de l'appropriation ou même de la construction totale à terre d'un édifice pour servir d'école navale serait si considérable que, sous ce rapport seulement, il y a urgence à y procéder sans délai. On peut ajouter qu'il est surprenant qu'on n'y ait pas procédé plus tôt.

Le côté financier étant ainsi et péremptoirement éclairci, il reste à traiter les points de convenance ou d'utilité; mais afin de pouvoir bien pénétrer jusque dans le cœur de cette question, qui est des plus intéressantes, soit pour l'Etat, soit pour un très grand nombre de familles, il est à propos d'exposer, auparavant, quels sont les divers systèmes qui ont été suivis pour instruire et former, à diverses époques, le corps des jeunes gens destinés à devenir officiers de marine, et, par la suite, à commander nos bâtiments de guerre, nos escadres, et enfin, nos armées navales.

Aucune marine au monde n'a compté un plus grand nombre d'officiers illustres que celle de Louis XVI; tels furent entre autres, Suffren, La Mothe-Piquet, de Guichen, d'Orvilliers, du Couédic, La Clocheterie, Borda, de Chabert, Ramatuelle, de Potera, de Fleurieu, de Verdun, du Pavillon, Lapérouse, d'Entrecasteaux, de Rossel, de Vaudreuil, de Missiessy, de Bougainville. Il suffit de citer ces noms pour réveiller des souvenirs éclatants de bravoure, de science, de gloire, de grands services rendus. Ils brillèrent soit comme guerriers, soit comme savants ou comme grands navigateurs; et, depuis lors, si quelques-uns ont été égalés, il en est qui, peut-être, ne seront jamais surpassés.

Ces officiers provenaient des gardes de la marine qui étaient un corps de jeune gens organisé vers le commencement du siècle dernier et composé de trois compagnies pour chacun de nos trois plus grands ports, Brest, Toulon et Rochefort. Les gardes de la marine étaient désignés par le ministre qui les choisissait d'ordinaire, dans la noblesse du royaume ; ils recevaient une instruction spéciale dans ces compagnies, et ils subissaient des examens, soit pour y être admis, soit pour acquérir leur grade d'officier.

Les ordonnances de 1716 et de 1726 établirent, en outre, une compagnie appelée : des gardes du pavillon, composée de quatre-vingts jeunes gens provenant des trois compagnies des gardes de la marine. Les gardes du pavillon avaient pour fontions particulières de garder le pavillon amiral et de former la garde du grand amiral.

Vers la fin du règne de Louis XVI, on remarqua, cependant, qu'il y avait trop de divergence pour l'instruction, entre les trois compagnies des gardes de la marine : afin de rendre cette instruction plus uniforme, plus complète, on créa deux Écoles de marine *dans l'intérieur des terres :* l'une à Vannes pour les jeunes gens des familles du Nord et du Nord-Ouest de la France ; l'autre à Alais pour les jeunes gens de celles du Sud et du Sud-Est. Il est à remarquer que la marine si savante de Louis XVI approuva cet établissement de deux Écoles de marine *à terre et dans l'intérieur ;* mais la Révolution survint ; une loi du 15 mai 1791 les supprima toutes les deux, et l'on ne put pas juger, par les résultats, des fruits que cette éducation était susceptible de porter.

Pendant notre première république, les gardes de la marine, ainsi que ceux du pavillon, furent également supprimés, et presque tous les officiers de la marine de Louis XVI venant à émigrer, il y eut, d'abord, un moment d'urgence pendant lequel on prit des officiers de tous côtés, surtout parmi ceux de l'ancienne compagnie des Indes, parmi les pilotes et dans la marine du commerce. Ces sources diverses donnèrent plusieurs excellents officiers au nombre desquels on remarque le vice-amiral Gantheaume, le vice-amiral Willaumez, l'énergique vice-amiral Martin, le brave et digne capitaine Pierre Bouvet, l'intrépide Bergeret et l'amiral Duperré qui a parcouru une si belle carrière maritime!

Bientôt, cependant, on songea à former une pépinière pour alimenter régulièrement le corps des officiers, qui eût et qui généralisât l'instruction indispensable à tout marin destiné à diriger, à commander un bâtiment. Ce fut alors que l'on créa des aspirants de marine, divisés en trois classes, qu'un peu plus tard on réduisit à deux.

Pour être nommé aspirant, il fallait, à un âge déterminé, satisfaire à un examen public sur les sciences mathématiques, sur la pratique de la navigation, et avoir été embarqué pendant un temps prescrit; il en était de même, ensuite, pour être nommé officier. C'était à peu près l'organisation des gardes de la marine; mais les aspirants n'étaient pas réunis dans des compagnies pour y cultiver ou y étendre leur instruction, et chacun avait le droit de se présenter aux examens, sans autres conditions que l'âge fixé, les connaissances et la navigation requises. Sous ce dernier rapport, il se glissa des abus qu'il était facile de faire disparaître, en tenant la main à ce que la navigation des élèves fut réelle et non fictive; mais c'était un très bon système et fort peu compliqué, que des hommes consciencieux ont souvent désiré voir revivre, et qui, surtout, était fort peu onéreux pour l'État, puisque toutes ses dépenses consistaient à solder des professeurs pour tenir des cours publics dans les ports, et des examinateurs pour juger du mérite des prétendants. C'est ce système, qui, entre autres, a donné à la France l'illustre amiral Roussin, les vice-amiraux Baudin, Hugon, La lande et les contre-amiraux Dumont-d'Urville et Freycinet.

L'empereur créa des écoles flottantes où les aspirants étaient casernés et instruits; mais, lors de la Restauration, ces écoles flottantes tombèrent, en quelque sorte, d'elles-mêmes : elles se sont relevées cependant, comme on le voit de nos jours, sous le nom d'École navale, et avec les perfectionnements que le temps et l'expérience ont pu leur faire acquérir ; aussi remettrons-nous à nous occuper de détailler leurs avantages ou leurs inconvénients au moment où, en suivant le cours des événements, nous serons amenés à traiter spécialement de l'École navale, telle qu'elle existe en ce moment.

La Restauration eut donc à recueillir les élèves des écoles flottantes de l'empire, et c'est ce qu'elle fit en les formant en trois compagnies, une pour chacun de nos trois plus grands ports : Brest, Toulon et Rochefort. On y reconnut un but marqué et très louable de rétablir les gardes de la marine qui, pendant plus de cent ans, avaient doté la France d'officiers du plus grand mérite. Toutefois, pour ne point blesser les idées nouvelles, que des mots impressionnent si facilement, on s'abstint de faire revivre la dénomination de gardes de la Marine et, pour ne pas conserver celle d'aspirants, qui rappelait trop la République, ces jeunes gens furent désignés sous le nom d'Élèves de la marine. Le Gouvernement actuel est revenu à la dénomination d'Aspirants.

Il fallait cependant alimenter ces compagnies d'Élèves; on n'était pas encore bien fixé sur les moyens de les recruter; aussi, pour obvier aux retards qui en résultaient et afin de se donner le temps d'en délibérer avec réflexion, on créa provisoirement des volontaires qui étaient nommés après des examens publics, et qui faisant, pour ainsi dire, corps avec les élèves, concouraient avec eux dans le service qu'ils avaient à remplir.

Tous, élèves et volontaires, naviguaient ensemble, et, à

tour de rôle, quand les armements, le requéraient; mais, avant comme après, ils ralliaient le port où se trouvaient leurs compagnies; et là, dans des salles très bien disposées, ils suivaient des cours sur toutes les parties de l'instruction que doit posséder un officier de marine.

Cependant le budget de la marine était alors fort réduit, ainsi que le cadre du personnel naval; il y avait donc peu d'élèves, et l'on remarqua que bientôt ils seraient tous si souvent embarqués, que les compagnies seraient désertes; d'ailleurs, il fallait prendre un parti sur le mode de recrutement du corps des élèves: ce parti fut l'établissement d'une École de marine à terre et, peu de temps après, la suppression des compagnies.

A la suite de longues recherches ou d'études approfondies sur le choix d'un local, on s'arrêta à discuter les propositions qui parurent les plus acceptables; l'une présentant les magasins de l'ancienne Compagnie des Indes au port de Lorient, comme très convenables pour cette destination; l'autre se prononçant en faveur d'un magnifique local, bâti par la ville d'Angoulême pour un établissement de bienfaisance, mais qui n'avait pas encore été occupé; la ville en faisait don gratuitement au Gouvernement, à la seule condition que l'École de marine y serait placée et *maintenue*.

Une commission fut nommée pour examiner ces deux propositions et pour émettre un avis sur ce point. La commission prit une connaissance minutieuse des deux bâtiments et finit par conclure en faveur du local d'Angoulême, se fondant principalement sur ce fait, qu'avant d'avoir seulement démoli tout ce qu'il faudrait abattre des magasins de l'ancienne Compagnie de Lorient, pour y réédifier le local nouveau, on aurait dépensé des sommes beaucoup plus considérables que l'achèvement et la mise complète en état de celui d'Angoulême n'en devaient coûter. Cet argument avait beaucoup de poids dans l'état où étaient nos finances à cette époque.

On se décida donc, pour ce dernier parti, et peut-être y fut-on porté par le souvenir des écoles de Vannes et d'Alais que les officiers de la marine de Louis XVI, pourtant si éclairés, avaient vu créer dans *l'intérieur des terres* sans y faire aucune objection. Quoiqu'il en soit, qu'il nous soit permis de dire à cette occasion, que les faits que nous venons de rapporter détruisent une calomnie dont on s'est fait une arme puissante pour attaquer l'établissement d'Angoulême, et qu'ils prouvent que ce n'était nullement parce que le prince, que l'on voyait à cette époque, dans la ligne de succession à la couronne, s'appelait le duc d'Angoulême, que l'École de marine avait été placée dans la ville de ce même nom. Non pas, certes, que nous ne pensions que cette École ne fût encore mieux dans un port ou à portée d'une rade; mais parce qu'il est utile de dire la vérité, et que, d'ailleurs, l'expérience a prouvé, malgré tout, que de très bons résultats pouvaient être obtenus à Angoulême!

Dans un local, aussi vaste, aussi beau que celui dont la ville d'Angoulême venait de faire la cession au Gouvernement, il était facile de distribuer une école magnifique et on y réussit parfaitement. Mais nous devons nous appesantir sur ce point parce que la discussion doit s'établir sur la préférence que mérite soit l'École de marine à terre soit l'école flottante, et qu'aucun détail essentiel ne doit être omis.

L'installation ne laissa donc rien à désirer: la chapelle ou petite église, les amphithéâtres pour les classes ou pour les leçons, la salle d'étude et celle de récréation lorsque le temps interdisait la fréquentation d'une immense cour plantée d'arbres, l'infirmerie, les dortoirs où chaque élève avait une chambre close mais aérée, la bibliothèque, le cabinet de physique, les logements de l'état-major, les cuisines et, puisqu'il faut tout dire, les lieux d'aisance, si dégoûtants en plusieurs collèges, et là, si proprement, si décemment disposés, tout fut établi avec une intelligence qu'on ne pouvait se lasser d'admirer. Ajoutez à cela une position centrale, un climat exceptionnellement sain, et des eaux pures circulant dans toutes les parties de l'établissement.

Un vaisseau de quatre-vingts canons, réduit à l'échelle d'un douzième, complètement gréé et voilé, pivotait dans une grande salle, de sorte que la nomenclature entière d'un bâtiment et plusieurs de ses évolutions pouvaient y être enseignées; un brick avait été conduit de Rochefort par la Charente, jusqu'auprès d'Angoulême; les élèves y apprenaient à le gréer, à le dégréer, à prendre ou larguer des ris, à enverguer ou serrer des voiles, à monter dans la mâture, à élonger des ancres ou des câbles; ils avaient des embarcations où ils s'exerçaient à ramer; et l'on a vu des marins très surpris de tout ce que ces jeunes gens y avaient appris de pratique, lorsqu'ils les voyaient à l'œuvre après leur départ d'Angoulême.

On y institua une école de natation; ainsi disparut cette anomalie fâcheuse et singulière qu'on avait remarquée jusque-là, de jeunes gens destinés à vivre sur l'eau et qui ne savaient pas nager.

Eh bien! ce local qui réunissait tant d'heureuses conditions, qui était situé en plaine, au pied de la ville ou près de la rivière, et non point sur une montagne, comme on l'a calomnieusement encore articulé et répété, cette école d'un état sanitaire excellent, et si favorable à l'accroissement des forces physiques de la jeunesse, ne coûtait que 80.000 francs par an au Gouvernement.

Mais tant de soins en faveur de cet établissement ne parurent pas encore suffisants pour une École spéciale; car, afin d'achever de la rendre telle, on attacha deux corvettes au service de cette école: ces corvettes devaient partir tous les ans de Toulon, ayant à bord les jeunes gens qui avaient fini leurs études à Angoulême, pour leur faire faire une campagne de huit à dix mois avant qu'ils fussent embarqués sur les bâtiments de l'État, afin d'y remplir leur service d'élèves. Ce temps de pratique en pleine mer valait sans doute mieux que les exercices nautiques des élèves de l'Ecole navale, tels qu'ils leur sont donnés sur leur corvette d'instruction ; de même que les deux ans d'études théoriques de l'École d'Angoulême se passaient dans des conditions beaucoup meilleures que ceux de l'Ecole navale. Enfin, dans l'une comme dans l'autre de ces Écoles, on n'était admis qu'au-dessous de dix-sept ans, et après examen public ; il fallait également satisfaire à d'autres examens à la fin de chaque année d'études, soit pour passer de la seconde division à la première, soit pour être nommé Élève de la marine. Au surplus, les résultats prouvent, aujourd'hui, qu'il pouvait sortir d'Angoulême des sujets très bien préparés ; car si l'on jette les yeux sur la liste des officiers supérieurs de notre marine, on verra qu'une bonne partie de ceux qui sont cités comme les plus distingués proviennent de cette source.

L'École d'Angoulême dura douze ans en état constant de progrès : mais mal connue, mal défendue à la tribune, n'ayant pas encore pour elle la sanction des résultats obtenus, elle ne put résister plus longtemps à la violence des attaques et à la calomnie. Toutefois, la presse opposante ne varia pas ses arguments : c'était toujours une École de marine située sur le sommet d'un rocher, uniquement par esprit de flatterie envers M. le duc d'Angoulême ; et l'on ajoutait, avec une ironie qu'on croyait d'excellent goût, qu'autant vaudrait une École de cavalerie à bord d'un vaisseau. Le ministère céda devant toutes ces critiques ; et le renouvellement d'une École flottante fût décidé en 1826 ; enfin cette dernière école se trouvant réorganisée en 1829 et prenant, bientôt après, le nom d'Ecole navale, celle d'Angoulême fut supprimée.

Mais, en même temps, on eut l'heureuse idée d'utiliser ce bel établissement, en y créant une école de marine préparatoire pour des élèves de moins de quinze ans, qui y devaient faire de bonnes études classiques, et apprendre le français, l'anglais, le latin, la géographie, l'histoire, la littérature, les éléments des mathématiques et de la physique et le dessin. Les exercices nautiques et la natation y furent maintenus. Les frais de cette École préparatoire n'excédaient pas 50.000 francs.

C'était, pour la marine, ce que le Collège de La Flèche est pour l'armée de terre, et il n'y avait que justice, car aujourd'hui, pendant que celle-ci a ce Collège et les Écoles spéciales de Saint-Cyr, de l'État-Major, et Polytechnique, la marine est réduite à sa seule École navale, attendu qu'elle ne reçoit que de quatre à six élèves de l'École Polytechnique par an.

On a vu, à toutes les époques, parmi les officiers de l'armée de terre, se développer des hommes qui ont paru à la tribune avec beaucoup d'éclat, et qui, sans cesser d'être de bons et vaillants guerriers, ont rempli, avec une grande distinction, de hautes fonctions diplomatiques, politiques ou administratives : or, la marine est, depuis nos nouvelles institutions, d'une infériorité relative très grande à cet égard, et on ne peut l'attribuer qu'au défaut de bonnes études classiques, telles qu'on les fait à La Flèche, et qu'on aurait pu les faire à l'École préparatoire d'Angoulême.

Les officiers de la marine, avant la première révolution, provenaient en grand nombre, d'excellents collèges, où leurs familles leur faisaient faire des études complètes avant de se présenter aux compagnies des gardes de la marine ; tel était Chateaubriand venant à Brest pour s'y faire admettre, lorsque les circonstances et son émigration l'empêchèrent de donner suite à ce projet ; tels furent encore l'amiral de Bruix, les ducs de Crès et de Cadore, les comtes de Villèle et de Caffarelli, le baron de Bonnefoux et autres officiers de la marine de Louis XVI, que nous avons vus parfaitement à la hauteur des positions considérables et difficiles où ils ont été placés.

L'Ecole préparatoire de la marine aurait, sans doute, donné de semblables résultats, mais la révolution de 1830 éclata et elle cessa d'exister. Revenons cependant à l'Ecole navale.

Il est très vrai que l'idée d'une École de marine sur un vaisseau a quelque chose de séduisant au premier coup d'œil. On se plaît à penser qu'il est bien d'élever des jeunes gens destinés à devenir officiers de marine, sur l'élément qu'ils doivent parcourir toute leur vie, de les familiariser de bonne heure avec la vue de la mer, avec les habitudes du bord, de les charmer par le spectacle des scènes variées d'une rade ; et l'on aime à croire que ces premières impressions se graveront dans leur esprit, qu'elles fortifieront leur âme, qu'elles les soutiendront dans les épreuves qu'ils sont appelés à subir.

Nous convenons que ce sont des avantages, mais il ne faut en exagérer ni la portée ni la valeur ; il ne faut pas oublier que ce que l'on doit enseigner aux élèves ce sont des sciences, que c'est leur instruction théorique qu'il s'agit de compléter, et qu'il faut faire concorder cet enseignement avec plusieurs autres exigences premières de l'éducation, telles que la religion, l'hygiène, la discipline, le développement des forces physiques et le contentement intérieur. Il faut enfin réfléchir que cette éducation sur un vaisseau en rade n'est pas indispensable, que l'expérience en a été faite, et que les compagnies des gardes de la marine, ainsi que l'École d'Angoulême, ont produit un très grand nombre de fort bons officiers spéciaux.

Cela posé, il n'y a plus actuellement qu'à comparer entre eux, les points analogues principaux des deux Écoles d'Angoulême et de Brest, et l'on verra que cette comparaison sera toute à l'avantage de l'école à terre.

Tout était disposé à Angoulême pour que le service religieux y fût accompli avec fruit, avec dignité : les localités, à Brest, s'opposent presque entièrement à ce qu'il en soit ainsi.

L'instruction nautique, à Brest, se donne à bord du vaisseau-école, pour les leçons élémentaires; et, pour l'application, sur une corvette qui louvoie en rade tous les dimanches, tous les jeudis, pendant la belle saison, et fait une excursion d'un mois environ sur les côtes, pendant l'intervalle de temps qui sépare la fin de chaque année du commencement de la suivante. A Angoulême, nous avons déjà vu comment s'y donnait cette instruction nautique, et il est facile de conclure, de la comparaison entre les deux écoles, que, même sous le rapport de la pratique du métier, le système de l'École d'Angoulême était supérieur à celui de l'École de Brest.

Pour prouver qu'il en doit être ainsi de l'instruction théorique ou scientifique, il suffit de remarquer qu'à Brest les professeurs, et souvent les élèves, sont dans un état presque incessant de malaise, que les cours sont faits dans des réduits bas, étouffés, sombres, qui sont ménagés dans les batteries du vaisseau, et que les élèves y sont constamment distraits par l'aspect animé des navires ou des canots de la rade, tandis qu'à Angoulême, il y avait de belles salles fort bien installées, aérées pendant l'été, chauffées en hiver et où l'enseignement était confortablement donné et reçu dans le calme et le recueillement. La salle de dessin, surtout, y était extrêmement claire; à Brest, au contraire, le jour y arrive de si bas que l'étude de cet art y devient difficile et fatigante pour la vue. D'ailleurs, le mauvais temps, qui y est fréquent, pendant six mois, est encore une cause de malaise; il y occasionne même parfois le mal de mer aux professeurs ainsi qu'aux élèves et va jusqu'à forcer d'interrompre les cours.

A Angoulême, une vaste cour permettait aux élèves de se livrer aux jeux, à la gymnastique fortifiante de leur âge; la campagne était à proximité, et on pouvait les y conduire en promenade. A Brest, ces jeunes gens n'ont d'autres ressources, sous ce rapport, que de marcher en emboîtant le pas et en tournant autour d'une partie du pont ayant dix mètres environ de longueur, et qui est leur seul lieu de promenade en plein air. Cette réclusion, cette gêne, cette privation de course, de sauts, de jeux, de joyeux ébats sont un supplice à cet âge; c'est une situation contre nature, et qui dure pendant une période de deux ans, si longue pour la jeunesse. C'est au moins une cause de mécontentement et peut-être de révolte!

A Brest, le réfectoire est la batterie basse qui sert à la fois de salle d'étude, de dortoir, de réfectoire, de salle de dessin, et de salle de récréation. A Angoulême, toutes ces pièces étaient distinctes, on ne peut mieux distribuées, et la police y était faite seulement avec cinq officiers et six adjudants. A Brest, il faut huit officiers et dix ou douze adjudants; encore est-il difficile de penser que la surveillance de nuit y soit assurée, puisque les élèves sont couchés dans des hamacs rapprochés l'un de l'autre à un mètre de distance. Quel air, au surplus, à respirer que celui d'une batterie de vaisseau, fermée de tous les côtés pendant la nuit, et pour un si grand nombre de jeunes gens qui non seulement y couchent et y mangent, mais qui y passent presque tout le temps de la journée!

Le personnel de l'équipage est si nombreux sur le vaisseau-école, et l'exiguïté du local y rend les rapprochements si faciles, que l'introduction frauduleuse de liqueurs spiritueuses, de gravures ou livres licencieux, de tabac et autres objets défendus y est bien plus facile qu'à Angoulême, où les élèves n'avaient même aucune communication avec les domestiques.

Par suite de toutes ces circonstances, la santé des élèves se maintenait en bon état, beaucoup mieux à Angoulême qu'à Brest. Là, lorsqu'ils étaient malades, ils étaient soignés à l'infirmerie de l'École; ici, il faut les faire sortir du vaisseau, les envoyer à l'hôpital du port, ce qui donne lieu à de graves inconvénients; il en résulte qu'en général le nombre annuel des journées de malades y est plus que triple qu'à Angoulême.

Ainsi donc, s'il est vrai que, pour l'établissement d'une école spéciale, on doive choisir le lieu le plus convenable à la santé des élèves, à une bonne disposition d'esprit, à l'accroissement de leurs forces, à la promptitude, à la solidité des études, à la nécessité d'une surveillance efficace, et, en même temps, qui soit le moins dispendieux, il n'est pas douteux que la préférence doive être définitivement donnée à l'école à terre sur l'école à bord.

Tout ce que nous avons dit est le fruit de l'expérience, car nous avons, pendant de longues années, servi, soit à l'École spéciale, soit à l'École préparatoire d'Angoulême, soit enfin à l'École navale de Brest, et nous les avons observées avec soin, avec impartialité; nous nous prononçons donc, sans restrictions, pour l'établissement d'une école à terre; et, s'il fallait nous prévaloir d'autorités de grand poids, pour appuyer notre conclusion, nous en trouverions de nombreuses à citer; bornons-nous à une seule, à celle des États-Unis d'Amérique dont le peuple est, sans contredit, le plus véritablement marin du monde entier. Lorsqu'il fut question d'instituer dans ce pays une école de marine, l'opinion publique donna l'assentiment le plus cordial à ces paroles si claires, si nettes, que le président adressa au Congrès, lors de l'ouverture de la session de 1828, et qui furent alors reproduites dans notre *Moniteur* du 6 janvier de ladite année; voici ces paroles.

« La pratique de l'homme de mer et l'art de la navigation peuvent s'acquérir durant les croisières, que, de temps à autre, nous expédions dans les mers les plus éloignées; mais une connaissance suffisante de la construction des vaisseaux, des mathématiques, de l'astronomie; les notions littéraires qui doivent mettre l'éducation de nos officiers de marine au niveau de celle des officiers des autres nations maritimes; la connaissance des lois municipales et nationales que, dans leurs relations avec les gouvernements étrangers, ils peuvent être dans le cas d'appliquer ; et, par-dessus tout, celles des principes d'honneur et de justice, et des obligations plus imposantes encore de la morale et des lois générales, divines et humaines, qui constituent la grande distinction entre le guerrier patriote et le voleur breveté ; toutes ces choses ne peuvent être enseignées et apprises, d'une manière convenable, que dans une école permanente à terre et pourvue de maîtres, de livres et d'instruments. »

Après un langage si concluant, et dont chaque mot est un enseignement, après les faits que nous avons cités plus haut, l'École navale sera probablement transférée à terre ; mais quel est l'emplacement que choisira l'autorité ?

Si nous avions une préférence à exprimer, nous le désignerions cet emplacement, et nous dirions qu'il existe un local à Brest que nous avons fort souvent visité, mais jamais sans éprouver ce tressaillement involontaire, cette émotion saisissante que nous ressentons toutes les fois que nous sommes en présence des lieux ou des hommes dont les noms, consacrés par une tradition historique ou populaire, nous rappellent de grands souvenirs. Ce local est celui qui était occupé par l'ancienne Compagnie des gardes de la marine, devenu depuis l'hôpital Saint-Louis, et que rien n'empêche de destiner à la nouvelle École navale.

Oui, qu'elle y soit placée ; qu'on y revoie une pépinière de jeunes marins avides de gloire, studieux, disciplinés, qui s'y préparent, résolument, à dévouer toute leur vie à leur pays, à leurs devoirs ; qu'ils s'y enthousiasment en pensant à leurs devanciers, parmi lesquels on compte tant d'hommes de talent, de valeur et du premier mérite ; et puisse-t-elle cette École, donner de nouveau à la France, beaucoup d'officiers aussi illustres que Suffren et Lamothe-Piquet ; aussi savants que Fleurieu, Chabert et Verdun ; aussi habiles que Lapérouse, Entrecasteaux ou Bougainville ; et qui fassent revivre le génie de Borda !

TABLE

PRÉFACE..

LIVRE PREMIER
MON ENFANCE

CHAPITRE PREMIER

Sommaire: La famille de Bonnefoux. — Histoire du chevalier de Beauregard, mon père. — Son entrée au service, ses duels, son voyage au Maroc. — Ses dettes, le régiment de Vermandois. — Le régiment de Vermandois aux Antilles; Mᵐᵉ Anfoux et ses liqueurs. — Rappel en France. — Garnisons de Metz et de Béziers. — L'esplanade de Béziers, mariage du chevalier de Beauregard; ses enfants........... 1

CHAPITRE II

Sommaire : Mes premières années, le jardin de Valraz et son bassin. — Détachements du régiment de Vermandois en Corse, le chevalier de Beauregard à Ajaccio, ses relations avec la famille Bonaparte. — Voyage à Marmande. — M. de Campagnol, colonel de Napoléon. — Retour à Béziers. — La Fête du Chameau ou des Treilles — L'Ecole militaie de Pont-le-Voy. — Changement de son régime intérieur. — Renvoi des fils d'officiers. — A l'âge de onze ans et demi, je quitte Pont-le-Voy, vers la fin de 1793, pour me rendre à Béziers. — Rencontre du capitaine Desmarets. — *Cincinnatus* Bonnefoux. — Bordeaux et la guillotine. — Arrivée à Béziers....... 15

CHAPITRE III

Sommaire : La famille de Bonnefoux pendant la Révolution. — Les Etats du Languedoc. — Le chevalier de Beauregard reprend son nom patronymique. — La question de l'émigration. — Révolte du régiment de Vermandois à Perpignan. — Belle conduite de mon père. — Sa mise à la retraite comme chef de bataillon. — Revers financiers. — Arrestation de mon père. — Je vais le voir dans sa prison et lui baise la main. — Lutte avec le geôlier Maléchaux, ancien soldat de Vermandois. — Mise en liberté de mon père. — Séjour au Châtard, près de Marmande. — M. de La Capelière et le Canada. — Les *Batadisses* de Béziers. — Mort de ma mère. — M. de Lunaret. — M. Casimir de Bonnefoux, mon cousin germain, est nommé adjudant général (aujourd'hui major général) du port de Brest.. 33

LIVRE II

ENTRÉE DANS LA MARINE. — CAMPAGNES MARITIMES SOUS LA RÉPUBLIQUE ET SOUS L'EMPIRE

CHAPITRE PREMIER

Sommaire : Je suis embarqué comme novice sur le lougre *la Fouine*. — Départ pour Bordeaux. — Je fais la connaissance de Sorbet. — *La Fouine* met à la voile en vue d'escorter un convoi jusqu'à Brest. — La croisière anglaise. — Le pertuis de Maumusson. — *La Fouine* se réfugie dans le port de Saint-Gilles. — Sorbet et moi nous quittons *la Fouine* pour nous rendre à Brest par terre. — Nous traversons la Bretagne à pied. — A Locronan, des paysans nous recueillent. — Arrivée à Brest. — Reproches que nous adresse M. de Bonnefoux. — La capture de *la Fouine* par les Anglais. — Je suis embarqué sur la corvette *la Citoyenne*..................... 51

CHAPITRE II

Sommaire. — L'amiral Bruix quitte Brest avec 25 vaisseaux. — Les 17 vaisseaux anglais de Cadix. — Le détroit de Gibraltar. — Relâche à Toulon. — L'escadre porte des troupes et des munitions à l'armée du général Moreau, à Savone. — L'amiral Bruix touche à Carthagène et à Cadix et fait adjoindre à sa flotte des vaisseaux espagnols. — Il rentre à Brest. — L'équipage du *Jean-Bart*, les officiers et les matelots. — L'aspirant de marine Augier. — En rade de Brest, sur les barres de perroquet. — Le commandant du *Jean-Bart*. — Il veut m'envoyer passer trois jours et trois nuits dans la hune de misaine. — Je refuse. — Altercation sur le pont. — Quinze jours après, je suis nommé aspirant à bord de la corvette, *la Société populaire*. — Navigation dans le golfe de Gascogne. La corvette escorte des convois le long de la côte. — L'officier de santé Cosmao. — *La Société populaire* est en danger de se perdre par temps de brume. — Attaque du convoi par deux frégates anglaises. — Relâche à Benodet. — Je passe sur le vaisseau *le Dix-Août*. — Un capitaine de vaisseau de trente ans, M. Bergeret. — Exercices dans l'Iroise. — Les aspirants du *Dix-Août*, Moreau, Verbois, Hugon, Saint-Brice. — La capote de l'aspirant de quart. — Le général Bernadotte me propose de me prendre pour aide de camp ; je ne veux pas quitter la marine. — Le ministre désigne, parmi les aspirants du *Dix-Août*, Moreau et moi comme devant faire partie d'une expédition scientifique sur les côtes de la Nouvelle-Hollande. — Départ de Moreau, sa carrière, sa mort. — Je ne veux pas renoncer à l'espoir de prendre part à un combat, et je reste sur *le Dix-Août*..... 57

CHAPITRE III

SOMMAIRE : Je suis nommé second du cutter *le Poisson-Volant*, puis je reviens sur *le Dix-Août*. — Ce vaisseau est désigné pour faire partie de l'escadre du contre-amiral Ganteaume, chargée de porter des secours à l'armée française d'Egypte. — L'escadre part de Brest. — Prise d'une corvette anglaise en vue de Gibraltar. — Les indiscrétions de son équipage. — Le surlendemain, *le Jean-Bart* et *le Dix-Août*, capturent la frégate *Success*, qui ne se défend pas. — Chasse appuyée par *le Dix-Août* au cutter *Sprightly*. — Je suis chargé de l'amariner. — L'amiral change brusquement de route et rentre à Toulon. — Le commandant Bergeret quitte le commandement du *Dix-Août* ; il est remplacé par M. Le Goüardun. — Mécontentement du premier consul. — Ordre de partir sans retard. — L'escadre met à la voile. — Abordage du *Dix-Août* et du *Formidable*, dans le sud de la Sardaigne. — Graves avaries. — Relâche à Toulon. — L'amiral reçoit l'ordre de participer à l'attaque de l'île d'Elbe. Bombardement des forts. — Assaut. — Je commande un canot de débarquement. — Soldat tué par le vent d'un boulet. — Prise de l'île d'Elbe. — L'amiral Ganteaume débarque ses nombreux malades à Livourne. — Il fait passer ses 3.000 hommes de troupes sur quatre de ses vaisseaux et renvoie les trois autres sous le commandement du contre-amiral Linois. — Le moral des équipages et des troupes. — Le premier consul accusé d'hypocrisie. — Digression sur le duel. — L'escadre passe le détroit de Messine, et arrive promptement en vue de l'Egypte. — A la surprise générale, l'amiral ordonne de mouiller et de se préparer à débarquer à 25 lieues d'Alexandrie. — Apparition de deux bâtiments anglais au coucher du soleil. — L'escadre appareille la nuit. — Un mois de navigation périlleuse sur les côtes de l'Asie-Mineure et dans l'Archipel. — Retour sur la côte d'Afrique, mais devant Derne. — Nouvel ordre de débarquement et nouvelle surprise des officiers. — Verbois, Hugon et moi, nous commandons des canots de débarquement. — A 50 mètres du rivage, l'amiral nous signale de rentrer à bord. — Fin de nos singulières tentatives de secours à l'armée d'Egypte. — Retour à Toulon. — Souffrance des équipages et des troupes. — La soif. — Rencontre à quelques lieues de Goze, du vaisseau de ligne de 74, *Swiftsure*. — Combat victorieux du *Dix-Août* contre le *Swiftsure*. — Pendant le combat, je suis de service sur

le pont, auprès du commandant. — Mission dans la batterie basse.
— Le porte-voix du commandant Le Goüardun. — Le point de la
voile du grand hunier. — Paroles que m'adresse le commandant. —
Capture du *Mohawk*. — Arrivée à Toulon. — Grave épidémie à
bord de l'escadre et longue quarantaine. — La dysenterie enlève
en deux heures de temps mon camarade Verbois couché à côté de
moi dans la Sainte-Barbe. — Je le regrette profondément. — Fin de
la quarantaine de soixante-quinze jours. — Le commandant
Le Goüardun demande pour moi le garde d'enseigne de vaisseau. —
Histoire de l'aspirant Jérôme Bonaparte, embarqué sur *l'Indivisible*.
— Les relations que j'avais eues avec lui à Brest, chez Mme de
Caffarelli. — Après la campagne, il veut m'emmener à Paris. —
Notre camarade, M. de Meyronnet, aspirant à bord de *l'Indivisible*,
futur grand-maréchal du Palais du roi de Westphalie. — Paix
d'Amiens. — *Le Dix-Août* part de Toulon pour se rendre à Saint-
Domingue. — Tempête dans la Méditerranée. — Naufrage sous
Oran, d'un vaisseau de la même division, *le Banel*. — Court séjour
à Saint-Domingue. — Retour en France. — A mon arrivée à Brest,
M. de Bonnefoux me remet mon brevet d'enseigne de vaisseau. —
Commencement de scorbut. — Histoire de mon ancien camarade
Sorbet. — Congé de trois mois. Séjour à Marmande et à Béziers. —
L'érudition de M. de La Capelière. — Je retourne à Brest, accompagné
de mon frère, âgé de quatorze ans, qui se destine, lui aussi à la
marine.. 73

CHAPITRE IV

Sommaire : La reprise de possession des colonies françaises de l'Inde.
— L'escadre du contre-amiral Linois. — Le vaisseau *le Marengo*,
les frégates *la Belle-Poule*, *l'Atalante*, *la Sémillante*. — Mon frère
et moi nous sommes embarqués sur *la Belle-Poule*, mon frère
comme novice et moi comme enseigne. — Avant le départ de
l'expédition, mon frère passe, avec succès, l'examen d'aspirant de
2e classe. — Après divers retards, la division met à la voile, au
mois de mars 1803. — A la hauteur de Madère, *la Belle-Poule* qui
marche le mieux, et qui porte le préfet colonial de Pondichéry,
se sépare de l'escadre et prend les devants. — Passage de la ligne.
— Arrivée au cap de Bonne-Espérance, après cinquante-deux jours
de traversée. — L'incident de l'albatros. — Une de nos passagères,
Mme Déhon, craint pour moi le sort de Ganymède. — Coup de
vent qui nous éloigne de la baie du Cap. — Nouveau coup de vent
qui nous écarte de celle de Simon et nous rejette en pleine mer.
— Rencontre de trois vaisseaux de la Compagnie anglaise des
Indes, auxquels nous parlons. — Etrange embarras des équipages.
— Ignorant que la guerre était de nouveau déclarée, et que, depuis
un mois, les Anglais, en Europe, arrêtaient nos navires marchands,
nous manquons notre fortune. — Retour de la frégate vers la baie de
Lagoa ou de Delagoa — Infructueux essais d'accostage. — Un brusque
coup de vent nous écarte une troisième fois de la côte. — Le
commandant se dirige alors vers Foulpointe, dans l'île de Madagascar, pour y faire de l'eau et y prendre des vivres frais. —

Relâche de huit jours à Foulpointe. — Le petit roi Tsimàon. — Partie champêtre. — *Sarah-bé, Sarah-bé*. — A la suite d'un manque de foi des indigènes, je tente d'enlever le petit roi Tsimàon, et je capture une pirogue et les trois noirs qui la montaient. — On les garde comme otages à bord de la frégate, jusqu'à ce que satisfaction nous soit donnée. — Résultats peu brillants de mes ambassades. — Arrivée à Pondichéry cent jours après notre départ de Brest. — Nous débarquons nos passagers; mais les Anglais ne remettent pas la place. — Une escadre anglaise de trois vaisseaux et deux frégates se réunit même à Gondelour, en vue de *la Belle-Poule*. — Branle-bas de combat. — Plainte de M. Bruillac au colonel Cullen, commandant de Pondichéry. — Réponse de ce dernier. — Pondichéry, les Dobachis, les Bayadères. — L'amiral débarque à Pondichéry, vingt-six jours après nous. — Instruit des difficultés relatives à la remise de la place, il envoie *la Belle-Poule* à Madras pour essayer de les lever. — Réponse dilatoire du gouverneur anglais. — Guet-apens tendu à *la Belle-Poule*, à Pondichéry. — La frégate est sauvée. — Elle se dirige vers l'Ile de France. — Grandes souffrances à bord par suite du manque de vivres et d'eau. — La division arrive à son tour à l'Ile-de-France. — Récit de ses aventures. — Le brick *le Bélier*. — Perfidie des Anglais. — L'aviso espion. — La corvette *le Berceau* mouille à l'Ile-de-France, apportant des nouvelles de la métropole. — Installation du général Decaen et des autorités civiles. — La frégate marchande *la Psyché* est armée en guerre et reste sous le commandement de M. Bergeret, qui rentre dans la Marine militaire. — Un navire neutre me rapporte ma malle, laissée dans une chambre de Pondichéry. — La fidélité proverbiale des Dobachis se trouve ainsi vérifiée................................... 93

CHAPITRE V

SOMMAIRE. — Coup d'œil sur l'état-major de la division. — L'amiral Linois, son avarice. — Commencement de ses démêlés avec le général Decaen. — M. Vrignaud, capitaine de pavillon de l'amiral. — M. Beauchêne, commandant de l'*Atalante*; M. Motard, commandant de *la Sémillante*. — Le commandant et les officiers de *la Belle-Poule*. — M. Bruillac, son portrait. — Le beau combat de *la Charente* contre une division anglaise. — Le second de *la Belle-Poule*, M. Denis, les prédictions qu'il me fait en rentrant en France. — Son successeur, M. Moizeau. — Delaporte, lieutenant de vaisseau, son intelligence, sa bonté, l'un des hommes les meilleurs que j'aie connus. — Les enseignes de vaisseau par rang d'ancienneté, Giboin, L..., moi, Puget, « mon Sosie », Desbordes et Vermot. — Triste aventure de M. L..., sa destitution. — Croisières de la division. — Voyage à l'Ile Bourbon. — Les officiers d'infanterie à bord de *la Belle-Poule*, MM. Morainvillers, Larue et Marchant. — En quittant Bourbon, l'amiral se dirige vers un comptoir anglais nommé Bencoolen, situé sur la côte occidentale de Sumatra. — Une erreur de la carte; le banc appelé Saya de Malha; l'escadre court un grand danger. — Capture de *la Comtesse-de-Sutherland*, le plus grand bâtiment de la Compagnie anglaise. — Quelques détails sur les navires de' la Compagnie des Indes. — Arrivée à Bencoolen. — Les Anglais incendient cinq vaisseaux de la Compagnie et leurs magasins pour les empêcher de tomber entre nos mains. — En quittant Bencoolen, l'escadre fait voile pour Batavia, capitale de l'ile de Java. — Batavia, la ville hollandaise, la ville malaise, la ville chinoise. — Après une courte relâche, la division à laquelle se joint le brick de guerre hollandais, *l'Aventurier*, quitte Batavia au commencement de 1804, en pleine saison des ouragans pour aller attendre dans les mers de la Chine le grand convoi des vaisseaux de la Compagnie qui part annuellement de Canton. — Navigation très pénible et très périlleuse. — Nous appareillons et nous mouillons jusqu'à quinze fois par jour. — Prise, près du détroit de Gaspar, des navires de commerce anglais *l'Amiral-Raynier* et *la Henriette*, qui venaient de Canton. — Excellentes nouvelles du convoi. — Un canot du *Marengo*, surpris par un grain, ne peut pas rentrer à son bord. Il erre pendant quarante jours d'île en île avant d'atteindre Batavia. — Affreuses souffrances. — Habileté et courage du commandant du canot, M. Martel, lieutenant de vaisseau. — Il meurt en arrivant à Batavia. — Conversations des officiers de l'escadre. — On escompte la prise du convoi. — Mouillage à Poulo-Aor. — Le convoi n'est pas passé. — Le détroit de Malacca. — Une voile, quatre voiles, vingt-cinq voiles, c'est le convoi. — Temps superbe, brise modérée. — Le convoi se met en chasse devant nous ; nous le gagnons de vitesse. — A six heures du soir, nous sommes en mesure de donner au milieu d'eux. — L'amiral Linois ordonne d'attendre au lendemain matin. — Stupéfaction des officiers et des équipages. — Le mot du commandant Bruillac, celui du commandant Vrignaud. — Le lendemain matin, même beau temps. — Nous hissons nos couleurs. — Les Anglais ont, pendant la nuit, réuni leurs combattants sur huit vaisseaux. — Ces huit vaisseaux soutiennent vaillamment le choc. — Après quelques volées, l'amiral Linois quitte le champ de bataille et ordonne au reste de la division d'imiter ses mouvements. — Déplorables résultats de cet échec. — Consternation des officiers de la division. — Récompense accordée par les Anglais au capitaine Dance.......... 104

CHAPITRE VI

Sommaire : Retour de l'escadre à Batavia. — Le choléra. — Mort de l'aspirant de 2e classe Rigodit et de l'officier de santé Mathieu. — Les officiers de santé de *la Belle-Poule* : MM. Fonze, Chardin, Vincent et Mathieu. — Visite d'une jonque chinoise en rade de Batavia. — Réception en musique. — Les sourcils des Chinois. — Le village de Welterfreder. — Conflit avec les Hollandais. — Déplorable bagarre. — *Fuyards du convoi de Chine*. — Départ de Batavia. — Le détroit de la Sonde. — Violents courants. — Terreur panique de l'équipage. — Belle conduite du lieutenant de vaisseau Delaporte. — *Le Marengo, la Sémillante* et *le Berceau*, se dirigent vers l'Ile-de-France. — *La Belle-Poule* et *l'Atalante* croisent à l'entrée du golfe de l'Inde, et rentrent à l'Ile-de-France après avoir visité les abords des côtes occidentales de la Nouvelle-Hollande. — Pendant cette longue croisière, prise d'un seul navire anglais, *l'Althéa*, ayant pour 6 millions d'indigo à bord. — Le propriétaire de *l'Althéa*, M. Lambert. — Craintes de Mme Lambert. — Sa beauté. — Scène sur le pont de *l'Althéa*. — L'officier d'administration de *la Belle-Poule*, M. Le Lièvre de Tito. — Un gentilhomme, *laudator temporis acti*. — Ses bontés à mon égard. — Plaisanteries que se permettent les jeunes officiers. — Les fruits glacés de M. Le Lièvre de Tito. — Sa correspondance avec Mme Lambert. — Départ de M. et Mme Lambert, après un séjour de quelques mois à l'Ile-de-France. — M. Lambert souhaite nous voir tous prisonniers, en Angleterre, pour nous prouver sa reconnaissance. — Réponse de Delaporte. — Part de prise sur la capture de *l'Althéa*. — Décision arbitraire de l'amiral Linois. — Nous ne sommes défendus ni par M. Bruillac, ni par le général Decaen. — Au mois d'août 1804, *le Berceau* est expédié en France. — Je demande vainement à l'amiral de renvoyer, par ce bâtiment, mon frère Laurent pour lui permettre de passer son examen d'aspirant de 1re classe......... 121

CHAPITRE VII

Sommaire : La division met à la voile. — L'amiral donne rendez-vous à *la Belle-Poule* dans le sud-est de Ceylan. — Rencontre, sur la côte de Malabar, d'un navire de construction anglaise monté par des Arabes. — Odalisques et cachemires de l'Inde. — Chasse appuyée par la frégate à la corvette anglaise *le Victor*. — Emouvante lutte de vitesse. — La corvette nous échappe. — *La Belle-Poule* prend connaissance de Ceylan. — Trente jours employés à louvoyer au sud-est de l'île. — Une montre marine qui se dérange. — Graves conséquences de l'accident. — La division passe sans nous voir. — La batterie de *la Belle-Poule*, les jours de beau temps. — Puget et moi. — Observations astronomiques. — Cercles et sextants. — Sur la côte de Coromandel. — Prise du bâtiment de commerce anglais, *la Perle*. — M. Bruillac m'en offre le commandement. — Je refuse. — Retour vers l'Ile-de-France. — Le blocus de l'île. — La frégate se dirige vers le Grand-Port ou port du sud-est. — Plan du commandant Bruillac. — La distance de Rodrigue à l'Ile-de-France. — Le service que nous rend la lune. — Les frégates anglaises. — Le Grand-Port. — Arrivée de la division deux jours après nous. — *L'Upton-Castle, la Princesse-Charlotte, le Barnabé, le Hope*. — Combat, près de Vizagapatam, contre le vaisseau anglais *le Centurion*. — *L'Atalante* se couvre de gloire. — *Le Centurion* se laisse aller à la côte. — Impossibilité de l'amariner à cause de la barre. — Importance stratégique de l'Ile-de-France. — Les Anglais lèvent le blocus. — La division appareille pour se rendre au port nord-ouest. — Curieuse histoire du *Marengo*. — La roche encastrée dans son bordage. — Le Trou Fanfaron. — *Le Marengo* reste à l'Ile-de-France. — *La Psyché* va croiser. — L'amiral expédie *la Sémillante* aux Philippines pour annoncer la déclaration de guerre faite par l'Angleterre à l'Espagne. — Nouvelles de France. — Proclamation de l'Empire. — Projet de descente en Angleterre. — Le chef-lieu de la préfecture maritime du 1er arrondissement est transporté à Boulogne. — M. de Bonnefoux est nommé préfet maritime du 1er arrondissement et chargé de construire, d'armer et d'équiper la flottille. — Il assiste à la première distribution des croix de la Légion d'honneur et reçoit, lui-même, des mains de l'empereur, celle d'officier. — Une lettre de lui. — *La Belle-Poule* et *l'Atalante* quittent l'Ile-de-France au commencement de 1805. — M. Bruillac, commandant en chef. — Croisière de soixante-quinze jours. — Calmes presque continus. — Rencontre, près de Colombo, de trois beaux bâtiments, que nous chassons et approchons à trois ou quatre portées de canon. — M. Bruillac les prend pour des vaisseaux de guerre. — Il m'envoie dans la grand'hune pour les observer. — Je descends en exprimant la conviction que ce sont des vaisseaux de la Compagnie des Indes. — Le commandant cesse cependant les poursuites. — Nouvelles apportées plus tard par les journaux de l'Inde. — Le golfe de l'Inde. — Notre présence est signalée par des barques de cabotage. — L'une d'elles, que nous capturons, nous apprend le combat de *la Psyché* et de la frégate anglaise de premier rang, *le San-Fiorenzo*. — Récit du combat. — Valeur du commandant Bergeret, de ses officiers et de ses matelots. — Sa présence d'esprit. — Capitulation honorable. — Tous les officiers tués, sauf Bergeret et Hugon. — *La Belle-Poule* et *l'Atalante* quittent les côtes du Bengale, et visitent celles du Pegou. — Capture de *la Fortune* et de *l'Héroïne*. — Un aspirant de *la Belle-Poule*, Rozier, est appelé au commandement de *l'Héroïne*. — On lui donne pour second Lozach, autre aspirant de notre bord. — Belle conduite de Rozier et de Lozach. — Rencontre par *l'Héroïne* d'un vaisseau anglais de 74 canons entre Achem et les îles Andaman. — Rozier accueilli avec enthousiasme à l'Ile-de-France. — Paroles que lui adresse Vincent. — Retour de *la Belle-Poule* et de *l'Atalante* à l'Ile-de-France. — Observations astronomiques faites par Puget et par moi devant Rodrigue. — Elles confirment nos doutes sur la situation exacte de cette île. — Sur notre rapport, un hydrographe est envoyé à Rodrigue par la colonie. — Les résultats qu'il obtient sont conformes aux nôtres. — Quarante-cinq navires de commerce ennemis capturés par nos corsaires, malgré les treize vaisseaux de ligne, les quinze frégates et les corvettes qu'entretenaient les Anglais dans l'Inde. — Séjour prolongé à l'Ile-de-France. — Les colons. — M. de Bruix, les Pamplemousses, le Jardin Botanique. — MM. Céré, père et fils. — Paul et Virginie. — La crevasse de Bernardin de Saint-Pierre. — Bruits de mésintelligence entre le général Decaen et l'amiral Linois. — Projets attribués à l'amiral. — *La Sémillante* bloquée à Manille. — *L'Atalante* reste au port nord-ouest pour quelques réparations. — Le cap de Bonne-Espérance lui est assigné comme lieu de rendez-vous. — Les bavardages de la colonie sur l'affaire des trois navires de Colombo. — M. Bruillac me met aux arrêts. — Il vient me faire des reproches dans ma chambre 135

CHAPITRE VIII

SOMMAIRE : Préparatifs de départ de l'Ile-de-France. — Arrivée à bord de Céré fils engagé comme simple soldat. — Son enthousiasme patriotique et ses sentiments de discipline. — Au moment de l'appareillage de *la Belle-Poule*, tentative de mutinerie d'une partie de l'équipage. — Admirable conduite de M. Bruillac. Ses officiers l'entourent. L'ordre se rétablit. — Paroles que m'adresse le commandant en reprenant son porte-voix pour continuer l'appareillage. — *Le Marengo* et *la Belle-Poule* se dirigent vers les Seychelles. — Mouillage à Mahé. — Mahé de la Bourdonnais et Dupleix. — But de notre visite aux Seychelles. — M. de Quincy. — Un gouverneur qui tenait encore sa commission de Louis XVI. — Un homme de l'ancienne cour. — Chasse de chauve-souris à la petite île Sainte-Anne. — Danger que mes camarades et moi nous courons. — Le « chagrin ». — Les caïmans. — De Mahé, la division se rend aux îles d'Anjouan. — Croisière à l'entrée de la mer Rouge. — Croisière sur la côte de Malabar, devant Bombay. — Aucune rencontre. — Dommage causé indirectement au commerce anglais. — Pendant mon quart, *la Belle-Poule* est sur le point d'aborder *le Marengo*. — L'équipage me seconde d'une façon admirable et j'en suis profondément touché. — L'abordage est évité. — Réflexions sur le don du commandement. — Mes diverses fonctions à bord, officier de manœuvre du commandant, chargé de l'instruction des aspirants, des observations astronomiques, des signaux. — M. Bruillac m'avait proposé de me décharger de mon quart et de le confier à un aspirant. J'avais refusé. Pendant toute la durée de la campagne, je ne manquai pas un seul quart. — Visite des abords des îles Laquedives et des îles Maldives. — En approchant de Trinquemalé, rencontre de deux beaux vaisseaux de la Compagnie des Indes. — Manœuvre du commandant Bruillac contrariée par l'amiral. — Un des vaisseaux se jette à la côte et nous échappe. — A la suite d'une volée que lui envoie, de très loin, *la Belle-Poule*, l'autre se rend. — C'était *le Brunswick*, que l'amiral expédie en lui donnant pour premier rendez-vous la baie de Fort-Dauphin (île de Madagascar) et Falsebay pour le second. — Continuation de la croisière à l'entrée de la mer de l'Inde. — Après avoir traversé cette mer dans le voisinage des îles Andaman, la division se dirige vers la Nouvelle-Hollande, et aux environs du Tropique, elle remet le cap vers l'ouest. Nous nous trouvons alors, par un temps de brume, à portée de canon de onze bâtiments anglais, que l'on prend pour onze vaisseaux de la Compagnie. — L'amiral attaque avec résolution. — Ces bâtiments portaient trois mille hommes de troupes, qui font un feu de mousqueterie parfaitement nourri. — Les voiles de *la Belle-Poule* sont criblées de projectiles. — M. Bruillac et moi nous avons nos habits et nos chapeaux percés en plusieurs endroits. — Le vaisseau de 74 canons, *le Blenheim*, qui escortait les dix autres bâtiments, parvient enfin à se dégager. — Intrépidité et habileté du commandant Bruillac. — *La Belle-Poule* canonne *le Blenheim*, pendant une demi-heure, sans être elle-même atteinte. — Elle lui tue quarante hommes. — L'amiral qui se trouvait un peu sous le vent, signale au commandant Bruillac de cesser le combat et de le rejoindre. — La division reprend sa direction vers le Fort-Dauphin. — En passant près de l'Ile-de-France. — « Elle est pourtant là sous Acharnar. » — Nous ne trouvons pas le *Brunswick* à Fort-Dauphin. — Traversée du canal de Mozambique. — Changement des moussons. — La terre des Hottentots... 155

CHAPITRE IX

Sommaire : False-bay et Table-bay. — Partage de l'année entre les coups de vent du sud-est et les coups de vent du nord-ouest. — Nous mouillons à False-bay. — Excellent accueil des Hollandais. — Nous faisons nos approvisionnements. — Arrivée du *Brunswick* avec un coup de vent du sud-est — Naufrage du *Brunswick*. — Croyant la saison des vents du sud-est commencée, nous nous hâtons de nous rendre à Table-bay. — Arrivée de l'*Atalante* à Table-bay. — La division est assaillie par un furieux coup de vent du nord-ouest en retard sur la saison. — Trois bâtiments des Etats-Unis d'Amérique, trompés comme nous, vont se perdre à la côte. — *La Belle-Poule* brise ses amarres. — Elle tombe sur l'*Atalante*, qu'elle entraîne. — Le naufrage paraît inévitable. — Sang-froid et résignation de M. Bruillac. — L'ancre à jet de M. Moizeau. — *La Belle-Poule* est sauvée. — L'*Atalante* échoue sur un lit de sable sans se démolir. — On la relève plus tard, mais ses avaries n'étant pas réparées au moment de notre départ, nous sommes obligés de la laisser au Cap. — *Le Marengo* et *la Belle-Poule* quittent le cap de Bonne-Espérance, peu avant la fin de l'année 1805. — Visite de la côte occidentale d'Afrique. — Saint-Paul de Loanda, Saint-Philippe de Benguela, Cabinde, Doni, l'embouchure du Zaïre ou Congo, Loango. — Capture de *la Ressource* et du *Rolla* expédiés à Table-bay. — En allant amariner un de ces bâtiments, *la Belle-Poule* touche sur un banc de sable non marqué sur nos cartes. Elle se sauve ; mais ses lignes d'eau sont faussées et sa marche considérablement ralentie. — Relâche à l'île portugaise du Prince. — La division se dirige ensuite vers l'île de Sainte-Hélène. — But de l'amiral. — Quinze jours sous le vent de Sainte-Hélène. — A notre grand étonnement, aucun navire anglais ne se montre. — Apparition d'un navire neutre que nous visitons. — Fâcheuses nouvelles. — Prise du cap de Bonne-Espérance par les Anglais. — L'*Atalante* brûlée, de Belloy tué, Fleuriau gravement blessé. — Le gouverneur de Sainte-Hélène averti de notre présence probable dans ses parages. — Tous les projets de l'amiral Linois bouleversés par ces événements. — Sa situation très embarrassante. — Le cap sur Rio-Janeiro. — La leçon de portugais que me donne M. Le Lièvre. — Changement de direction. — En route vers la France. — Un mois de calme sous la ligne équinoxiale. — Vents contraires qui nous rejettent vers l'ouest. — Le vent devient favorable. — Hésitations de l'amiral. — Où se fera l'atterrissage ? A Brest, à Lorient, à Rochefort, au Ferrol, à Cadix, à Toulon ? — Etat d'esprit de l'amiral

Lirois. — Son désir de se signaler par quelque exploit avant d'arriver en France — Le 13 mars 1806, à deux heures du matin, nous nous trouvons tout à coup près de neuf bâtiments. — M. Bruillac et l'amiral. — Est-ce un convoi ou une escadre ? — La lunette de nuit de M. Bruillac, les derniers rayons de la lune les trois batteries de canons. Ordre de l'amiral d'attaquer au point du jour. — Dernière tentative de M. Bruillac. — Manœuvre du *Marengo*. — *La Belle-Poule* le rallie et se place sur l'avant du vaisseau à trois-ponts ennemi. — Ce dernier souffre beaucoup ; mais, à peine le soleil est-il entièrement levé, que *le Marengo* a déjà cent hommes hors de combat. — L'amiral Linois et son chef de pavillon, le commandant Vrignaud, blessés. — L'amiral reconnaît son erreur. — Il ordonne de battre en retraite et signale à *la Belle-Poule* de se sauver ; le trois-ponts fortement dégréé ; mais deux autres vaisseaux anglais ne tardent pas à rejoindre *le Marengo*, qui est obligé de se rendre à neuf heures du matin. — L'escadre anglaise composée de sept vaisseaux et de deux frégates. — La frégate *l'Amazone* nous poursuit. — Marche distinguée ; néanmoins elle n'eût pas rejoint *la Belle-Poule* avant son échouage sur la côte occidentale d'Afrique. — Combat entre *la Belle-Poule* et *l'Amazone*. — A dix heures et demie, la mâture de la frégate anglaise est fort endommagée, et elle nous abandonne ; mais nous avons de notre côté des avaries. — Deux vaisseaux ennemis s'approchent de nous, un de chaque côté. — Deux coups de canon percent notre misaine. — Gréement en lambeaux, 8 pieds d'eau dans la cale, un canon a éclaté à notre bord et tué beaucoup de monde. — M. Bruillac descend dans sa chambre pour jeter à la mer la boîte de plomb contenant ses instructions secrètes. — Il me donne l'ordre de faire amener le pavillon. — Transmission de l'ordre à l'aspirant chargé de la drisse du pavillon. — Commandement : « Bas le feu ! » — L'équipage refuse de se rendre. J'envoie prévenir le commandant, qui remonte, radieux, sur le pont. — Le pavillon emporté par un boulet. — Le chef de timonerie Couzanet (de Nantes), en prend un autre sur son dos, le porte au bout de la corne et le tient lui-même déployé. — Autres beaux faits d'armes de l'aspirant Lozach, du canonnier Lemeur, du matelot Rouallec et d'un grand nombre d'autres. — Le vaisseau anglais de gauche, *le Ramilies*, s'approche à portée de voix sans tirer. — Son commandant, le commodore Pickmore, se montre seul et nous parle avec son porte-voix. « Au nom de l'humanité. » — M. Bruillac, s'avance sous le pavillon et ordonne à Couzanet de le jeter à la mer. — *La Belle-Poule* se rend au *Ramilies*. — L'escadre du vice-amiral Sir John Borlase Warren. — Prisonniers. — Rigueur de l'empereur pour les prisonniers. — Mon frère sain et sauf. — La grand'chambre de *la Belle-Poule* après le combat............ 169

CHAPITRE X

Sommaire : Le commandant Parker, à bord de *la Belle-Poule*. — Un commandant de vingt-huit ans. — Belle attitude de Delaporte. — Avec mon frère, Puget et Desbordes, je passe sur le vaisseau *le*

Courageux commandé par M. Bissett. — Le lieutenant de vaisseau Heritage, commandant en second. — Le lieutenant de vaisseau Napier, arrière-petit-fils de l'inventeur des Logarithmes. — Ses sorties inconvenantes contre l'empereur. — Je quitte la table de l'état-major, et j'exprime à M. Heritage mon dessein de manger désormais dans ma chambre et de m'y contenter, s'il le faut, de la ration de matelot. — Intervention de M. Bissett. — Il me fait donner satisfaction. — Je reviens à la table de l'état-major. — La croisière de l'escadre anglaise. — Armement des navires anglais. — Coup de vent. — Avaries considérables qui auraient pu être évitées. — Communications de l'escadre avec le vaisseau anglais, *le Superbe*, revenant des Antilles. — Encore un désastre pour notre Marine. — Destruction de la division que notre amiral Leisségues commandait aux Antilles, par une division anglaise sous les ordres de l'amiral Duckworth. — Portrait de Nelson suspendu pendant l'action dans les cordages. — Les bâtiments de l'amiral Duckworth, fort maltraités, étaient rentrés à la Jamaïque pour se réparer. — L'amiral se rendait en Angleterre à bord du *Superbe*. — Le même jour, un navire anglais, portant pavillon parlementaire, traverse l'escadre. — Mon ami Fleuriau, aspirant de *l'Atalante*. — Télégraphie marine des Anglais. — J'imagine un système de télégraphie que, peu de temps après, j'envoyai en France. — L'amiral Warren renonce à sa croisière. — M. Bruillac réunit tous les officiers de *la Belle-Poule*, et nous faisons en corps une visite à l'amiral Linois, qui était encore fort souffrant. Il nous adresse les plus grands éloges sur notre belle défense. — L'amiral Warren. — Le combat contre la frégate *la Charente*. — Quiberon. — Relâche à São-Thiago (îles du Cap Vert). — Arrivée à Portsmouth, après avoir eu le crève-cœur de longer les côtes de France. — Soixante et un jours en mer avec nos ennemis... 485

LIVRE III

LA CAPTIVITÉ EN ANGLETERRE

CHAPITRE PREMIER

Sommaire : Les vaisseaux de la Compagnie des Indes mouillés à Portsmouth célèbrent notre capture en tirant des salves d'artillerie. — Bons procédés de l'amiral Warren et de ses officiers. — L'état-major du *Courageux* nous offre un dîner d'adieu. — Franche et loyale déclaration de Napier. — Le perroquet gris du Gabon, que j'avais donné à Truscott, l'un des officiers du *Courageux*. — Le « cautionnement » de Thames. — Détails sur la situation des officiers prisonniers vivant dans un « cautionnement ». — Lettre navrante que je reçois de M. de Bonnefoux. — M. Bruillac me réconforte. —

Lettre de ma tante d'Ilémeric. — Mes ressources pécuniaires. — Mon plan de vie, mes études, la langue et la littérature anglaises. — Visite que nous font, à Thames, M. Lambert (de l'*Althéa*) et sa femme. — Le souhait exprimé autrefois par M. Lambert se trouve réalisé. — Il tient parole et nous fête pendant huit jours. — Il nous dit qu'il espère bien voir un jour M. Bonaparte prisonnier des Anglais. — Nous rions beaucoup de cette prédiction. — Avant de repartir pour Londres, M. Lambert apprend à Delaporte sa mise en liberté, qu'il avait obtenue à la suite de démarches pressantes et peut-être de gros sacrifices d'argent. — Delaporte avait commandé l'*Althéa* après sa capture. — Départ de cet admirable Delaporte que j'ai eu la douleur de ne plus revoir. — Description de Thames. — Les ouvriers des manufactures. — Leur haine contre la France, entretenue par les journaux. — Leur conduite peu généreuse vis-à-vis des prisonniers. — La bourgeoisie. — Relations avec les familles de MM. Lupton et Stratford. — M. Litner. — Agression dont je suis victime, un jour, de la part d'un ouvrier. — Rixe entre Français et ouvriers. — Le sang coule. — Je conduis de force mon agresseur devant M. Smith, commissaire des prisonniers. — Etat d'esprit de M. Smith. — Il m'autorise cependant à me rendre à Oxford pour porter plainte. — Visite à Oxford. — Le château de Blenheim. — Le magistrat me répond qu'il ne peut entamer une action entre un Anglais et un prisonnier de guerre. — Retour à Thames. — Scène violente entre M. Smith et moi. — Plainte que j'adresse au Transport Office contre M. Smith. — Réponse du Transport Office. — M. Smith reçoit l'ordre de me donner une feuille de route pour un autre cautionnement nommé Odiham, situé dans le Hampshire, et de me faire arrêter et conduire au ponton, si je n'étais pas parti dans les vingt-quatre heures. — Ovation publique que me font les prisonniers en me conduisant en masse jusqu'à l'extrémité du cautionnement, c'est-à-dire jusqu'à un mille. — Ma douleur en me séparant de mon frère et de tous mes chers camarades de *la Belle-Poule*. — Autre sujet d'affliction. — Miss Harriet Stratford. — Souvenir que m'apporte M. Litner. — Emotion que j'éprouve.................. 193

CHAPITRE II

Sommaire : J'arrive à Odiham, en septembre 1806. — La population d'Odiham. — Les prisonniers. — Je trouve parmi eux mon ami Céré. — Je suis l'objet de mille prévenances. — La Société philharmonique, la loge maçonnique, le théâtre des prisonniers, son grand succès. — La recherche de la paternité en Angleterre. — L'aventure de l'officier de marine français, Le Forsoney. — Ne pouvant payer la somme de 600 francs environ destinée à l'entretien de l'enfant mis à l'hospice, il allait être emprisonné. — Je lui prête la somme dont il avait besoin ; affectueuse reconnaissance de Le Forsoney, qui écrit à sa famille et ne tarde pas à s'acquitter vis-à-vis de moi. — Une maxime de M. Le Lièvre, agent d'administration de *la Belle-Poule*. — En juin 1807 un amateur de musique, M. Danley, m'amène secrètement passer une journée à Windsor. — Je vois, sur la terrasse du château, le roi Georges III, la reine, quatre de leurs fils, leur fille Amélie. — Le château de Windsor. — Nous rentrons à Odiham, où nul ne s'était douté de mon absence. — Je commets l'imprudence de raconter mon équipée à deux de mes camarades dans la rue, devant ma porte, sous les fenêtres d'une veuve qui, ayant été élevée en France, connaissait parfaitement notre langue. — La bonne d'enfants, Mary. — Le billet trouvé par la veuve. — Enigme insoluble expliquée par notre conversation. — Articles de journaux qui me donnent, à mon tour, une énigme à deviner. — Dénonciation au Transport Office. — L'écriture du billet à Mary, rapprochée de celle d'une lettre de moi à mon frère. — M. Shebbeare, agent des prisonniers, à Odiham, reçoit l'ordre de me faire arrêter sur-le-champ et partir le lendemain sous escorte pour les pontons de la rade de Chatham. — Mon indignation. — D'après les règlements j'étais seulement passible d'une amende d'une guinée, et encore à condition que quelqu'un se fût présenté pour réclamer cette guinée, comme prix de sa dénonciation. — Petit coup d'Etat de la police. — M. Shebbeare, agent des prisonniers à Odiham, ses excellents procédés à mon égard. — Il me laisse en liberté jusqu'au lendemain. — A l'heure dite, je me présente chez lui. — Il me remet entre les mains d'un agent de la police. — Les pistolets de l'agent. — Digression sur Rousseau, aspirant de 1re classe pris dans l'affaire de Sir T. Duckworth. — Son héroïsme. — Lettre qu'il avait écrite au Transport Office pour reprendre sa parole d'honneur. — Au moment où je quittais à mon tour Odiham, on venait de le conduire sur les pontons. — L'hôtel du Georges, la voiture à mes frais. — Je me sauve par la fenêtre de l'hôtel. — Mystification de l'agent aux pistolets. — Joie des prisonniers. — Hilarité des habitants. — La nuit close, je me rends dans une petite maison habitée par des Français. — J'y reste caché trois jours. — Une jeune fille de seize ans, Sarah Cooper, vient m'y prendre le soir du troisième jour, et elle me conduit par des voies détournées à Guilford, capitale du Surrey, distante de six lieues d'Odiham. — Dévouement de Sarah Cooper. — De Guilford une voiture me conduit à Londres, tandis qu'une autre ramène Sarah à Odiham. — Je descends à Londres à l'hôtel du café de Saint-Paul. — Dès le lendemain, grâce à des lettres que m'avait remises Céré et qu'il tenait d'une Anglaise, j'avais acheté un extrait de baptême ainsi que l'ordre d'embarquement d'un matelot hollandais nommé Vink, matelot sur *le Telemachus*, qui avait Hambourg pour lieu de destination. — Le capitaine, qui était seul dans le secret, m'autorise à rester à terre jusqu'au jour de l'appareillage. — Je passe trente et un jours à Londres, et je visite la ville et les environs. — Départ de Londres du *Telemachus*. — L'un des passagers, le jeune lord Ounslow. — Il me prend en amitié. — Les vents et les courants nous contrarient pendant cinq jours. — Nous atteignons Gravesend. — Au moment où *le Telemachus* partait enfin, un canot venant de Londres à force de rames, l'aborde. — Un agent de police en sort et demande M. Vink. — Mon arrestation. — Offres généreuses de lord Ounslow. — Je suis jeté à fond de cale dans le bâtiment où étaient gardés les malfaiteurs pris sur la Tamise. — J'y reste deux jours. — Affreuse promiscuité. — Plus d'argent. — Le canot du ponton *le Bahama*, de la rade de Chatham.. 205

CHAPITRE III

Sommaire : *Le Bahama.* — Rencontre de Rousseau évadé du ponton de Portsmouth, repris au milieu de la Manche et conduit sur *le Bahama* trois jours auparavant. — Façon dont les prisonniers du *Bahama* accueillaient les nouveaux arrivants : « Il filait 6 nœuds! avale ça, avale ça! » Cette mystification nous est épargnée à Rousseau et à moi. — Chatham et Sheerness. — Cinq pontons mouillés sur la Medway, entre Chatham et Sheerness, sous une île inculte et vaseuse. — Description détaillée du ponton. Cette description se passe de commentaires. — La nourriture; l'habillement. — Les lieutenants de vaisseau qui commandaient les pontons étaient, en général, le rebut de la Marine anglaise. — La garnison du ponton. — Les officiers de corsaires à bord des pontons; il y en avait une trentaine sur *le Bahama*. — Leur poste près de la cloison de l'infirmerie. — Rousseau y avait été admis. — L'antipathie violente des officiers de corsaires pour les officiers du « grand corps ». — La majorité décide, cependant, qu'on m'accueillera. — La minorité se venge en m'adressant des lazzis. — Mon explication courtoise, mais ferme, avec l'un des membres de cette minorité, Dubreuil. — Je m'en fais un ami. — La masse des prisonniers veut m'astreindre aux corvées communes. — Je refuse. — Mon grade doit être respecté. — Des menaces me sont faites; mais la majorité ne tarde pas à se ranger de mon côté. — Première tentative d'évasion. — Les soldats anglais nous vendent tout ce que nous voulons. — Le projet des barriques vides. — Rousseau, inventeur du projet. — Les cinq prisonniers dans les cinq barriques. — Rousseau, moi, Agnès, Le Roux, officiers de corsaires, le matelot La Lime. — Les cinq barriques sont hissées de la cale et placées dans une allège avec les autres destinées à renouveler la provision d'eau du *Bahama*. — Le vent et la marée contrarient l'allège; elle n'entre pas dans le port ce jour-là et est obligée de mouiller à mi-chemin. — L'équipage de l'allège va coucher à terre. — La Lime, dont la barrique avait été mise par erreur au fond de la cale, nous appelle. — Le petit mousse laissé à bord. — Il donne l'éveil. — Nous sommes pris. — Ramenés au ponton. — Dix jours de black-hole. — Le black-hole est un cachot de 6 pieds seulement dans tous les sens où l'air ne parvient que par quelques trous ronds très étroits. — La punition supplémentaire de la réduction à la demi-ration jusqu'à réparation complète des dégâts. — Conduite honteuse de l'Angleterre. — L'esprit de solidarité des prisonniers. — Seconde tentative d'évasion. — A ma grande joie, ma malle m'arrive d'Odiham. — Je réalise une dizaine de guinées en vendant ma montre et divers effets. — Un certain nombre de prisonniers âgés et paisibles sont envoyés dans une prison à terre. — Rousseau, moi, et deux autres, nous nous substituons à quatre d'entre eux en leur payant leurs places et en nous grimant ; nous espérons nous évader en route. — Nous partons. Le lendemain, le roulage fait une réclamation à l'occasion de ma malle. — Un appel sévère a lieu. On nous ramène Rousseau et moi au ponton. — Les deux autres s'évadent et arrivent en France. — Ma malle m'avait perdu. — Trois matelots de Boulogne, récemment faits prisonniers, sont embarqués sur *le Bahama*. Ils préparent sans tarder leur évasion. — Ils font un trou à fleur d'eau en avant de l'une des guérites qui avoisinaient la proue. — Ils se jettent dans l'eau glacée, un soir de décembre. L'un d'eux avait des obligations envers M. de Bonnefoux, préfet maritime de Boulogne. Il me propose de m'emmener et jure de me conduire à terre. Je crains de les perdre et je refuse. — Le trou appartenait à tous un quart d'heure après leur départ. — Un tirage au sort avait eu lieu. Rousseau avait le n° 5. — Le n° 2 manque périr de froid et crie au secours. — Il est remis à bord par les Anglais. — Le cadavre du n° 1 paraît le lendemain, à marée basse, à moitié enfoui dans les vases de l'île ; le malheureux était mort de froid. — Le commandant du ponton n'a pas honte de le laisser à cette même place jusqu'à ce qu'il tombe en putréfaction. — Quant aux trois Boulonnais, ils se sauvent et rentrent dans leurs familles. — Le lieutenant de vaisseau Milne, commandant du *Bahama*. — Ses goûts crapuleux. — A deux reprises, le feu prend dans ses appartements pendant des orgies. — La seconde fois, l'incendie se propage rapidement. — Dangers graves que courent les prisonniers enfermés dans la batterie. — Milne, en état d'ivresse, ordonne aux troupes de faire feu sur nous en évacuant les meurtrières, si le feu se propage jusque-là. — Heureusement l'incendie est éteint. — Grave querelle parmi les prisonniers. — L'officier de corsaire Mathieu blesse un soldat prisonnier qui l'insulte et prend du tabac malgré lui dans sa boutique. — Nous réussissons, non sans peine, à faire évader Mathieu par l'infirmerie. — Compromis qui intervient. — Le tribunal arbitral dont je suis le président. — La séance du tribunal. — Scène burlesque. — La sentence. — L'ordre se rétablit.................. 218

CHAPITRE IV

Sommaire. — Au mois de mars 1808. — Troisième tentative d'évasion ; je suis l'auteur du projet, et je m'associe Rousseau et Peltier, aspirant qui vivait dans l'entrepont avec des matelots de son pays. — La yole du radeau. — Pendant les tempêtes, la sentinelle du radeau obligée de remonter sur le pont. — Je perce le ponton à la hauteur des sabords et non pas à la flottaison, comme l'avaient fait les Boulonnais. — Une nuit de gros temps, à deux heures du matin, je me laisse glisser sur le radeau à l'aide d'une corde. Rousseau, puis Peltier, me suivent. — L'officier de corsaire, Dubreuil, glisse généreusement cinq guinées en or dans ma chemise au moment où je quitte le ponton. — Nous nous emparons de la yole et quittons le bord sans être aperçus des sentinelles. — Nous abordons sur le rivage Nord de la rade et passons la journée dans un champ de genêts. — La nuit suivante, nous nous remettons en route. Rencontre d'un jeune paysan. — Peltier a la tête un peu égarée. — En marche vers la Medway. — Grande charité de l'Anglais Cole. Il nous reçoit dans sa maison et nous fait traverser la rivière en bateau. — La grande route de Chatham à Douvres. — Canterbury. — Nos provisions. — La mer. — La terre de France à l'horizon. — Châteaux en Espagne. — Douvres. — Depuis le départ des Boulonnais, toutes les embarcations sont cadenassées et dégarnies de mâts et d'avirons. — Exploration infructueuse sur la côte. — A Folkestone, nous sommes reconnus. — Nous nous sauvons chacun de notre côté en nous donnant rendez-vous à Canterbury. — Le lendemain soir, nous nous retrouvons. — En route sur Odiham. — Cruelles souffrances endurées pendant nos courses. — La soif. — Jeunes bouleaux entaillés par Rousseau. — Nous atteignons Odiham un soir, à la nuit close, et nous sommes accueillis par un Français nommé R... — Repos pendant huit jours. — Céré et Le Forsoney nous procurent tout ce que nous désirions. — Au moment où nous allions nous mettre en route, la police nous arrête chez M. R.... — En prison. — Le billet de Sarah. — Tentative d'évasion. — Mis aux fers comme des forçats. — Paroles du capitaine polonais Poplewski. — Soupçons qui atteignent M. R... — Céré le provoque. — M. R... grièvement blessé. — Nous quittons Odiham. — Je ne devais revoir ni Le Forsoney ni Céré. — Histoire de Céré : Sa mort. — L'escorte qui nous ramène au ponton. — Précautions prises pour nous empêcher de nous échapper. — L'escorte de Georges III. — Projet de supplique. — Quatre jours à Londres dans la prison dite de Savoie. — Les déserteurs anglais. — Les onze cents coups de schlague de l'un d'eux. — Fâcheuse compagnie. — Arrivée à Chatham, le 1er mai 1808. — Magnifique journée de printemps. — *Le Bahama*. — Les dix jours de black-hole.. 233

CHAPITRE V

SOMMAIRE. — Exaspération des prisonniers du *Bahama*. — Réduits à la demi-ration après notre évasion. — Projet de révolte. — Disputes et querelles. — Lutte de Rousseau contre un gigantesque Flamand. — Les prisonniers ne reçoivent que du biscuit, à cause du mauvais temps. — Ils réclament ce qui leur est dû, et déclarent qu'ils ne descendront pas du parc avant de l'avoir reçu. — Milne appelle du renfort. — Il ordonne de faire feu; mais le jeune officier des troupes de Marine, qui commande le détachement, empêche ses soldats de tirer. — Je monte sur le pont en parlementaire. — Je n'obtiens rien. — Stratagème dont je m'avise. — A partir de ce jour, les esprits commencent à se calmer. — Nouvelles tentatives d'évasion. — Milne emploie des moyens usités dans les bagnes. — Ses espions. — Nouvelle agitation à bord. — Audacieuse évasion de Rousseau. — Il se jette à l'eau en plein jour en se couvrant la tête d'une manne. — Il est ramené sur *le Bahama*. — Tout espoir de nous échapper se dissipe. — La population du ponton. — Sa division en classes : les Raffalés, les Messieurs ou Bourgeois, les Officiers. — Subdivision des Raffalés, les Manteaux impériaux. — Le jeu. — Rations perdues six mois d'avance. — Extrême rigueur des créanciers. — Révoltes périodiques des débiteurs. — Abolition des dettes par le peuple souverain. — Nos distractions. — Ouvrages en paille et en menuiserie. — Le bois de cèdre du *Bahama*. — Ma boîte à rasoirs. — Je me remets à l'étude de la flûte. — Les projets de Rousseau. — La civilisation des Iroquois. — Charmante causerie de Rousseau, les bras appuyés sur le bord de mon hamac. — Je lui propose de commencer par civiliser le ponton. — Nous donnons des leçons de français, de dessin, de mathématiques et d'anglais. — J'étudie à fond la grammaire anglaise. — *Le Bahama* change de physionomie. — Conversions miraculeuses; le goût de l'étude se propage. — Le bon sauvage Dubreuil. — Sa passion pour le tabac. — La fumée par les yeux. — En juin 1809, après vingt mois de séjour au ponton, je reçois une lettre de M. de Bonnefoux par les soins de l'ambassadeur des Etats-Unis. — Cet ambassadeur, qui avait été reçu à Boulogne par M. de Bonnefoux, obtient du Gouvernement anglais ma mise au cautionnement. — Je quitte le ponton et me sépare, non sans regrets, de Rousseau, de Dubreuil et de mes autres compagnons d'infortune.. 247

CHAPITRE VI

Sommaire : Le cautionnement de Lichfield. — La patrie de Samuel Johnson. — Agréable séjour. — Tentatives infructueuses que je fais pour procurer à Rousseau les avantages du cautionnement. — Je réussis pour Dubreuil. — Histoire du colonel Campbell et de sa femme. — Le lieutenant général Pigot. — Arrivée de Dubreuil à Lichfield. — Un déjeuner qui dure trois jours. — Notre existence à Lichfield. — Les diverses classes de la société anglaise. — La classe des artisans. — L'agent des prisonniers. — Sa bienveillance à notre égard. — Visite au cautionnement d'Ashby-de-la-Zouch. — Courses de chevaux. — Visite à Birmingham, en compagnie de mon hôte le menuisier Aldritt et de sa famille. — J'entends avec ravissement la célèbre cantatrice Mme Catalani. — Les Français de Lichfield. — L'aspirant de marine Collos. — Mes pressentiments. — Le cimetière de Thames. — Les vingt-huit mois de séjour à Lichfield. — Le contrebandier Robinson. — Il m'apprend, au nom de M. de Bonnefoux, que j'ai été échangé contre un officier anglais et que je devrais être en liberté. — Il vient me chercher pour me ramener en France. — Il m'apprend qu'un de ses camarades, Stevenson, fait la même démarche auprès de mon frère, qui, lui aussi, a été échangé. — Mes hésitations; je me décide à partir. — J'écris au bureau des prisonniers. J'expose la situation et je m'engage à n'accepter aucun service actif. — Robinson consent à se charger de Collos, moyennant 50 guinées en plus des 100 guinées déjà promises. — La chaise de poste. — Arrivée au petit port de pêche de Rye. — Cachés dans la maison de Robinson. — Le capitaine de vaisseau Henri du vaisseau *le Diomède* sur lequel Collos avait été pris. — Il se joint à nous. — Cinquante nouvelles guinées promises à Robinson. — Au moment de quitter la maison de Robinson à onze heures du soir, M. Henri donne des signes d'aliénation mentale, et ne veut plus se mettre en route. Je lui parle avec une fermeté qui finit par faire impression sur lui. — Nous nous embarquons et nous passons la nuit couchés au fond de la barque de Robinson. — Ce dernier met à la voile le lendemain matin et passe la journée à mi-Manche en ralliant la côte d'Angleterre quand des navires douaniers ou garde-côtes sont en vue. — Coucher du soleil. — Hourrah ! demain nous serons à Boulogne ou noyés. — La chanson mi-partie bretonne, mi-partie française du commandant Henri. — Terrible bourrasque pendant toute la nuit. — Le feu de Boulogne. La jetée. — La barque vient en travers de la lame. — Grave péril. — Nous entrons dans le port de Boulogne le 28 novembre 1811. — La police impériale. — A la préfecture maritime. — Brusque changement de situation. — M. de Bonnefoux m'annonce que je viens d'être nommé lieutenant de vaisseau. — Robinson avant de quitter Boulogne apprend, par un contrebandier de ses amis, le malheur arrivé à mon frère et à Stevenson. — Ils avaient été arrêtés au moment où ils s'embarquaient à Deal. — Le ponton *le Sandwich* voisin du *Bahama* en rade de Chatham. — Départ de M. Henri pour Lorient, de Collos pour Fécamp. — Je séjourne dix-neuf jours chez mon cousin et je quitte Boulogne avec un congé de six mois pour aller à Béziers.... 260

LIVRE IV

APRÈS MA RENTRÉE EN FRANCE. MA CARRIÈRE MARITIME DE 1811 A 1824

CHAPITRE PREMIER

Sommaire : Séjour à Paris ; mes camarades de *l'Atalante*, de *la Sémillante*, du *Berceau*, du *Bélier*. — Visite au ministère. — Le roi de Rome. — J'assiste à une revue de 4.000 hommes passée par l'Empereur dans la cour du Carrousel. — Les théâtres de Paris en 1811. — Arrivée à Marmande. — Joie de mon père. — Son chagrin de la catastrophe de mon frère — Lettre écrite par lui au ministère de la Marine. — Mon père constate le triste état de ma santé. — Il presse lui-même mon départ pour Béziers. — Ma tante d'Héméric et ma sœur sont épouvantées à mon aspect. — On me croit poitrinaire. — Traitement de notre cousin le Dr Bernard. — Pendant un mois on interdit toute visite auprès de moi et on me défend de parler. — Affectueux dévoûment de ma sœur. — Au bout de trois mois j'avais définitivement repris le dessus. — Excellents conseils que me donne le Dr Bernard pour l'avenir. — Ordre de me rendre à Anvers pour y être embarqué sur le vaisseau *le Superbe*. — Lettre que j'écris au ministère. — Tous les Bourbons sont-ils morts ? — Récit que j'ai l'occasion de faire à ce sujet. — Avertissement qui m'est donné par le sous-préfet. — A la fin de mon congé, je pars pour Paris, en compagnie de mon ami, M. de Lunaret fils, auditeur à la Cour d'appel de Montpellier. — Nous passons par Nîmes, Beaucaire, Lyon. — Nouveau séjour à Paris. — J'obtiens, non sans peine, d'être débarqué du vaisseau *le Superbe*. — Décision ministérielle en vertu de laquelle les officiers de Marine revenus spontanément des cautionnements seront employés au service intérieur des ports. — M. de Bonnefoux passe à la préfecture maritime de Rochefort. — Je suis attaché à son état-major ainsi que Collos, nommé enseigne de vaisseau. — Visite que je fais à Angerville à la mère de Rousseau. — Etat des esprits en 1812. — Mécontentement général. — Société charmante que je trouve à Rochefort. — Excellentes années que j'y passe jusqu'à la Restauration en 1814. — Missions diverses que me donne M. de Bonnefoux. — Au retour d'une de mes dernières missions, je trouve une lettre de mon ami Dubreuil. Il avait été envoyé en France comme incurable et se trouvait à l'hôpital de Brest inconnu et sans argent. — J'écris à un de mes camarades de Brest, nommé Duclos-Guyot. — Je lui envoie une traite de 300 francs et je le prie d'aller voir Dubreuil. — Nouvelle lettre de Dubreuil pleine d'affectueux reproches. — J'en suis désespéré. — J'écris aussitôt à Duclos-Guyot et je reçois presque aussitôt une réponse de ce dernier à ma première lettre. — Il était absent et, à son retour à Brest, Dubreuil était mort. — Cette mort m'affecte profondément. — Séjour d'un mois à Marmande auprès de mon père. — Voyage aux Pyrénées-Orientales pour affaires de service. — Je m'arrête de nouveau à Marmande à l'aller et au retour, et j'assiste à Béziers au mariage de ma sœur... 273

CHAPITRE II

Sommaire : 1814. — Prise de Toulouse et de Bordeaux. — Rochefort menacé. — Avènement de Louis XVIII. — M. de Bonnefoux m'envoie à Bordeaux comme membre d'une députation chargée d'y saluer le duc d'Angoulême et de traiter d'un armistice avec l'amiral anglais Penrose. — Une lettre m'apprend à Bordeaux que mon père est atteint d'une fluxion de poitrine. — Je cours à Marmande et je trouve mon père très malade et désespéré à la pensée qu'il ne reverra pas mon frère, que la paix allait lui rendre. — Il meurt en me serrant la main le 27 avril 1814. Il avait soixante-dix-neuf ans. — Je suis nommé au commandement de la corvette à batterie couverte *le Département des Landes* chargée d'aller à Anvers prendre des armes et des approvisionnements. — Avant mon départ, le duc d'Angoulême nommé grand amiral arrive à Rochefort au cours d'une tournée d'inspection des ports de l'Océan. — Il y séjourne trois jours. M. de Bonnefoux me nomme commandant en second de la garde d'honneur du Prince. — Je mets à la voile et me rends à Anvers. — Au retour, une tempête me force de reprendre le Pas-de-Calais que j'avais retraversé et de chercher un abri à Deal, à Deal où, naguère, j'étais errant et traqué comme un malfaiteur. — Je pars de Deal avec un temps favorable mais au milieu de la Manche un coup de vent me jette près des bancs de la Somme. — Dangers que court la corvette. Je force de voiles autant que je le puis afin de me relever. — Après ce coup de vent, je me dirige vers Brest. — Un pilote venu d'Ouessant me jette sur les Pierres Noires. — Une toise de plus sur la gauche, et nous coulions. — Je fais mettre le pilote aux fers et je prends la direction du bâtiment qui faisait beaucoup d'eau. — La corvette entre au bassin de radoub. — Le pilote jugé et condamné. — J'apprends à Brest une promotion de capitaines de frégate qui me cause une vive déception. — Ordre inattendu de réarmer la corvette pour la mer. — Je demande mon remplacement. Fausse démarche que je commets là. — Je quitte Brest et *le Département des Landes*. — Arrivée à Rochefort où je trouve mon frère, licencié sans pitié par le Gouvernement de la Restauration. — Il passe son examen de capitaine de la Marine marchande et part pour les Etats-Unis où il réussit à merveille. — Voyage de M. de Bonnefoux à Paris. — Il fait valoir les raisons de santé qui m'ont conduit à demander mon remplacement. — On lui promet de me donner le commandement de *la Lionne* et de me nommer capitaine de frégate avant mon départ. — Le retour de l'Ile d'Elbe empêche de donner suite à ce projet. — Pendant les Cent-Jours, je reste chez moi. — L'empereur, après Waterloo, vient s'embarquer à Rochefort et passe cinq jours chez le préfet maritime. — Disgrâce de M. de Bonnefoux. — Je suis, par contre-coup, mis en réforme. — Je songe à obtenir le commandement d'un navire marchand et à partir pour l'Inde. — On me décide à demander mon rappel dans la marine. — Je l'obtiens et je suis attaché comme lieutenant de vaisseau à la Compagnie des Elèves de la Marine à Rochefort. — Grand malheur qui me frappe au commencement de 1817. Je perds ma femme. — Après un séjour dans les environs de Marmande chez M. de Bonnefoux, je vais à Paris solliciter un commandement. — Situation de la Marine en 1817. — Je suis nommé Chevalier de Saint-Louis. — Retour à Rochefort. — Je me remarie à la fin de 1818. — En revenant de Paris, je retrouve à Angerville, Rousseau, mon camarade du ponton. — Histoire de Rousseau.. 285

CHAPITRE III

Sommaire. — L'avancement des officiers de marine sous la seconde Restauration. — Conditions mises à cet avancement. — Un an de commandement. — En 1820, je suis désigné par le préfet maritime de Rochefort pour présider à l'armement de la corvette de charge, *L'Adour* qui venait d'être lancée à Bayonne. — En route pour Rochefort. — Le pilote-major. — A Rochefort. — La corvette est désarmée. Il me manque trois mois de commandement. — La frégate *l'Antigone* désignée pour un voyage dans les mers du Sud. — Je suis attaché à son Etat-major. — Je demande un commandement qui me permette de remplir les conditions d'avancement. — Je suis nommé au commandement de *la Provençale*, et de la station de la Guyane. — Le bâtiment allait être lancé à Bayonne. — Mon brusque départ de Rochefort. — Maladie de ma femme. La fièvre tierce. — Mon arrivée à Bayonne. — Accident qui s'était produit l'année précédente pendant que je commandais *l'Adour*. — Mes projets en prenant le commandement de *la Provençale*, mes *Séances nautiques* ou *Traité du vaisseau à la mer*. — Le *Traité du vaissau dans le port* que je devais plus tard publier pour les élèves du collège de Marine. — La Barre de Bayonne. — Tempête dans le fond du golfe de Gascogne. — Naufrage de quatre navires. Avaries de *la Provençale*. — Relâche à Ténériffe. — Traversée très belle de Ténériffe à la Guyane en dix-sept jours. — Mes observations astronomiques. — M. de Laussat, gouverneur de la Guyane. — Je lui montre mes instructions. — Mission à la Mana, à la frontière ouest de la côte de la Guyane. — Je rapporte un plan de la rade, de la côte, de la rivière de la Mana. — Conflit avec le gouverneur à propos d'une punition que j'inflige à un homme de mon bord. — Lettre que je lui écris. — Invitation à dîner. — Mission aux îles du Salut en vue de surveiller des Négriers. — Sondes et relèvements autour des îles du Salut. — Mission à la Martinique, à la Guadeloupe et à Marie-Galande. — La fièvre jaune. — Retour à la Guyane. — Navigation dangereuse au vent de Sainte-Lucie et de la Dominique. — Les Guyanes anglaise et hollandaise. — Surinam, ancienne possession française, abandonnée par légèreté. — Arrivée à Cayenne. — Le nouveau second de *La Provençale*, M. Louvrier. — Je le mets aux arrêts. — Mon entrevue avec lui dans ma chambre. — Je m'en fais un ami. — Arrivée à Cayenne. — Mission à Notre-Dame de Belem sur l'Amazone. — Les difficultés de la tâche. — Mes travaux hydrographiques. — Le *Guide pour la navigation de la Guyane* que fait imprimer M. de Laussat d'après le résultat de mes recherches. — M. Milius, capitaine de vaisseau, remplace M. de Laussat comme gouverneur de la Guyane. — L'ordre de retour en France. — Je fais réparer *la Provençale*. — Pendant la durée des réparations, je fréquente la société de Cayenne. — *La Provençale* met à la voile. — La Guerre d'Espagne. — Je crains que nous ne soyons en guerre avec l'Angleterre. — Précautions prises. — Le phare de l'île d'Oléron. — Le feu de l'île d'Aix. — Le 23 juin 1823, à deux heures du matin, *la Provençale* jette l'ancre à Rochefort. — Mon rapport au ministre. — Travaux hydrographiques que je joins à ce rapport.. 297

CHAPITRE IV

SOMMAIRE. — Je suis remplacé dans le commandement de *la Provençale*, et je demande un congé pour Paris. — Promotion prochaine. — Visite au ministre de la Marine, M. de Clermont-Tonnerre. — Entrevue avec le directeur du personnel. — Nouvelle et profonde déception. — Je suis nommé Chevalier de la Légion d'honneur, mais je ne suis pas compris dans la promotion. — Invitation à dîner chez M. de Clermont-Tonnerre. — Après le dîner, la promotion est divulguée. — Tous les regards fixés sur moi. — Au moment où je me retire, le ministre vient me féliciter de ma décoration. Je saisis l'occasion de me plaindre de n'avoir pas été nommé capitaine de frégate. — Le ministre élève la voix. Paroles que je lui adresse au milieu de l'attention générale. — Le lendemain le directeur du personnel me fait appeler. — Reproches peu sérieux qu'il m'adresse. Il m'offre, de la part du ministre, le choix entre le commandement de *l'Abeille*, celui du *Rusé*, et le poste de commandant en second de la compagnie des élèves, à Rochefort. J'accepte ces dernières fonctions. — Arrivée à Rochefort. — Séjour à Rochefort pendant la fin de l'année 1823 et les sept premiers mois de 1824. — Voyage à Paris pour l'impression de mes *Séances nautiques*. — Le jour même de mon arrivée à Paris, le 4 août 1824, je suis nommé, à l'ancienneté, capitaine de frégate. — Mes anciens camarades Hugon et Fleuriau. — Fleuriau, capitaine de vaisseau, aide de camp de M. de Chabrol, ministre de la Marine. — Il m'annonce que le capitaine de frégate, sous-gouverneur du collège de Marine à Angoulême, demande à aller à la mer. — Il m'offre de me proposer au ministre pour ce poste. — J'accepte. — Entrevue le lendemain avec M. de Chabrol. — Gracieux accueil du ministre — Je suis nommé. — Nouvelle entrevue avec le ministre. — Il m'explique que je serai presque sans interruption gouverneur par intérim. M. de Gallard gouverneur de l'école de Marine. 315

LIVRE V

MA CARRIÈRE A PARTIR DE MA NOMINATION AU COLLÈGE DE MARINE

CHAPITRE PREMIER

Sommaire. — Plan de conduite que je me trace. — La ville d'Angoulême. — Une Ecole de Marine dans l'intérieur des terres. — Plaisanteries faciles. — Services considérables rendus par l'Ecole d'Angoulême. — S'il fallait dire toute ma pensée, je donnerais la préférence au système d'une école à terre. — En 1827, M. de Clermont-Tonnerre, alors ministre de la Guerre, au cours d'une inspection générale des places fortes, visite le Collège de Marine. — En l'absence de M. de Gallard, je suis gouverneur par intérim et je le reçois. — Le prince de Clermont-Tonnerre, père du ministre, qui voyage avec lui, me dit que son premier colonel a été un Bonnefoux. — Il fait, à son retour à Paris, obtenir à mon fils une demi-bourse au Prytanée de La Flèche. — En 1827, je demande un congé pour Paris. — Promesses que m'avait faites M. de Chabrol en 1824, sa fidélité à ses engagements. — Bienveillance qu'il me montre. — Ne trouvant personne pour me remplacer il fait assimiler au service de mer mon service au Collége de Marine. — Je retourne à Angoulême. — Le ministère dont faisait partie M. de Chabrol est renversé. — Le nouveau ministère décide la création d'une Ecole navale en rade de Brest. Il supprime le Collége de Marine d'Angougoulême, et laisse seulement s'achever l'année scolaire 1828-1829. — Je reçois un ordre de commandement pour *l'Echo*. — Au moment où je franchissais les portes du collége pour me rendre à Toulon un ordre ministériel me prescrit de rester. — Projet d'École préparatoire pour la Marine, analogue au Collège de la Flèche. — On m'en destine le commandement. — M. de Gallard intervient et se le fait attribuer. — Ordre de me rendre à Paris. — Offre du poste de gouverneur du Sénégal, que je refuse. — Le commandant de l'Ecole navale de Brest. — Promesse de me nommer dans un an capitaine de vaisseau. — Le directeur du personnel me presse de servir en attendant comme commandant en second de l'École navale. — Je ne puis accepter cette position secondaire après avoir été de fait, pendant cinq ans, chef du Collège de Marine.................. 325

CHAPITRE II

SOMMAIRE : Le commencement de l'année 1830. — Situation fâcheuse. — Je suis chargé des tournées d'examen des capitaines de la Marine marchande dans les ports du Midi. — Expédition d'Alger. — Je demande en vain à en faire partie. — La révolution de 1830. — M. de Gallard. — Je refuse de le remplacer si on le destitue. — Il donne sa démission. — Démarche spontanée des cinq députés de la Charente en ma faveur. — Au ministère on leur apprend que je suis nommé au commandement de l'École préparatoire. — J'arrive à Angoulême avec le dessein de m'y établir d'une façon définitive. — Nouvelle ordonnance sur l'avancement. — Le vice-amiral de Rigny. — Ordonnance qui supprime brutalement l'École préparatoire. — On ne permet même pas aux élèves de finir leur année scolaire. — Offres qui me sont faites à Angoulême. — Je les refuse et je pars pour Paris. — La fièvre législative en 1831. — La loi sur les pensions de retraite de l'armée de terre. — Projet tendant à l'appliquer à l'armée de mer. — Atteinte portée aux intérêts des officiers de marine. — Le Conseil d'Amirauté. — Requête que je lui adresse. — Je fais une démarche auprès de M. de Rigny. — Réponse du ministre. — La fièvre législative me gagne. — Après avoir entendu lire le projet de loi à la Chambre des députés, je me rends chez M. de Chabrol. — Retour sur la vie politique de M. de Chabrol. — M. de Chabrol dans le cabinet Polignac. — Sa destitution. — Les votes de M. de Chabrol comme pair de France après la Révolution de 1830. — Accueil bienveillant que je trouve auprès de lui. — Profond mécontentement de M. de Chabrol en apprenant que, d'après le projet ministériel, le service des officiers qui avaient rempli à terre des fonctions assimilées à l'embarquement ne leur était pas compté. — Copie de la lettre que M. de Chabrol m'écrit séance tenante et de celle qu'il adresse au ministre. — Nouvelle pétition à M. de Rigny. — Entrevue de M. de Chabrol et M. de

Rigny à la Chambre des pairs. — Déclaration faite par M. de Chabrol. — Il est alors convenu qu'un des députés, auxquels j'en avais déjà parlé, déposerait un amendement et que M. de Rigny ne le combattrait pas. — L'amendement est adopté. — Mes droits sont reconnus et je suis placé sur la liste des officiers ayant rempli les conditions voulues pour changer de grade. — Le nombre des capitaines de vaisseau est réduit de 110 à 70, celui des capitaines de frégate de 130 à ce même nombre de 70 ; appréciation de la mesure. — Je suis de nouveau chargé des examens pour les capitaines de la Marine marchande, d'abord dans les ports du Nord, ensuite dans ceux du Midi. — Comment je comprends mes fonctions. — Je compose un *Dictionnaire de Marine abrégé*. — Quelques-uns de mes compatriotes de l'Hérault me proposent une candidature à la Chambre des députés. — Revers financiers. — En 1835, je sollicite le commandement de l'École navale pour le cas où il deviendrait vacant — Des capitalistes m'offrent la direction d'une entreprise industrielle. — Le ministère refuse de m'accorder jusqu'en 1836 un congé avec demi-solde ou même sans solde, pour me permettre d'achever ma période de douze années de grade. — Je reviens alors à mes demandes d'embarquement, mais le commandant de l'École navale insistant pour être remplacé, je suis nommé capitaine de vaisseau, le 7 novembre 1835 et appelé au commandement du vaisseau-école *l'Orion*. — Paroles aimables que m'adresse à ce propos l'amiral Duperré, ministre de la Marine. — Lettre que j'écris à M. de Chabrol. — Une année de commandement de l'École navale.. 334

Vie de mon cousin le baron C. de Bonnefoux, ancien préfet maritime

CHAPITRE PREMIER

CARRIÈRE DU BARON DE BONNEFOUX JUSQU'EN 1803

Sommaire : Origine du baron Casimir de Bonnefoux. — Son éducation, sa personne. — Entrée dans la marine. — La guerre de l'Indépendance d'Amérique. — La frégate *la Fée*. — Campagnes postérieures. — La Révolution. — Émigration des frères de M. de Bonnefoux. — Son incarcération à Brest. — Il est promu capitaine de vaisseau, puis chef de division. — L'amiral Morard de Galle. — Le vaisseau *le Terrible*. — Séjour de plusieurs années à Marmande. — Voyage à Paris en vue de faire rayer un ami de la liste des émigrés. — L'amiral Bruix, ministre de la Marine. — M. de Bonnefoux est nommé adjudant général du port de Brest. — Son œuvre. — Armement de l'escadre de l'amiral Bruix. — Histoire du vaisseau *la Convention*, armé en soixante-douze heures. — Le Consulat. — L'organisation des préfectures maritimes. — M. de Caffarelli. — Démarches faites par M. de Bonnefoux pour quitter la marine. —

Refus de sa démission par le premier consul. — Paroles qu'il prononce à cette occasion. — M. de Bonnefoux est nommé au commandement du vaisseau *le Batave*. — Offres obligeantes du préfet de Caffarelli. — L'inspection générale des côtes de la Méditerranée donnée à M. de Bonnefoux...................... 353

CHAPITRE II

M. DE BONNEFOUX, PRÉFET MARITIME DE BOULOGNE

Sommaire. — La paix d'Amiens. — Reprise des hostilités. — L'empire. — Le chef-lieu du premier arrondissement maritime transporté de Dunkerque à Boulogne. — M. de Bonnefoux préfet maritime du premier arrondissement — Projets de débarquement en Angleterre. — La flottille. — Activité de M. de Bonnefoux. — Son aide de camp, le lieutenant de vaisseau Duperré. — Anecdote relative à l'amiral Bruix. — Gouvion-Saint-Cyr. — M. de Bonnefoux nommé d'abord officier de la Légion d'honneur est plus tard créé baron. — Les Anglais tentent d'incendier la flottille. — Leur échec. — Le préfet maritime favorise l'armement de corsaires. — Insinuations du ministre de Crès. — Napoléon et la Marine. — Abandon progressif de la flottille de Boulogne. — M. de Bonnefoux passe du Ier au Ve arrondissement maritime. — Regrets qu'il laisse à Boulogne. — Vote unanime du Conseil municipal de cette ville................... 362

CHAPITRE III

LA PRÉFECTURE MARITIME DE ROCHEFORT

Sommaire. — Difficultés que rencontre M. de Bonnefoux pour approvisionner l'escadre de la rade de l'île d'Aix pendant une année de disette. — Le pain de fèves, de pois et de blé d'Espagne. — Réformes apportées dans la mouture du blé et la confection du biscuit de mer. Mise en état des forts et batteries de l'arrondissement. — Ingénieuse façon d'armer un vaisseau d'une façon très prompte. — M. Hubert, ingénieur des constructions navales. — Projet du fort Boyard. — Le port des Sables d'Olonne. — Le naturaliste Lesson. — Travaux d'assainissement et d'embellissement de Rochefort. — Anecdote sur l'hôtel de la préfecture maritime de Rochefort et M. le comte de Vaudreuil, commandant de la marine sous Louis XVI. — M. de Bonnefoux accomplit un tour de force en faisant prendre la passe de Monmusson au vaisseau de 74, *le Regulus*, destiné à protéger le commerce de Bordeaux en prenant position dans la Gironde. — Invasion du midi de la France par le duc de Wellington. — Siège de Bayonne. — Bataille de Toulouse. — Occupation de Bordeaux au nom de Louis XVIII. — Résistance du fort de Blaye. — Le fort du Verdon et le vaisseau *le Regulus* se font sauter. — Reconnaissances poussées par les troupes ennemies jusques à Etioliers sur la route de Bordeaux à Rochefort. — Etat d'esprit des populations du Midi. — Le duc d'Angoulême à Bordeaux. — Mise en état de défense de Rochefort. — Le Comité de défense décide la démolition de l'hôpital maritime. — M. de Bonnefoux se refuse à exécuter cette décision et prend tout sur lui. — Propos d'un officier général de l'armée de terre. — Attitude du préfet. — Abdication de l'empereur. — La Restauration. — Députation envoyée au duc d'Angoulême à Bordeaux et à l'amiral anglais Penrose — L'amiral Neale lève le blocus de Rochefort. — M. de Bonnefoux le reçoit. — Anecdote sur deux alévrammes de vin de Constance. — Visite à Rochefort du duc d'Angoulême, grand amiral de France. — Réception qui lui est faite. — Le duc d'Angoulême reçoit le préfet maritime chevalier de Saint-Louis. — Opinion du duc d'Angoulême sur M. de Bonnefoux. — Son désir de le voir appelé au ministère de la Marine............. 371

CHAPITRE IV

LES CENT JOURS

Sommaire : Les émigrés. — Retour de l'île d'Elbe. — Indifférence des populations du sud-est. — Arrivée à Rochefort d'un officier, se disant en congé. — Conseils donnés par le préfet maritime au général Thouvenot. — Départ du roi de Paris et arrivée de Napoléon. — M. de Bonnefoux se prépare à quitter Rochefort. — M. Baudry d'Asson, colonel des troupes de la marine. — Son entrevue avec le préfet maritime. — M. Millet, commissaire en chef du bagne. — Motifs pour lesquels M. de Bonnefoux se décide à conserver son poste. — L'empire reconnu militairement. — Défilé des troupes dans le jardin de la Préfecture. — Waterloo. — Seconde abdication de Napoléon. — Mission donnée au général Beker par le Gouvernement provisoire. — Arrivée de Napoléon à Rochefort.................. 385

CHAPITRE V

NAPOLÉON A ROCHEFORT

Sommaire. — Réflexions faites par M. de Bonnefoux après avoir reçu la dépêche lui annonçant la prochaine arrivée de Napoléon. — Mesures prises par lui. — Paroles échangées entre Napoléon et M. de Bonnefoux au moment où l'empereur descendait de voiture. — L'appartement de grand apparat à la préfecture maritime. — Les frégates *la Saale* et *la Méduse*. — Le capitaine Philibert commandant de *la Saale*. — Ses fréquentes entrevues avec l'empereur. — Discours invariable qu'il lui tient. — Marques d'impatience de son interlocuteur. — Abattement de Napoléon. — Courrier qu'il expédie au Gouvernement provisoire pour obtenir le commandement de l'Armée de la Loire. — Il fait demander le vice-amiral Martin, qui vivait à la campagne auprès de Rochefort. — Carrière de l'amiral

Martin. — Sa conversation avec l'empereur. — Reproches obligeants que ce dernier lui adresse sur sa demande prématurée de retraite. — L'amiral répond que bien loin d'aspirer au repos il s'était déjà préparé à aller prendre le commandement de l'armée navale que l'on finit par confier à Villeneuve. — Amères réflexions de Napoléon sur les courtisans. — Ce qu'il dit sur la marine. — Arrivée du roi Joseph. — Son aventure à Saintes. — « Vive le Roi. » — Napoléon sur la galerie de la préfecture maritime. — Excellente attitude de la population. — L'étiquette de la maison impériale. — L'impératrice Marie-Louise. — Arrivée d'une partie des équipages de Napoléon. — Annonce du voyage de l'archiduc Charles à Paris. — Joie qui en résulte. — Déception qui la suit. — Aucune réponse aux courriers expédiés à Paris. — Débat entre Napoléon et Joseph. — Napoléon ne veut pas partir en fugitif, sans autre compagnon que Bertrand. — Joseph tente seul l'aventure et réussit. — Paroles qu'il adresse à M. de Bonnefoux en le quittant. — Cadeau qu'il lui fait. — Les ordonnances de Cambrai. — Violente colère de Napoléon contre la famille royale. — Projet d'évasion du capitaine Baudin, commandant *La Bayadère*. — Projet du lieutenant de vaisseau Besson. — Projet des officiers de marine Genty et Doret. — Hésitations de l'empereur. — Tous ces officiers furent rayés des cadres de la marine sous la Seconde Restauration. — Mme la comtesse Bertrand. — Elle se jette aux pieds de l'empereur pour le supplier de se confier à la générosité du peuple anglais. — Flatteries auxquelles Napoléon n'est pas insensible. — Le général Beker, beau-frère de Desaix. — Son fils, filleul de Napoléon. — Croix de légionnaire remise par le général Bertrand pour ce fils encore enfant. — Singularité de cet acte. — La rade de l'île d'Aix. — Le Vergeroux. — L'empereur offre au préfet maritime ses équipages et ses chevaux qu'il renonce à emmener. — Refus de M. de Bonnefoux. — Souvenir que Napoléon le prie d'accepter. — Paroles qu'il lui adresse. — Le départ de la préfecture maritime. — Cortège de voitures traversant la ville. — L'empereur prend une autre route et sort par la porte de Saintes. — Inquiétude des spectateurs. — La voiture gagne le Vergeroux par la traverse. — Napoléon en rade passe en revue les équipages. — La croisière anglaise. — En voyant les bâtiments ennemis, l'empereur se rend mieux compte de sa situation. — Il entame des négociations avec les Anglais. — Aucune promesse ne fut faite par le capitaine Maitland. — Nouvelles hésitations de Napoléon. — Lettre du capitaine Philibert au préfet maritime. — Ce dernier le charge de remettre à l'empereur une lettre confidentielle qui décide ce dernier à se rendre à bord du *Bellérophon*. — Conseils donnés à l'empereur par M. de Bonnefoux............ 393

CHAPITRE VI

LA RETRAITE DE M. DE BONNEFOUX

Sommaire. — La nouvelle du départ de Napoléon se répand à Rochefort. — Arrivée du préfet de la Charente-Inférieure, qui vient faire une enquête. — M. de Bonnefoux, son ami de collège, le conduit en rade. — La seconde Restauration. — Mission confiée par le ministre de la Marine à M. de Rigny. — Propos que tient ce dernier. — Destitution de M. de Bonnefoux. — Remise immédiate du service au chef militaire (aujourd'hui le major général). — Situation pécuniaire. — Deux mille francs d'économies après treize ans d'administration. — Le chasse-marée. — Distribution des équipages et de la cave. — Le cheval que montait le général Joubert au moment de sa mort. — La petite propriété de Peyssot auprès de Marmande. — Liquidation de la pension de retraite de M. de Bonnefoux. — Deux ans plus tard, son condisciple le maréchal Gouvion-Saint-Cyr devient ministre de la Marine et le prie de se rendre à Paris. — M. de Bonnefoux s'y refuse. — Après la Révolution de 1830, on lui conseille sans succès de demander la Pairie. — Il consent seulement à se laisser élire membre du conseil du Lot-et-Garonne. — Belle vieillesse de M. de Bonnefoux............. 420

Appendice I. — Victor Hugues à la Guyane................ 429

Appendice II. — Note sur l'Ecole navale................ 435

www.ingramcontent.com/pod-product-compliance
Lightning Source LLC
Chambersburg PA
CBHW051125230426
43670CB00007B/679